逐条解説
宇宙二法

人工衛星等の打上げ及び
人工衛星の管理に関する法律
衛星リモートセンシング記録の
適正な取扱いの確保に関する法律

宇賀克也 著
Katsuya Uga

弘文堂

はしがき

　2016（平成28）年11月9日、「人工衛星等の打上げ及び人工衛星の管理に関する法律」（宇宙活動法）および「衛星リモートセンシング記録の適正な取扱いの確保に関する法律」（衛星リモートセンシング法）が成立し、同月16日に公布された。両者は一括して宇宙二法と称されることもある。衛星リモートセンシング法は2017（平成29）年11月15日に全面施行され、宇宙活動法は2018（平成30）年11月15日に全面施行された。

　宇宙活動法は、民間の宇宙活動に係る宇宙諸条約の担保法としてのみならず、人工衛星等の打上げ等に際し、公共の安全を確保するとともに、損害賠償が必要な場合に被害者を迅速に保護し、さらに、宇宙産業を振興するためにも必要性が指摘されてきたものである。また、衛星リモートセンシング法は、衛星リモートセンシング記録の悪用を防ぐとともに、事業者が遵守すべきルールを事前に明確化することにより、予見可能性を向上させ、衛星リモートセンシング記録を利用する新サービス・新産業を振興する制度インフラとして成立が期待されていたものである。

　著者は、かつて、政府の宇宙保険問題等懇談会専門委員、ロケット打ち上げ実用化問題検討会委員、宇宙インフラストラクチャ法制度問題検討会委員を務めたことがあり、宇宙に関する法律問題に関心を抱いてきたが、宇宙政策委員会　宇宙産業・科学技術基盤部会　宇宙法制小委員会委員として、宇宙二法の立案の審議に参加することになった。

　宇宙活動法も衛星リモートセンシング法も、新たな規制法であると同時に、新産業の振興法としての性格も併有している。行政法研究者としては、産業振興を視野に入れつつ規制法の在り方を検討する作業は興味深いものであった。また、宇宙活動法は、政府がロケット落下等損害賠償補償契約を締結することとしており、著者が専門とする国家補償の観点からも重要な法律であり、衛星リモートセンシング法は、情報セキュリティに関する法律ともいえ、著者が専門とする情報法の観点からも重要な法律である。

そこで、「宇宙活動法における損害賠償制度の検討」(ジュリスト1506号39頁以下)、「衛星リモートセンシングに関する政策と法」(季報情報公開・個人情報保護64号31頁以下)を執筆するとともに、「宇宙ビジネスをめぐる現状と課題」(ジュリスト1506号14頁以下)と題する座談会で司会を務めた。しかし、宇宙二法の逐条解説書を執筆することはまったく考えていなかった。ところが、2017(平成29)年3月上旬に、弘文堂編集部の高岡俊英氏から、宇宙二法についての逐条解説書の執筆を強く依頼された。宇宙二法については、著者以外にも、論文等の執筆はされていたし、宇宙ビジネスのための優れた法律書も存在したが、宇宙二法の逐条解説書は存在していなかったので、逐条解説書の執筆には意義があるのではないかと考え、お引き受けすることとした。執筆の時間をとることは困難であったが、2018(平成30)年中に原稿をお渡しすることができた。

本書が、人工衛星等の打上げや人工衛星の管理、衛星リモートセンシング装置の使用、衛星リモートセンシング記録の取扱いを行おうとする方々や、宇宙二法についての研究に携わる方々にお役に立つことができれば幸いである。

末筆ながら、本書の出版を勧め、辛抱強く原稿をお待ちいただいた弘文堂編集部の高岡俊英氏に、この場を借りて謝意を表したい。

2019年1月

宇 賀 克 也

逐条解説 宇宙二法● CONTENTS

はしがき　*i*
凡　例　*ι*

第1部　人工衛星等の打上げ及び人工衛星の管理に関する法律

序　章　本法制定の経緯 ………………………………………………… *2*
　　(1)　宇宙関係諸条約への加入(2)
　　(2)　先進国における宇宙活動法の制定(3)
　　(3)　宇宙基本法の制定(4)
　　(4)　宇宙活動法の制定(6)
第1章　総則（第1条—第3条）……………………………………… *9*
第2章　人工衛星等の打上げに係る許可等 ……………………………*32*
　第1節　人工衛星等の打上げに係る許可（第4条—第12条）……*32*
　第2節　人工衛星の打上げ用ロケットの型式認定（第13条—第15条）…*81*
　第3節　打上げ施設の適合認定（第16条—第18条）………………*90*
　第4節　国立研究開発法人宇宙航空研究開発機構による
　　　　　申請手続の特例（第19条）……………………………………*97*
第3章　人工衛星の管理に係る許可等（第20条—第30条）…… *100*
第4章　内閣総理大臣による監督（第31条—第34条）………… *149*
第5章　ロケット落下等損害の賠償 ………………………………… *159*
　第1節　ロケット落下等損害賠償責任（第35条—第38条）…… *159*
　第2節　ロケット落下等損害賠償責任保険契約（第39条）…… *171*
　第3節　ロケット落下等損害賠償補償契約（第40条—第48条）…… *173*
　第4節　供託（第49条—第52条）………………………………… *186*
第6章　人工衛星落下等損害の賠償（第53条・第54条）……… *189*
第7章　雑則（第55条—第59条）………………………………… *193*
第8章　罰則（第60条—第65条）………………………………… *200*
附　則（第1条—第10条）……………………………………………… *213*

第 2 部　衛星リモートセンシングに関する政策と法

序　章　衛星リモートセンシング政策推進の意義と法規制の必要性……… *222*
　　　　(1)　衛星リモートセンシング記録利用の意義(*222*)
　　　　(2)　衛星リモートセンシングに係る法規制の必要性(*223*)
　　　　(3)　諸外国における衛星リモートセンシング規制(*223*)
　　　　(4)　衛星リモートセンシング法の立法化(*227*)
　　　　(5)　課題(*228*)

第 1 章　総則（第 1 条―第 3 条）……………………………………………… *231*

第 2 章　衛星リモートセンシング装置の使用に係る許可等
　　　　（第 4 条―第 17 条）………………………………………………… *245*

第 3 章　衛星リモートセンシング記録の取扱いに関する規制
　　　　（第 18 条―第 20 条）………………………………………………… *300*

第 4 章　衛星リモートセンシング記録を取り扱う者の認定
　　　　（第 21 条―第 26 条）………………………………………………… *312*

第 5 章　内閣総理大臣による監督（第 27 条―第 30 条）…………………… *334*

第 6 章　雑則（第 31 条・第 32 条）…………………………………………… *343*

第 7 章　罰則（第 33 条―第 38 条）…………………………………………… *344*

附　則（第 1 条―第 5 条）……………………………………………………… *355*

事項索引………………………………………………………………………… *361*

凡　例

1. 法令・条約等の表記は、下記の略語表に従うほか、大方の慣例による。

〔法令〕
 宇宙活動法　　　　　　人工衛星等の打上げ及び人工衛星の管理に関する法律
 衛星リモートセンシング法　　衛星リモートセンシング記録の適正な取扱いの確保に関する法律
 JAXA法　　　　　　　国立研究開発法人宇宙航空研究開発機構法
 NASDA法　　　　　　 宇宙開発事業団法
 原賠法　　　　　　　　原子力損害の賠償に関する法律
 原賠補償法　　　　　　原子力損害賠償補償契約に関する法律

〔条約等〕
 宇宙条約　　　　　　　月その他の天体を含む宇宙空間の探査及び利用における国家活動を律する原則に関する条約
 宇宙救助返還協定　　　宇宙飛行士の救助及び送還並びに宇宙空間に打ち上げられた物体の返還に関する協定
 宇宙損害責任条約　　　宇宙物体により引き起こされる損害についての国際的責任に関する条約
 宇宙物体登録条約　　　宇宙空間に打ち上げられた物体の登録に関する条約

2. 判例の表記は次の例によるほか、一般の慣例による。
  最大判昭和32・11・27刑集11巻12号3113頁
  ＝最高裁判所大法廷昭和32年11月27日判決最高裁判所刑事判例集11巻12号3113頁

第1部

人工衛星等の打上げ及び人工衛星の管理に関する法律

序章　本法制定の経緯

（1）　宇宙関係諸条約への加入

わが国は、1967（昭和42）年に「月その他の天体を含む宇宙空間の探査及び利用における国家活動を律する原則に関する条約」（昭和42年条約第19号）（以下「宇宙条約」という）を締結した（同条約の条文については、慶應義塾大学宇宙法センター（宇宙法研究所）監修・編集『宇宙法ハンドブック』[一柳みどり編集室、2013年] 8頁以下参照。同条約については、その成立史を含めて、池田文雄『宇宙法論』[成文堂、1971年] 5頁以下が詳しい。同条約における基本原則については、中村恵「宇宙法の体系」国際法学会編『日本と国際法の100年第2巻　陸・空・宇宙』[三省堂、2001年] 190～200頁も参照。同条約3条について、齋藤洋「宇宙条約第3条の意義に関する覚書―ひとつの問題提起の素描として」藤田勝利=工藤聡一編・関口雅夫教授追悼論文集『航空宇宙法の新展開』[八千代出版、2005年] 423頁以下参照）。その後、1968（昭和43）年の宇宙開発委員会設置法案および翌1969（昭和44）年の宇宙開発事業団法案についての国会における附帯決議で宇宙開発基本法の検討と立法化を速やかに行うこととされた。1970（昭和45）年2月に、わが国は、純粋な国産技術で製造した固体ロケットで人工衛星の打上げに成功し、米ソ仏に次ぐ世界で4番目の人工衛星打上げ国となった。しかし、「宇宙飛行士の救助及び送還並びに宇宙空間に打ち上げられた物体の返還に関する協定」（昭和58年条約第5号）（以下「宇宙救助返還協定」という）、「宇宙物体により引き起こされる損害についての国際的責任に関する条約」（昭和58年条約第6号）（以下「宇宙損害責任条約」という）、「宇宙空間に打ち上げられた物体の登録に関する条約」（昭和58年条約第7号）（以下「宇宙物体登録条約」という。同条約の条文については、前掲・慶應義塾大学宇宙法センター（宇宙法研究所）監修・編集『宇宙法ハンドブック』38頁以下参照）（以下「宇宙3条約」という）には未加入であった。その理由の一つは、加盟の必要性が乏しいと判断されたことであったが、別の理由は、宇宙条約にいう「宇宙の平和利用」とは、自衛権の範囲内での軍事目的での利用を排除しないと解されていたにもかかわらず、わが国では、「宇宙の平和利用」とは非軍事利用であるという解釈の下に、宇宙開発委員会設置法や宇宙開発事業団（以下「NASDA」という）法を設置してきており、後者

の法案の国会での審議過程においては、目的規定の「平和の目的に限り」の意味について、衆参両院の委員会で、全会一致により、宇宙の非軍事利用が附帯決議された経緯と関係する。すなわち、上記の宇宙3条約に加入するための国会承認手続において、宇宙の非軍事利用を再確認する附帯決議がされるなどして、将来の「宇宙の平和利用」の桎梏となることを政府が懸念したのである。

　しかし、宇宙開発委員会は、宇宙3条約への未加入状態をこれ以上継続すべきではないとの判断に至り、宇宙3条約への加入を念頭に置いて、そのための国内法整備について検討するために、1975（昭和50）年3月12日の宇宙開発委員会決定に基づき、同委員会に宇宙関係条約特別部会を設置した。同部会は、1977（昭和52）年6月22日に、「宇宙関係条約の締結に当たって必要な国内法令に関する基本事項について（報告）」を取りまとめた。同報告は、わが国では、(i)ロケットや人工衛星を打ち上げる機関は、国立大学である東京大学の宇宙航空研究所と特殊法人であるNASDAに限られており、すでに国が適切に監督しており、私企業による人工衛星等の打上げが近い将来において行われる可能性はないこと、(ii)「宇宙空間に打ち上げられた物体の登録に関する条約」の対象となる衛星の追跡はNASDAにより一元的に実施されていること、(iii)有人飛行の計画がないことから、宇宙3条約への加入に当たり、新たな立法措置は不要であるという見解を示した。1978（昭和53）年にソ連の原子力電源衛星コスモス954号がカナダ領域に落下した事故を契機に、宇宙3条約への加入を求める声も高まり、宇宙3条約の履行を担保するための国内における立法措置の検討もなされたが、結局、立法措置は不要と判断され、わが国は、1983（昭和58）年3月29日に、将来、既存の法令で対処できない状態となった場合には、関係省庁が緊密に協力して、必要な立法措置を講ずることを閣議で口頭了解した上で、国内の立法措置を講ずることなく、同年6月20日に、宇宙3条約に一括して加入したのである。

（2）　先進国における宇宙活動法の制定

　しかし、米国では、1982（昭和57）年には、民間企業がロケットの打上げに成功しており、民間企業が宇宙産業に参加することを促進するための法制度を整備するため、1984（昭和59）年に、商業打上げ法（CSLA）および陸域リモー

トセンシング商業化法が制定された。商業打上げ法は、人工衛星等の打上げを商業化し、そのため、打上げに対する許可制を設けるとともに、ロケットが地上に落下した場合の損害について、損害賠償責任保険契約の締結を義務づける第1世代の宇宙法であった（英国では、1986［昭和61］年に宇宙法が制定されている）。その後、フランスのアリアンロケットが、損害賠償責任保険措置額を超える損害が発生した場合、無制限に政府が補償する法的仕組みの下で、人工衛星等の打上げ市場に参入してきた。そこで、米国も、自国の宇宙関連産業の国際競争力を強化するため、1988（昭和63）年に、商業打上げ法を改正して、損害賠償責任保険措置額（上限5億ドル）を超える損害が発生した場合には、連邦政府が15億ドルを上限として補償することとなり、同法が第2世代の宇宙法に進化した。そして、SpaceX 社等が商業打上げ市場に新規参入していくことになった。この頃から、欧州、ロシア、カナダ、中国、インド等においても、民間企業または国による人工衛星等の打上げ事業、リモートセンシング画像の販売事業が揺籃期を迎え、従前、国主導で行われてきた宇宙の開発利用が、政府による宇宙開発と民間事業者主導の宇宙利用へとシフトしていくことになった。ロシアでは、1993（平成5）年にロシア連邦宇宙活動法が、1996（平成8）年にウクライナで宇宙活動法が制定されている。わが国でも、1998（平成10）年に、宇宙開発事業団法が改正され、第三者損害賠償条項（24条の2、24条の3）が追加され、この規定が、2002（平成14）年に宇宙航空研究開発機構法（当時の21条、22条）に継承されたが、宇宙産業を振興する観点からの国内法の整備は遅れていた。わが国においても、民間事業者が外国の事業者（アリアンスペース社等）に委託して人工衛星の打上げを行う例があったが、わが国の監督は、放送事業者・通信事業者に対する電波干渉防止のための電波法・放送法に基づく監督等、限定的な監督がなされるにとどまり、宇宙条約が加盟国に義務づけている民間宇宙活動に対する継続的な許可・監督を保障する体制は整備されていなかった。

（3）　宇宙基本法の制定

　このような状態を懸念して、2008（平成20）年に、自由民主党、公明党、民主党の賛成により、議員立法で宇宙基本法が制定され、同年5月28日に公布された。同法制定の背景には、わが国の宇宙関連技術の向上に伴い、研究開発

の段階から公共サービスや商業利用を推進する段階に入ったという認識がある。特に、宇宙産業の発展を促進する必要性が高まったことを指摘できる。同法は、「宇宙開発利用は、月その他の天体を含む宇宙空間の探査及び利用における国家活動を律する原則に関する条約等の宇宙開発利用に関する条約その他の国際約束の定めるところに従い、日本国憲法の平和主義の理念にのっとり、行われるものとする」(2条)、「国は、国際社会の平和及び安全の確保並びに我が国の安全保障に資する宇宙開発利用を推進するため、必要な施策を講ずるものとする」(14条)と規定しているが、これは、宇宙条約にいう「宇宙の平和利用」を「非軍事利用」に限定する1969 (昭和44) 年の国会附帯決議の解釈を変更し、防衛目的での宇宙利用を肯定する国際的に一般的な解釈を採用するという意味を持つものであった (国立研究開発法人宇宙航空研究開発機構法 [以下「JAXA法」という] 4条は、国立研究開発法人宇宙航空研究開発機構 [以下「JAXA」という] は、宇宙基本法2条の宇宙の平和的利用に関する基本理念にのっとるものとしている)。

　このことは、平和目的の解釈を「非軍事」から国際的に一般的な解釈である「非侵略」に変更するものであり、わが国の安全保障上、重要な意義を有するのみならず、諸外国と同様、国が防衛目的でアンカー・テナンシーを可能にしたり、安全保障目的と商業目的の双方の目的を有するデュアル・ユースの人工衛星の打上げを受注することを可能にする等、わが国の宇宙産業の振興にとっても意義のあるものであった。実際、宇宙基本法は、基本理念として、宇宙の平和的利用、国民生活の向上、人類社会の発展、国際協力等の推進、環境への配慮と並んで、産業の振興も基本理念として挙げている (宇宙産業について、小宮義則「宇宙活動法および衛星リモセン法の意義とわが国宇宙関連産業の未来」Law and Technology 79号 (2018年) 18頁以下参照)。

　国内の宇宙産業の振興という同法の目的は、より端的に、同法16条の「国は、宇宙開発利用において民間が果たす役割の重要性にかんがみ、民間における宇宙開発利用に関する事業活動 (研究開発を含む。) を促進し、我が国の宇宙産業その他の産業の技術力及び国際競争力の強化を図るため、自ら宇宙開発利用に係る事業を行うに際しては、民間事業者の能力を活用し、物品及び役務の調達を計画的に行うよう配慮するとともに、打上げ射場 (ロケットの打上げを行う施設をいう。)、試験研究設備その他の設備及び施設等の整備、宇宙開発

利用に関する研究開発の成果の民間事業者への移転の促進、民間における宇宙開発利用に関する研究開発の成果の企業化の促進、宇宙開発利用に関する事業への民間事業者による投資を容易にするための税制上及び金融上の措置その他の必要な施策を講ずるものとする」という規定に示されている。これを受けて、2012（平成24）年のJAXA法改正で、わが国の宇宙開発を技術面で支える中核的実施機関であるJAXAが、(i)人工衛星等の開発ならびにこれに必要な施設および設備の開発を行うこと、(ii)人工衛星等の打上げ、追跡および運用ならびにこれらに必要な方法、施設および設備の開発を行うことに関し、民間事業者の求めに応じて援助および助言を行うことがJAXAの業務の範囲に含まれることが明記された（同法18条6号）。

　宇宙基本法の意義としては、宇宙開発利用に関する施策を総合的かつ計画的に推進することを目的として、内閣に内閣総理大臣を本部長、内閣官房長官と宇宙開発担当大臣を副本部長、その他のすべての国務大臣を本部員とする宇宙開発戦略本部を設置し、司令塔機能を担わせることとしたこと、宇宙開発利用に関する施策の総合的かつ計画的な推進を図るため、宇宙開発利用に関する基本的な計画（「宇宙基本計画」）を閣議決定することとしたことも指摘できる。

（4）　宇宙活動法の制定

　そして、同法35条1項は、「政府は、宇宙活動に係る規制その他の宇宙開発利用に関する条約その他の国際約束を実施するために必要な事項等に関する法制の整備を総合的、計画的かつ速やかに実施しなければならない」と定め、同条2項で「前項の法制の整備は、国際社会における我が国の利益の増進及び民間における宇宙開発利用の推進に資するよう行われるものとする」と規定したのである。そして、同法案の衆参両院における附帯決議（6項）では、本法の施行後2年以内を目途に、宇宙開発利用に関する条約等に従い、宇宙活動に係る規制などに関する法制を整備するよう努めることとされた。そのため、宇宙開発戦略本部宇宙開発戦略専門調査会に「宇宙活動に関する法制検討ワーキンググループ」が2008（平成20）年に設置され、2010（平成22）年3月に「中間とりまとめ」を公表している。その後、宇宙開発利用を総合的に調整し推進するために、2012（平成24）年に「内閣府設置法等の一部を改正する法律」により、

内閣府に宇宙戦略室（現在は宇宙開発戦略推進事務局）と宇宙政策委員会が置かれ、他方で、文部科学省の宇宙開発委員会は廃止された。

　2014（平成26）年8月26日に自由民主党・政務調査会宇宙・海洋開発特別委員会が「国家戦略の遂行に向けた宇宙総合戦略―提言」を発表し、その中で、「宇宙活動法（仮称）」を早急に制定すること、「日本版リモートセンシング法（仮称）」を制定することが提言された。そして、2015（平成27）年1月に閣議決定された第3次宇宙基本計画では、海外衛星事業者からの衛星打上げサービスの受注を後押しし、民間事業者による宇宙活動の下支えとなる「宇宙活動法案」や、わが国および同盟国の安全保障上の利益を確保しつつ、リモートセンシング衛星を活用した民間事業者の事業を推進するために必要となる制度的担保を図るための衛星リモートセンシング法案を2016（平成28）年の通常国会へ提出することを目指すこととされた。2015（平成27）年4月に宇宙政策委員会宇宙産業・科学技術基盤部会に宇宙法制小委員会が設置され、そこで宇宙活動法に関する法的論点について議論が重ねられた。同年6月には、宇宙政策委員会が、許可制および継続的監督の対象とする宇宙活動の範囲、個別の許可および継続的監督の内容、第三者損害賠償制度等の骨格を示す「宇宙活動法に関する基本的考え方」を取りまとめ、これに基づき立案作業が進められた。翌月の宇宙開発戦略本部会合においては、安倍晋三内閣総理大臣から、「我が国の民間事業者等による宇宙活動を後押しするための制度インフラとなる『宇宙活動法』と『衛星リモートセンシング法』について、次期通常国会に提出できるよう、検討を進めること」という指示が出された。両法案は、2016（平成28）年3月4日に閣議決定され、第190回国会（常会）に提出され、継続審査になったが、第192回国会（臨時会）で同年11月9日に可決・成立し、同月16日に平成28年法律第76号として公布された。すでに20を超える国が、民間の宇宙活動の規制法を制定していたが、わが国も、ようやくその仲間入りをすることになった（「人工衛星等の打上げ及び人工衛星の管理に関する法律」の概要については、内閣府宇宙開発戦略推進事務局「宇宙2法（人工衛星等の打上げ及び人工衛星の管理に関する法律、衛星リモートセンシング記録の適正な取扱いの確保に関する法律）の制定について」NBL1093号（2017年）7頁以下、行松泰弘「人工衛星等の打上げ及び人工衛星の管理に関する法律（宇宙活動法）の概要について」ジュリスト1506号（2017年）27頁以下参照）。

人工衛星等の打上げ及び人工衛星の管理に関する法律
〔平成28年11月16日号外　法律第76号〕
〔総理・法務・財務・文部科学大臣署名〕
人工衛星等の打上げ及び人工衛星の管理に関する法律をここに公布する。

人工衛星等の打上げ及び人工衛星の管理に関する法律

目　次

第1章　総則（第1条―第3条）
第2章　人工衛星等の打上げに係る許可等
　第1節　人工衛星等の打上げに係る許可（第4条―第12条）
　第2節　人工衛星の打上げ用ロケットの型式認定（第13条―第15条）
　第3節　打上げ施設の適合認定（第16条―第18条）
　第4節　国立研究開発法人宇宙航空研究開発機構による申請手続の特例（第19条）
第3章　人工衛星の管理に係る許可等（第20条―第30条）
第4章　内閣総理大臣による監督（第31条―第34条）
第5章　ロケット落下等損害の賠償
　第1節　ロケット落下等損害賠償責任（第35条―第38条）
　第2節　ロケット落下等損害賠償責任保険契約（第39条）
　第3節　ロケット落下等損害賠償補償契約（第40条―第48条）
　第4節　供託（第49条―第52条）
第6章　人工衛星落下等損害の賠償（第53条・第54条）
第7章　雑則（第55条―第59条）
第8章　罰則（第60条―第65条）
附則

第1章 総　則

> **（目的）**
> **第1条**　この法律は、宇宙基本法（平成20年法律第43号）の基本理念（以下単に「基本理念」という。）にのっとり、我が国における人工衛星等の打上げ及び人工衛星の管理に係る許可に関する制度並びに人工衛星等の落下等により生ずる損害の賠償に関する制度を設けることにより、宇宙の開発及び利用に関する諸条約を的確かつ円滑に実施するとともに、公共の安全を確保し、あわせて、当該損害の被害者の保護を図り、もって国民生活の向上及び経済社会の発展に寄与することを目的とする。

（1）「宇宙基本法（平成20年法律第43号）」

　わが国の従前の宇宙開発利用政策は、研究開発を中心としていた。しかし、人工衛星を活用した放送通信、測位、衛星リモートセンシング記録を活用した資源探査、災害対策、農業経営等、日常の生活や業務においても、人工衛星が広く利用されるようになってきた。また、諸外国では、安全保障が、宇宙利用の重要な部分を占めてきた一方、わが国では、宇宙の平和利用原則がとられ、安全保障のための宇宙利用が認められてこなかったが、日本をとりまく安全保障環境の変化を受けて、安全保障の観点からの宇宙利用の必要性が高まっていった。このような背景の下、宇宙開発利用政策を総合的かつ計画的に国家戦略として推進するために、内閣総理大臣を本部長とする宇宙開発戦略本部（内閣に置かれる本部については、宇賀克也『行政法概説Ⅲ［第5版］』［有斐閣、2019年］135頁以下参照〔以下、宇賀・行政法概説Ⅲと略称〕）を設置し、宇宙基本計画を閣議決定することなどを定める宇宙基本法が、議員立法として、2008年に制定された。同法は、「科学技術の進展その他の内外の諸情勢の変化に伴い、宇宙の開発及び利用（以下「宇宙開発利用」という。）の重要性が増大していることにかんがみ、日本国憲法の平和主義の理念を踏まえ、環境との調和に配慮しつつ、我が国において宇宙開発利用の果たす役割を拡大するため、宇宙開発利用に関し、

基本理念及びその実現を図るために基本となる事項を定め、国の責務等を明らかにし、並びに宇宙基本計画の作成について定めるとともに、宇宙開発戦略本部を設置すること等により、宇宙開発利用に関する施策を総合的かつ計画的に推進し、もって国民生活の向上及び経済社会の発展に寄与するとともに、世界の平和及び人類の福祉の向上に貢献することを目的とする」(同法1条)。同法の制定は、縦割りであった従前のわが国の宇宙開発利用政策を総合性・計画性を確保した国家戦略に転換する分岐点になったといえる。

(2) 「基本理念」

宇宙基本法の2条から7条までに、同法の基本理念が定められている(同法8条参照)。具体的には、(i)宇宙の平和的利用(宇宙開発利用は、月その他の天体を含む宇宙空間の探査及び利用における国家活動を律する原則に関する条約等の宇宙開発利用に関する条約その他の国際約束の定めるところに従い、日本国憲法の平和主義の理念にのっとり、行われるものとすること。同法2条)、(ii)国民生活の向上等(宇宙開発利用は、国民生活の向上、安全で安心して暮らせる社会の形成、災害、貧困その他の人間の生存および生活に対する様々な脅威の除去、国際社会の平和および安全の確保ならびにわが国の安全保障に資するよう行われなければならないこと。同法3条)、(iii)産業の振興(宇宙開発利用は、宇宙開発利用の積極的かつ計画的な推進、宇宙開発利用に関する研究開発の成果の円滑な企業化等により、わが国の宇宙産業その他の産業の技術力および国際競争力の強化をもたらし、もってわが国産業の振興に資するよう行われなければならないこと。同法4条)、(iv)人類社会の発展(宇宙開発利用は、宇宙に係る知識の集積が人類にとっての知的資産であることに鑑み、先端的な宇宙開発利用の推進および宇宙科学の振興等により、人類の宇宙への夢の実現および人類社会の発展に資するよう行われなければならないこと。同法5条)、(v)国際協力等(宇宙開発利用は、宇宙開発利用に関する国際協力、宇宙開発利用に関する外交等を積極的に推進することにより、わが国の国際社会における役割を積極的に果たすとともに、国際社会におけるわが国の利益の増進に資するよう行われなければならないこと。同法6条)、(vi)環境への配慮(宇宙開発利用は、宇宙開発利用が環境に及ぼす影響に配慮して行われなければならないこと。同法7条)が基本理念として定められている。ここで注目されるのは、同法4条において、産業の振興が明記されたことである。米国においても、商業打上げ法の制定によって、民間事業者が遵守すべき基準

が明確化され、政府による補償制度の導入により人工衛星等の打上げ事業のリスクが低減し、このことが SpaceX 社等による商業打上げ市場への新規参入を促進することになった。そこで、宇宙基本法 16 条において、「国は、宇宙開発利用において民間が果たす役割の重要性にかんがみ、民間における宇宙開発利用に関する事業活動（研究開発を含む。）を促進し、我が国の宇宙産業その他の産業の技術力及び国際競争力の強化を図るため、自ら宇宙開発利用に係る事業を行うに際しては、民間事業者の能力を活用し、物品及び役務の調達を計画的に行うよう配慮するとともに、打上げ射場（ロケットの打上げを行う施設をいう。）、試験研究設備その他の設備及び施設等の整備、宇宙開発利用に関する研究開発の成果の民間事業者への移転の促進、民間における宇宙開発利用に関する研究開発の成果の企業化の促進、宇宙開発利用に関する事業への民間事業者による投資を容易にするための税制上及び金融上の措置その他の必要な施策を講ずるものとする」と規定され、このことがわが国における宇宙産業の発展の法的基盤を形成することになった。これを受けて、国立研究開発法人宇宙航空研究開発機構法（以下「JAXA 法」という）が 2012 年に改正され、(i)人工衛星等の開発ならびにこれに必要な施設および設備の開発を行うこと、(ii)人工衛星等の打上げ、追跡および運用ならびにこれらに必要な方法、施設および設備の開発を行うことに係る業務に関し、民間事業者の求めに応じて援助および助言を行うことが、国立研究開発法人宇宙航空研究開発機構（以下「JAXA」という）の業務とされた（JAXA 法 18 条 6 号）。JAXA の前身である NASDA については、その設置法で主務大臣である文部科学大臣、総務大臣、国土交通大臣に一般的指揮監督権が付与されており、それに基づき宇宙条約等により課された国際的義務を履行することが可能であった。しかし、JAXA は独立行政法人の中の国立研究開発法人であり、一般の国立研究開発法人については、主務大臣は一般的指揮監督権を有しない（独立行政法人のうち行政執行法人のみ、主務大臣の一般的指揮監督権に服する。宇賀・行政法概説 III 275 頁以下参照）。そこで、JAXA 法 24 条において、主務大臣は、(i)宇宙の開発および利用に関する条約その他の国際約束をわが国が誠実に履行するため必要があると認めるとき、(ii)関係行政機関の要請を受けて、わが国の国際協力の推進もしくは国際的な平和および安全の維持のため特に必要があると認めるときまたは緊急の必要があると認めるときに

は、JAXA に対し、必要な措置をとることを求めることができ、JAXA は、主務大臣からかかる求めがあったときは、その求めに応じなければならないとされている。

(3) 「我が国における人工衛星等の打上げ及び人工衛星の管理に係る許可に関する制度並びに人工衛星等の落下等により生ずる損害の賠償に関する制度を設けることにより」

人工衛星等の打上げに係る許可等については本法2章、人工衛星の管理に係る許可等については本法3章、ロケット落下等損害の賠償については本法5章、人工衛星落下等損害の賠償については本法6章で定められている。

(4) 「宇宙の開発及び利用に関する諸条約を的確かつ円滑に実施するとともに」

わが国が批准している「宇宙の開発及び利用に関する諸条約」とは、(i)宇宙条約、(ii)宇宙救助返還協定、(iii)宇宙損害責任条約、(iv)宇宙物体登録条約を意味する（本法2条1号）。

(i)の宇宙条約3条においては、「条約の当事国は、国際連合憲章を含む国際法に従つて、国際の平和及び安全の維持並びに国際間の協力及び理解の促進のために、月その他の天体を含む宇宙空間の探査及び利用における活動を行なわなければならない」と定めている。また、同条約4条では、「条約の当事国は、核兵器及び他の種類の大量破壊兵器を運ぶ物体を地球を回る軌道に乗せないこと、これらの兵器を天体に設置しないこと並びに他のいかなる方法によつてもこれらの兵器を宇宙空間に配置しないことを約束する。月その他の天体は、もつぱら平和的目的のために、条約のすべての当事国によつて利用されるものとする。天体上においては、軍事基地、軍事施設及び防備施設の設置、あらゆる型の兵器の実験並びに軍事演習の実施は、禁止する。科学的研究その他の平和的目的のために軍の要員を使用することは、禁止しない。月その他の天体の平和的探査のために必要なすべての装備又は施設を使用することも、また、禁止しない」と規定している。さらに、同条約9条では、「条約の当事国は、月その他の天体を含む宇宙空間の探査及び利用において、協力及び相互援助の原則に従うものとし、かつ、条約の他のすべての当事国の対応する利益に妥当な考

慮を払つて、月その他の天体を含む宇宙空間におけるすべての活動を行なうものとする。条約の当事国は、月その他の天体を含む宇宙空間の有害な汚染及び地球外物質の導入から生ずる地球の環境の悪化を避けるように月その他の天体を含む宇宙空間の研究及び探査を実施し、かつ、必要な場合には、このための適当な措置を執るものとする。条約の当事国は、自国又は自国民によつて計画された月その他の天体を含む宇宙空間における活動又は実験が月その他の天体を含む宇宙空間の平和的な探査及び利用における他の当事国の活動に潜在的に有害な干渉を及ぼすおそれがあると信ずる理由があるときは、その活動又は実験が行なわれる前に、適当な国際的協議を行なうものとする。条約の当事国は、他の当事国が計画した月その他の天体を含む宇宙空間における活動又は実験が月その他の天体を含む宇宙空間の平和的な探査及び利用における活動に潜在的に有害な干渉を及ぼすおそれがあると信ずる理由があるときは、その活動又は実験に関する協議を要請することができる」と規定している。そこで、本法6条4号では、「人工衛星の打上げ用ロケットに搭載される人工衛星の利用の目的及び方法が、基本理念に則したものであり、かつ、宇宙の開発及び利用に関する諸条約の的確かつ円滑な実施及び公共の安全の確保に支障を及ぼすおそれがないものであること」を人工衛星等の打上げ許可要件としている。また、人工衛星の管理の許可についても、「人工衛星の利用の目的及び方法が、基本理念に則したものであり、かつ、宇宙の開発及び利用に関する諸条約の的確かつ円滑な実施及び公共の安全の確保に支障を及ぼすおそれがないものであること」が要件とされている（本法22条1号）。さらに、許可の取消し（本法12条、30条）について定めることにより、確実に同条約3条、4条、9条の義務の履行が確保できるようにしている。

　同条約6条においては、「条約の当事国は、月その他の天体を含む宇宙空間における自国の活動について、それが政府機関によつて行なわれるか非政府団体によつて行なわれるかを問わず、国際的責任を有し、自国の活動がこの条約の規定に従つて行なわれることを確保する国際的責任を有する。月その他の天体を含む宇宙空間における非政府団体の活動は、条約の関係当事国の許可及び継続的監督を必要とするものとする。国際機関が月その他の天体を含む宇宙空間において活動を行なう場合には、その国際機関及びこれに参加する条約の当

事国の双方がこの条約を遵守する責任を有する」と規定している。このように、宇宙空間における非政府団体の活動が条約の関係当事国の許可および継続的監督を必要とするとされていることから、本法においては、人工衛星等の打上げに係る許可制等（本法2章）、人工衛星の管理に係る許可制等（本法3章）、内閣総理大臣による監督（本法4章）について規定することにより、同条約6条に係る義務の履行を担保している。

　同条約7条は、「条約の当事国は、月その他の天体を含む宇宙空間に物体を発射し若しくは発射させる場合又は自国の領域若しくは施設から物体が発射される場合には、その物体又はその構成部分が地球上、大気空間又は月その他の天体を含む宇宙空間において条約の他の当事国又はその自然人若しくは法人に与える損害について国際責任を有する」と規定している。「自国の領域……から物体が発射される場合」にわが国が負う国際的責任を履行するために、わが国が属地主義の下で管轄権を行使する対象として打上げ施設に着目し、その所在地が国内にある場合を本法4条1項の規定に基づく人工衛星等の打上げ許可制の対象としている。また、「自国の……施設から物体が発射される場合」にわが国が負う国際的責任を履行するために、わが国が旗国主義の下で管轄権を行使することができる「日本国籍を有する船舶若しくは航空機」に搭載された打上げ施設からの打上げも、人工衛星等の打上げ許可制の対象としている（本法4条1項）。

　(ii)の宇宙救助返還協定5条3項は、「宇宙空間に打ち上げられた物体又はその構成部分であつて打上げ機関の領域外で発見されたものは、打上げ機関の要請に応じ、打上げ機関の代表者に引き渡されるか又はその処理にゆだねられる。打上げ機関は、当該物体又はその構成部分の返還に先立ち、要請に応じ、当該物体又はその構成部分の識別のための資料を提供する」と規定している。そこで、本法では、人工衛星等の打上げ許可申請書に人工衛星の識別に必要な情報を記載することを義務づけることにより、同条約5条3項の義務を履行できるようにしている（本法4条2項、本法施行規則5条3項）。

　(iii)の宇宙損害責任条約2条は、「打上げ国は、自国の宇宙物体が地表において引き起こした損害又は飛行中の航空機に与えた損害の賠償につき無過失責任を負う」と定め、同条約8条は、「損害を被つた国又は自国の自然人若しくは

法人が損害を被つた国は、当該損害の賠償につき、打上げ国に対し請求を行うことができる」(1項)、「損害を被つた自然人又は法人の国籍国が請求を行わない場合には、他の国は、その領域において当該自然人又は法人が被つた損害につき、打上げ国に対し請求を行うことができる」(2項)、「損害を被つた自然人若しくは法人の国籍国又は自国の領域において損害が生じた国のいずれもが請求を行わない場合又は請求を行う意思を通告しない場合には、他の国は、自国に永住する者が被つた当該損害につき、打上げ国に対して請求を行うことができる」(3項)と規定している。この条約は、宇宙活動に起因する損害に関する国家間の請求権問題を解決するための実体法上の原則および手続を定めるものであり、国家間の問題として政府が対応することになり、国内法における担保措置が直接に義務づけられているわけではない。しかし、日本の非政府団体の宇宙活動に起因する損害についてわが国が他国に対して責任を負わなければならないので、他国にロケットが落下した場合に備え、本法においては、「人工衛星等の打上げを予定する時期、人工衛星の打上げ用ロケットの飛行経路」(本法4条2項4号)等を人工衛星等の打上げに係る許可申請書に記載すること、打上げ実施者に、損害賠償担保措置を講ずること(本法9条1項)を義務づけている。また、日本の人工衛星所有者が外国の打上げ実施者に打上げを委託する場合においても、当該人工衛星に起因する損害に対し、わが国が適切に条約上の義務を履行できるように、人工衛星の管理に係る許可申請書に、人工衛星の管理の方法を定めた計画(本法20条2項7号)等を記載させ、必要があれば、許可に附款(本法34条1項)を付すことにより対応することとしている。

(i)の宇宙条約8条においては、「宇宙空間に発射された物体が登録されている条約の当事国は、その物体及びその乗員に対し、それらが宇宙空間又は天体上にある間、管轄権及び管理の権限を保持する。宇宙空間に発射された物体(天体上に着陸させられ又は建造された物体を含む。)及びその構成部分の所有権は、それらが宇宙空間若しくは天体上にあること又は地球に帰還することによって影響を受けない。これらの物体又は構成部分は、物体が登録されている条約の当事国の領域外で発見されたときは、その当事国に返還されるものとする。その当事国は、要請されたときは、それらの物体又は構成部分の返還に先だち、識別のための資料を提供するものとする」と規定され、(iv)の宇宙物体登

録条約2条1項は、「宇宙物体が地球を回る軌道又は地球を回る軌道の外に打ち上げられたときは、打上げ国は、その保管する適当な登録簿に記入することにより当該宇宙物体を登録する。打上げ国は、国際連合事務総長に登録簿の設置を通報する」と規定し、同条約4条1項は、登録国に対して、登録したそれぞれの宇宙物体に関し、できる限り速やかに国際連合事務総長に、(i)打上げ国の国名、(ii)宇宙物体の適当な標識または登録番号、(iii)打上げが行われた日および領域または場所、(iv)周期、傾斜角、遠地点、近地点を含む基本的な軌道要素、(v)宇宙物体の一般的機能、の情報を提供することを義務づけている。これを受けて、本法は、人工衛星等の打上げ許可および人工衛星の管理許可の申請書に必要事項の記載を義務づけることにより（本法4条2項、20条2項）、条約上の義務の履行を担保している。同条約4条3項においては、「登録国は、従前に情報を提供した宇宙物体であつて地球を回る軌道に存在しなくなつたものについて、実行可能な最大限度においてかつできる限り速やかに、国際連合事務総長に通報する」と規定されている。そこで、この義務を履行するために、本法28条において、人工衛星管理者に、許可に係る管理計画の定めるところにより人工衛星の管理を終了しようとするときは、あらかじめ、その旨を内閣総理大臣に届け出る義務を課している。

（5）「公共の安全を確保し、あわせて、当該損害の被害者の保護を図り」

宇宙の開発および利用に関する諸条約を的確かつ円滑に実施することとは別に、公共の安全を確保し、あわせて、当該損害の被害者の保護を図ることを本法の目的として規定する必要があるのは、以下の理由による。

宇宙条約は、宇宙空間の探査および利用の自由等、宇宙空間の国家による領有禁止、宇宙空間の探査および利用の国際法準拠、宇宙空間への大量破壊兵器の打上げ禁止等、宇宙飛行士に対する援助、宇宙空間における活動に対する国家の責任（締約国の非政府団体の活動に対する許可および継続的監督の義務）、宇宙活動に関する損害に対する当事国の責任、宇宙空間に発射された物体に対する管理権・所有権等、宇宙空間の有害な汚染に対する措置、宇宙物体の飛行の観測、情報の提供および公表、天体上の基地・施設等の開放、他の国家または国際機関との共同の活動等について定めているが、締約国の公共の安全の確保および

締約国の自国民である被害者の保護については、明確には規定されていない。

宇宙救助返還協定においては、宇宙船の乗員の緊急着陸等に関する情報の通報、自国に着陸した宇宙船の乗員の救助に関する援助の協定、公海等に着水した宇宙船の乗員に対する援助、宇宙船の乗員の打上げ国機関の代表者への引渡し、宇宙物体の回収および返還等について定めているものの、締約国の公共の安全の確保および締約国の自国民である被害者の保護については定めていない。

宇宙損害責任条約は、地表における損害および飛行中の航空機に与えた損害についての賠償責任、地表以外の場所における損害についての賠償責任、宇宙物体の衝突等により第三国等に与えた損害についての賠償責任、2以上の国が共同して打ち上げた宇宙物体により生ずる損害についての賠償責任、無過失責任の免除等について定めている。これらは、国家間の請求権問題の解決のための実体法および手続法について定めるものであるので、公共の安全の確保を直接の目的とするものではない。さらに、同条約7条においては、打上げ国の宇宙物体により打上げ国の国民に対して惹起された損害については適用除外にしている。その理由は、同条約は国際的な損害を対象とするものであり、打上げ国の国民については、当該国の国内法により対応されるべきであると考えられたからである。したがって、同条約の目的に、締約国の公共の安全の確保および締約国の自国民である被害者の保護が含まれていると解することは困難である。

宇宙物体登録条約は、国内登録簿の設置、国際連合事務総長の保管する登録簿および情報の公開、登録国により国際連合事務総長に提供されるべき情報、宇宙物体の標識または登録番号、自国に損害を与えた宇宙物体の識別に関する国際協力、国際的な政府機関への同条約の適用等について定めている。このように、同条約は、平和的目的のための宇宙空間の探査および利用における国際協力のため、宇宙物体の識別に資する手段および手続を定めるものであり、締約国の公共の安全の確保および締約国の自国民である被害者の保護を目的とするものでにない（宇宙物体の登録と知的財産権の関係について、小塚荘一郎=佐藤雅彦『宇宙ビジネスのための宇宙法入門［第2版］』［有斐閣、2018年］271～272頁［小塚荘一郎執筆］参照）。

以上のように、締約国の公共の安全の確保および締約国の自国民である被害

者の保護は、締約国の国内法により確保されるべきと考えられ、宇宙開発利用に関する諸条約では担保されていない。そこで、宇宙の開発および利用に関する諸条約を的確かつ円滑に実施することとは別に、公共の安全を確保し、あわせて、当該損害の被害者の保護を図ることを本法の目的として規定しているのである。

なお、米国、フランス、ロシア、中国、韓国等、すでに 20 を超える国が、宇宙諸条約の担保法を制定している（諸外国における宇宙活動法の内容については、Marboe and F. Hafner, "Brief Overview over National Authorization Mechanisms in Implementation of the UN International Space Treaties", in Frans G. von der Dunk (ed.), International Space Law (2018), 103-145 を参照）。

（6）「もって国民生活の向上及び経済社会の発展に寄与することを目的とする」

本法は、宇宙基本法 35 条 1 項（「政府は、宇宙活動に係る規制その他の宇宙開発利用に関する条約その他の国際約束を実施するために必要な事項等に関する法制の整備を総合的、計画的かつ速やかに実施しなければならない」）を受けて制定されたため、同法 1 条が定める「もって国民生活の向上及び経済社会の発展に寄与する」という目的は、本法の目的でもある。衛星測位技術を利用した位置情報サービスがカー・ナビゲーション、スマートフォンで使用され、国民が広くその利便を均霑しているが、より高精度な測位衛星、衛星リモートセンシング技術を活用した高精度の地図情報等の普及により、国民生活の利便性の向上、資源探査や農業の効率化等の産業発展が図られることが期待される。なお、2016（平成 28）年 11 月 8 日、参議院内閣委員会での宇宙 2 法案に対する附帯決議 4 項において、「政府は、宇宙資源開発をめぐる国際的な動向の把握に努めるとともに、関連産業の振興に向けた必要な措置について検討すること」が求められている。宇宙条約においても、国際慣習法においても、私人による宇宙資源の所有は禁止されていないと解されるが、検討すべき法的課題は多い（この問題について、中谷和弘＝米谷三以＝藤井康次郎＝水島淳「宇宙資源開発をめぐる動向と法的課題」ジュリスト 1506 号（2017 年）46 頁以下参照）。

（定義）
第2条　この法律において、次の各号に掲げる用語の意義は、それぞれ当該各号に定めるところによる。
(1)　宇宙の開発及び利用に関する諸条約　月その他の天体を含む宇宙空間の探査及び利用における国家活動を律する原則に関する条約（第22条第2号において「宇宙空間探査等条約」という。）、宇宙飛行士の救助及び送還並びに宇宙空間に打ち上げられた物体の返還に関する協定、宇宙物体により引き起こされる損害についての国際的責任に関する条約及び宇宙空間に打ち上げられた物体の登録に関する条約をいう。
(2)　人工衛星　地球を回る軌道若しくはその外に投入し、又は地球以外の天体上に配置して使用する人工の物体をいう。
(3)　人工衛星等　人工衛星及びその打上げ用ロケットをいう。
(4)　打上げ施設　人工衛星の打上げ用ロケットを発射する機能を有する施設をいう。
(5)　人工衛星等の打上げ　自ら又は他の者が管理し、及び運営する打上げ施設を用いて、人工衛星の打上げ用ロケットに人工衛星を搭載した上で、これを発射して加速し、一定の速度及び高度に達した時点で当該人工衛星を分離することをいう。
(6)　人工衛星管理設備　人工衛星に搭載された無線設備（電磁波を利用して、符号を送り、又は受けるための電気的設備及びこれと電気通信回線で接続した電子計算機をいう。以下この号及び第6条第2号において同じ。）から送信された当該人工衛星の位置、姿勢及び状態を示す信号を直接若しくは他の無線設備を経由して電磁波を利用して受信する方法により把握し、又は当該人工衛星に向けて信号を直接若しくは他の無線設備を経由して送信し、反射される信号を直接若しくは他の無線設備を経由して受信する方法その他の方法によりその位置を把握するとともに、人工衛星の位置、姿勢及び状態を制御するための信号を当該人工衛星に搭載された無線設備に直接又は他の無線設備を経由して電磁波を利用して送信する機能を有する無線設備をいう。
(7)　人工衛星の管理　人工衛星管理設備を用いて、人工衛星の位置、姿勢及び状態を把握し、これらを制御することをいう。
(8)　ロケット落下等損害　人工衛星の打上げ用ロケットが発射された後の全部若しくは一部の人工衛星が正常に分離されていない状態における人工衛

星等又は全部の人工衛星が正常に分離された後の人工衛星の打上げ用ロケットの落下、衝突又は爆発により、地表若しくは水面又は飛行中の航空機その他の飛しょう体において人の生命、身体又は財産に生じた損害をいう。ただし、当該人工衛星等の打上げを行う者の従業者その他の当該人工衛星等の打上げを行う者と業務上密接な関係を有する者として内閣府令で定める者がその業務上受けた損害を除く。

(9) ロケット落下等損害賠償責任保険契約　人工衛星等の打上げを行う者のロケット落下等損害（テロリズムの行為その他その発生を保険契約における財産上の給付の条件とした場合に適正な保険料を算出することが困難なものとして内閣府令で定める事由を主たる原因とする人工衛星等の落下、衝突又は爆発によるロケット落下等損害（第9条第2項及び第40条第1項において「特定ロケット落下等損害」という。）を除く。）の賠償の責任が発生した場合において、これをその者が賠償することにより生ずる損失を保険者（保険業法（平成7年法律第105号）第2条第4項に規定する損害保険会社又は同条第9項に規定する外国損害保険会社等で、責任保険の引受けを行う者に限る。以下同じ。）が埋めることを約し、保険契約者が保険者に保険料を支払うことを約する契約をいう。

(10) ロケット落下等損害賠償補償契約　人工衛星等の打上げを行う者のロケット落下等損害の賠償の責任が発生した場合において、ロケット落下等損害賠償責任保険契約その他のロケット落下等損害を賠償するための措置によっては埋めることができないロケット落下等損害をその者が賠償することにより生ずる損失を政府が補償することを約する契約をいう。

(11) 人工衛星落下等損害　人工衛星の打上げ用ロケットから正常に分離された人工衛星の落下又は爆発により、地表若しくは水面又は飛行中の航空機その他の飛しょう体において人の生命、身体又は財産に生じた損害をいう。ただし、当該人工衛星の管理を行う者の従業者その他の当該人工衛星の管理を行う者と業務上密接な関係を有する者として内閣府令で定める者がその業務上受けた損害を除く。

（1）「月その他の天体を含む宇宙空間の探査及び利用における国家活動を律する原則に関する条約（第22条第2号において「宇宙空間探査等条約」という。）」(1号) 1966年12月19日に採択され、1967年10月10日に発効している。宇宙活

動の一般原則を定めた条約である。宇宙空間の探査利用の自由等、宇宙空間の国家による領有禁止、宇宙空間の探査利用の国際法準拠、宇宙空間への大量破壊兵器の打上げ禁止等、宇宙飛行士に対する援助、宇宙空間における活動に対する国家の責任、宇宙活動に関する損害に対する当事国の責任、宇宙空間に発射された物体に対する管理権・所有権等、宇宙空間の有害な汚染に対する措置、宇宙物体の飛行の観測、情報の提供および公表、天体上の基地・施設等の開放、他の国家または国際機関との共同の活動等について定めており、「宇宙の憲法」と呼ばれることもある。日本は、1967年に批准している。

（2）「宇宙飛行士の救助及び送還並びに宇宙空間に打ち上げられた物体の返還に関する協定」(1号)

1967年12月19日に採択され、1968年12月3日に発効している。宇宙船の乗員の緊急着陸等に関する情報の通報、自国に着陸した宇宙船の乗員の救助に関する援助の協定、公海等に着水した宇宙船の乗員に対する援助、宇宙船の乗員の打上げ国機関の代表者への引渡し、宇宙物体の回収および返還等について定めている。日本は、1983年に加入している。

（3）「宇宙物体により引き起こされる損害についての国際的責任に関する条約」(1号)

1971年11月29日に採択され、1972年9月1日に発効している。地表における損害および飛行中の航空機に与えた損害についての賠償責任、地表以外の場所における損害についての賠償責任、宇宙物体の衝突等により第三国等に与えた損害についての賠償責任、2以上の国が共同して打ち上げた宇宙物体により生ずる損害についての賠償責任、無過失責任の免除等について定めている。日本は、1983年に加入している。

（4）「宇宙空間に打ち上げられた物体の登録に関する条約」(1号)

1974年11月12日に採択され、1976年9月15日に発効している。国内登録簿の設置、国際連合事務総長の保管する登録簿および情報の公開、登録国により国際連合事務総長に提供されるべき情報、宇宙物体の標識または登録番号、

自国に損害を与えた宇宙物体の識別に関する国際協力、国際的な政府機関への同条約の適用等について定めている。日本は、1983年に加入している。

(5)「人工衛星　地球を回る軌道若しくはその外に投入し、又は地球以外の天体上に配置して使用する人工の物体をいう」(2号)

　JAXA法2条3項においては、人工衛星は「地球を回る軌道の外に打ち上げられる飛しょう体及び天体上に置かれる人工の物体を含む」と定義しており、本号の表現と異なる。その理由は以下の通りである。JAXA法は、JAXAの所掌事務等について定めるものであるので、人工衛星の意味は自明であることを前提としているが、単に「人工衛星」というと、地球を回る軌道を公転する人工の物体のみを意味すると狭義に解されるおそれがある。旧宇宙開発委員会設置法2条2項1号の「人工衛星」は、太陽の周りを公転するものや地球以外の惑星（惑星の法的地位について、池田文雄『宇宙法』［勁草書房、1961年］165頁以下参照）やそれらの衛星の周りを公転するものも含む意味で解されていた。そこで、地球以外の惑星を回る軌道に投入される惑星探査機のように、地球を回る軌道の外に打ち上げられる飛しょう体や月面探査機・火星探査機のように地球以外の天体上に置かれる人工の物体を含むことを明記している。地球以外の天体上に置かれる人工の物体を含むことを明記したのは、旧文部科学省宇宙科学研究所（ISAS）、旧宇宙開発事業団（NASDA）、旧航空宇宙研究所（NAL）の統合によりJAXAが発足するに当たり、旧文部科学省宇宙科学研究所が従前実施してきた各種探査機の研究開発をJAXAが継承することを明確化する意図があったからである。他方において、本法は規制法であるため、規制の対象をより明確にする必要がある。そこで、人工衛星について、その意義が自明という前提に立たず、明確な定義規定を置いている。JAXA法2条3項においては「飛しょう体」という文言を使用しているが、本号では、この語を用いず、「人工の物体」という文言を使用している。その理由は、以下の2つである。第1に、宇宙条約8条においては、「宇宙空間に発射された物体（天体上に着陸させられ又は建造された物体を含む。）」、宇宙物体登録条約2条2項においては、「地球を回る軌道に又は地球を回る軌道の外に打ち上げられた宇宙物体」と規定されており、「飛しょう体」という文言を使用していないことである。第2

に、「飛しょう（飛翔）」という文言は能動的に移動するという語感があるため、遠心力と重力が均衡して宇宙の天体を周回し、推進力を有しない人工衛星についてこの語を用いることは、必ずしも適切でないと考えられたことによる（なお、人工衛星の中には推進力を有するものもある）。そこで、本号は、天体上に配置して使用するものも含めて「人工の物体」という文言を使用している。本法では、人工衛星等の打上げについては別に定義しており（本条5号）、打上げ後の管理対象としては物体に着目しているので、「人工の物体」と規定している。なお、人工衛星は、定義上、無人のもののみならず有人のものも含むが、わが国では、現時点では有人飛行は想定されておらず、本法も有人飛行を念頭に置いて立法されたものではない。

　JAXA法2条3項における「天体上に置かれる人工の物体」という表現と異なり、本号では、「天体上に配置して使用する人工の物体」という表現が用いられている。これは、JAXA法2条3項では、当該人工の物体がどこにあるかにのみ着眼しているのに対し、本法では、宇宙産業に従事して能動的な行為を行う者が当該人工の物体を管理することを規制対象にしているからである。「天体上に配置して使用する人工の物体」には、天体上に配置される施設のみならず、そこで活動する探査用車両等も含む。

　宇宙開発戦略本部宇宙開発戦略専門調査会の「宇宙活動に関する法制検討ワーキンググループ」が2010年3月に公表した「中間とりまとめ」においては、いわゆるサブオービタル飛行として100キロメートル以上に打ち上げられた物体も「宇宙物体」として規制対象とする方針がとられていたが、これは軌道に投入されず本法の人工衛星の定義には該当しないので、本法は、サブオービタル飛行は対象外としていることになる。これは、サブオービタル飛行の場合、地球を周回する衛星等の打上げと比べて、影響の及ぶ範囲が限定されているためである。弾道軌道を描く飛翔体には、防衛目的のミサイル、科学研究のための観測ロケット（サウンディング・ロケット）、有人観光飛行等が含まれ、ミサイルについては自衛隊法、観測ロケットについては火薬類取締法等、関係法制の規制を受ける。他方、地球周回軌道に投入された有人物体は、人工衛星の定義に含まれるため、本法4条1項の許可対象に形式上は包含される。しかし、わが国では、有人の人工衛星の開発実績がなく、乗員の安全を確保する打上げ許

可基準を設定して、適切に事業者を監督する能力は、現時点では、政府に存在しない。したがって、当面は、有人の人工衛星の打上げが許可されることは想定されていない。有人のサブオービタル飛行についても、現時点では、その安全性を確保する基準を設定できないことに変わりはなく、現行法上、想定されていない。将来、相当な安全性を確保した有人のサブオービタル飛行が、わが国でも技術的に可能になれば、その時点で法整備を検討することになろう（小塚荘一郎＝佐藤雅彦編著『宇宙ビジネスのための宇宙法入門〔第2版〕』〔有斐閣、2018年〕170～171頁〔青木節子執筆〕参照）。なお、将来、軌道上サービスを提供する宇宙機がわが国で実現した場合、本号の人工衛星に含まれることになり、日本国内の管理設備から管制を行い軌道上サービスを提供する民間事業者は、本法20条1項の規定に基づき、人工衛星の管理を行おうとする者の許可を受ける必要がある（小塚＝佐藤・前掲書277頁〔小塚荘一郎執筆〕参照）。

（6）「打上げ施設　人工衛星の打上げ用ロケットを発射する機能を有する施設をいう」(4号)

　人工衛星の打上げを行うためには、(ⅰ)人工衛星の打上げ用ロケットを発射する機能を有する設備、(ⅱ)人工衛星の打上げ用ロケットの飛行経路を追跡するための設備、(ⅲ)人工衛星の打上げ用ロケットが予定された飛行経路を外れた場合その他の異常な事態が発生した場合において当該打上げ用ロケットの破壊等の飛行中止のための信号を当該打上げ用ロケットに搭載された無線設備に送信する設備を具備する必要がある。(ⅱ)は、(ⅱa)人工衛星の打上げ用ロケットに搭載されたジャイロスコープや加速度計等により位置、姿勢および速度、加速度、エンジンの内部圧力等の状態を計測し、これらの情報を打上げ用ロケットに搭載された無線設備から地上設備に送信し、地上設備でこの信号を受信する方法により飛行経路を把握する設備または、(ⅱb)地上からのレーダー測距設備を連続的に配置し、打上げ用ロケットに向けて信号を送信し、反射される信号を受信する方法により事前にプログラミングした飛行経路を飛行しているかを把握する設備である。

　以上のうち、(ⅰ)および(ⅱ)の設備を備えていること、または(ⅰ)から(ⅲ)のすべての設備を備えていることを打上げ施設の定義とした場合、(ⅰ)のみの設備を用い

て人工衛星の打上げを行う場合には、本法の規制対象外となり、不適切な打上げを許容することになりかねない。そこで、打上げ施設の定義は(i)のみとし、(ii)および(iii)は許可の基準（本法6条2号）として位置づけている。

（7）「人工衛星等の打上げ　自ら又は他の者が管理し、及び運営する打上げ施設を用いて、人工衛星の打上げ用ロケットに人工衛星を搭載した上で、これを発射して加速し、一定の速度及び高度に達した時点で当該人工衛星を分離することをいう」(5号)

　人工衛星等の打上げは、人工衛星を搭載したロケットの発射から当該人工衛星を分離するまでの行為であり、人工衛星が分離された後は、人工衛星の管理の許可の問題になる。「他の者が管理し、及び運営する打上げ施設」を用いる場合とは、JAXAが管理する射場を他の者が借りて人工衛星等の打上げを行う場合等を念頭に置いている。人工衛星を搭載しないロケットの打上げは人工衛星等の打上げに該当せず、本法の規制対象外である。

（8）「無線設備」(6号)
　電波法2条4号においては、「無線電信、無線電話その他電波を送り、又は受けるための電気的設備をいう」と定義されている。

（9）「人工衛星の打上げ用ロケットが発射された後の全部若しくは一部の人工衛星が正常に分離されていない状態における人工衛星等……の落下、衝突又は爆発」(8号本文)

　人工衛星が正常に分離されていない状態であるから、「人工衛星等」すなわち「人工衛星及びその打上げ用ロケット」（本法2条3号）の落下、衝突または爆発を意味する。ここでいう「衝突」として想定されるのは、上昇中のロケットが進路上の航空機に衝突する場合やロケットが打上げ直後の低速度のときに強風等の外圧等により姿勢を維持できず、水平方向に異常飛行して打上げ施設近傍の建物等に衝突するような場合である。

(10) 「全部の人工衛星が正常に分離された後の人工衛星の打上げ用ロケットの落下、衝突又は爆発」（8号本文）

想定しうるのは、打上げ用ロケットの上段部の落下、衝突または爆発等である。打上げ用ロケットの最上段部には、人工衛星を分離した後に大気圏への再突入を行わせるための燃料を搭載している場合があり、その燃料が完全に消費されない状態で大気圏に再突入することとなった場合に爆発が生ずる可能性は否定できない。

(11) 「飛しょう体」（8号本文）

飛しょう体という文言の使用例として、JAXA法2条3項がある。

(12) 「ただし、当該人工衛星等の打上げを行う者の従業者その他の当該人工衛星等の打上げを行う者と業務上密接な関係を有する者として内閣府令で定める者がその業務上受けた損害を除く」（8号ただし書）

ロケット落下等損害から、「当該人工衛星等の打上げを行う者の従業者その他の当該人工衛星等の打上げを行う者と業務上密接な関係を有する者として内閣府令で定める者がその業務上受けた損害」は除かれている。内閣府令で定める者は、(i)当該人工衛星等の打上げを行う者の従業者、(ii)当該人工衛星等の打上げの用に供された資材その他の物品または役務の提供をした者およびその従業者である（本法施行規則2条）。当該人工衛星等の打上げの用に供された資材その他の物品または役務の提供をした者には、人工衛星自体を提供し、その打上げを依頼する者も含まれる。これらの者は、打上げ失敗により、当該人工衛星またはその部品の損害を被ることが想定され、また、これらの者は、打上げ失敗により死傷という損害が発生することが想定されるものの、当該行為に伴う危険を認識した上で当該行為に参加した者であり、当該損害を発生させる側に位置づけられ、民間の責任保険契約においては、一般に被保険者となるものであるし、これらの事業の従業者の損害は労働者災害補償保険で補償されることになる。そこで、これらの者が受けた損害をロケット落下等損害から除外している。

なお、本法施行規則2条の「従業者」とは、人工衛星等の打上げを行う法人

その他の団体の組織内でその監督の下に従事するが、事業主との雇用関係が存在することは要件でない。したがって、事業主との雇用関係が存在しない派遣労働者は、「従業者」に該当する。「使用人」は、本店、支店または事業所等の代表者を意味するが、「使用人」も「従業者」に含まれる。

(13) 「人工衛星等の打上げを行う者のロケット落下等損害……の賠償の責任が発生した場合において、これをその者が賠償することにより生ずる損失を保険者（保険業法（平成7年法律第105号）第2条第4項に規定する損害保険会社又は同条第9項に規定する外国損害保険会社等で、責任保険の引受けを行う者に限る。以下同じ。）が埋めることを約し、保険契約者が保険者に保険料を支払うことを約する契約をいう」(9号)

「保険契約」とは、「保険契約、共済契約その他いかなる名称であるかを問わず、当事者の一方が一定の事由が生じたことを条件として財産上の給付（生命保険契約及び傷害疾病定額保険契約にあっては、金銭の支払に限る。以下「保険給付」という。）を行うことを約し、相手方がこれに対して当該一定の事由の発生の可能性に応じたものとして保険料（共済掛金を含む。以下同じ。）を支払うことを約する契約」を意味する（保険法2条1号）。

内閣府宇宙戦略室が2015年度に損害コンサルタント会社に調査させたところによれば、日本の基幹ロケットであるH-IIAロケットをJAXAが種子島宇宙センターから打ち上げる場合、最大蓋然損害額は約150億円と試算されており、平成23年法律第76号による改正前のJAXA法21条2項の規定に基づき、JAXAの主務大臣により200億円の保険金額が定められていた。ロケット落下等損害の額は、打上げ用ロケットの機体、打上げ施設の場所および飛行経路により左右される。その理由は、ロケットにより爆発の大きさに影響を与える火薬等の推進薬等の搭載量に差異があること、打上げ施設の場所および飛行経路によりロケットの落下または爆発の影響を被る地域が異なることである。ロケットの爆発の規模は、搭載した推進薬の残量が多い打上げ直後が最大となる。また、飛行経路の大半は海上である。そのため、第三者損害事故による被害が最大になると想定されるのは、打上げ直後に予定された飛行範囲から逸脱したものの飛行中断措置を講ずることができず、打上げ見学者が集まっている場所

等の人の密集した地点に落下した場合である。なお、打上げ前に、航空機に航空情報（NOTAM）が発信されるし、ロケット発射後、1分も経過しないうちにロケットは航空機が飛行可能な高度を超えた高度に到達するので、上昇中のロケットが航空機に衝突する可能性は皆無に近く、また、航空機の飛行高度を超えた場所でロケットが爆発し、その破片が落下し、航空機に衝突する可能性は、ほぼ皆無に近いと考えられている。

損害賠償責任保険契約の締結について法律で定める例として、原子力損害賠償責任保険契約（原子力損害の賠償に関する法律8条）がある。

(14) 「（テロリズムの行為その他その発生を保険契約における財産上の給付の条件とした場合に適正な保険料を算出することが困難なものとして内閣府令で定める事由を主たる原因とする人工衛星等の落下、衝突又は爆発によるロケット落下等損害（第9条第2項及び第40条第1項において「特定ロケット落下等損害」という。）を除く。）」(9号)

展覧会における美術品損害の補償に関する法律施行令2条の「特定損害」（地震もしくは噴火またはテロリズムの行為によって生じた損害）に対応するのが、特定ロケット落下等損害である。

(15) 「ロケット落下等損害賠償補償契約」(10号)

本法は、ロケット落下等損害に係る無過失責任（本法35条）の免責事由を定めていないため、大規模な自然災害、テロ行為、戦争等のように、第三者損害賠償責任保険による引受けが行われない場合が起こりうる。そこで、政府が、損害賠償担保措置額を上限として、上記のような理由で保険金が支払われない場合に、ロケット落下等損害賠償補償契約に基づいて補償することとしている。ロケット落下等損害賠償補償契約は、特定ロケット落下等損害を補償する部分および損害額がロケット落下等損害賠償責任保険契約による賠償措置額を超える損害を打上げ実施者が賠償することにより生ずる損失を政府が補償する部分からなる。同様の契約として、原子力損害賠償補償契約（原子力損害の賠償に関する法律10条1項）がある。

(16)　「ただし、当該人工衛星の管理を行う者の従業者その他の当該人工衛星の管理を行う者と業務上密接な関係を有する者として内閣府令で定める者がその業務上受けた損害を除く」（11号ただし書）

　人工衛星落下等損害からは、「当該人工衛星の管理を行う者の従業者その他の当該人工衛星の管理を行う者と業務上密接な関係を有する者として内閣府令で定める者がその業務上受けた損害」は除かれている。内閣府令で定める者は、当該人工衛星の管理を行う者の従業者である（本法施行規則4条）。これらの者は、無関係な第三者の立場にあるのではなく、当該行為に伴う危険を認識した上で当該行為に参加した者であり、当該損害を発生させる側に位置づけられるからである。なお、これらの事業の従業者の損害は労働者災害補償保険で補償されることになる。本法2条8号ただし書の規定の委任に基づく本法施行規則2条2号が定める「当該人工衛星等の打上げの用に供された資材その他の物品又は役務の提供をした者」は、本号の規定の委任に基づく本法施行規則4条では定められていないが、これは、現段階では、人工衛星落下等損害については、保険市場が確立しておらず、民間の責任保険契約において一般に被保険者となる者も確立していないため、当面は、当該人工衛星の管理を行う者の従業者のみを定めたのである。

　なお、本法施行規則4条の「従業者」とは、人工衛星の管理を行う法人その他の団体の組織内でその監督の下に従事するが、事業主との雇用関係が存在することは要件でない。したがって、事業主との雇用関係が存在しない派遣労働者は、「従業者」に該当する。「使用人」は、本店、支店または事業所等の代表者を意味するが、「使用人」も「従業者」に含まれる。

（この法律の施行に当たっての配慮）
第3条　国は、この法律の施行に当たっては、宇宙基本法第16条に規定する民間事業者による宇宙開発利用の促進に関する施策の一環として、我が国の人工衛星等の打上げ及び人工衛星の管理に関係する産業の技術力及び国際競争力の強化を図るよう適切な配慮をするものとする。

本法は、基本的には、宇宙諸条約の履行を担保するための規制法であるが、宇宙基本法16条においては、「国は、宇宙開発利用において民間が果たす役割の重要性にかんがみ、民間における宇宙開発利用に関する事業活動（研究開発を含む。）を促進し、我が国の宇宙産業その他の産業の技術力及び国際競争力の強化を図るため、自ら宇宙開発利用に係る事業を行うに際しては、民間事業者の能力を活用し、物品及び役務の調達を計画的に行うよう配慮するとともに、打上げ射場（ロケットの打上げを行う施設をいう。）、試験研究設備その他の設備及び施設等の整備、宇宙開発利用に関する研究開発の成果の民間事業者への移転の促進、民間における宇宙開発利用に関する研究開発の成果の企業化の促進、宇宙開発利用に関する事業への民間事業者による投資を容易にするための税制上及び金融上の措置その他の必要な施策を講ずるものとする」と規定されている。同法4条においても、基本理念として、産業の振興が明記されており、本法が、宇宙基本法の理念にのっとり制定されたものである以上（本法1条）、本法の解釈運用においても、わが国の宇宙産業の振興に配慮すべきは当然であるが、民間事業者による宇宙開発利用の促進について、より具体的に規定した宇宙基本法16条の規定に関する施策を推進するための配慮規定を置くことにより、より明確に、同条の趣旨が具体化されることを確保しようとしている。本条のような配慮規定の例として、消費者安全法4条5項、地球温暖化対策の推進に関する法律60条がある。

　なお、人工衛星等の打上げ用ロケットや人工衛星は、安全保障にも関わる重要な技術情報を含んでいる。機微情報を含む製品や情報が、違法に海外に流出しないようにすることは、わが国の宇宙産業の技術力および国際競争力の強化を図る上でも、公共の安全を確保する上でも重要である。取引を通じて、これらが海外に流出する危険については、外国為替及び外国貿易法により、(i)ロケットおよび人工衛星を本邦から外国に輸出する場合、(ii)ロケットおよび人工衛星の関連技術を日本国内に所在する者（国籍を問わない）から外国に提供する場合、(iii)ロケットおよび人工衛星の関連技術を日本国内に居住する日本人から日本国内の外国人に提供する場合、のいずれもが規制されており、経済産業大臣の許可を受けることが義務づけられている（同法25条1項、外国為替令17条1項、同令別表（第17条関係）4、同法48条1項、輸出貿易管理令1条、同令別表第1（第1条、

第4条関係) 1 (17)、4、13)。また、営業秘密情報を管理侵害または従業者の背任行為等によって不正に取得する行為は、営業秘密侵害罪となり（不正競争防止法21条)、日本国内で管理されていた営業秘密を国外で不正使用した場合にも、同法の立法管轄権が及ぼされ、国外犯処罰規定も置かれている。そこで、本法には、ロケットおよび人工衛星関連技術の海外流出を規制する規定は置かれていない。

第2章　人工衛星等の打上げに係る許可等

第1節　人工衛星等の打上げに係る許可

（許可）
第4条　①　国内に所在し、又は日本国籍を有する船舶若しくは航空機に搭載された打上げ施設を用いて人工衛星等の打上げを行おうとする者は、その都度、内閣総理大臣の許可を受けなければならない。
②　前項の許可を受けようとする者は、内閣府令で定めるところにより、次に掲げる事項を記載した申請書に内閣府令で定める書類を添えて、これを内閣総理大臣に提出しなければならない。
(1)　氏名又は名称及び住所
(2)　人工衛星の打上げ用ロケットの設計（第13条第1項の型式認定を受けたものにあってはその型式認定番号、人工衛星の打上げ用ロケットの飛行経路及び打上げ施設の周辺の安全を確保する上で我が国と同等の水準にあると認められる人工衛星の打上げ用ロケットの設計の認定の制度を有している国として内閣府令で定めるものの政府による当該認定（以下「外国認定」という。）を受けたものにあっては外国認定を受けた旨）
(3)　打上げ施設の場所（船舶又は航空機に搭載された打上げ施設にあっては、当該船舶又は航空機の名称又は登録記号）、構造及び設備（第16条第1項の適合認定を受けた打上げ施設にあっては、その適合認定番号）
(4)　人工衛星等の打上げを予定する時期、人工衛星の打上げ用ロケットの飛行経路並びに当該飛行経路及び打上げ施設の周辺の安全を確保する方法を含む人工衛星等の打上げの方法を定めた計画（以下「ロケット打上げ計画」という。）
(5)　人工衛星の打上げ用ロケットに搭載される人工衛星の数並びにそれぞれの人工衛星の利用の目的及び方法
(6)　その他内閣府令で定める事項

（1）「国内に所在し、又は日本国籍を有する船舶若しくは航空機に搭載された打上げ施設を用いて」(1項)

　宇宙条約7条は、「条約の当事国は、月その他の天体を含む宇宙空間に物体を発射し若しくは発射させる場合又は自国の領域若しくは施設から物体が発射される場合に、その物体又はその構成部分が地球上、大気空間又は月その他の天体を含む宇宙空間において条約の他の当事国又はその自然人若しくは法人に与える損害について国際的に責任を有する」と規定している。「自国の領域……から物体が発射される場合」について、打上げ者の国籍の如何を問わずわが国が負う国際的責任を履行するために、わが国が属地主義の下で管轄権を行使する対象として打上げ施設に着目し、その所在地が国内にあることを要件としている。また、「自国の……施設から物体が発射される場合」にわが国が負う国際的責任を履行するために、わが国が旗国主義の下で管轄権を行使することができる「日本国籍を有する船舶若しくは航空機」に搭載された打上げ施設からの打上げも対象としている（海外において、船舶からの人工衛星等の打上げの例として、米国シーローンチ社が管理する船舶から同社がゼニット3SLのロケットで静止衛星を洋上発射した例があり、航空機からの人工衛星等の打上げの例として、米国オービタルサイエンシズ社が管理する航空機から同社がペガサスのロケットで小型衛星を発射したことがある）。他方、日本人や日本企業が国外の施設または日本国籍を有しない船舶もしくは航空機に搭載された打上げ施設から人工衛星を「月その他の天体を含む宇宙空間に物体を発射し若しくは発射させる場合」にも、打上げを行わせた国として、「共同打上げ国」としての国際的な責任が生ずるが、打上げ施設についての属地主義や船舶または航空機についての旗国主義の下では、かかる場合を対象とすることができないことになる。そこで、属人主義により、日本人や日本企業が国外の施設または日本国籍を有しない船舶もしくは航空機に搭載された打上げ施設から人工衛星等を打ち上げる場合にもわが国の立法管轄権を及ぼすことも考えられる。比較法的にみれば、国外における人工衛星等の打上げについても許可を義務づける立法がみられ、また、ベルギーのように属人管轄権の行使を定める国際協定が存在する場合に許可を得ることを義務づけたり、オランダのように打上げが行われる国が宇宙条約の加入国でない場合に許可を得ることを義務づけたりする国もある。また、わが国でも、宇宙開発戦略本部

宇宙開発戦略専門調査会の「宇宙活動に関する法制検討ワーキンググループ」が2010年3月に公表した「中間とりまとめ」においては、そのような方針がとられていた。これに対して、本法は、(i)国外には執行管轄権が及ばず規制の実効性がないため、宇宙条約6条により国際責任を負う「自国の活動」に当たらないと解したこと、(ii)当該外国において適切に許可・監督が行われると考えられること、(iii)単一の宇宙活動について複数の国の許可の取得を義務づけることにより宇宙産業の発展の支障になるうることに鑑み、属人主義によりこれらの施設からの打上げを対象とすることはしていない。(ii)(iii)は、当該外国に宇宙活動を規制する法律がある場合を念頭に置いたものであるが、(i)は、かかる法制が整備されているかを問わない理由であるので、結局、本法は、属地主義の立場を徹底したものといえ、その点に特色がある。もっとも、「共同打上げ国」としての国際的な責任が生ずるので、海外委託打上げであっても、日本国内に所在する人工衛星管理施設を通じて管制される人工衛星については、本法の人工衛星の管理に関する規制に服させ、人工衛星の管理の許可に際して、必要な賠償資力を確保していることを確認することとしている。

(2) 「人工衛星等の打上げを行おうとする者」(1項)

自己の所有する人工衛星の打上げを行おうとする者および他者から委託を受けて他者の所有する人工衛星の打上げを行おうとする者の双方を含む。国籍は問わない。打上げ施設の管理運営やロケットの製造を自ら行うことは要件ではない。人工衛星等の打上げを行う者には、無過失責任が課され (本法35条)、責任の集中が行われる (本法36条)。

わが国において、人工衛星等の打上げを行った実績を有するのは、JAXA (JAXAの科学衛星等をイプシロン（ロケットの型式）でJAXAの内之浦打上げ施設から打上げ) および三菱重工業 (政府、JAXA、国内外の法人等の所有する人工衛星をH-IIAまたはH-IIB（ロケットの型式）でJAXAの種子島施設から打上げ) である (打上げ実施者が三菱重工業で打上げ施設の管理者がJAXAである場合、打上げ施設の管理者であるJAXAが人工衛星の打上げロケットの追跡や飛行中断等を行う内容の契約が締結されてきた)。現時点においては、国または地方公共団体は、人工衛星の打上げを行う能力も計画も有しない。今後、わが国におけるロケット打上げ市場に参入する

ことがほぼ確実に予想されているのは、宇宙科学研究所（ISAS）の固体燃料ロケット「M-V」の製造やH-IIA/H-IIBの固体ロケットブースターの製造を行った経験を蓄積し、JAXAとイプシロンの共同開発を実施している株式会社IHIエアロスペース、宇宙輸送のコストダウン、スピードアップ、市場拡大の実現を目的として、観測ロケットの低コスト代替ロケット、低コスト超小型衛星打上げロケットの開発を志向しており、2018年9月末までに北海道大樹町で9回の打上げを行い部分的成功を含め7回成功させているインターテラテクノロジズ株式会社（2013年2月に堀江貴文氏らが設立）、宇宙関連機器の研究開発および販売、実験の請負等を目的として、低価格かつ安全で環境負荷が小さく固液ハイブリッド燃焼によって再使用可能な小型のハイブリッドロケットを開発している株式会社カムイスペースワークス（2013年までに試験用小型ロケットを54機打ち上げている。2006年12月に北海道大学永田晴紀教授と植松電機植松務取締役の出資で設立）等であるが、インターテラテクノロジズ株式会社、株式会社カムイスペースワークスは、従業員が20人以下の小企業であり、ロケット開発は法人形態をとらなくても可能である。将来は、研究者等が法人格のない団体により、人工衛星の打上げ許可を申請する事態も想定しうる。実際、外国では、約30名の科学者、技術者等からなるシビリアン・スペース・エクスプロレーション・チームが、2004年にネバダ州から人工衛星の打上げに成功した例がある。したがって、打上げ実施者を法人に限定することは、国民の権利を過度に制約し、わが国の宇宙産業の発展を阻害するおそれがある。そこで、打上げ実施者を法人に限定していない。

　人工衛星は、搭載する人工衛星の種類や投入する軌道に応じて充填する燃料の量等が異なることになるため、打上げごとに、その行為の安全性を審査しなければならず、行為規制が必要になるが、本法は、業規制は行っていない。業規制が不要な理由は、以下の通りである。人工衛星の打上げは、打上げ施設等にロケットの機体などを搬入し、組立棟において搭載する人工衛星の組立や推進剤の充填等の準備作業を行い、外部電源につながっているロケットを内部電源に切り替え、打上げ200秒前からのバルブやアクチュエータの作動や打上げ後の分離信号の検知等の実際の機体の動きに問題がないかについて確認するフライトシミュレーションを行う総合機能点検、衛星や衛星フェアリングのイン

ターフェースに関わる火工品作動用回路や分離映像等の最終機能点検、カウントダウンからリフトオフそして人工衛星分離までを打上げと同じシークウェンスで流して電気系統の総合確認を実施する全断電気系点検、打上げと同じ作業をリフトオフ直前までの射座上でリハーサル等を実施し、安全性を確認した上で、天候などを考慮して最終的な打上げの判断を行って推進装置へ点火するというプロセスで行われるため、通常、この準備に1～2か月を要する。したがって、打上げ許可後においても、許可内容に沿った打上げ準備を行っているかを確認する必要があり、もし、その安全性に疑義が生じた場合には、総合試験棟への立入検査等の監督権を行使することにより、安全性を確認できる。以上のような理由で、業規制は不要と判断された。

　なお、サブオービタル機は人工衛星に該当せず、したがって、その打上げは、本項の許可の対象外である。

（3）「その都度、……許可を受けなければならない」（1項）

　人工衛星の打上げ用のロケットの型式および打上げ施設が同じであったとしても、搭載する人工衛星の種類や投入する軌道に応じて充塡する燃料の量等は異なることになる。したがって、人工衛星の打上げ用のロケットの型式認定および打上げ施設の適合認定を得ていても、打上げごとに、その行為の安全性を審査しなければならない。火薬類取締法においても、火薬類の爆発または燃焼について、その都度、都道府県知事の許可を受けることを義務づけている（同法25条1項本文）（麻薬及び向精神薬取締法14条1項も参照）。ただし、複数の人工衛星を同時に打ち上げる場合には、一つの打上げ行為であるので、許可は一つで足りる。

　内閣総理大臣は、本法4条1項の許可をしたときは、申請者に対し、その旨を通知するとともに、様式第2による許可証を交付する（本法施行規則5条4項）。打上げ実施者は、交付を受けた許可証を内閣総理大臣に返納することができる。この場合において、当該許可は、その効力を失う（同条5項）。法文上は、事前相談制度について定められていないが、実際は、申請前から相談対応を行ったり、Q&Aを作成したりして、円滑に審査が行えるようにすることが想定されている（宇賀克也＝笹岡愛美＝佐藤雅彦＝髙田修三＝四元弘子「宇宙ビジネスをめぐる現状と

課題（座談会）」ジュリスト1506号（2017年）19頁［髙田修三発言］参照）。

　なお、航空法99条の2は、「何人も、航空交通管制圏、航空交通情報圏、高度変更禁止空域又は航空交通管制区内の特別管制空域における航空機の飛行に影響を及ぼすおそれのあるロケットの打上げその他の行為（物件の設置及び植栽を除く。）で国土交通省令で定めるものをしてはならない。ただし、国土交通大臣が、当該行為について、航空機の飛行に影響を及ぼすおそれがないものであると認め、又は公益上必要やむを得ず、かつ、一時的なものであると認めて許可をした場合は、この限りでない」（同条1項）、「前項の空域以外の空域における航空機の飛行に影響を及ぼすおそれのある行為（物件の設置及び植栽を除く。）で国土交通省令で定めるものをしようとする者は、国土交通省令で定めるところにより、あらかじめ、その旨を国土交通大臣に通報しなければならない」（同条2項）と定めている。したがって、本条に基づく許可とは別に、航空法99条の2に基づく許可等を得ることも必要になる。また、火薬類取締法の適用は除外されていない。

（4）「内閣総理大臣」（1項）

　分担管理事務（宇賀・行政法概説Ⅲ 168頁以下参照）を行う内閣府の長としての内閣総理大臣（宇賀・行政法概説Ⅲ 151頁参照）である。宇宙の利用の推進に関する事務は、以下のように、複数の府省設置法に規定されている。

　総務省に、「宇宙の開発に関する大規模な技術開発であって、情報の電磁的流通及び電波の利用に係るものに関すること」を所掌し（総務省設置法4条1項71号。作用法のレベルでは、「人工衛星局の無線設備は、遠隔操作により電波の発射を直ちに停止することのできるものでなければならない」（電波法36条の2第1項）、「人工衛星局は、その無線設備の設置場所を遠隔操作により変更することができるものでなければならない。ただし、総務省令で定める人工衛星局については、この限りでない」（同条2項）と規定されている）、文部科学省は、「国立研究開発法人宇宙航空研究開発機構における学術研究及び教育に関すること」（文部科学省設置法4条1項27号）、「宇宙の開発及び原子力に関する技術開発で科学技術の水準の向上を図るためのものに関すること」（同項62号）、「宇宙の利用の推進に関する事務のうち科学技術の水準の向上を図るためのものに関すること」（同項63号）を所掌している。経済

産業省は、「宇宙の開発に関する大規模な技術開発であって、鉱工業の発達及び改善を図るものに関すること」（経済産業省設置法4条1項38号）を所掌し、同省製造産業局が、「宇宙の開発に関する大規模な技術開発であって、鉱工業の発達及び改善を図るものに関すること」（経済産業省組織令8条9号）、「経済産業省の所掌に係る事業の発達、改善及び調整に関する事務のうち宇宙の利用に関するものの総括に関すること」（同条12号）を所掌し、航空機武器宇宙産業課が、「人工衛星及びロケット並びにこれらの部品」（同令76条1号）、「宇宙の開発に関する大規模な技術開発であって、鉱工業の発達及び改善を図るものに関すること」（同条2号）、「経済産業省の所掌に係る事業の発達、改善及び調整に関する事務のうち宇宙の利用に関するものの総括に関すること」（同条3号）を所掌している。国土交通省は、「宇宙の開発に関する大規模な技術開発であって、測量その他の国土の管理、航空保安業務の高度化その他の交通の発達及び改善並びに気象業務に係るものに関すること」（国土交通省設置法4条1項16号）を所掌している。

　また、内閣府は、いわゆる1項事務（宇賀・行政法概説Ⅲ 156頁参照）として、「宇宙の開発及び利用（以下「宇宙開発利用」という。）の総合的かつ計画的な推進を図るための基本的な政策に関する事項」（内閣府設置法4条1項17号）を所掌事務とし、さらに、「宇宙開発利用に関する関係行政機関の事務の調整に関すること」（同条3項7号の5）、「宇宙開発利用の推進に関すること（他省の所掌に属するものを除く。）」（同項7号の6）、「多様な分野において公共の用又は公用に供される人工衛星等（人工衛星及び人工衛星に搭載される設備をいう。）で政令で定めるもの及びその運用に必要な施設又は設備の整備及び管理に関すること」（同項7号の7）、「前三号に掲げるもののほか、宇宙開発利用に関する施策に関すること（他省の所掌に属するものを除く。）」（同項7号の8）を所掌事務としている。同項7号の8は、宇宙開発利用に関する事務のバスケット・クローズであり、「（他省の所掌に属するものを除く。）」とされているのは、他省が各自の観点から行う宇宙開発利用に関する施策との重複を回避するためである（なお、設置法において、宇宙分野、人工衛星に係る明文の規定がない場合であっても、環境省が地球観測衛星（「みどり」「いぶき」等）を開発利用したり、防衛省が2011（平成23）年の「民間資金等の活用による公共施設等の整備等の促進に関する法律」改正により

§4

PFI の対象に人工衛星が加わったことを受けて、PFI を利用して X バンド防衛通信衛星（「きらめき」）を開発利用したりしている例がある）。

　本法で規定する(i)人工衛星等の打上げの許可、(ii)ロケット安全基準、(iii)人工衛星の打上げ用ロケットの型式認定、(iv)施設安全基準、(v)打上げ施設が施設安全基準に適合する旨の認定、(vi)人工衛星の管理の許可、(vii)人工衛星等の構造の宇宙空間汚染防止基準、(viii)ロケット落下等損害賠償責任保険契約、(ix)ロケット落下等損害補償契約のうち、(i)〜(v)は、公共の安全の確保（(i)は条約の履行も）を目的としているが、これらを公共の安全の確保の観点から所掌する省庁は存在せず、宇宙開発利用の司令塔となる内閣府が、内閣府設置法4条3項7号の8（「前三号に掲げるもののほか、宇宙開発利用に関する施策に関すること（他省の所掌に属するものを除く。）」）の規定に基づき、内閣府が所掌し、統一的に遵守すべき基準等を作成することになる。(i)および(vi)(vii)は、宇宙空間における有害な汚染等の回避、大量破壊兵器の配置の禁止等の宇宙諸条約の義務の履行を目的とする。宇宙諸条約の義務の履行は、他省庁の所掌事務と関連する面がないわけではないが、統一的な基準の策定・運用は、内閣府設置法4条3項7号の8の規定に基づき内閣府が行うこととされている。(viii)(ix)は、被害者救済を目的とするが、宇宙の開発利用に起因する被害の救済を所掌する省庁は存在せず、内閣府が所掌することになる。

　内閣府設置法4条3項7号の8は、「宇宙開発利用に関する施策に関すること（他省の所掌に属するものを除く。）」と規定しているので、他省の所掌に属するものとの関係を整理すると、以下のようになる。

　第1に、人工衛星打上げロケットおよび人工衛星の製造については、「宇宙の開発に関する大規模な技術開発であって、鉱工業の発達及び改善を図るものに関すること」（経済産業省設置法4条1項38号）、「宇宙の開発に関する大規模な技術開発であって、鉱工業の発達及び改善を図るものに関すること」（経済産業省組織令8条9号）、「人工衛星及びロケット並びにこれらの部品」（同令76条1号）、「宇宙の開発に関する大規模な技術開発であって、鉱工業の発達及び改善を図るものに関すること」（同条2号）が経済産業省の所掌であり、本法施行後も経済産業省が引き続き所掌することになる。

　第2に、打上げ施設については、JAXA が管理運営する施設の場合、JAXA

の主務大臣の監督に服することになる（JAXA 法の主務大臣については、同法 26 条参照）。JAXA 以外の者が管理運営する打上げ施設の管理運営については、これを所掌する他省はなく、内閣府が所掌することになる。

　第3に、人工衛星等の打上げについては、これを物品の輸送と把握したとしても、国土交通省設置法で規定されているのは、鉄道、軌道および索道による運送（同法4条1項73号）、道路運送（同項77号）、水上運送（同項86号）、港湾運送（同項87号）、航空運送の発達、改善、調整（同項104号）であり、ロケットを用いた宇宙への運送については規定されていない。また、運送に係る安全管理についても、同法は、鉄道、軌道および索道の安全の確保に関すること（同項74号）、道路運送および道路運送車両の安全の確保（同項80号）、船舶の航行の安全の確保（同項99号）、航空機および航空機の航行の安全の確保（同項106号）について規定しているが、ロケットによる宇宙運送の安全の確保に関する事務は同省の所掌事務とされていない。他省の所掌事務においても、ロケットを用いた宇宙運送について定めたものはない。

　第4に、人工衛星の使用については、たとえば、防衛通信衛星について防衛省、測位衛星について国土交通省が関与するように、他省の所掌事務として行われる場合がある。また、電波監理は総務省が所掌している（電波法36条の2）。しかし、条約の実施として行われる宇宙空間の平和目的での利用、宇宙空間の有害な汚染の回避等の条約の実施や、人工衛星の使用に伴う公共の安全の確保について所掌事務として明確に定めた各省設置法の規定は存在しない。人工衛星の管理全体についていえば、他省の所掌事務と関連する場合があるが、各省が個別に基準を設定しては不整合な状態を惹起しかねず、内閣府が統一的な基準を設定することが望ましいと思料される。そこで、統一的な基準の策定は、内閣府設置法4条3項7号の8の規定に基づき、内閣府の所掌事務として位置づけられる。

　既存の設置法の解釈上、内閣府の所掌事務と解されたとしても、実際に内閣府がかかる事務を所掌する能力を有するかが問題になるが、内閣府には宇宙政策委員会が設置されており（内閣府設置法38条）、同委員会は、「内閣総理大臣又は関係各大臣の諮問に応じて人工衛星及びその打上げ用ロケットの打上げの安全の確保又は宇宙の環境の保全に関する重要事項を調査審議すること」（同条1

項2号）を所掌事務としているので、宇宙政策委員会の専門的知見を活用することができる。また、JAXAおよびその監督官庁（文部科学省設置法4条1項27号、JAXA法18条2号参照）である文部科学省にも宇宙開発に関する専門的知識が蓄積していると考えられるが、内閣府宇宙開発戦略推進事務局との人事交流を通じて、その専門的知識を活用することは可能と思われる。

（5）「内閣府令で定めるところにより」（2項柱書）

様式第1による申請書を内閣総理大臣に提出しなければならない（本法施行規則5条1項）。

（6）「内閣府令で定める書類」（2項柱書）

申請者が個人である場合は、(i)住民票の写しまたはこれに代わる書類（本籍［外国人にあっては、住民基本台帳法30条の45に規定する国籍等］の記載のあるものに限る。以下同じ）、(ii)使用人（申請者の使用人であって、当該申請者の人工衛星等の打上げに係る業務に関する権限および責任を有する者をいう。以下同じ）に係る住民票の写しまたはこれに代わる書類、(iii)その他内閣総理大臣が必要と認める書類を意味する（本法施行規則5条2項1号イ・4号）。申請者が法人である場合は、(i)定款および登記事項証明書またはこれらに準ずるもの、(ii)本法5条4号の役員（以下、単に「役員」という）および使用人に係る住民票の写しまたはこれに代わる書類、(iii)その他内閣総理大臣が必要と認める書類を意味する（本法施行規則5条2項1号ロ・4号）。

本法13条1項の型式認定を受けていない人工衛星の打上げ用ロケットを用いて人工衛星等の打上げを行おうとする者にあっては、(i)人工衛星の打上げ用ロケットの設計が本法施行規則7条に定めるロケット安全基準に適合していることを証する書類、(ii)飛行中断措置その他の人工衛星の打上げ用ロケットの飛行経路および打上げ施設の周辺の安全を確保する方法を記載した書類、(iii)人工衛星の打上げ用ロケットと打上げ施設の適合性を確保する技術的条件を記載した書類、(iv)人工衛星の打上げ用ロケットの飛行実績または試験結果を記載した書類、(v)人工衛星の打上げ用ロケットの信頼性の評価結果を記載した書類、(vi)人工衛星の打上げ用ロケットが設計に合致していることの確認方法を記載した

書類、(vii)その他内閣総理大臣が必要と認める書類を意味する（本法施行規則5条2項2号・4号）。

本法16条1項の定める人工衛星の打上げ用ロケットの型式ごとの適合認定を受けていない打上げ施設を用いて人工衛星等の打上げを行おうとする者にあっては、(i)打上げ施設の場所、構造および設備が本法施行規則8条に定める型式別施設安全基準に適合していることを証する書類、(ii)飛行中断措置その他の人工衛星の打上げ用ロケットの飛行経路および打上げ施設の周辺の安全を確保する方法を記載した書類、(iii)人工衛星の打上げ用ロケットと打上げ施設の適合性を確保する技術的条件およびその条件に適合していることを明らかにする書類、(iv)その他内閣総理大臣が必要と認める書類を意味する（本法施行規則5条2項3号・4号）。

(7)　「氏名又は名称及び住所」(2項1号)

申請書が法人である場合、法人の「名称及び住所」を記載しなければならないが、法人の代表者の氏名を記載する必要はない。法人の代表者の氏名は、本法の事務を施行する上で必要はない。また、代表者の氏名を記載することを義務づけた場合、代表者が変更するたびに変更の届出を義務づけることになり、事業者に負担を強いることになる。必要のない情報の記載を義務づけることにより、このような負担を事業者に課すことは適切でないので、法人の代表者の氏名の記載は不要としたのである。同様の例として、鉱業法100条の2第2項4号、高齢者の居住の安定確保に関する法律53条1項1号、経済連携協定に基づく特定原産地証明書の発給等に関する法律7条の2第2項1号参照（他方、許可申請書に法人の代表者の氏名を記載させる例として、化学兵器の禁止及び特定物資の規制等に関する法律4条2項1号、使用済自動車の再資源化等に関する法律28条2項1号参照）。

(8)　「第13条第1項の型式認定を受けたものにあってはその型式認定番号」(2項1号)

型式設計に適合している場合に、技術基準に適合しているとみなす例として、核原料物質、核燃料物質及び原子炉の規制に関する法律43条の3の6第2項参照。

(9) 「我が国と同等の水準にあると認められる人工衛星の打上げ用ロケットの設計の認定の制度を有している国」(2項2号)

わが国と同等の水準にあると認められる法制度を有する国による許認可等にわが国における許認可等と同等の法効果を認める例として、道路交通法107条の2、医薬品、医療機器等の品質、有効性及び安全性の確保等に関する法律14条の3第1項2号、国際連合安全保障理事会決議第1267号等を踏まえ我が国が実施する国際テロリストの財産の凍結等に関する特別措置法4条1項2号ハ参照。

(10) 「打上げ施設の場所(船舶又は航空機に搭載された打上げ施設にあっては、当該船舶又は航空機の名称又は登録記号)」(2項3号)

人工衛星等の打上げが本法の適用を受けるかを確認するために、打上げ施設の場所を申請書に記載させることとしている。船舶または航空機に搭載された打上げ施設の場合、当該船舶または航空機が日本国籍を有するかを確認する必要がある。船舶法5条1項は、日本船舶の所有者は登記を行った後、船籍港を管轄する管海官庁に備えた船舶原簿に登録することを義務づけ、同条2項は、登録が行われたときは管海官庁は船舶国籍証書を交付する義務を負う旨を定めている。したがって、船舶については、船舶の名称を記載させ、登録簿に登録されているかを確認することにより、当該船舶が日本国籍を有するかを確認することができる。航空法3条の2においては、航空機は登録を受けたときに日本国籍を取得すると定め、同法5条は、航空機の新規登録は、所定の事項を記載し、かつ、登録記号を定め、これを航空機登録原簿に記載することによって行うとされている。したがって、航空機については、登録記号を確認することによって、日本国籍の有無を確認することができる。そのため、「名称又は登録記号」と規定されている。「船舶又は航空機の名称又は登録記号」という表現を用いるものとして、関税法施行令18条1項2号参照。

(11) 「人工衛星等の打上げを予定する時期」(2項4号)

人工衛星等の打上げに与えられた許可は、申請書に記載された打上げ予定時期に行われる打上げに対するものであり、その時期を経過した場合、事前に打

上げ予定時期の変更許可を得ていない限り、打上げは認められない。そのため、打上げ許可の終了時期について定められていないし、打上げ予定時期の経過による許可の失効についても定めていない（同様の例として、火薬類取締法25条参照）。

(12) 「その他内閣府令で定める事項」(2項6号)

(i)人工衛星の打上げ用ロケットの型式、機体の名称および号機番号、(ii)人工衛星の打上げ用ロケットに搭載される人工衛星の名称、(iii)申請者が法人である場合は、役員の氏名、(iv)使用人の氏名、(v)本法5条各号の欠格事由のいずれにも該当しないことである（本法施行規則5条3項）。

なお、登録免許税はかからないため、登録免許税納付済証を添付する必要はない。登録免許税は、国が行う登記・登録等を受けることに起因する利益に着眼するとともに、当該登記・登録等の背後にある財の売買その他の取引等を評価して、その担税力に応じて課税する税である。東京地判昭和38・11・28（行集14巻11号1936頁）は、「従前国の行政機関が取り扱つてきた弁護士登録を日本弁護士連合会に行わせることとした現行弁護士法の施行と同時に、弁護士登録についての国の課税権は消滅したとか日本弁護士連合会へ委譲されたとかいう原告の主張は根拠がない。また、原告は、国が弁護士登録事務を行わなくなつた以上、課税物件が存在する余地がなくなり登録税課税の根拠は失われたと主張しているけれども、登録税は登録を申請する者が登録をうけた場合それにより何らかの利益を享受するであろうことに着眼して国の財政収入の目的から課される一種の租税であつて単なる手数料ではなく、登録税法第7条の定める登録税債権が成立するためには、弁護士名簿への登録という事実が存在すれば足り、その登録が国の本来の行政機関によりなされることは必要でないと解すべきであるから、弁護士登録が日本弁護士連合会によつて行われるようになつた今日でも、弁護士登録という事実の存する限り課税の根拠が失われたということはできない」と判示している。事業免許等についても、法律の規定に基づき国が行う免許等に起因する業務の独占等の利益に着眼し、その背後にある担税力に対して課すものと位置づけられている。しかし、例外的に、(i)法律の規定に基づき付与されるものでないもの、(ii)地方公共団体において付与するもの、(iii)人の資格と事業開始の双方について、独立しない登録や免許等の制度がある

もので、どちらか一方を課税対象としているものの他方、(iv)免許等により、独占的または排他的に利益が付与されたとはいえないもの、(v)主として危険防止または犯罪取締上のために付与されるもの、(vi)事業経営に直接つながらないもの、のいずれかの場合には、登録免許税を課さないこととしている。本条1項の許可制は、宇宙諸条約の的確な履行および公共の安全の確保のためのものであり、事業許可ではなく行為規制にとどまるので(iv)(vi)に当たり、主として危険防止のための規制であるので(v)にも該当する。そこで、登録免許税の課税対象とされなかったのである。

(欠格事由)
第5条　次の各号のいずれかに該当する者は、前条第1項の許可を受けることができない。
(1) この法律若しくはこの法律に基づく命令又はこれらに相当する外国（本邦の域外にある国又は地域をいう。以下同じ。）の法令の規定に違反し、罰金以上の刑（これに相当する外国の法令による刑を含む。）に処せられ、その執行を終わり、又は執行を受けることがなくなった日から3年を経過しない者
(2) 第12条の規定により許可を取り消され、その取消しの日から3年を経過しない者
(3) 成年被後見人又は外国の法令上これと同様に取り扱われている者
(4) 法人であって、その業務を行う役員又は内閣府令で定める使用人のうちに前三号のいずれかに該当する者があるもの
(5) 個人であって、その内閣府令で定める使用人のうちに第1号から第3号までのいずれかに該当する者があるもの

---

(1) 「次の各号のいずれかに該当する者は、前条第1項の許可を受けることができない」（柱書）

人工衛星等の打上げ許可の人的な欠格事由を定めている。人工衛星等の打上げは、主として技術面における専門的能力を要する。また、もし事故等が発生すれば、公共の安全に重大な影響を与えることになるので、人格的に問題のあ

る者が、打上げを行うことを防止することにより、公共の安全を確保しなければならない。本法6条3号の「申請者が当該ロケット打上げ計画を実行する十分な能力を有すること」に該当しない典型的場合を欠格事由として類型化したものといえる。

(2) 「この法律若しくはこの法律に基づく命令」(1号)

ここでいう「命令」は、行政機関が制定する法を意味し（宇賀克也『行政法概説Ⅰ[第6版]』[有斐閣、2017年]7頁以下参照[以下、宇賀・行政法概説Ⅰと略称]）、具体的には本法施行令（政令）および本法施行規則（内閣府令）を意味する。命令違反に対して罰則を科す場合においても、欠格事由についての規定においては、命令に委任をした法律も含めて、「この法律若しくはこの法律に基づく命令」の規定に違反して一定以上の刑に処せられ、その執行を終わり、または執行を受けることがなくなってから所定の期間を経過しない者とすることが一般的である（高圧ガス保安法7条2号、化学兵器の禁止及び特定物質の規制等に関する法律5条1号、対人地雷の製造の禁止及び所持の規制等に関する法律6条1号、鳥獣の保護及び管理並びに狩猟の適正化に関する法律40条5号、クラスター弾等の製造の禁止及び所持の規制等に関する法律6条1号、水銀による環境の汚染の防止に関する法律7条1号参照）。

なお、他の法律では、欠格事由として、当該法令のみならず他の法令に違反し、その情状が許可を与えるのに不適当なもの挙げているものがある。クラスター弾等の製造の禁止及び所持の規制等に関する法律6条3号が、「他の法令の規定に違反し、罰金以上の刑に処せられ、その執行を終わり、又は執行を受けることがなくなった日から3年を経過しない者で、その情状がクラスター弾等の所持をする者として不適当なもの」を欠格事由としているのがその例である（化学兵器の禁止及び特定物質の規制等に関する法律5条3号、対人地雷の製造の禁止及び所持の規制等に関する法律6条3号、武器等製造法5条1項5号も参照）。

(3) 「これらに相当する外国（本邦の域外にある国又は地域をいう。以下同じ。）の法令」(1号)

「法令」という用語は、条例を含む意味で用いられる場合と含まない意味で用いられる場合がある（双方の例について、宇賀・行政法概説Ⅰ8頁参照）。本号にお

いては、「この法律若しくはこの法律に基づく命令」に相当するものが対象となっており、「この法律若しくはこの法律に基づく命令」に条例は含まれないから、条例を含まない意味で「法令」という用語が使用されている。

（４）「罰金以上の刑（これに相当する外国の法令による刑を含む。）に処せられ、その執行を終わり、又は執行を受けることがなくなった日から３年を経過しない者」（１号）

　欠格事由についての規定は、「罰金以上の刑に処せられ、その執行を終わり、又は執行を受けることがなくなった日から３年を経過しない者」としているものが少なくない（化学兵器の禁止及び特定物質の規制等に関する法律５条１号・３号、対人地雷の製造の禁止及び所持の規制等に関する法律６条１号、鳥獣の保護及び管理並びに狩猟の適正化に関する法律40条５号、クラスター弾等の製造の禁止及び所持の規制等に関する法律６条１号、水銀による環境の汚染の防止に関する法律７条１号参照）。もっとも、３年ではなく２年経過していないことを要件とするものも多いが（フロン類の使用の合理化及び管理の適正化に関する法律51条２号ロ、放送法93条１項６号ヘ、核原料物質、核燃料物質及び原子炉の規制に関する法律15条２号、高圧ガス保安法７条２号、石油パイプライン事業法６条１号、電気通信事業法118条１号参照）、近年の立法例では経過年数については３年とするものが多くなっている。そこで、本号でも経過年数を３年としている。

（５）「第12条の規定により許可を取り消され」（２号）

　許可の時点において瑕疵があったために許可の効力を失わせる講学上の取消しと、許可には瑕疵はなかったが、その後の違反行為等の状況の変化に伴い、許可の効力を失わせる講学上の撤回の双方を含む（講学上の「取消し」と「撤回」の区別について、宇賀・行政法概説Ⅰ 367頁以下参照）。

（６）「その取消しの日から３年を経過しない者」（２号）

　許認可等の取消しの日から３年を経過しない者を欠格事由とする立法例として、化学兵器の禁止及び特定物質の規制等に関する法律５条２号、クラスター弾等の製造の禁止及び所持の規制等に関する法律６条２号参照。許認可等の取

消しの日から2年を経過しない者を欠格事由とする立法例（フロン類の使用の合理化及び管理の適正化に関する法律51条2号ハ、放送法93条1項6号ト・チ・リ・ヌ、航空法101条1項5号ロ、核原料物質、核燃料物質及び原子炉の規制に関する法律15条1号、自動車ターミナル法5条2号、石油パイプライン事業法6条2号、深海底鉱業暫定措置法11条3号、電気通信事業法118条2号、鉄道事業法6条2号、民間事業者による信書の送達に関する法律8条2号）も少なくない。また、許認可等の取消しの日から5年を経過しない者を欠格事由とする立法例もある（廃棄物の処理及び清掃に関する法律7条5項4号ニ）。

（7）「成年被後見人」（3号）

精神上の障害により事理を弁識する能力を欠く常況にある者については、家庭裁判所は、本人、配偶者、4親等内の親族、未成年後見人、未成年後見監督人、保佐人、保佐監督人、補助人、補助監督人または検察官の請求により、後見開始の審判をすることができる（民法7条）。後見開始の審判を受けた者は、成年被後見人とされ、これに成年後見人が付される（同法8条）。成年被後見人の法律行為は、取り消すことができる。ただし、日用品の購入その他日常生活に関する行為については、この限りでない（同法9条）。同法7条に規定する原因が消滅したときは、家庭裁判所は、本人、配偶者、4親等内の親族、後見人（未成年後見人および成年後見人をいう）、後見監督人（未成年後見監督人および成年後見監督人をいう）または検察官の請求により、後見開始の審判を取り消さなければならない（同法10条）。成年被後見人は精神上の障害により事理弁識能力を欠く常況にあると裁判所が判断したものであり、かかる者が人工衛星等の打上げを行った場合、公共の安全の確保に重大な影響を与える可能性が高いことが明確であるので、欠格事由としている（麻薬及び向精神薬取締法3条3項4号のように、成年被後見人であることを欠格事由とはせず、免許を与えないことができる事由とするにとどめるものもある）。他方、成年後見制度に基づく被保佐人（民法12条）は、保佐人の同意があれば重要な財産行為も行うことができ（同法13条）、被補助人（同法16条）は、被補助人が特定の法律行為をするについて補助人の同意を得なければならない旨の審判があってはじめて行為能力が制限される（同法17条）。したがって、被保佐人、被補助人については、申請の審査に当たり、「公共の

安全の確保に支障を及ぼすおそれがないものであること」(本法6条4号)の要件が適切に行われる限り、欠格事由とまでする必要はないと考えられる。実際、他の法律においても、成年後見制度に基づく成年被後見人は欠格事由とされているものの、被保佐人、被補助人は欠格事由とされていないものが少なくない(核原料物質、核燃料物質及び原子炉の規制に関する法律15条3号、化学兵器の禁止及び特定物質の規制等に関する法律5条4号、クラスター弾等の製造の禁止及び所持の規制等に関する法律6条4号、対人地雷の製造の禁止及び所持の規制等に関する法律6条4号参照)。ただし、被保佐人も欠格事由にしている例もある(高齢者の居住の安定確保に関する法律8条1項1号、廃棄物の処理及び清掃に関する法律7条5項4号イ、フロン類の使用の合理化及び管理の適正化に関する法律51条2号イ、鉄道事業法6条3号)。

なお、債務者が支払不能であるときは、裁判所は、申立てにより、決定で、破産手続を開始する(破産法15条1項)。破産者であって復権(同法255条、256条)を得ない者は、業法や紛争解決に関する法律において、欠格事由とされるのが一般的である(廃棄物の処理及び清掃に関する法律7条5項4号イ、民間資金等の活用による公共施設等の整備等の促進に関する法律9条2号、フロン類の使用の合理化及び管理の適正化に関する法律51条2号イ、鉄道事業法6条3号等)。これは、支払不能となった債務者で復権を得ない者は、事業を営むに当たり、または紛争解決に当たり、経済的能力の点で支障が生ずる可能性が高いため、欠格事由とすることに合理性があるからである。これに対して、人工衛星等の打上げは、損害が発生した場合における被害者等に対する損害賠償について、事前に担保措置を講ずることが条件とされているから、経済的能力の観点から欠格事由を設ける必要はない。また、人工衛星等の打上げには技術力が重要であって、経済的能力は必ずしも重要ではなく、科学者・技術者の同窓会的組織による打上げも想定される。そこで、破産者であって復権を得ない者は、欠格事由として規定されていない。破産者であって復権を得ない者を欠格事由として規定していない例として、対人地雷の製造の禁止及び所持の規制等に関する法律6条、クラスター弾等の製造の禁止及び所持の規制等に関する法律6条参照。

(8) 「又は外国の法令上これと同様に取り扱われている者」(3号)

「外国の法令上これと同様に取り扱われている法人」を欠格事由とする例と

して、民間資金等の活用による公共施設等の整備等の促進に関する法律9条2号がある。

(9) 「法人であって、その業務を行う役員……のうちに前三号のいずれかに該当する者があるもの」(4号)

役員についての欠格事由を定める例として、化学兵器の禁止及び特定物質の規制等に関する法律5条5号、クラスター弾等の製造の禁止及び所持の規制等に関する法律6条5号、高齢者の居住の安定確保に関する法律8条1項7号、電気通信事業法118条3号がある。

(10) 「内閣府令で定める使用人」(4号)

申請者の使用人であって、当該申請者の人工衛星等の打上げに係る業務に関する権限および責任を有する者を意味する（本法施行規則6条）。使用人は、本店、支店または事業所等の代表者であり、「使用人」も「従業者」に含まれる。本法においては、人工衛星等の打上げの許可において、使用人以上の職の者に欠格事由に該当する者がいる場合には、許可を受けることができないとしている。

(11) 「内閣府令で定める使用人」(5号)

申請者の使用人であって、当該申請者の人工衛星等の打上げに係る業務に関する権限および責任を有する者を意味する（本法施行規則6条）。使用人は、本店、支店または事業所等の代表者であり、「使用人」も「従業者」に含まれる。

（許可の基準）
第6条　内閣総理大臣は、第4条第1項の許可の申請が次の各号のいずれにも適合していると認めるときでなければ、同項の許可をしてはならない。
(1)　人工衛星の打上げ用ロケットの設計が、人工衛星の打上げ用ロケットの飛行経路及び打上げ施設の周辺の安全を確保するための人工衛星の打上げ用ロケットの安全に関する基準として内閣府令で定める基準（以下「ロケ

ット安全基準」という。）に適合していること又は第13条第１項の型式認定若しくは外国認定を受けたものであること。
(2) 打上げ施設が、次のイ及びロに掲げる無線設備を備えていることその他の人工衛星の打上げ用ロケットの飛行経路及び打上げ施設の周辺の安全を確保するための打上げ施設の安全に関する基準として人工衛星の打上げ用ロケットの型式に応じて内閣府令で定める基準（以下「型式別施設安全基準」という。）に適合していること又は第16条第１項の適合認定を受けたものであること。
　イ　人工衛星の打上げ用ロケットに搭載された無線設備から送信された当該人工衛星の打上げ用ロケットの位置、姿勢及び状態を示す信号を直接若しくは他の無線設備を経由して電磁波を利用して受信する方法により把握し、又は当該人工衛星の打上げ用ロケットに向けて信号を直接若しくは他の無線設備を経由して送信し、反射される信号を直接若しくは他の無線設備を経由して受信する方法によりその位置を把握する機能を有する無線設備
　ロ　人工衛星の打上げ用ロケットが予定された飛行経路を外れた場合その他の異常な事態が発生した場合における当該人工衛星の打上げ用ロケットの破壊その他その飛行を中断する措置（次号及び第16条第２項第４号において「飛行中断措置」という。）を講ずるために必要な信号を当該人工衛星の打上げ用ロケットに搭載された無線設備に直接又は他の無線設備を経由して電磁波を利用して送信する機能を有する無線設備
(3) ロケット打上げ計画において、飛行中断措置その他の人工衛星の打上げ用ロケットの飛行経路及び打上げ施設の周辺の安全を確保する方法が定められているほか、その内容が公共の安全を確保する上で適切なものであり、かつ、申請者が当該ロケット打上げ計画を実行する十分な能力を有すること。
(4) 人工衛星の打上げ用ロケットに搭載される人工衛星の利用の目的及び方法が、基本理念に則したものであり、かつ、宇宙の開発及び利用に関する諸条約の的確かつ円滑な実施及び公共の安全の確保に支障を及ぼすおそれがないものであること。

（1）「内閣府令で定める基準（以下「ロケット安全基準」という。）」(1号)

(i)人工衛星等の打上げを行うことができる飛行能力を有するものであること、(ii)着火装置等の故障、誤作動または誤操作（以下「故障等」という）があっても、人工衛星の打上げ用ロケットの飛行経路および打上げ施設の周辺の安全を確保することができる措置が講じられているものであること、(iii)人工衛星の打上げ用ロケットの位置、姿勢および状態を示す信号を送信する機能を有するものであること、(iv)人工衛星の打上げ用ロケットの飛行中断措置により当該人工衛星の打上げ用ロケットの飛行経路および打上げ施設の周辺の安全を確保することができる機能を有するものであること、(v)人工衛星の打上げ用ロケットの飛行経路および打上げ施設の周辺の安全確保を図る機能を構成する重要なシステム等に、故障等があっても機能するために十分な信頼性の確保および多重化（同一の機能を有する2以上の系統または機器を同一のシステムに配置することをいう。以下同じ）の措置が講じられているものであること、(vi)人工衛星等が分離されるときになるべく破片等を放出しないための措置が講じられているものであること、(vii)人工衛星の打上げ用ロケットを構成する各段のうち軌道に投入される段に、人工衛星を分離した後になるべく破砕を防止するための措置が講じられているものであることである（本法施行規則7条）。

飛行安全の確保について敷衍すると、ロケットの燃え殻、投棄物、故障した機体やその破片の落下に起因する損害を回避するような計画を策定し、これを実施する必要がある。打上げ施設の周辺の安全については、打上げ施設の周辺に人が立ち入らないような規制を行うとともに、万一事故が発生した場合に、被害を最小限に食い止める対策を講ずる計画を策定し、これを運用しなければならない。

（2）「第13条第1項の型式認定若しくは外国認定を受けたものであること」(1号)

型式認定を受けている場合には、申請者が、申請書にロケットの型式認定番号を記載することで、ロケット安全基準への適合性審査を省略することができるので、審査の迅速化に資することになる。

(3) 「内閣府令で定める基準(以下「型式別施設安全基準」という。)」(2号柱書)

(i)打上げ施設が、当該打上げ施設の周辺の安全を確保できる場所にあり、かつ、重要な設備等に保安上適切な対策が講じられていること、(ii)打上げ施設に、人工衛星の打上げ用ロケットの飛行経路およびその周辺の安全を確保する適切な発射を行うことができる装置を備えることができること、(iii)人工衛星の打上げ用ロケットに使用する着火装置等に係る重要なシステム等の故障等があっても、人工衛星の打上げ用ロケットの飛行経路および打上げ施設の周辺の安全を確保することができる措置が講じられていること、(iv)飛行安全管制(人工衛星等の打上げを終えるまで、全部もしくは一部の人工衛星が正常に分離されていない状態における人工衛星等の落下、衝突または爆発により、地表もしくは水面または飛行中の航空機その他の飛しょう体において人の生命、身体または財産に損害を与える可能性を最小限にとどめ、公共の安全を確保することをいう。以下同じ)や飛行中断措置を講ずるために必要な、(イ)人工衛星の打上げ用ロケットの位置、姿勢および状態を示す信号を電磁波その他を利用して受信する方法により把握する機能を有する無線設備、(ロ)人工衛星の打上げ用ロケットが飛行中断措置を信号を受信することにより行う場合においては、当該飛行中断措置を講ずるために必要な信号を送信する機能を有する無線設備を打上げ施設に備えることができること(ただし、飛行安全管制や飛行中断措置を講ずるために上記(イ)および(ロ)に掲げる無線設備を備えるその他の場所を使用する場合は、この限りでない)、(v)人工衛星の打上げ用ロケットの飛行経路および打上げ施設の周辺の安全確保を図る機能を構成する重要なシステム等に、故障等があっても機能するために十分な信頼性の確保および多重化の措置が講じられていることである(本法施行規則8条)。

(4) 「打上げ施設が……第16条第1項の適合認定を受けたものであること」(2号柱書)

「宇宙活動に関する法制検討ワーキンググループ(中間とりまとめ)」(2010〔平成22〕年3月)においては、米国と同様、射場の運営についても許可制を採用する方針がとられていた。しかし、本法は、かかる方針を採用せず、射場の建設自体は規制せず、打上げ許可基準の中に射場の安全確保体制を位置づけている。

打上げ施設の適合認定を受けている場合には、申請者が申請書に打上げ施設

の適合認定番号を記載することにより、型式別施設安全基準への適合性審査を省略することができるので、審査の迅速化に資することになる。ロケットの型式認定および打上げ施設の適合認定を受けている場合には、審査期間が約3か月短縮すると見込まれている。

（5）「**人工衛星の打上げ用ロケットに搭載された無線設備から送信された当該人工衛星の打上げ用ロケットの位置、姿勢及び状態を示す信号を直接若しくは他の無線設備を経由して電磁波を利用して受信する方法により把握し、又は当該人工衛星の打上げ用ロケットに向けて信号を直接若しくは他の無線設備を経由して送信し、反射される信号を直接若しくは他の無線設備を経由して受信する方法によりその位置を把握する機能を有する無線設備**」(2号イ)

人工衛星等を打ち上げる場合、あらかじめプログラミングした飛行経路に沿ってロケットを飛行させ、所定の軌道に人工衛星を投入しなければならないが、綿密な軌道計算を実施しても、風の影響やロケットの性能上の問題から飛行方向にずれが生ずることが稀でなく、そのずれを修正して当初の飛行経路に戻すことが必要になる。ロケットが所定の飛行経路を逸脱していないかを確認するためには、その現在位置（緯度、経度、高度）が破壊限界線（その内部でロケットが落下または爆発しても安全を確保することが可能な区域の境界線）内にあるかを把握しなければならない。しかし、高速で飛行するロケットの位置を正確に把握することは必ずしも容易とはいえない。現状では、慣性誘導装置の使用が一般的であり、打上げ用ロケットに内蔵されたジャイロスコープを用いて姿勢を計測し、加速度計により得られる加速度データから速度を算定して誘導コンピュータで3次元位置を計測し、事前に予定した飛行経路との比較を行っている。要するに、位置情報のみを抽出して把握するのではなく、1次情報としてのジャイロスコープおよび加速度計の変位データという状態量、そこから算定される姿勢および速度という2次情報、さらにロケットの3次元位置という情報が一体化してロケットの現在情報として地上に送信され、これを取得して地上で飛行経路を把握している。さらに、高速飛行するロケットが破壊限界線内から逸脱する可能性が存在する場合、速やかに所定の飛行経路内からの逸脱を抑止するための制御を行う必要があるが、そのためには、位置のみならず、姿勢やエンジ

ンの内部圧力、燃料の残量、速度、加速度等の各種のデータを用いて総合判断を行う必要がある。以上が、(i)「人工衛星の打上げ用ロケットに搭載された無線設備から送信された当該人工衛星の打上げ用ロケットの位置、姿勢及び状態を示す信号を直接若しくは他の無線設備を経由して電磁波を利用して受信する方法により把握」する方法である。

いま一つの方法は、地上の無線設備から電磁波を送信し、その反射波を受信することによって、方向と時間差から位置情報を得る方法である。ロケットの飛行経路上に追跡局を設置して、そこから電磁波を照射することによりロケットの飛行の安全を確保するための位置計算を行い、ロケットが破壊限界線から逸脱していないかを確認することも可能である（もっとも、この方法の場合、姿勢やロケットの内部状態を計測することはできない）。これが、(ii)「当該人工衛星の打上げ用ロケットに向けて信号を直接若しくは他の無線設備を経由して送信し、反射される信号を直接若しくは他の無線設備を経由して受信する方法によりその位置を把握する」方法である。

本号イでは、(i)と(ii)の選択を可能にしている。その理由は、以下の通りである。

一般的には、人工衛星の打上げ用ロケットの飛行経路は、あらかじめプログラムされた経路を飛行するように設定されており、ロケットに搭載されたジャイロスコープや加速度計等を用いて打上げ用ロケットの位置、姿勢および状態（速度、加速度、エンジンの内部圧力等）を計測し、当該情報を地上設備にダウンリンクすることに加えて、地上設備からのレーダーを用いた距離測定により位置を連続的に測定し、予定した飛行経路を飛行しているかを確認している。すなわち、(i)および(ii)を併用しているのである。しかし、地上設備からのレーダーを用いた距離測定設備を連続的に配置し制御することのコストは大きい。そこで、打上げ用ロケット内に搭載された誘導コンピュータを利用して、できる限り自律的な制御を行うことによって地上局の負担軽減を図る技術が確立されつつあり、完全な自律飛行の実現も遠くないと見込まれている。もっとも、かかる技術が実現した暁においても、飛行停止の判断まで打上げ用ロケットが自律的に行うことは、なお技術的に困難であるのみならず、国民の信頼を得られる状態にはない。したがって、飛行経路からの逸脱その他の異常事態が発生した

場合には、地上において打上げ用ロケットから取得した情報に基づく判断を行う必要性は、当分の間、失われないと考えられる。他方において、超小型衛星の打上げに使用される小型ロケット等で複雑な飛行経路を必要としない場合においては、打上げ用ロケットから情報をダウンリンクせずに、地上設備からの位置計測のみで予定した飛行経路の破壊限界区域内を飛行しているかを確認可能な場合も想定できる。上記のように、多様でかつ発展しつつある技術を踏まえて、(i)または(ii)のいずれかを具備していることを打上げ用ロケットの飛行を追跡するための条件として規定しているのである。

(6) 「人工衛星の利用の目的及び方法が、基本理念に則したものであり、かつ、宇宙の開発及び利用に関する諸条約の的確かつ円滑な実施及び公共の安全の確保に支障を及ぼすおそれがないものであること」(4号)

　人工衛星の利用の目的および方法が、本法の基本理念に則したものであり、かつ、宇宙の開発および利用に関する諸条約の的確かつ円滑な実施および公共の安全の確保に支障を及ぼすおそれがないものであることを確認しないと、本法の目的に適合しない宇宙活動を行わせてしまうおそれがある。とりわけ、国内に所在せず、わが国が執行管轄権を有しない人工衛星管理設備を用いて管理する人工衛星を搭載したロケットを打ち上げる場合には、本法20条1項が規定する人工衛星の管理に係る許可の対象外であるため、人工衛星等の打上げの許可申請時において、その点について審査をする必要がある。具体例を挙げると、衛星通信サービスを提供する目的で、国際調整が実施された衛星周波数を利用して地上波放送電波を送信することは、利用の目的、利用の方法の双方とも問題ない。他方、宇宙空間における軍事演習の目的は宇宙条約4条の規定に違反し、宇宙空間上に大量の短針を散布して電波反射体を設ける方法は宇宙条約9条の規定に違反し、「宇宙の開発及び利用に関する諸条約の的確かつ円滑な実施」に支障を及ぼすおそれがあり、許可してはならないことになる。また、テロ行為を目的とした衛星通信放送等や衛星リモートセンシングのための宇宙空間の利用目的や、スペースデブリに子機または導電性データを接着し減速させて地上の安全を確保せずに再突入させる方法は、「公共の安全の確保に支障を及ぼすおそれ」があり、許可してはならないことになる。

なお、放送・通信、衛星リモートセンシング等の個々のミッションが所期の目的を達成する蓋然性が許可の審査の考慮事項とはされていない。

> **（変更の許可等）**
> **第7条** ① 第4条第1項の許可を受けた者（以下「打上げ実施者」という。）は、同条第2項第2号から第5号までに掲げる事項を変更しようとするとき（ロケット安全基準の変更があった場合において当該許可に係る人工衛星の打上げ用ロケットの設計がロケット安全基準に適合しなくなったとき及び型式別施設安全基準に変更があった場合において当該許可に係る打上げ施設が型式別施設安全基準に適合しなくなったときを含む。）は、内閣府令で定めるところにより、内閣総理大臣の許可を受けなければならない。ただし、内閣府令で定める軽微な変更については、この限りでない。
> ② 打上げ実施者は、第4条第2項第1号若しくは第6号に掲げる事項に変更があったとき又は前項ただし書の内閣府令で定める軽微な変更をしたときは、遅滞なく、その旨を内閣総理大臣に届け出なければならない。
> ③ 前条の規定は、第1項の許可について準用する。

（1）　第4条第1項の許可を受けた者（以下「打上げ実施者」という。）」（1項本文）

人工衛星等の打上げに係る許可を受けた者である。国には、本法4条1項の許可に係る規定は適用されないので（本法57条1項）、国は、本法の「打上げ実施者」に当たらないことになる。

（2）　「同条第2項第2号から第5号までに掲げる事項」（1項本文）

人工衛星の打上げ用ロケットの設計（本法4条2項2号）、打上げ施設の場所、構造および設備（同項3号）、ロケット打上げ計画（同項4号）、人工衛星の打上げ用ロケットに搭載される人工衛星の数ならびにそれぞれの人工衛星の利用の目的および方法（同項5号）を意味する。「人工衛星の打上げ用ロケットの設計」（同項2号）については、H-II型ロケットのように開発段階が終了し、同一の型式の設計のロケットが継続して使用される場合と、ベンチャー企業等が新

規のロケット開発を企図しており、開発の進展に応じて設計変更を行っていく場合が考えられる。とりわけ後者の場合には、型式設計の許可後打上げ実施までの間に改良が行われ、それに伴い機能追加等のための設計変更が行われることを想定しうる。ロケットの部品が打上げ施設に搬入され、組立棟で人工衛星を搭載し、試験を反復する過程で設計変更が必要になる場合も想定される。具体的には、主要部品のサイズ、ロケット重量等の安全確保に影響する主要諸元の変更、固定ブースターの追加等の新機能の追加、安全確保装置（誤発射防止装置、飛行中断装置等）の削減等が想定される。「打上げ施設の場所……構造及び設備」（同項3号）については、JAXAの管理する内之浦、種子島の射場のように継続的に使用されているものがあるが、今後は、民間事業者が自ら射場を整備し、それを使用することも考えられる。いずれの場合においても、人工衛星の打上げ許可後に、ロケットの位置、姿勢、状態を示す信号を受信する設備が改良され、それに伴い、安全確保に関する設備の変更等が行われることが想定されうる。「ロケット打上げ計画」（同項4号）においては、打上げ施設の周辺およびロケットの飛行経路周辺の安全確保の方法等を定めることになる。ロケットの飛行経路周辺の安全確保のため、飛行経路に応じてロケットの各段の落下予想区域を算定し、それに基づき飛行安全管制および海上警戒等の計画が策定されている。しかし、原因不明の不具合の発生等のロケットの整備状況、打上げ予定日の天候、打上げ施設の周辺およびロケットの飛行経路周辺の安全確保状況等に応じて、打上げ実施を当初の打上げ予定時期内に行うことができなくなり、打上げ予定時期が変更されることが想定されうる。その場合、それに応じて航空機の飛行や船舶の通行状況も変化するし、地上の安全を確保すべき地域も変化するため、ロケット打上げ計画を見直す必要が生ずる。また、ロケットの飛行経路は、打上げ用ロケットに事前にプログラミングされているが、惑星探査機の打上げの場合、打上げの時期が大きく変更になった場合、地球と当該惑星の位置関係が変化し、それに伴いロケットの飛行経路の変更が余儀なくされることがありうる。実際、JAXAが2013年8月23日に内之浦宇宙空間観測所より打上げを予定していたイプシロンロケットについて、同月8日に、地上設備とロケットとの間の通信機能点検で不具合が発見され、その修正のために、打上げ実施を同月27日に順延した際、搭載された惑星分光観測衛星を

所定の軌道に投入するために飛行経路の再解析が実施された例が存在する。それに応じて、安全確保を図るべき区域も変動しうるので、ロケット打上げ計画の見直しが必要になることになる。打上げ許可取得後に「人工衛星の打上げ用ロケットに搭載される人工衛星の数並びにそれぞれの人工衛星の利用の目的及び方法」(同項5号)が変更されることは通常は想定しがたいが、1回の打上げの機会において複数の人工衛星を搭載するケースがあり、かかる場合には、搭載予定の人工衛星の入替えが行われたり、一つの打上げロケットに余力があるため、追加で人工衛星を搭載することも考えられないわけではない。また、打上げ時期が大幅に延期された場合、搭載する人工衛星が差し替えられることも想定しえないわけではない。実際、JAXAは、小型衛星の容易かつ早期の打上げ機会を保障するために、複数の小型衛星の開発者に相乗りの機会を与えるために公募を実施している。かかる場合、小型衛星の開発者の側の事情で、当初予定の人工衛星が搭載されなくなり、他の人工衛星に差し替えられることがありうる。その結果、「人工衛星の利用の目的及び方法」(同項5号)が変更されることもありうる。

(3) 「内閣府令で定めるところにより」(1項本文)

様式第3による申請書に、本法施行規則5条2項2号および3号に掲げる書類のうち当該変更事項に係る書類および当該人工衛星等の打上げに係る同条4項の許可証の写しを添えて、内閣総理大臣に提出し、その変更の許可を受けなければならない(本法施行規則9条1項)。内閣総理大臣は、本法7条1項の変更の許可をしたときは、打上げ実施者に対し、その旨を通知するとともに、当該人工衛星等の打上げに係る本法施行規則5条4項の許可証を返納させた上で、様式第2による許可証を再交付するものとする(本法施行規則9条2項)。

(4) 「内閣総理大臣の許可を受けなければならない」(1項本文)

変更許可を得ずに変更している違反を発見したときには、変更許可を得るように指導を行うが(本法32条)、指導に従わず、変更許可を得ないまま打上げが実施される蓋然性が高まれば、許可の取消しを行う(本法12条5号)。打上げ実施後に変更許可を得ていなかったことが露見した場合には、もはや打上げ許

可の効果が失われ許可の取消しはできないものの、罰則（本法60条3号）の適用がある。

　変更の許可を必要とする例として、核原料物質、核燃料物質及び原子炉の規制に関する法律16条1項本文、都市計画法35条の2第1項本文、フロン類の使用の合理化及び管理の適正化に関する法律53条1項本文参照。

（5）「内閣府令で定める軽微な変更」（1項ただし書）

　本法4条2項2号から5号までに掲げる事項の実質的な変更を伴わない変更を意味する（本法施行規則9条3項）。たとえば、ロケットの性能に影響を及ぼすおそれがない部品の形状の変更や交換等、安全性と無関係な施設の改修、搭載する人工衛星の数の減少が考えられる。また、悪天候のために延期しうる日程の幅をもたせた計画になっており、悪天候のために延期した場合の対応についてロケット打上げ計画に記載され、改めて内閣総理大臣が確認する必要がないような場合には、軽微な変更として届出で足りると考えられる（本条2項）。たとえば、三菱重工業が種子島宇宙センターから国際宇宙ステーション補給船「こうのとり」を打ち上げる際、悪天候のため打上げを2日順延したが、かかる場合がこれに当たると思われる。JAXAは、打上げ時期のみならず飛行経路についても、一定の範囲での変更を想定し、落下予想区域およびそれに基づく飛行安全管制や海上警戒の計画を策定し、その範囲内で運用することとしており、このように当初から想定された範囲内の飛行経路の変更でそれへの対策も当初の計画に盛り込まれている場合には、軽微な変更として届出で足りるのではないかと考えられる。

　打上げ実施者は、本条2項の規定による届出をしようとするときは、様式第4による届出書に、変更事項に係る書類および当該人工衛星等の打上げに係る本法施行規則5条4項の許可証の写しを添えて、内閣総理大臣に提出しなければならない（本法施行規則9条4項）。

　軽微な変更については許可を要せず、届出で足りるとする例として、核原料物質、核燃料物質及び原子炉の規制に関する法律16条1項ただし書、都市計画法35条の2第1項ただし書、フロン類の使用の合理化及び管理の適正化に関する法律53条1項ただし書参照。

（6）「第4条第2項第1号若しくは第6号に掲げる事項に変更があったとき」（2項）

「氏名又は名称及び住所」（本法4条2項1号）または人工衛星の打上げ用ロケットの型式、機体の名称および号機番号、人工衛星の打上げ用ロケットに搭載される人工衛星の名称、申請者が法人である場合は、役員の氏名、使用人の氏名、欠格事由のいずれにも該当しないこと（本法4条2項6号、本法施行規則5条3項）に変更があったときである。

（7）「前項ただし書の内閣府令で定める軽微な変更をしたとき」（2項）

実質的な変更を伴わない変更を意味する（本法施行規則9条3項）。

（8）「前条の規定は、第1項の許可について準用する」（3項）

人工衛星等の打上げ許可の基準（本法6条）に係る規定が、変更の許可（本法7条1項）にも準用される結果、両者は同一の基準で判断される。

（設計合致義務等）

第8条 ① 打上げ実施者は、人工衛星等の打上げを行うに当たっては、当該人工衛星等の打上げに係る人工衛星の打上げ用ロケットを第4条第1項の許可に係る設計に合致するようにしなければならない。

② 打上げ実施者は、人工衛星等の打上げを行うに当たっては、災害その他やむを得ない事由のある場合を除くほか、第4条第1項の許可に係るロケット打上げ計画の定めるところに従わなければならない。

（1）「第4条第1項の許可に係る設計」（1項）

本項の許可とは、人工衛星等の打上げに係る許可の総称である。(i)本法4条1項の規定による人工衛星の打上げに係る最初の許可（以下「原始許可」という）、(ii)原始許可を得た者が、本法7条1項により、本法4条2項2号から5号までに掲げる事項の変更の許可を得た後の許可、(iii)本法10条1項～3項の規定による認可を受けて、(i)または(ii)の許可を受けた者の本法の規定による地位を承継した者の保持する許可、(iv)本法10条1項～3項の規定による認可を受けて

許可を受けた者の本法の規定による地位を承継した者から、さらに本法10条1項〜3項の規定による認可を受けて本法の規定による地位を承継した者の保持する許可等をすべて総称する意味で用いられている。本項に限らず、本法の他の条項においても、「第4条第1項の許可（第7条第1項の規定により変更の許可を受けた場合または第10条第1項から第3項までの規定により本法の規定による地位を承継した者の有する許可を含む。)」のような書き分けをしていない。これは、「水銀による環境の汚染の防止に関する法律」が、同法6条1項の規定による製造許可、同法9条1項の規定による変更許可、同法11条の規定による承継という本法と同様の規定を置いているものの、同法10条柱書による許可の取消しに係る規定では、「第6条第1項の許可」の取消し、同法11条1項の「当該許可」という表現で、変更後の許可や承継により取得した許可も総称していること、「核原料物質、核燃料物質及び原子炉の規制に関する法律」13条1項（事業の許可）、16条（変更の許可）、18条（合併および分割の認可による事業者の地位の承継）に基づく許可を同法20条1項（許可の取消し）で「第13条第1項の許可」と総称していること等を参考にしたものである。

（2）「合致するようにしなければならない」（1項）
　設計上は存在しない固体ロケットブースターを打上げ施設に搬入して打ち上げることは、無許可変更には当たらないが、設計合致義務に違反する。設計合致義務について定める例として、電気通信事業法57条1項参照。

（3）「第4条第1項の許可に係るロケット打上げ計画の定めるところに従わなければならない」（2項）
　ロケット打上げ計画自体は変更せずに、(i)計画で予定されている打上げ時期と異なる時期に打上げを行うこと、(ii)計画上予定していた地上安全を確保するための警備を懈怠すること、(iii)飛行中断措置のバックアップ体制を懈怠すること、等は無許可変更には当たらないが、計画遵守義務に違反する。かかる違反を発見したときには、計画を遵守するように指導を行うが（本法32条）、指導に従わず、計画を遵守しない打上げが実施される蓋然性が高まれば、許可の取消しを行う（本法12条6号）。打上げ実施後に計画遵守義務違反が露見した場合

には、打上げ許可の効果が失われ許可の取消しはできないが、罰則（本法61条1号）の適用がある。

　計画・基準等の実施義務を定めるものとして、フロン類の使用の合理化及び管理の適正化に関する法律58条1項があり、基準を遵守していないと認められるときは、遵守を促す勧告（同法62条1項）を経て、勧告に係る措置をとるべき旨の命令を行うことができることとされている（同条5項）。そして、この命令に違反した場合には、間接罰が科される（同法104条）。都市計画法においては、法令遵守義務（同法42条1項）違反に対して直罰を科している（同法92条4号）。

（損害賠償担保措置を講ずべき義務）
第9条　①　打上げ実施者は、損害賠償担保措置を講じていなければ、第4条第1項の許可を受けた人工衛星等の打上げを行ってはならない。
②　前項に規定する「損害賠償担保措置」とは、ロケット落下等損害賠償責任保険契約及びロケット落下等損害賠償補償契約（特定ロケット落下等損害に係るものに限る。）の締結若しくは供託であって、その措置により、人工衛星の打上げ用ロケットの設計、打上げ施設の場所その他の事情を勘案し、ロケット落下等損害の被害者の保護を図る観点から適切なものとして内閣府令で定める金額（第40条第1項及び第2項において「賠償措置額」という。）をロケット落下等損害の賠償に充てることができるものとして内閣総理大臣の承認を受けたもの又はこれらに相当する措置であって内閣総理大臣の承認を受けたもの（同条第2項において「相当措置」という。）をいう。

（1）「損害賠償担保措置を講じていなければ、第4条第1項の許可を受けた人工衛星等の打上げを行ってはならない」（1項）

　人工衛星等の打上げに伴う損害が生じた場合において、被害者の金銭的救済を確実にするために、損害賠償担保措置を講じていることを人工衛星等の打上げの条件としている。米国の商業宇宙打上げ法、欧州のアリアン宣言で採用された商業保険と政府補償の組合わせのスキームは、人工衛星等の打上げに伴う

損害賠償責任を担保するための国際標準となっているが、わが国では、1998 (平成10) 年の NASDA 法改正の際に、それを参考にして、NASDA への保険付保の義務づけと責任集中の仕組みが導入された。そして、損害賠償責任保険でカバーできない損害については、NASDA が国家賠償法2条1項の規定に基づき責任を負い、他の打上げ関係者に対する求償は、当該関係者に故意がある場合に限定することとされた。JAXA 法も、この仕組みを踏襲した。しかし、本法により、新たな第三者に対する損害賠償責任の担保の仕組みが導入されたため、従前のスキームは廃止された

　本項の規定に違反して人工衛星等の打上げを行った者は、1年以下の懲役もしくは100万円以下の罰金に処し、またこれを併科することとされている（本法61条1号）。両罰規定も適用される（本法64条）。原子力損害の賠償に関する法律6条も、「原子力事業者は、原子力損害を賠償するための措置（以下「損害賠償措置」という。）を講じていなければ、原子炉の運転等をしてはならない」と定めている。

　原子力損害の賠償に関する法律7条2項においては、「文部科学大臣は、原子力事業者が第3条の規定により原子力損害を賠償したことにより原子力損害の賠償に充てるべき金額が賠償措置額未満となつた場合において、原子力損害の賠償の履行を確保するため必要があると認めるときは、当該原子力事業者に対し、期限を指定し、これを賠償措置額にすることを命ずることができる」と規定している。その理由は、同条1項で、損害賠償担保措置を原子炉単位ではなく「1工場若しくは1事業所当たり若しくは1原子力船当たり」で講ずることとされており、わが国の原子力発電所においては、1事業所に複数の原子炉が設置されていることが一般的であり、1事業所内の特定の原子炉において事故が発生し当該原子炉の運転が停止され、核燃料物質の取出しや廃炉作業等が進行中であっても、同一事業所内の他の原子炉が稼働している事態や、事故が軽微なものであり、当該原子炉の修理が終了し、再稼働する場合も想定しうるからである。かかる場合において、保険金の支払により、損害賠償担保措置として付保が義務づけられている額を一時的に下回る事態が生じうるが、当該事業所内で別の原子炉が稼働を継続する以上、新たな原子力事故が発生する可能性があるので、賠償資力を回復させる必要がある。しかし、即時に賠償措置額

を回復させることは、必ずしも現実的でない。そこで、期限を定めて賠償資力の回復措置を講ずることを命じ、指定された期限までは原子炉の運転を認めることとしている。これに対し、本法においては、人工衛星等の打上げごとに許可を得なければならず、打上げごとに損害賠償担保措置を講じて必要な資力を確保することを義務づけているので、賠償措置額まで賠償資力を回復させる必要はない。そこで、本法においては、原子力損害の賠償に関する法律7条2項に相当する規定は置かれていない。担保措置について定める例として、貸金業法12条の8第5項も参照。

（2）「「損害賠償担保措置」とは、ロケット落下等損害賠償責任保険契約及びロケット落下等損害賠償補償契約……の締結若しくは供託であって、その措置により、人工衛星の打上げ用ロケットの設計、打上げ施設の場所その他の事情を勘案し、ロケット落下等損害の被害者の保護を図る観点から適切なものとして内閣府令で定める金額（第40条第1項及び第2項において「賠償措置額」という。）をロケット落下等損害の賠償に充てることができるものとして内閣総理大臣の承認を受けたもの又はこれらに相当する措置であって内閣総理大臣の承認を受けたもの（同条第2項において「相当措置」という。）をいう」（2項）

原子力損害の賠償に関する法律においては、損害賠償措置は、原則として、原子力損害賠償責任保険契約および原子力損害賠償補償契約の締結もしくは供託であって、その措置により、1工場もしくは1事業所当たりもしくは1原子力船当たり1200億円（政令で定める原子炉の運転等については、1200億円以内で政令で定める金額とする）を原子力損害の賠償に充てることができるものとして文部科学大臣の承認を受けたものまたはこれらに相当する措置であって文部科学大臣の承認を受けたものとされている（同法7条1項）。なお、同法では、「政府は、原子力損害が生じた場合において、原子力事業者（外国原子力船に係る原子力事業者を除く。）が第3条の規定により損害を賠償する責めに任ずべき額が賠償措置額をこえ、かつ、この法律の目的を達成するため必要があると認めるときは、原子力事業者に対し、原子力事業者が損害を賠償するために必要な援助を行なうものとする」（同法16条1項）、「前項の援助は、国会の議決により政府に属させられた権限の範囲内において行なうものとする」（同条2項）と定めて

いる。

　人工衛星等の打上げにおける第三者損害賠償額は、(i)人工衛星打上げ用ロケットの機体によって爆発の影響を受ける火薬等の推進薬の量が相違し、(ii)打上げ施設の場所、飛行経路によって、ロケットの落下または爆発による影響範囲が異なる。(i)については、ロケットが飛行につれて推進薬を消費するため、飛行時間が長くなれば、推進薬の残量が減少し、爆発の規模が小さくなる。(ii)については、わが国の場合、飛行経路の大半は海上であるため、最大の第三者損害事故が想定されるのは、打上げ直後に異常飛行となり、飛行中断措置をとることができず、陸上の人口密集地に落下して爆発した場合である。それ以外の場合としては、ロケットが航空機に衝突する場合も想定されうるが、ロケットが航空機が飛行可能な高度以上の高度に到達するには 1 分も要せず、上昇中のロケットが航空機に衝突する可能性はほぼ皆無といってよい。ロケットが航空機の飛行高度を超えて飛行中に爆発し、その破片が航空情報（NOTAM）が発信されていない地点に落下して、飛行中の航空機に衝突する可能性もほぼ皆無とされている。そこで、打上げ直後に異常飛行となり、飛行中断措置をとることができず、陸上の人口密集地に落下して爆発した場合を想定して、第三者損害賠償額を計算することになると思われる。わが国の基幹ロケットである H-IIA ロケットの種子島宇宙センターからの打上げの場合、JAXA 法旧 21 条の規定に基づき、JAXA の主務大臣によって 200 億円の第三者損害賠償責任保険契約の締結が義務づけられてきた。本項の委任に基づく内閣府令で定める金額は、当分の間、H-IIA ロケット、H-IIB ロケット、イプシロンロケットについて 200 億円とされている（本法施行規則 9 条の 2、別表）。

　なお、人工衛星等の打上げの際に契約当事者間で損害賠償請求権を相互に放棄するクロスウェーバーを契約することは、米国、フランスでは打上げ許可の要件とされているが、本法は、それを義務づけていない。

（3）　「(特定ロケット落下等損害に係るものに限る。)」（2項）
　特定ロケット落下等損害とは、テロリズムの行為その他その発生を保険契約における財産上の給付の条件とした場合に適正な保険料を算出することが困難なものとして内閣府令で定める(i)戦争、暴動等による著しい社会秩序の混乱ま

たは(ii)以上のほか、内閣総理大臣の承認を受けた損害賠償担保措置におけるロケット落下等損害賠償責任保険契約において、保険者が保険金を支払わないこととしている事由であって、内閣総理大臣が適当と認めるもの（本法施行規則3条）を主たる原因とする人工衛星等の落下、衝突または爆発によるロケット落下等損害を意味する（本法2条9号）。特定ロケット落下等損害については、責任保険契約により塡補される金額はない。

（承継）
第10条　①　打上げ実施者が第4条第1項の許可を受けた人工衛星等の打上げに係る事業の譲渡を行う場合において、譲渡人及び譲受人があらかじめ当該譲渡及び譲受けについて内閣府令で定めるところにより内閣総理大臣の認可を受けたときは、譲受人は、打上げ実施者のこの法律の規定による地位を承継する。
②　打上げ実施者である法人が合併により消滅することとなる場合において、あらかじめ当該合併について内閣府令で定めるところにより内閣総理大臣の認可を受けたときは、合併後存続する法人又は合併により設立された法人は、打上げ実施者のこの法律の規定による地位を承継する。
③　打上げ実施者である法人が分割により第4条第1項の許可を受けた人工衛星等の打上げに係る事業を承継させる場合において、あらかじめ当該分割について内閣府令で定めるところにより内閣総理大臣の認可を受けたときは、分割により当該事業を承継した法人は、打上げ実施者のこの法律の規定による地位を承継する。
④　第5条及び第6条（第3号（ロケット打上げ計画を実行する能力に係る部分に限る。）に係る部分に限る。）の規定は、前三項の認可について準用する。
⑤　打上げ実施者が第4条第1項の許可を受けた人工衛星等の打上げに係る事業の譲渡を行い、又は打上げ実施者である法人が合併により消滅することとなり、若しくは分割により当該事業を承継させる場合において、第1項から第3項までの認可をしない旨の処分があったとき（これらの認可の申請がない場合にあっては、当該事業の譲渡、合併又は分割があったとき）は、同条第1項の許可は、その効力を失う。

(1)　「第4条第1項の許可」（1項）

（i)本法4条1項の規定による人工衛星の打上げに係る最初の許可（以下「原始許可」という）、(ii)原始許可を得た者が、本法7条1項により、本法4条2項2号から5号までに掲げる事項の変更の許可を得た後の許可、(iii)本法10条1項～3項の規定による認可を受けて、(i)または(ii)の許可を受けた者の本法の規定による地位を承継した者の保持する許可、(iv)本法10条1項～3項の規定による認可を受けて許可を受けた者の本法の規定による地位を承継した者から、さらに本法10条1項～3項の規定による認可を受けて本法の規定による地位を承継した者の保持する許可等をすべて総称する意味で用いられている。本項に限らず、本法の他の条項においても、「第4条第1項の許可（第7条第1項の規定により変更の許可を受けた場合または第10条第1項から第3項までの規定により本法の規定による地位を承継した者の有する許可を含む。）」のような書き分けをしていない。これは、「水銀による環境の汚染の防止に関する法律」が、同法6条1項の規定による製造許可、同法9条1項の規定による変更許可、同法11条の規定による承継という本法と同様の規定を置いているものの、同法10条柱書による許可の取消しに係る規定では、「第6条第1項の許可」の取消し、同法11条1項の「当該許可」という表現で、変更後の許可や承継により取得した許可も総称していること、「核原料物質、核燃料物質及び原子炉の規制に関する法律」13条1項（事業の許可）、16条（変更の許可）、18条（合併および分割の認可による事業者の地位の承継）に基づく許可を同法20条1項（許可の取消し）で「第13条第1項の許可」と総称していること等を参考にしたものである

(2)　「人工衛星等の打上げに係る事業の譲渡を行う場合」（1項）

わが国では、日産自動車が石川島播磨重工業（現在のIHI）に2000年に宇宙開発事業を譲渡した例がある。

(3)　「内閣府令で定めるところにより」（1項）

様式第5による申請書に、(i)譲受人に係る住民票の写しもしくはこれに代わる書類および使用人に係る住民票の写しもしくはこれに代わる書類（申請者が

個人である場合)、または定款および登記事項証明書もしくはこれらに準ずるものならびに役員および使用人に係る住民票の写しもしくはこれに代わる書類(申請者が法人である場合)、(ii)譲受人が当該ロケット打上げ計画を実行する十分な能力を有していることを明らかにする書類、(iii)譲渡および譲受けに関する契約書の写し、(iv)譲渡人または譲受人が法人である場合は、譲渡または譲受けに関する株主総会もしくは社員総会の決議録または無限責任社員もしくは総社員の同意書または譲渡もしくは譲受けに関する意思の決定を証する書類および(v)譲渡人に係る様式第2の許可証の写しを添えて、内閣総理大臣に提出しなければならない(本法施行規則10条1項)。

(4) 「譲受人は、打上げ実施者のこの法律の規定による地位を承継する」(1項)

地位の承継を認めず、譲受人が改めて許可の申請を行わなければならないこととすると、人工衛星の打上げサービスを円滑に提供することに大きな支障が生ずることになるとともに、わが国の人工衛星等の打上げに関連する産業の発展を著しく阻害することが懸念される。そこで、地位の承継を認めることにより、譲受人が改めて許可の申請を行う労力を不要としている。譲渡および譲受けについて主務大臣の認可を受けたときに地位の承継を認める例として、株式会社日本政策金融公庫法19条1項も参照。

(5) 「内閣府令で定めるところにより」(2項)

様式第6による申請書に、(i)合併の方法および条件が記載された書類、(ii)合併後存続する法人または合併により設立される法人に係る定款および登記事項証明書またにこれらに準ずるものならびに役員および使用人に係る住民票の写しまたはこれに代わる書類、(iii)合併後存続する法人または合併により設立される法人が当該ロケット打上げ計画を実行する十分な能力を有していることを明らかにする書類、(iv)合併契約書の写しおよび合併比率説明書、(v)合併に関する株主総会もしくは社員総会の決議録または無限責任社員もしくは総社員の同意書または合併に関する意思の決定を証する書類ならびに(vi)被承継者に係る様式第2による許可証の写しを添えて、内閣総理大臣に提出しなければならない(本法施行規則10条2項)。

(6)　「合併後存続する法人又は合併により設立された法人は、打上げ実施者のこの法律の規定による地位を承継する」(2項)

　人工衛星等の打上げ許可取得後にM&Aにより吸収合併が行われた場合、安全上の問題がない限り、改めて許可を取り直す手続をしなければならないとすることは、過度な負担を課し、わが国の宇宙産業の発展を阻害するおそれもあるので、地位の承継を認めている。過去において、国内では、プリンス自動車が日産自動車に吸収合併されたことにより、プリンス自動車の宇宙開発に係る事業部門が日産自動車の事業部門となった例、海外では、ボーイング社とロッキード・マーティン社の打上げ部門の合弁により、ユナイテッド・ローンチ・アライアンス社が誕生した例がある。非公開会社同士の合併の場合には、2か月程度の準備期間で合併が実現可能であるため、打上げ許可後に、打上げ実施者がM&Aにより、打上げ実施前に吸収合併される場合、地位の承継を認めないと、合併により誕生した法人が新規に打上げ許可を申請しなければならなくなり、予定していた打上げを断念せざるを得ない事態が生じかねない。人工衛星等の打上げは、ロケットおよび人工衛星の製造、打上げ施設の確保、漁協への説明会の開催や対策費の支払等、準備に長期間を要するので、打上げ許可後、打上げ実施までに急に合併が行われることはありうる。したがって、合併に伴う地位の承継を認めることは重要である。法人の合併について監督庁の承認を得ることにより地位の承継を認める例として、風俗営業等の規制及び業務の適正化等に関する法律7条の2第1項も参照。

(7)　「打上げ実施者である法人が分割により第4条第1項の許可を受けた人工衛星等の打上げに係る事業を承継させる場合」(3項)

　人工衛星等の打上げ事業の分割として著名なのは、IHIが、宇宙開発事業部門を分割し、100パーセント子会社のIHIエアロスペース社を設立した例であり、同社はイプシロンロケットの打上げを実施している。また、ボーイング社とロッキード・マーティン社が、2006年、各自の打上げサービス事業部門を分割し、両部門が合弁してユナイテッド・ローンチ・アライアンス社という人工衛星等の打上げサービスの提供に特化した会社を設立した例がある。同社は、合衆国政府の委託を受けて、ボーイング社製造のデルタロケット、ロッキー

ド・マーティン社製造のアトラスロケットの打上げを実施している。法人の分割について監督庁の承認を得ることにより地位の承継を認める例として、風俗営業等の規制及び業務の適正化等に関する法律7条の3第1項も参照。

(8)　「内閣府令で定めるところにより」(3項)

様式第7による曰請書に、(i)分割の方法および条件が記載された書類、(ii)分割により人工衛星等の打上げに係る事業を承継する法人に係る定款および登記事項証明書またはこれらに準ずるものならびに役員および使用人に係る住民票の写しまたはこれに代わる書類、(iii)分割により人工衛星等の打上げに係る事業を承継する法人が当該ロケット打上げ計画を実行する十分な能力を有していることを明らかにする書類、(iv)分割契約書（新設分割の場合にあっては、分割計画書）の写しおよび分割比率説明書、(v)分割に関する株主総会もしくは社員総会の決議録または無限責任社員もしくは総社員の同意書または分割に関する意思の決定を証する書類ならびに(vi)被承継者に係る様式第2による許可証の写しを添えて、内閣総理大臣に提出しなければならない（本法施行規則10条3項）。

(9)　「第5条」(4項)

欠格事由の規定である。

(10)　「第6条（第3号（ロケット打上げ計画を実行する能力に係る部分に限る。）に係る部分に限る。）」(4項)

ロケット打上げ計画において、申請者が当該ロケット打上げ計画を実行する十分な能力を有することを意味する。承継等の認可に当たり、欠格事由のみならず許認可基準をすべて準用している場合（放送法98条6項、航空法114条2項、115条2項、116条3項、石油パイプライン事業法10条3項、深海底鉱業暫定措置法18条3項、電気通信事業法123条5項、鉄道事業法26条3項、貨物利用運送事業法29条3項、民間事業者による信書の送達に関する法律13条3項等）が多いが、欠格事由に加えて許可基準のうち申請者の能力に関する部分のみを準用する例もある（核原料物質、核燃料物質及び原子炉の規制に関する法律18条2項、自動車ターミナル法12条3項、廃棄物の処理及び清掃に関する法律9条の6第2項）。欠格事由のみならず許認可基準を

すべて準用している場合は、事業としての安定性、継続性の確保が重視されているのに対し、欠格事由に加えて許可基準のうち申請者の能力に関する部分のみを準用している場合は、事業の安定性、継続性よりも、行為に対する許可を与えるに当たっての技術的能力が重視されていると考えられる。本法に基づく人工衛星等の打上げの許可は後者に該当するので、欠格事由に加えて許可基準のうち申請者の能力に関する部分のみを準用することとしている。

(11)　「前三項の認可」（4項）
　人工衛星等の打上げに係る事業の譲渡および譲受けの認可（本条1項）、合併の認可（本条2項）、分割の認可（本条3項）を意味する。

（死亡等による許可の失効）
第11条　前条第5項の規定によるほか、打上げ実施者が次の各号のいずれかに該当することとなったときは、第4条第1項の許可は、その効力を失う。この場合において、当該各号に定める者は、当該各号に該当することとなった日から30日以内に、その旨を内閣総理大臣に届け出なければならない。
(1)　死亡したとき　その相続人
(2)　法人が破産手続開始の決定により解散したとき　その破産管財人
(3)　法人が合併及び破産手続開始の決定以外の事由により解散したとき　その清算人
(4)　人工衛星等の打上げを終えたとき　打上げ実施者であった個人又は打上げ実施者であった法人を代表する役員

（1）　「打上げ実施者が次の各号のいずれかに該当することとなったときは……許可は、その効力を失う」（柱書前段）
　死亡、解散の場合は、許可を失効させ、死亡、解散の事実の届出義務を課している。死亡または法人の解散による許可の失効について定める他の例として、フロン類の使用の合理化及び管理の適正化に関する法律54条2項がある。

(2) 「第4条第1項の許可」(柱書前段)

人工衛星等の打上げに係る許可である。(i)本法4条1項の規定による人工衛星の打上げに係る最初の許可（以下「原始許可」という）、(ii)原始許可を得た者が、本法7条1項により、本法4条2項2号から5号までに掲げる事項の変更の許可を得た後の許可．(iii)本法10条1項～3項の規定による認可を受けて、(i)または(ii)の許可を受けた者の本法の規定による地位を承継した者の保持する許可、(iv)本法10条1項～3項の規定による認可を受けて許可を受けた者の本法の規定による地位を承継した者から、さらに本法10条1項～3項の規定による認可を受けて本法の規定による地位を承継した者の保持する許可等をすべて総称する意味で用いられている。本項に限らず、本法の他の条項においても、「第4条第1項の許可（第7条第1項の規定により変更の許可を受けた場合または第10条第1項から第3項までの規定により本法の規定による地位を承継した者の有する許可を含む。）」のような書き分けをしていない。これは、「水銀による環境の汚染の防止に関する法律」が、同法6条1項の規定による製造許可、同法9条1項の規定による変更許可、同法11条の規定による承継という本法と同様の規定を置いているものの、同法10条柱書による許可の取消しに係る規定では、「第6条第1項の許可」の取消しという表現で、変更後の許可や承継により取得した許可も総称していること等を参考にしたものである（「核原料物質、核燃料物質及び原子炉の規制に関する法律」13条1項（事業の許可）、16条（変更の許可）、18条（合併および分割の認可による事業者の地位の承継）、20条1項（許可の取消し）も参照）。

(3) 「内閣総理大臣に届け出なければならない」(柱書後段)

死亡または法人の解散の主務大臣への届出について定める他の例として、フロン類の使用の合理化及び管理の適正化に関する法律54条1項がある。

(4) 「法人が破産手続開始の決定により解散したとき　その破産管財人」(2号)

裁判所は、(i)破産手続の費用の予納がないとき（費用を仮に国庫から支弁する場合を除く）、(ii)不当な目的で破産手続開始の申立てがされたとき、その他申立てが誠実にされたものでないときのいずれかに該当する場合を除き、破産手続開

始の申立てがあった場合において、破産手続開始の原因となる事実があると認めるときは、破産手続開始の決定を行い（破産法30条1項）、この決定は、その決定の時から、効力を生ずる（同条2項）。破産手続開始の決定があると、株式会社は解散する（会社法471条5号）。裁判所は、破産手続開始の決定と同時に、1人または数人の破産管財人を選任しなければならない（破産法31条1項柱書）。そこで、法人が破産手続開始の決定により解散した旨の届出義務を破産管財人に課している。

　本法の規制の対象となる人工衛星等の打上げは、国内に所在し、または日本国籍を有する船舶もしくは航空機に搭載された打上げ施設を用いて行うものである（本法4条1項）。したがって、外国法人であっても、本法の規制の対象となる人工衛星等の打上げは、国内に所在し、または日本国籍を有する船舶もしくは航空機に搭載された打上げ施設を用いて行うことになる。

　破産法では、「外国人又は外国法人は、破産手続、第12章第1節の規定による免責手続（以下「免責手続」という。）及び同章第2節の規定による復権の手続（以下この章において「破産手続等」と総称する。）に関し、日本人又は日本法人と同一の地位を有する」（同法3条）とされ、「この法律の規定による破産手続開始の申立ては、債務者が個人である場合には日本国内に営業所、住所、居所又は財産を有するときに限り、法人その他の社団又は財団である場合には日本国内に営業所、事務所又は財産を有するときに限り、することができる」（同法4条1項）と規定されている。破産事件は、債務者が、営業者であるときはその主たる営業所の所在地、営業者で外国に主たる営業所を有するものであるときは日本におけるその主たる営業所の所在地、営業者でないときまたは営業者であっても営業所を有しないときはその普通裁判籍の所在地を管轄する地方裁判所が管轄する（同法5条1項）。そして、債務者についての外国で開始された手続で破産手続に相当するものがある場合には、当該債務者に破産手続開始の原因となる事実があるものと推定し（同法17条）、債権者または債務者は、わが国で破産手続開始の申立てをすることができる（同法18条1項）。そして、裁判所は、破産手続開始の申立てがあった場合において、破産手続開始の原因となる事実があると認めるときは、原則として、破産手続開始の決定を行い（同法30条1項）、その場合、わが国の裁判所が選任する破産管財人（同法

31条1項)が、調査等(同法83条)の手続を行うことができ、本条の規定に基づく届出も行うことができる。そのため、本号は、外国の法令上、破産管財人と同様に取り扱われている者について規定していない。商品先物取引業の許可(商品先物取引法190条1項)は、外国の法令に準拠して設立された株式会社と同種類の法人であって、国内に営業所または事務所を有するものであれば得ることができる可能性があるが(同法193条1項1号)、廃業の届出(同法197条1項)について、破産手続開始の決定により解散したときは「その破産管財人」(同項3号)とのみ規定しているのも同じ理由による。

他方、金融商品取引法施行令17条の2の12、17条の16、18条の4の5、18条の4の7(「破産管財人」を「破産管財人又は当該国において破産管財人に相当する者」に読替え)、投資信託及び投資法人に関する法律222条1項(「破産管財人……又はこれらの者に相当する義務を負う者」)、信託業法57条2項3号(「破産管財人又は当該国において破産管財人に相当する者」)、衛星リモートセンシング記録の適正な取扱いの確保に関する法律24条2項2号(「破産管財人又はこれらの者に相当する義務を負う者」)等は、いずれも国外でのみ活動を行う法人を対象とする規定である。

(5) 「法人が合併及び破産手続開始の決定以外の事由により解散したとき その清算人」(3号)

合併による解散については本法26条3項に、破産手続開始の決定による解散については本条2号に規定されている。

会社法においては、合併および破産手続開始の決定以外の事由により解散する事由として、(i)定款で定めた存続期間の満了、(ii)定款で定めた解散の事由の発生、(iii)株主総会の決議、(iv)解散を命ずる裁判を定めている(同法471条1号~3号・6号)。この場合には、株式会社は清算をしなければならない(同法475条柱書)。清算株式会社は、清算の目的の範囲内において、清算が結了するまではなお存続するものとみなされる(同法476条)。清算株式会社には、1人または2人以上の清算人を置かなければならない(同法477条1項)。そして、清算人が現務の結了(同法481条1号)等を行う。そこで、法人が合併および破産手続開始の決定以外の事由により解散した旨の届出義務を清算人に課している。

外国会社（外国の法令に準拠して設立された法人その他の外国の団体であって、株式会社、合名会社、合資会社または合同会社と同種のものまたはこれらに類似するものをいう。同法2条1号・2号）については、法務大臣または株主、社員、債権者その他の利害関係人の申立てにより、日本において取引を継続してすることの禁止またはその日本に設けられた営業所の閉鎖を命じられた場合または日本において取引を継続してすることをやめた場合には、利害関係人の申立てによりまたは職権で、日本にある外国会社の財産の全部について清算の開始を命ずることができる（同法822条1項）。この場合、裁判所は、清算人を選任し（同条2項）、特別清算の手続に従い、清算人が特別清算に係る事務を執行する。外国法人が合併および破産手続開始の決定以外の事由により解散する場合においても、日本において取引を継続してすることをやめた場合として、清算人が現務の結了、債権の取立ておよび債務の弁済、残余財産の分配の職務（同法481条）を行うことになり、本号の届出も行うので、本号は、外国の法令上、清算人と同様に取り扱われている者について規定していない。商品先物取引業の許可（商品先物取引法190条1項）は、外国の法令に準拠して設立された株式会社と同種類の法人であって、国内に営業所または事務所を有するものであれば得ることができる可能性があるが（同法193条1項1号）、廃業の届出（同法197条1項）について、合併および破産手続開始の決定以外の理由により解散したときは「その清算人」（同項4号）とのみ規定しているのも同じ理由による。

他方、金融商品取引法施行令17条の2の12、17条の16、18条の4の5（「清算人」を「清算人又は本店の所在する国において清算人に相当する者」に読替え）、投資信託及び投資法人に関する法律222条1項（「清算人又はこれらの者に相当する義務を負う者」）、信託業法57条2項4号（「清算人又は本店の所在する国において清算人に相当する者」）、衛星リモートセンシング記録の適正な取扱いの確保に関する法律24条2項2号（「清算人……又はこれらの者に相当する義務を負う者」）等は、いずれも国外でのみ活動を行う法人を対象とする規定である。

（許可の取消し）
第12条 内閣総理大臣は、打上げ実施者が次の各号のいずれかに該当すると

きは、第4条第1項の許可を取り消すことができる。
  (1) 偽りその他不正の手段により第4条第1項若しくは第7条第1項の許可又は第10条第1項から第3項までの認可を受けたとき。
  (2) 第5条第１号又は第3号から第5号までのいずれかに該当することとなったとき。
  (3) その者の行う人工衛星等の打上げに用いる人工衛星の打上げ用ロケットの設計がロケット安全基準に適合しなくなったとき。
  (4) その者の行う人工衛星等の打上げに用いる打上げ施設が型式別施設安全基準に適合しなくなったとき。
  (5) 第7条第1項の規定により許可を受けなければならない事項を同項の許可を受けないで変更したとき。
  (6) 第8条の規定に違反していると認めるとき。
  (7) 第34条第1項の規定により第4条第1項若しくは第7条第1項の許可又は第10条第1項から第3項までの認可に付された条件に違反したとき。

（1）「第4条第1項若しくは第7条第1項の許可又は第10条第1項から第3項までの認可」（1号）

　人工衛星等の打上げの許可（本法4条1項）もしくは変更の許可（本法7条1項）または人工衛星等の打上げに係る事業の譲渡および譲受けの認可（本法10条1項）、合併の認可（同条2項）もしくは分割の認可（同条3項）を意味する。

（2）「偽りその他不正の手段により……受けたとき」（1号）

　この場合には、許可または認可の成立時に瑕疵があることになるので、講学上の取消しになる。偽りその他不正の手段により上記の許可または認可を得ることは犯罪であり、3年以下の懲役もしくは300万円以下の罰金に処され、またはこれを併科される（本法60条2号）。

（3）「第5条第1号又は第3号から第5号までのいずれか」（2号）

　「この法律若しくはこの法律に基づく命令又はこれらに相当する外国（本邦の域外にある国又は地域をいう。以下同じ。）の法令の規定に違反し、罰金以

上の刑（これに相当する外国の法令による刑を含む。）に処せられ、その執行を終わり、又は執行を受けることがなくなった日から3年を経過しない者」（本法5条1号）、「成年被後見人又は外国の法令上これと同様に取り扱われている者」（同条3号）、「法人であって、その業務を行う役員又は内閣府令で定める使用人のうちに前三号のいずれかに該当する者があるもの」（同条4号）または「個人であって、その内閣府令で定める使用人のうちに第1号から第3号までのいずれかに該当する者があるもの」（同条5号）のいずれかを意味する。

（4）「その者の行う人工衛星等の打上げに用いる人工衛星の打上げ用ロケットの設計がロケット安全基準に適合しなくなったとき」（3号）

　人工衛星の打上げ用ロケットの設計がロケット安全基準に適合しなくなったときには、公共の安全を確保するために、打上げ許可を取り消すことができることとしている。しかし、内閣総理大臣は、型式認定を受けた人工衛星の打上げ用ロケットの設計がロケット安全基準に適合せず、またはロケット安全基準に適合しなくなるおそれがあると認めるときは、当該型式認定を受けた者に対し、ロケット安全基準に適合させるため、またはロケット安全基準に適合しなくなるおそれをなくするために必要な設計の変更を命ずることができるので（本法33条1項）、一般的には、設計変更命令が先行することになると考えられる。基準不適合を取消事由とする例として、再生医療等の安全性の確保等に関する法律49条1号、感染症の予防及び感染症の患者に対する医療に関する法律56条の35第1項2号、道路運送車両法75条の2第4項1号、使用済自動車の再資源化等に関する法律30条、66条3号、不動産特定共同事業法36条2号も参照。

（5）「その者の行う人工衛星等の打上げに用いる打上げ施設が型式別施設安全基準に適合しなくなったとき」（4号）

　人工衛星等の打上げに用いる打上げ施設が型式別施設安全基準に適合しなくなったときは、公共の安全を確保するために、打上げ許可を取り消すことができることとしている。しかし、上記（4）と同様に、内閣総理大臣は、必要な設計の変更を命ずることができるので（本法33条2項）、一般的には、設計変更

命令が先行すると考えられる。

　基準不適合を取消事由とする例として、再生医療等の安全性の確保等に関する法律49条1号、感染症の予防及び感染症の患者に対する医療に関する法律56条の35第1項2号、道路運送車両法75条の2第4項1号、使用済自動車の再資源化等に関する法律30条、66条3号、不動産特定共同事業法36条2号も参照。

（6）「第7条第1項の規定により許可を受けなければならない事項を同項の許可を受けないで変更したとき」（5号）

　人工衛星の打上げ用ロケットの設計、打上げ施設の場所、構造および設備、人工衛星等の打上げを予定する時期、人工衛星の打上げ用ロケットの飛行経路ならびに当該飛行経路および打上げ施設の周辺の安全を確保する方法を含む人工衛星等の打上げの方法を定めた計画（ロケット打上げ計画）、人工衛星の打上げ用ロケットに搭載される人工衛星の数ならびにそれぞれの人工衛星の利用の目的および方法に係る変更の許可を受けなければならないにもかかわらず、許可を受けないでこれらの事項を変更したときであり、かかる行為は犯罪であり、3年以下の懲役もしくは300万円以下の罰金に処され、またはこれを併科される（本法60条3号）。人工衛星の打上げ用ロケットの設計を変更するとは、ロケットの重量、主要部品のサイズ等の主要諸元の数値を変更すること、固体ロケットブースターの追加等、ロケットの構造を変更すること、誤発射防止機構や飛行中断装置を外すこと等を意味する。許可を受けた設計とは異なる設計に基づくロケットを製造することや、かかるロケットの打上げ準備をすることは、変更許可義務違反となる。打上げ施設の場所、構造および設備の変更とは、打上げ施設の移設、管制司令塔、燃料貯蔵庫、ロケット組立棟、打上射点等の主要施設の構造や配置関係を改造したり、配置関係を変更したり、各施設に設置する設備の数量を増減させたりすること等を意味する。これらの事項を変更許可を受けずに変更することも、変更許可義務違反となる。ロケット打上げ計画の変更には、打上げ時の警戒区域の位置変更や縮小、地上の安全確保のための警備体制の変更、飛行に伴う落下物の予想区域の位置の変更や縮小、飛行の安全確保のための体制の変更等を含む。ロケット打上げ計画に記載された事項を

無許可で変更し、変更された計画に基づいて打上げ準備を行うことは、変更許可義務違反となる。人工衛星の利用の目的および方法の変更とは、許可時に実験目的としていたにもかかわらず、打上げ実施者が、自社のホームページで人工衛星から送信されたデータを販売すると説明している場合や、アマチュア無線を中継する目的として打上げ許可を得た人工衛星に、送受信される周波数帯域が異なる機器を搭載して、許可を受けた方法と異なる方法を無許可で行うことなどである。

（7）「第8条の規定に違反していると認めるとき」(6号)

(i)打上げ実施者が、人工衛星等の打上げを行うに当たって、当該人工衛星等の打上げに係る人工衛星の打上げ用ロケットを本法4条1項の許可に係る設計に合致させる義務または(ii)打上げ実施者が、人工衛星等の打上げを行うに当たって、災害その他やむを得ない事由のある場合を除くほか、本法4条1項の許可に係るロケット打上げ計画の定めを遵守する義務に違反していると認めるときを意味する。

（8）「第34条第1項の規定により第4条第1項若しくは第7条第1項の許可又は第10条第1項から第3項までの認可に付された条件に違反したとき」(7号)

「第34条第1項の規定により第4条第1項若しくは第7条第1項の許可又は第10条第1項から第3項までの認可に付された条件」は、講学上の附款を意味する（講学上の附款について、宇賀・行政法概説Ⅰ 98頁以下参照）。

第2節　人工衛星の打上げ用ロケットの型式認定

> **（型式認定）**
> **第13条**　①　内閣総理大臣は、申請により、人工衛星の打上げ用ロケットの設計について型式認定を行う。
> ②　前項の型式認定を受けようとする者は、内閣府令で定めるところにより、次に掲げる事項を記載した申請書に人工衛星の打上げ用ロケットの設計がロケット安全基準に適合していることを証する書類その他内閣府令で定める書類を添えて、これを内閣総理大臣に提出しなければならない。
> （1）　氏名又は名称及び住所
> （2）　人工衛星の打上げ用ロケットの設計
> （3）　その他内閣府令で定める事項
> ③　内閣総理大臣は、第1項の申請があったときは、その申請に係る人工衛星の打上げ用ロケットの設計がロケット安全基準に適合していると認めるときは、同項の型式認定をしなければならない。
> ④　第1項の型式認定は、申請者に型式認定番号が付された型式認定書を交付することによって行う。

（1）　「内閣総理大臣は、申請により、人工衛星の打上げ用ロケットの設計について型式認定を行う」（1項）

　ロケットは、H-Ⅱシリーズ、イプシロンロケット等、開発が実現した後、ある程度の期間は同一の型式を用いるのが一般的である。したがって、当該型式の安全審査が実施された後、打上げのたびに改めて当該型式の安全審査を反復する必要性は認められない。そこで、既存のロケットを使用する場合、人工衛星の打上げ用ロケットの設計について型式認定を行い、同一の型式の設計のロケットについては、打上げ用ロケットの安全審査を省略し、打上げ許可の審査を簡便なものとしている。内閣総理大臣は、本項の型式認定をしたときは、申請者に対し、その旨を通知するとともに、様式第10による型式認定書を交付するものとする（本法施行規則13条4項）。型式証明について定める他の例として、核原料物質、核燃料物質及び原子炉の規制に関する法律43条の26の2

(使用済核燃料貯蔵施設に係る特定容器等の設計)、航空法12条(航空機の設計)がある。

なお、登録免許税はかからないため、登録免許税納付済証を添付する必要はない。登録免許税は、国が行う登記・登録等を受けることに起因する利益に着眼するとともに、当該登記・登録等の背後にある財の売買その他の取引等を評価して、その担税力に応じて課税する税である。事業免許等についても、法律の規定に基づき国が行う免許等に起因する業務の独占等の利益に着眼し、その背後にある担税力に対して課すものと位置づけられている。しかし、例外的に、(i)法律の規定に基づき付与されるものでないもの、(ii)地方公共団体において付与するもの、(iii)人の資格と事業開始の双方について、独立しない登録や免許等の制度があるもので、どちらか一方を課税対象としているものの他方、(iv)免許等により、独占的または排他的に利益が付与されたとはいえないもの、(v)主として危険防止または犯罪取締上のために付与されるもの、(vi)事業経営に直接つながらないもの、のいずれかの場合には、登録免許税を課さないこととしている。本条1項の認定は、事業許可ではないので(iv)(vi)に当たり、主として危険防止のための規制であるので(v)にも該当する。そこで、登録免許税の課税対象とされなかったのである。

(2) 「内閣府令で定めるところにより」(2項柱書)

様式第9による申請書を内閣総理大臣に提出しなければならない(本法施行規則13条1項)。

(3) 「内閣府令で定める書類」(2項柱書)

(i)申請者が個人である場合は、その住民票の写しまたはこれに代わる書類、申請者が法人である場合は、定款および登記事項証明書またはこれらに準ずるもの、(ii)人工衛星の打上げ用ロケットの飛行実績または試験結果を記載した書類、(iii)人工衛星の打上げ用ロケットの信頼性の評価結果を記載した書類、(iv)人工衛星の打上げ用ロケットが設計に合致していることの確認方法を記載した書類、(v)その他内閣総理大臣が必要と認める書類を意味する(本法施行規則13条2項)。

(4) 「その他内閣府令で定める事項」(2項3号)

飛行中断措置その他の人工衛星の打上げ用ロケットの飛行経路および打上げ施設の周辺の安全を確保する方法（本法施行規則13条3項1号）ならびに人工衛星の打上げ用ロケットと打上げ施設の適合性を確保する技術的条件（同項2号）を意味する。

（5）「内閣総理大臣は、第1項の申請があったときは、その申請に係る人工衛星の打上げ用ロケットの設計がロケット安全基準に適合していると認めるときは、同項の型式認定をしなければならない」（3項）

ロケット安全基準に適合していると認めるときには、申請を拒否する裁量を否定する趣旨である。型式認定を受けた者は、交付を受けた型式認定書を内閣総理大臣に返納することができる。この場合において、当該型式認定は、その効力を失う（本法施行規則13条5項）。

（設計等の変更）
第14条 ① 前条第1項の型式認定を受けた者は、同条第2項第2号に掲げる事項を変更しようとするとき（ロケット安全基準の変更があった場合において、当該型式認定を受けた人工衛星の打上げ用ロケットの設計がロケット安全基準に適合しなくなったときを含む。）は、内閣府令で定めるところにより、内閣総理大臣の認定を受けなければならない。ただし、内閣府令で定める軽微な変更については、この限りでない。
② 前条第1項の型式認定を受けた者は、同条第2項第1号若しくは第3号に掲げる事項に変更があったとき又は前項ただし書の内閣府令で定める軽微な変更をしたときは、遅滞なく、その旨を内閣総理大臣に届け出なければならない。
③ 前条第3項の規定は、第1項の認定について準用する。

（1）「型式認定を受けた者は……内閣総理大臣の認定を受けなければならない」（1項本文）

型式の設計を行う者と打上げ実施者が異なる場合にあっては、打上げ用ロケ

ットの型式の設計変更が行われる場合、打上げ実施者に変更許可の説明責任・申請事務を担わせることは適当ではなく、型式認定を受けた者に当該責任・事務を担わせることが適切である。そこで、本項においては、型式認定を受けた者がその変更について、内閣総理大臣の認定を受けなければならないこととしている。同様に、型式認定（証明）の設計の変更に当たり、型式認定（証明）を受けた者に変更の認定を受ける義務を課す例として、核原料物質、核燃料物質及び原子炉の規制に関する法律43条の3の30第3項前段、航空法13条1項前段がある。

　内閣総理大臣は、変更の認定をしたときは、型式認定を受けた者に対し、その旨を通知するとともに、当該人工衛星の打上げ用ロケットの設計の型式認定に係る型式認定書を返納させた上で、様式第10よる型式認定書を再交付するものとする（本法施行規則14条2項）。

　もし、型式認定を受けた人工衛星の打上げ用ロケットについて、設計変更を行いながら変更の認定を受けなかった場合には、当該設計に基づき製造されたロケットは、型式認定を受けたロケットとは異なることになるので、ロケット安全基準への適合性の審査を省略することはできない。かかる場合に、型式認定を受けた設計に基づき製造したロケットであるとして打上げ申請をしたときは、偽りその他不正な手段により打上げ許可申請を行ったことになるので、許可が与えられたとしても、その取消しが可能であり（本法12条1号）、罰則（本法60条2号）の適用がある。

(2)　「同条第2項第2号に掲げる事項」（1項本文）
　人工衛星の打上げ用ロケットの設計である。

(3)　「内閣府令で定めるところにより」（1項本文）
　様式第11よる申請書に、(i)人工衛星の打上げ用ロケットの飛行実績または試験結果を記載した書類、人工衛星の打上げ用ロケットの信頼性の評価結果を記載した書類、人工衛星の打上げ用ロケットが設計に合致していることの確認方法を記載した書類のうち当該変更事項に係る書類、(ii)当該変更後の人工衛星の打上げ用ロケットの設計がロケット安全基準に適合していることを証する書

類、(ⅲ)型式認定書の写しを添えて、内閣総理大臣の変更の認定を受けなければならない（本法施行規則14条1項）。

(4)　「変更しようとするとき」(1項本文)
　打上げ用ロケット技術は未成熟であり、なお発展途上にある。したがって、型式認定がなされた設計についても、安全性・性能の向上のための設計変更が行われることはありうる。

(5)　「(ロケット安全基準の変更があった場合において、当該型式認定を受けた人工衛星の打上げ用ロケットの設計がロケット安全基準に適合しなくなったときを含む。)」(1項本文かっこ書)
　安全基準は、その時点における最新の科学的知見に基づいて策定されるものであり、その後の科学の進展や事故の経験等により更新されていくべきものである。航空機の安全基準を例にとると、国際民間航空条約（シカゴ条約）およびその附属書の国際基準に基づき、航空法10条4項1号が定める安全基準（「国土交通省令で定める安全性を確保するための強度、構造及び性能についての基準」）が見直され、これに基づいて型式証明が行われ（同法12条1項）、国土交通大臣は、型式証明を受けた型式の航空機または同法13条1項もしくは同法13条の2第1項もしくは3項の承認を受けた設計に係る航空機が安全基準に適合せず、または適合しなくなるおそれがあると認めるときは、当該型式証明または承認を受けた者に対し、当該基準に適合させるため、または当該基準に適合しなくなるおそれをなくするために必要な設計の変更を命ずることができ、型式証明等を受けた者が当該命令に違反したときは、当該型式証明等を取り消すことができるとされている（同法13条の3）。

　適合すべき基準が変更されたことにより、基準と設計の不適合が発生した場合に、設計の変更の許可に係る規定を適用して、設計の許可を受けた者に設計を変更して認定を受けることを義務づける立法例としては、核原料物質、核燃料物質及び原子炉の規制に関する法律43条の3の30第3項後段がある。

　注意を要するのは、本項かっこ書は「ロケット安全基準」を対象としていることである。人工衛星の管理に係る許可基準の中には、「人工衛星の構造が、

その人工衛星を構成する機器及び部品の飛散を防ぐ仕組みが講じられていることその他の宇宙空間探査等条約第9条に規定する月その他の天体を含む宇宙空間の有害な汚染並びにその平和的な探査及び利用における他国の活動に対する潜在的に有害な干渉（次号及び第4号ニにおいて「宇宙空間の有害な汚染等」という。）の防止並びに公共の安全の確保に支障を及ぼすおそれがないものとして内閣府令で定める基準に適合するものであること」（本法22条2号）という技術的基準が存在する。しかし、本条の設計等の変更に係る認定の対象には、かかる基準に適合しなくなったことが含まれていない。その理由は、人工衛星がいったん宇宙空間に打ち上げられた後は、そのメンテナンスを実施することはできず、打上げ後に技術的基準の変更が行われたとしても、当該基準に適合させることが不可能であるからである。人工衛星の構造に係る基準変更が打上げ前に実施された場合であっても、人工衛星の構造に係る基準は、宇宙空間の汚染防止を重視したものであり、新基準に適合しないことが、地上の安全に影響を与える可能性は乏しい。さらに、人工衛星等の打上げは、航空路や船舶の航路に係る調整、漁業組合との調整等、種々の調整を経て行われるものであり、人工衛星の構造に係る新基準への不適合が安全上の問題を惹起する可能性が乏しいにもかかわらず、人工衛星の管理に係る新たな技術的基準に適合させて認定を受けなければならないとすると、人工衛星の製造が遅延し、さらにロケット側の変更の必要性の有無についての検討も必要になり、打上げスケジュールが大幅に遅れ、打上げの大幅な延期、場合によっては打上げの断念に至る事態も生じかねない。ロケット自体に問題がないにもかかわらず、かかる事態が生ずることは、わが国の人工衛星の管理に関する産業の発展を阻害し、国際競争力を損なうおそれもある。そこで、人工衛星等の打上げ前であっても、人工衛星の構造に係る新基準に適合させ、適合の認定を得ることを要求していない。これに対して、ロケット安全基準は、人工衛星等の打上げの安全確保に関する基準であり、これに違反すれば、ロケットの落下等により人命等に深刻な被害が生ずるおそれがある。したがって、新基準への適合についての認定を受けることを義務づけているのである。

（6）「内閣府令で定める軽微な変更」（1項ただし書）

人工衛星の打上げ用ロケットの設計の実質的な変更を伴わないものを意味する（本法施行規則14条3項）。

(7)　「同条第2項第1号若しくは第3号に掲げる事項に変更があったとき」(2項)

「氏名又は名称及び住所」（本法13条2項1号）または「飛行中断措置その他の人工衛星の打上げ用ロケットの飛行経路及び打上げ施設の周辺の安全を確保する方法」（同項3号、本法施行規則13条3項1号）もしくは「人工衛星の打上げ用ロケットと打上げ施設の適合性を確保する技術的条件」（本法13条2項3号、本法施行規則13条3項2号）に変更があったときを意味する。

(8)　「その旨を内閣総理大臣に届け出なければならない」(2項)

様式第12による届出書に、変更事項に係る書類および型式認定書の写しを添えて、内閣総理大臣に提出しなければならない（本法施行規則14条4項）。

(9)　「前条第3項の規定は、第1項の認定について準用する」(3項)

「前条第3項の規定」とは、型式認定の申請があったときは、その申請に係る人工衛星の打上げ用ロケットの設計がロケット安全基準に適合していると認めるときは、型式認定をしなければならないという規定である。この規定が、本条1項の人工衛星の打上げ用ロケットの設計の変更の認定申請に準用されるため、変更認定の申請がロケット安全基準に適合していると認めるときは、変更の認定をしなければならないことになる。

（型式認定の取消し）

第15条　①　内閣総理大臣は、第13条第1項の型式認定を受けた者が次の各号のいずれかに該当するときは、その型式認定を取り消すことができる。
  (1)　人工衛星の打上げ用ロケットの設計がロケット安全基準に適合しなくなったとき。
  (2)　第33条第1項の規定による命令に違反したとき。
②　第13条第1項の型式認定を受けた者は、前項の規定により当該型式認定

が取り消されたときは、遅滞なく、型式認定書を内閣総理大臣に返納しなければならない。

(1) 「第13条第1項の型式認定を受けた者」(1項柱書)
人工衛星の打上げ用ロケットの設計について型式認定を受けた者である。

(2) 「次の各号のいずれかに該当するときは」(1項柱書)
型式認定の取消事由を打上げ許可の取消事由(本法12条)と比較すると、前者には、(i)偽りその他不正の手段により許認可を受けたとき、(ii)欠格事由のいずれかに該当することとなったとき、(iii)許可を受けなければならない事項を許可を受けないで変更したとき、(iv)設計合致義務等に違反したとき、(v)許認可に付された条件に違反したとき等の打上げ許可の取消事由に対応する取消事由はない。その理由は、型式認定は、その対象が技術的基準に適合しているかを確認するものであって、申請が虚偽であるか、許可を受けずに変更したかを問うまでもなく、技術基準に適合しなければ取消しが行われることになるからである。申請者が欠格事由に該当するかは、許可の申請審査の際に行われれば足り、技術的基準の適合性を問題とする型式認定の審査の際に行う必要はない。また、型式認定には条件(講学上の附款)を付すことはない(本法34条1項)ので、その違反も問題にならない。

(3) 「その型式認定を取り消すことができる」(1項柱書)
型式認定を取り消すことができる要件に該当する場合に、その取消しを常に義務づけるわけではなく、取り消すか否かについての効果裁量(効果裁量について、宇賀・行政法概説Ⅰ 328頁参照)を内閣総理大臣に付与している。ただし、取り消さないことが著しく不合理な場合には、取消権限の不行使が国家賠償法1条1項の違法に当たり、国は国家賠償責任を負うことになる(宇賀克也『行政法概説Ⅱ[第6版]』[有斐閣、2018年] 439頁以下参照[以下、宇賀・行政法概説Ⅱと略称])。

(4) 「ロケット安全基準に適合しなくなったとき」(1項1号)
人工衛星の打上げ用ロケットの設計が、人工衛星の打上げ用ロケットの飛行

経路および打上げ施設の周辺の安全を確保するための人工衛星の打上げ用ロケットの安全に関する基準として内閣府令で定める基準（本法6条1号）に適合しなくなったときである。基準不適合の場合に認定を取り消す例として、再生医療等の安全性の確保等に関する法律49条1号、感染症の予防及び感染症の患者に対する医療に関する法律56条の35第2号、道路運送車両法75条の2第4項1号、鉄道軌道整備法4条前段、使用済自動車の再資源化等に関する法律30条、66条3号、不動産特定共同事業法36条2号も参照。

（5）「第33条第1項の規定による命令に違反したとき」（1項2号）

型式認定を受けた人工衛星の打上げ用ロケットの設計がロケット安全基準に適合せず、またはロケット安全基準に適合しなくなるおそれがあると内閣総理大臣が認めるときに、当該型式認定を受けた者に対し、ロケット安全基準に適合させるため、またはロケット安全基準に適合しなくなるおそれをなくするために必要な設計の変更命令を発したが、その命令に違反したときである。航空法においても、国土交通大臣は、型式証明または承認を受けた型式の航空機が同法10条4項の基準に適合せず、または同項の基準に適合しなくなるおそれがあると認めるときは、当該型式証明または承認を受けた者に対し、同条4項の基準に適合させるため、または同項の基準に適合しなくなるおそれをなくするために必要な設計の変更を命ずることができ、型式証明等を受けた者が当該命令に違反したときは、当該型式証明等を取り消すことができることとしている（同法13条の3）。基準の変更が予定されている場合において、変更される基準への不適合が発生するおそれがあると認めるときは、不適合状態を未然に防止するために設計の変更を命ずることには合理性があり、当該命令の実効性を担保するために、命令違反を型式認定の取消事由としている。

（6）「第13条第1項の型式認定を受けた者は、前項の規定により当該型式認定が取り消されたときは、遅滞なく、型式認定書を内閣総理大臣に返納しなければならない」（2項）

認定証の返納について定める例として、経済連携協定に基づく特定原産地証明書の発給等に関する法律29条、警備業法12条1項参照。

第3節　打上げ施設の適合認定

> **（適合認定）**
> **第16条**　① 内閣総理大臣は、申請により、国内に所在し、又は日本国籍を有する船舶若しくは航空機に搭載された打上げ施設について、これを用いて行う人工衛星等の打上げに係る人工衛星の打上げ用ロケットの型式（その設計が第13条第1項の型式認定又は外国認定を受けたものに限る。）ごとに、適合認定を行う。
> ② 前項の適合認定を受けようとする者は、内閣府令で定めるところにより、次に掲げる事項を記載した申請書に打上げ施設が型式別施設安全基準に適合していることを証する書類その他内閣府令で定める書類を添えて、これを内閣総理大臣に提出しなければならない。
> (1) 氏名又は名称及び住所
> (2) 打上げ施設の場所（船舶又は航空機に搭載された打上げ施設にあっては、当該船舶又は航空機の名称又は登録記号）、構造及び設備
> (3) 第13条第1項の型式認定に係る型式認定番号又は外国認定を受けた旨
> (4) 飛行中断措置その他の人工衛星の打上げ用ロケットの飛行経路及び打上げ施設の周辺の安全を確保する方法
> (5) その他内閣府令で定める事項
> ③ 内閣総理大臣は、第1項の申請があったときは、その申請に係る打上げ施設が型式別施設安全基準に適合していると認めるときは、同項の適合認定をしなければならない。
> ④ 第1項の適合認定は、申請者に適合認定番号が付された打上げ施設認定書を交付することによって行う。

（1）「**内閣総理大臣は、申請により、国内に所在し、又は日本国籍を有する船舶若しくは航空機に搭載された打上げ施設について、これを用いて行う人工衛星等の打上げに係る人工衛星の打上げ用ロケットの型式（その設計が第13条第1項の型式認定又は外国認定を受けたものに限る。）ごとに、適合認定を行う**」（1項）

本条は、内閣総理大臣の適合認定を受けることにより、民間打上げ施設から

の人工衛星等の打上げを認めている。北海道大樹町の多目的航空公園が本条の民間打上げ施設の候補となっているほか、「新世代小型ロケット開発企画」は、和歌山県串本町における民間打上げ施設の整備を公表している。

　射場については、ロケットの型式とセットとして安全審査が行われるので、同一の組合せであって、すでに適合認定が行われている場合には、打上げごとに審査を反復する必要はない。そこで、すでに型式認定を受けたロケットである場合には、型式ごとに打上げ施設の適合認定を行うこととしている。

　型式適合認定の例としては、建築基準法68条の10がある。

　本項の認定には登録免許税はかからないため、登録免許税納付済証を添付する必要はない。登録免許税は、国が行う登記・登録等を受けることに起因する利益に着眼するとともに、当該登記・登録等の背後にある財の売買その他の取引等を評価して、その担税力に応じて課税する税である。事業免許等についても、法律の規定に基づき国が行う免許等に起因する業務の独占等の利益に着眼し、その背後にある担税力に対して課すものと位置づけられている。しかし、例外的に、(i)法律の規定に基づき付与されるものでないもの、(ii)地方公共団体において付与するもの、(iii)人の資格と事業開始の双方について、独立しない登録や免許等の制度があるもので、どちらか一方を課税対象としているものの他方、(iv)免許等により、独占的または排他的に利益が付与されたとはいえないもの、(v)主として危険防止または犯罪取締上のために付与されるもの、(vi)事業経営に直接つながらないもの、のいずれかの場合には、登録免許税を課さないこととしている。本条1項の認定は、事業許可ではないので(iv)(vi)に当たり、主として危険防止のための規制であるので(v)にも該当する。そこで、登録免許税の課税対象とされなかったのである。

（2）「内閣府令で定めるところにより」（2項柱書）
　様式第13による申請書を内閣総理大臣に提出しなければならない（本法施行規則16条1項）。

（3）「内閣府令で定める書類」（2項柱書）
　(i)申請者が個人である場合は、その住民票の写しまたはこれに代わる書類、

申請者が法人である場合は、定款および登記事項証明書またはこれらに準ずるもの、(ii)人工衛星の打上げ用ロケットと打上げ施設の適合性を確保する技術的条件およびその条件に適合していることを明らかにする書類、(iii)その他内閣総理大臣が必要と認める書類である（本法施行規則16条2項）。

（4）「(船舶又は航空機に搭載された打上げ施設にあっては、当該船舶又は航空機の名称又は登録記号)」（2項2号かっこ書）

　人工衛星等の打上げが本法の適用を受けるかを確認するために、打上げ施設の場所を申請書に記載させることとしている。船舶または航空機に搭載された打上げ施設の場合、当該船舶または航空機が日本国籍を有するかを確認する必要がある。船舶法5条1項は、日本船舶の所有者は登記を行った後、船籍港を管轄する官庁に備えた船舶原簿に登録することを義務づけ、同条2項は、登録が行われたときは船舶国籍証書を交付する旨を定めている。したがって、船舶については、船舶の名称を記載させ、登録簿に登録されているかを確認することにより、当該船舶が日本国籍を有するかを確認することができる。航空法3条の2においては、航空機は登録を受けたときに日本国籍を取得すると定め、同法5条は、航空機の新規登録は、所定の事項を記載し、かつ、登録記号を定め、これを航空機登録原簿に記載することによって行うとされている。したがって、航空機については、登録記号を確認することによって、日本国籍の有無を確認することができる。そのため、「名称又は登録記号」と規定されている。「船舶又は航空機の名称又は登録記号」という表現を用いるものとして、関税法施行令18条1項2号参照。

（5）「その他内閣府令で定める事項」（2項5号）
　人工衛星の打上げ用ロケットの型式および人工衛星の打上げ用ロケットの型式認定年月日である（本法施行規則16条3項）。

（6）「内閣総理大臣は、第1項の申請があったときは、その申請に係る打上げ施設が型式別施設安全基準に適合していると認めるときは、同項の適合認定をしなければならない」（3項）

打上げ施設の適合認定申請に係る打上げ施設が型式別施設安全基準に適合していると認めるときは、適合認定を拒否する裁量が存在しないことを明確にしている。

（打上げ施設の場所等の変更）
第 17 条 ① 前条第１項の適合認定を受けた者は、同条第２項第２号又は第４号に掲げる事項を変更しようとするとき（型式別施設安全基準の変更があった場合において、当該適合認定を受けた打上げ施設が型式別施設安全基準に適合しなくなったときを含む。）は、内閣府令で定めるところにより、内閣総理大臣の認定を受けなければならない。ただし、内閣府令で定める軽微な変更については、この限りでない。
② 前条第１項の適合認定を受けた者は、同条第２項第１号若しくは第５号に掲げる事項に変更があったとき又は前項ただし書の内閣府令で定める軽微な変更をしたときは、遅滞なく、その旨を内閣総理大臣に届け出なければならない。
③ 前条第３項の規定は、第１項の認定について準用する。

（１）「前条第１項の適合認定を受けた者」（１項本文）
打上げ施設の適合認定を受けた者である。

（２）「同条第２項第２号又は第４号に掲げる事項を変更しようとするとき」（１項本文）
(i)打上げ施設の場所（船舶または航空機に搭載された打上げ施設にあっては、当該船舶または航空機の名称または登録記号）、構造および設備または(ii)飛行中断措置その他の人工衛星の打上げ用ロケットの飛行経路および打上げ施設の周辺の安全を確保する方法を変更しようとするときを意味する。

（３）「(型式別施設安全基準の変更があった場合において、当該適合認定を受けた打上げ施設が型式別施設安全基準に適合しなくなったときを含む。)」（１項本文かっこ書）

注意を要するのは、本項かっこ書は「型式別施設安全基準」を対象としていることである。人工衛星の管理に係る許可基準の中には、「人工衛星の構造が、その人工衛星を構成する機器及び部品の飛散を防ぐ仕組みが講じられていることその他の宇宙空間探査等条約第9条に規定する月その他の天体を含む宇宙空間の有害な汚染並びにその平和的な探査及び利用における他国の活動に対する潜在的に有害な干渉（次号及び第4号ニにおいて「宇宙空間の有害な汚染等」という。）の防止並びに公共の安全の確保に支障を及ぼすおそれがないものとして内閣府令で定める基準に適合するものであること」(本法22条2号) という技術的基準が存在する。しかし、本条の打上げ施設の場所等の変更に係る認定の対象には、かかる基準に適合しなくなったことが含まれていない。その理由は、人工衛星がいったん宇宙空間に打ち上げられた後は、そのメンテナンスを実施することはできず、打上げ後に技術的基準の変更が行われたとしても、当該基準に適合させることが不可能であるからである。人工衛星の構造に係る基準変更が打上げ前に実施された場合であっても、人工衛星の構造に係る基準は、宇宙空間の汚染防止を重視したものであり、新基準に適合しないことが、地上の安全に影響を与える可能性は乏しい。さらに、人工衛星等の打上げは、航空路や船舶の航路に係る調整、漁業組合との調整等、種々の調整を経て行われるものであり、人工衛星の構造に係る新基準への不適合が安全上の問題を惹起する可能性が乏しいにもかかわらず、人工衛星の管理に係る新たな技術的基準に適合させて認定を受けなければならないとすると、人工衛星の製造が遅延し、さらにロケット側の変更の必要性の有無についての検討も必要になり、打上げスケジュールが大幅に遅れ、打上げの大幅な延期、場合によっては打上げの断念に至る事態も生じかねない。ロケット自体に問題がないにもかかわらず、かかる事態が生ずることは、わが国の人工衛星の管理に関する産業の発展を阻害し、国際競争力を損なうおそれもある。そこで、人工衛星等の打上げ前であっても、人工衛星の構造に係る新基準に適合させ、適合の認定を得ることを要求していない。これに対して、型式別施設安全基準は、人工衛星等の打上げの安全確保に関する基準であり、これに違反すれば、ロケットの落下等により人命等に深刻な被害が生ずるおそれがある。したがって、新基準への適合についての認定を受けることを義務づけているのである。

（4）「内閣府令で定めるところにより」（1項本文）

　様式第15による申請書に、(i)人工衛星の打上げ用ロケットと打上げ施設の適合性を確保する技術的条件およびその条件に適合していることを明らかにする書類のうち当該変更事項に係る書類、(ii)当該変更後の打上げ施設が型式別施設安全基準に適合していることを証する書類、(iii)打上げ施設認定書の写しを添えて、内閣総理大臣の変更の認定を受けなければならない（本法施行規則17条1項）。

（5）「内閣総理大臣の認定を受けなければならない」（1項本文）

　内閣総理大臣は、打上げ施設の場所等の変更の認定をしたときは、本法16条1項の適合認定を受けた者に対し、その旨を通知するとともに、当該打上げ施設の適合認定に係る施設認定書を返納させた上で、様式第14による打上げ施設認定書を再交付するものとする（本法施行規則17条2項）。

（6）「内閣府令で定める軽微な変更」（1項ただし書）

　(i)打上げ施設の場所（船舶もしくは航空機に搭載された打上げ施設にあっては、当該船舶もしくは航空機の名称もしくは登録記号）、構造および設備または(ii)飛行中断措置その他の人工衛星の打上げ用ロケットの飛行経路および打上げ施設の周辺の安全を確保する方法の実質的な変更を伴わないものを意味する（本法施行規則17条3項）。

（適合認定の取消し）

第18条　①　内閣総理大臣は、第16条第1項の適合認定を受けた者が次の各号のいずれかに該当するときは、その適合認定を取り消すことができる。

（1）　打上げ施設が型式別施設安全基準に適合しなくなったとき。

（2）　第33条第2項の規定による命令に違反したとき。

②　第16条第1項の適合認定を受けた者は、前項の規定により当該適合認定が取り消されたときは、遅滞なく、打上げ施設認定書を内閣総理大臣に返納しなければならない。

（1）「第16条第1項の適合認定を受けた者」（1項柱書）
　打上げ施設の適合認定を受けた者である。

（2）「次の各号のいずれかに該当するときは」（1項柱書）
　本項各号は、いずれも打上げ施設の適合認定後に生じた事実を理由として認定の効力を失わせる講学上の撤回の要件を定めるものであるが、認定の成立時に瑕疵があったことを理由とする講学上の取消しは、明文の規定がなくても可能である場合がある。ただし、認定はその名宛人に対する利益付与処分であるので名宛人の信頼保護の要請があるし、認定を信頼して当該打上げ施設での打上げの準備を進めていた第三者の信頼保護の要請もある。したがって、違法な認定の効力を失わせるべきという法律による行政の原理の要請と、認定の名宛人や第三者の信頼保護の要請との調和を図る解釈運用が必要になる。一般的には、適合認定を受けるに際し、申請者が偽りその他の不正を行った場合には、名宛人の信頼を保護する必要はないので、第三者の信頼保護の要請と法律による行政の原理の要請との比較衡量の問題になり、信頼保護の要請が問題になる第三者が存在しなければ、取り消すべきことになる。他方、申請者の不正な行為がなかった場合には、名宛人の信頼保護の要請は大きくなる（宇賀・行政法概説Ⅰ368頁以下参照）。

（3）「その適合認定を取り消すことができる」（1項柱書）
　本項各号の取消要件のいずれかに該当しても、常に認定を取り消さなければならないわけではなく、取り消すか否かについての効果裁量が内閣総理大臣に認められる。ただし、取り消さないことが著しく不合理な場合には、取消権限の不行使が国家賠償法1条1項の違法に当たり、国は国家賠償責任を負うことになる（宇賀・行政法概説Ⅱ439頁以下参照）。

（4）「打上げ施設が型式別施設安全基準に適合しなくなったとき」（1項1号）
　適合認定後に生じた事情の変化を理由とするものであり、講学上の撤回の要件である。比例原則（宇賀・行政法概説Ⅰ56頁以下参照）の要請が働くので、軽微な不適合で、是正を期待しうるにもかかわらず撤回を行うことは、比例原則違

反として違法となりうる。基準不適合の場合に認定を取り消す例として、再生医療等の安全性の確保等に関する法律49条1号、感染症の予防及び感染症の患者に対する医療に関する法律56条の35第2号、道路運送車両法75条の2第4項1号、鉄道軌道整備法4条前段、使用済自動車の再資源化等に関する法律30条、66条3号、不動産特定共同事業法36条2号も参照。

（5）「第33条第2項の規定による命令に違反したとき」（1項2号）

適合認定を受けた打上げ施設が型式別施設安全基準に適合せず、または型式別施設安全基準に適合しなくなるおそれがあると認めるときは、当該適合認定を受けた者に対し、型式別施設安全基準に適合させるため、または型式別施設安全基準に適合しなくなるおそれをなくするために必要な措置をとるべきことを内閣総理大臣が命ずることができ、この命令に違反したときである。当該命令違反は、打上げ施設の適合認定後に発生した事実であるので、講学上の撤回の要件である。命令違反を取消事由とする例として、不動産特定共同事業法36条5号も参照。

（6）「第16条第1項の適合認定を受けた者は、前項の規定により当該適合認定が取り消されたときは、遅滞なく、打上げ施設認定書を内閣総理大臣に返納しなければならない」（2項）

認定証の返納について定める例として、経済連携協定に基づく特定原産地証明書の発給等に関する法律29条参照。

第4節　国立研究開発法人宇宙航空研究開発機構による申請手続の特例

> 第19条　① 国立研究開発法人宇宙航空研究開発機構（以下「機構」という。）が、その行った人工衛星の打上げ用ロケットの設計について第13条第1項の型式認定の申請を行うときは、同条第2項の規定にかかわらず、当該申請に係る記載事項又は添付書類の一部を省略する手続その他の内閣府令で定める簡略化された手続によることができる。

> ② 機構が、その管理し、及び運営する打上げ施設について第16条第1項の適合認定の申請を行うときは、同条第2項の規定にかかわらず、当該申請に係る記載事項又は添付書類の一部を省略する手続その他の内閣府令で定める簡略化された手続によることができる。

(1) 「国立研究開発法人宇宙航空研究開発機構」(1項)

JAXA は、2003 (平成15) 年に宇宙科学研究所 (ISAS)、航空宇宙技術研究所 (NAL)、宇宙開発事業団 (NASDA) の3機関が統合されて誕生した法人であり、わが国の宇宙開発利用技術を支える中核的機関であり、宇宙航空研究開発分野の基礎研究から開発・利用に至るまでを実施している。2015 (平成27) 年4月には、国立研究開発法人となっている。

(2) 「内閣府令で定める簡略化された手続によることができる」(1項)

JAXA による人工衛星等の打上げに係る許可の仕組みについて特例を設けるべきか否かは、立法過程の論点の一つであった。本条は、JAXA を許可制の適用除外とはしないものの、簡略化された手続を認める特例を設けている。JAXA の技術的能力に鑑みれば、JAXA をベンチャー企業と同列に扱い同様に審査することは非効率である。JAXA については簡略化した手続の特例を設けることにより、その申請の審査に要する行政コストを節約することが可能となり、その結果、ベンチャー企業の審査の迅速化が可能になると考えられる (宇賀克也=笹岡愛美=佐藤雅彦=髙田修三=四元弘子「宇宙ビジネスをめぐる現状と課題 (座談会)」ジュリスト1506号 (2017年) 19頁 [佐藤雅彦発言] 参照)。

（i）定款および登記事項証明書またはこれらに準ずる書類、(ii) JAXA が、その行った人工衛星の打上げ用ロケットの設計がロケット安全基準に適合していることを自ら確認し、当該確認の結果を記載した書類を添えて申請を行った場合は、人工衛星の打上げ用ロケットの設計、飛行中断措置その他の人工衛星の打上げ用ロケットの飛行経路および打上げ施設の周辺の安全を確保する方法 (本法施行規則13条3項1号)、人工衛星の打上げ用ロケットと打上げ施設の適合性を確保する技術的条件 (同項2号) の記載を省略することができるとともに、人工衛星の打上げ用ロケットの飛行実績または試験結果を記載した書類、人工

衛星の打上げ用ロケットの信頼性の評価結果を記載した書類、人工衛星の打上げ用ロケットが設計に合致していることの確認方法を記載した書類を省略することができる（本法施行規則19条1項）。独立行政法人が設計したものについて簡略化された手続で申請を審査する例として、鉄道事業法14条5項参照。申請手続の特例について定める他の例として、金融機関等の組織再編成の促進に関する特別措置法11条（根抵当権移転登記等の申請手続の特例）を参照。

（3）「内閣府令で定める簡略化された手続によることができる」（2項）

(i)定款および登記事項証明書またはこれらに準ずる書類、(ii) JAXA が、その管理し、および運営する打上げ施設の場所、構造および設備が型式別施設安全基準に適合していることを自ら確認し、当該確認の結果を記載した書類を添えて申請を行った場合は、打上げ施設の場所（船舶または航空機に搭載された打上げ施設にあっては、当該船舶または航空機の名称または登録記号）、構造および設備、飛行中断措置その他の人工衛星の打上げ用ロケットの飛行経路および打上げ施設の周辺の安全を確保する方法、人工衛星の打上げ用ロケットの型式および人工衛星の打上げ用ロケットの型式認定年月日の記載、人工衛星の打上げ用ロケットと打上げ施設の適合性を確保する技術的条件およびその条件に適合していることを明らかにする書類を省略することができる（本法施行規則19条2項）。

独立行政法人が設計したものについて簡略化された手続で申請を審査する例として、鉄道事業法14条5項参照。申請手続の特例について定める他の例として、金融機関等の組織再編成の促進に関する特別措置法11条（根抵当権移転登記等の申請手続の特例）を参照。

第3章　人工衛星の管理に係る許可等

> **（許可）**
> **第20条**　① 　国内に所在する人工衛星管理設備を用いて人工衛星の管理を行おうとする者は、人工衛星ごとに、内閣総理大臣の許可を受けなければならない。
> ② 　前項の許可を受けようとする者は、内閣府令で定めるところにより、次に掲げる事項を記載した申請書に内閣府令で定める書類を添えて、これを内閣総理大臣に提出しなければならない。
> (1) 　氏名又は名称及び住所
> (2) 　人工衛星管理設備の場所
> (3) 　人工衛星を地球を回る軌道に投入して使用する場合には、その軌道
> (4) 　人工衛星の利用の目的及び方法
> (5) 　人工衛星の構造
> (6) 　人工衛星の管理の終了に伴い講ずる措置（以下「終了措置」という。）の内容
> (7) 　前号に掲げるもののほか、人工衛星の管理の方法を定めた計画（以下「管理計画」という。）
> (8) 　申請者が個人である場合には、申請者が死亡したときにその者に代わって人工衛星の管理を行う者（以下「死亡時代理人」という。）の氏名又は名称及び住所
> (9) 　その他内閣府令で定める事項

（1）　「国内に所在する人工衛星管理設備を用いて」（1項）

　国内に所在する人工衛星管理設備によらない人工衛星等の管理は、本項の許可制の対象外である。宇宙条約6条は、「条約の当事国は、月その他の天体を含む宇宙空間における自国の活動について、それが政府機関によつて行なわれるか非政府団体によつて行なわれるかを問わず、国際的責任を有し、自国の活動がこの条約の規定に従つて行なわれることを確保する国際的責任を有する。

月その他の天体を含む宇宙空間における非政府団体の活動は、条約の関係当事国の許可及び継続的監督を必要とするものとする。国際機関が月その他の天体を含む宇宙空間において活動を行う場合には、その国際機関及びこれに参加する条約の当事国の双方がこの条約を遵守する責任を有する」と規定している。宇宙活動のうち、人工衛星の管理に対する許可および継続的監督を行うに当たり、人工衛星管理設備という物理的設備に着目し、それが国内に所在する場合に属地主義で管轄権を及ぼし、許可制の対象としている。もっとも、国内の人工衛星管理設備のほか、(特に、低軌道を周回する人工衛星のように、国内設備から観測できる範囲に滞在する時間が限定される場合)国外に所在する複数の設備を利用して管理する例もあるが、かかる場合であっても、人工衛星に送信するコマンドを生成し、人工衛星から受信したデータを収集し分析するための主たる管制局が国内に所在する限り、主たる管制局以外の設備は、人工衛星管理のための中継設備と位置づけることができ、国内に所在する主たる管制局を用いて人工衛星を管理する者に許可制を適用することを妨げることにはならないと考えられる。

　比較法的にみれば、国外における人工衛星の管理についても許可を義務づける立法が一般的であり、例外に属する国も、ベルギーのように属人管轄権の行使を定める国際協定が存在する場合に許可を得ることを義務づけたり、オランダのように人工衛星の管理が行われる国が宇宙条約の加入国でない場合に許可を得ることを義務づけたりしている。わが国も、国外にある人工衛星管理設備を用いて人工衛星の管理を行う日本人や日本企業に属人主義により立法管轄権を及ぼすことは考えられるが、本法は、(i)国外には執行管轄権が及ばず規制の実効性がないため、宇宙条約6条により国際責任を負う「自国の活動」に当たらないと解したこと、(ii)当該外国において適切に許可・監督が行われると考えられること、(iii)単一の宇宙活動について複数の国の許可の取得を義務づけることが宇宙産業の発展の支障になりうることに鑑み、属人主義によりこれらの施設からの打上げを対象とすることはしていない。他方、外国の人工衛星打上用ロケットによる打上げを委託する例は、従前より多数存在し、かかる場合であっても、国内に所在する人工衛星管理設備を用いて管理する場合には、本項の許可を得ることが必要である。また、国外で行われた人工衛星の管理により、

日本人または日本企業等が、国際法違反の行為を行ったときに、わが国が国際的な責任を問われる可能性は皆無ではない。

　なお、人工衛星の管理の場合においても、人工衛星等の打上げの場合と同じく、船舶または航空機に搭載された機器等を用いて行うことは理論的にはありうるし、将来は、実現するかもしれない。しかし、現在の技術の下では、主たる管制局が行う管制行為の補完が想定されるにとどまる。したがって、旗国主義の下でわが国が管轄権を有する船舶または航空機に搭載された人工衛星管理設備を用いて人工衛星の管理を行おうとする者を許可制の対象とする必要性はないと判断された。

(2)　「人工衛星の管理を行おうとする者」(1項)

　人工衛星管理者として想定されるのは、JAXA、民間の衛星通信事業者・リモートセンシング事業者等、国立大学法人・学校法人のほか、大学教員等の自然人である。JAXAは、その筑波宇宙センターで「みちびき」、「いぶき」、「だいち2号」、「しずく」、「こだま」、「きく8号SDS-4」、「きずな」を管理し、その相模原キャンパスで「はやぶさ2」、「ひので」、「GEOTAIL」、「あかつき」、「ひさき」、「イカロス」、「すざく」、「れいめい」を管理している。民間事業者としては、放送衛星システムが、川口衛星管制センターで自己の保有する「Bsat-2c」、「Bsat-3a」、「Bsat-3b」、「Bsat-3c」を管理し、スカパーJSATが、NTT docomoが保有する「N-Star c」、「N-Star d」を揚枝方衛星通信所（茨城県）で管理している。また、アクセルスペースは、千葉幕張局で、ウェザーニュースの所有するWNISATを管理している。大学としては、東京大学が、自己の保有する「ほどよし3号機」等の小型衛星を東京大学で管理したり、その保有する「PROCYON」をJAXAの相模原キャンパスで管理している。

　従前は、人工衛星管理者となる者は、高度な技術力に加えて、多額の資金も必要であるため、国、JAXA、大企業に限られていた。しかし、近年、人工衛星が多様化し、低コストで汎用技術を用いた超小型衛星が実現し、大学教員が人工衛星管理者となることも十分ありうる時代になっている。そこで、本法においても、人工衛星管理者に自然人がなることも想定し、法人に限定していない。

(3)「内閣総理大臣の許可を受けなければならない」(1項)

　内閣総理大臣は、許可をしたときは、申請者に対し、その旨を通知するとともに、様式第18による許可証を交付する（本法施行規則20条4項）。人工衛星管理者は、当該人工衛星等の打上げが行われる前に限り、交付を受けた許可証を内閣総理大臣に返納することができる。この場合において、当該許可は、その効力を失う（同条5項）。

　登録免許税はかからないため、登録免許税納付済証を添付する必要はない。登録免許税は、国が行う登記・登録等を受けることに起因する利益に着眼するとともに、当該登記・登録等の背後にある財の売買その他の取引等を評価して、その担税力に応じて課税する税である。事業免許等についても、法律の規定に基づき国が行う免許等に起因する業務の独占等の利益に着眼し、その背後にある担税力に対して課すものと位置づけられている。しかし、例外的に、(i)法律の規定に基づき付与されるものでないもの、(ii)地方公共団体において付与するもの、(iii)人の資格と事業開始の双方について、独立しない登録や免許等の制度があるもので、どちらか一方を課税対象としているものの他方、(iv)免許等により、独占的または排他的に利益が付与されたとはいえないもの、(v)主として危険防止または犯罪取締上のために付与されるもの、(vi)事業経営に直接つながらないもの、のいずれかの場合には、登録免許税を課さないこととしている。本条1項の許可制は、宇宙諸条約の的確な履行および公共の安全の確保のためのものであり、事業許可ではないので(iv)(vi)に当たり、主として危険防止のための規制であるので(v)にも該当する。そこで、登録免許税の課税対象とされなかったのである。

(4)「内閣府令で定めるところにより」(2項柱書)

　様式第17による申請書を内閣総理大臣に提出しなければならない（本法施行規則20条1項）。

(5)「内閣府令で定める書類」(2項柱書)

　(i)申請者が個人である場合は、住民票の写しまたはこれに代わる書類、使用人および死亡時代理人に係る住民票の写しまたはこれに代わる書類、申請者が

法人である場合は、定款および登記事項証明書またはこれらに準ずるもの、役員および使用人に係る住民票の写しまたはこれに代わる書類、(ii)人工衛星の構造が本法施行規則22条に定める基準に適合していることを証する書類、(iii)その他内閣総理大臣が必要と認める書類である（本法施行規則20条2項）。

(6)　「氏名又は名称及び住所」(2項1号)

　許可対象者を特定する基本的な情報であるため、許可基準の最初に規定されている。申請書が法人である場合、法人の「名称及び住所」を記載しなければならない。法人の代表者の氏名を記載する必要はない。法人の代表者の氏名は、本法の事務を施行する上で必要はない。また、代表者の氏名を記載することを義務づけた場合、代表者が変更するたびに変更の届出を義務づけることになり、事業者に負担を強いることになる。とりわけ人工衛星の管理については数年間から十数年間にわたり実施されることが想定され、その間に、一般的な法人であれば、その代表者の変更はかなりの頻度で行われることが想定される。必要のない情報の記載を義務づけることにより、このような負担を事業者に課すことは適切でないので、法人の代表者の氏名の記載は不要としたのである。同様の例として、鉱業法100条の2第2項4号、高齢者の居住の安定確保に関する法律53条1項1号、経済連携協定に基づく特定原産地証明書の発給等に関する法律7条の2第2項1号参照。

(7)　「人工衛星管理設備の場所」(2項2号)

　人工衛星管理設備の場所が国内に所在することが、人工衛星の管理を本法の規制対象とする要件となるため、申請者の氏名または名称および住所に次ぐ基本的な審査事項として、許可基準の2番目に置かれている。

(8)　「人工衛星を地球を回る軌道に投入して使用する場合には、その軌道」(2項3号)

　宇宙物体登録条約2条の規定に基づき、国際連合事務総長に通知する必要がある情報である。具体的には、同条約4条の規定に基づき、(i)打上げ国の国名、(ii)宇宙物体の適当な標識または登録番号、(iii)打上げの実施日および領域または場所、(iv)周期、傾斜角、遠地点、近地点を包含する基本的な軌道要素、(v)宇宙

物体の一般的な機能を通知する義務がある。完全に同一の軌道上に複数の人工衛星が存在することはありえないので、軌道が特定されることにより、人工衛星の特定が可能になる。したがって、非政府団体による宇宙空間での活動を政府が継続的に監視するために必要な情報でもある。宇宙物体としての人工衛星に着目した許可基準が本項3号から5号までに置かれているが、本号は、宇宙物体登録条約を履行するための情報であるとともに、他の人工衛星と区別して人工衛星を特定するための基礎的情報といえるので、その最初に置かれている。

しかし、本法22条の許可基準には、軌道を直接の対象とするものはない。

（9）「人工衛星の利用の目的及び方法」（2項4号）

人工衛星の利用の目的および方法を理解することは、人工衛星の構造を理解する前提となるので、人工衛星の構造の前に、人工衛星の利用の目的および方法に係る基準を位置づけている。

（10）「人工衛星の管理の終了に伴い講ずる措置（以下「終了措置」という。）の内容」（2項6号）

本項6号・7号は地上における運用に関する情報であり、その中で、終了措置を適切に行うための重要な情報を先に規定し、終了までの管理計画をその次に規定している。

（11）「申請者が個人である場合には、申請者が死亡したときにその者に代わって人工衛星の管理を行う者……の氏名又は名称及び住所」（2項8号）

一般的には、死亡により委任契約は終了するが、契約当事者間で委任者の死亡後も委任契約を終了させない合意をすることにより、委任者の死後の事務を委任契約に基づき行わせることが可能である。

申請者が個人である場合に、申請書の記載事項を追加する例として、使用済小型電子機器等の再資源化の促進に関する法律10条2項3号がある。また、事実行為を行う者に「代理」という文言を用いる例として、独立行政法人評価制度委員会令1条5項参照。

(12) 「(以下「死亡時代理人」という。)」（2項8号かっこ書）

代理人とは、当事者以外の者であって、当事者を代理して意思表示を行い、または意思表示を受ける者を意味し、それにより発生する法効果は、直接に、代理人と本人の間に生ずる。

(13) 「その他内閣府令で定める事項」（2項9号）

(i)人工衛星の名称、(ii)申請者が法人である場合は、役員の氏名、(iii)使用人の氏名、(iv)欠格事由のいずれにも該当しないことである（本法施行規則20条3項）。

（欠格事由）
第21条　次の各号のいずれかに該当する者は、前条第1項の許可を受けることができない。
(1)　この法律若しくはこの法律に基づく命令又はこれらに相当する外国の法令の規定に違反し、罰金以上の刑（これに相当する外国の法令による刑を含む。）に処せられ、その執行を終わり、又は執行を受けることがなくなった日から3年を経過しない者
(2)　第30条第1項の規定により許可を取り消され、その取消しの日から3年を経過しない者
(3)　成年被後見人又は外国の法令上これと同様に取り扱われている者
(4)　法人であって、その業務を行う役員又は内閣府令で定める使用人のうちに前三号のいずれかに該当する者があるもの
(5)　個人であって、その内閣府令で定める使用人のうちに第1号から第3号までのいずれかに該当する者があるもの
(6)　個人であって、その死亡時代理人が前各号のいずれかに該当するもの

（1）「次の各号のいずれかに該当する者は、前条第1項の許可を受けることができない」（柱書）

人工衛星の管理に係る許可を与えるのにふさわしくない欠格事由を定めるものである。人工衛星の管理は、主として技術面における専門的能力を要する。また、もし事故等が発生すれば、公共の安全に重大な影響を与えることになる

ので、人格的に問題のある者が、人工衛星の管理を行うことを防止することにより、公共の安全を確保しなければならない。本法22条3号の「管理計画を実行する十分な能力を有すること」に該当しない典型的場合を欠格事由として類型化したものといえる。

(2) 「この法律若しくはこの法律に基づく命令」(1号)

ここでいう「命令」は、行政機関が制定する法を意味し（宇賀・行政法概説Ⅰ7頁以下参照)、具体的には本法施行令（政令）および本法施行規則（内閣府令）を意味する。命令違反に対して罰則を科す場合においても、欠格事由についての規定においては、命令に委任をした法律も含めて、「この法律若しくはこの法律に基づく命令」の規定に違反して一定以上の刑に処せられ、その執行を終わり、または執行を受けることがなくなってから所定の期間を経過しない者とすることが一般的である（高圧ガス保安法7条2号、化学兵器の禁止及び特定物質の規制等に関する法律5条1号、対人地雷の製造の禁止及び所持の規制等に関する法律6条1号、鳥獣の保護及び管理並びに狩猟の適正化に関する法律40条5号、クラスター弾等の製造の禁止及び所持の規制等に関する法律6条1号、水銀による環境の汚染の防止に関する法律7条1号参照)。

(3) 「罰金以上の刑（これに相当する外国の法令による刑を含む。）に処せられ、その執行を終わり、又は執行を受けることがなくなった日から3年を経過しない者」(1号)

欠格事由についての規定は、一般に、「罰金以上の刑に処せられ、その執行を終わり、又は執行を受けることがなくなった日から3年を経過しない者」としている（化学兵器の禁止及び特定物質の規制等に関する法律5条1号、対人地雷の製造の禁止及び所持の規制等に関する法律6条1号、鳥獣の保護及び管理並びに狩猟の適正化に関する法律40条5号、クラスター弾等の製造の禁止及び所持の規制等に関する法律6条1号、水銀による環境の汚染の防止に関する法律7条1号参照)。中には、3年ではなく2年を経過していないことを要件とするものもあるが（高圧ガス保安法7条2号参照)、近年の立法例では経過年数については3年とするのが相場になっている。そこで、本号でも経過年数を3年としている。

なお、他の法律では、欠格事由として、当該法令のみならず他の法令に違反し、その情状が許可を与えるのに不適当なものを挙げているものがある。クラスター弾等の製造の禁止及び所持の規制等に関する法律6条3号が、「他の法令の規定に違反し、罰金以上の刑に処せられ、その執行を終わり、又は執行を受けることがなくなった日から3年を経過しない者で、その情状がクラスター弾等の所持をする者として不適当なもの」を欠格事由としているのがその例である（化学兵器の禁止及び特定物質の規制等に関する法律5条3号、対人地雷の製造の禁止及び所持の規制等に関する法律6条3号、武器等製造法5条1項5号も参照）。

（4）「成年被後見人」（3号）

精神上の障害により事理を弁識する能力を欠く常況にある者については、家庭裁判所は、本人、配偶者、4親等内の親族、未成年後見人、未成年後見監督人、保佐人、保佐監督人、補助人、補助監督人または検察官の請求により、後見開始の審判をすることができる（民法7条）。後見開始の審判を受けた者は、成年被後見人とされ、これに成年後見人が付される（同法8条）。成年被後見人の法律行為は、取り消すことができる。ただし、日用品の購入その他日常生活に関する行為については、この限りでない（同法9条）。同法7条に規定する原因が消滅したときは、家庭裁判所は、本人、配偶者、4親等内の親族、後見人（未成年後見人および成年後見人をいう）、後見監督人（未成年後見監督人および成年後見監督人をいう）または検察官の請求により、後見開始の審判を取り消さなければならない（同法10条）。成年被後見人は精神上の障害により事理弁識能力を欠く常況にあると裁判所が判断したものであり、かかる者が人工衛星の管理を行った場合、公共の安全の確保に重大な影響を与える可能性が高いことが明確であるので、欠格事由としている（麻薬及び向精神薬取締法3条3項4号のように、成年被後見人であることを欠格事由とはせず、免許を与えないことができる事由とするにとどめるものもある）。他方、成年後見制度に基づく被保佐人（民法12条）は、保佐人の同意があれば重要な財産行為も行うことができ（同法13条）、被補助人（同法16条）は、被補助人が特定の法律行為をするについて補助人の同意を得なければならない旨の審判があってはじめて行為能力が制限される（同法17条）。したがって、被保佐人、被補助人については、申請の審査に当たり、「公共の安

全の確保に支障を及ぼすおそれがないものであること」（本法22条1号）の要件の審査が適切に行われる限り、欠格事由とまでする必要はないと考えられる。実際、他の法律においても、一般に、成年後見制度に基づく成年被後見人は欠格事由とされているものの、被保佐人、被補助人は欠格事由とされていない（化学兵器の禁止及び特定物質の規制等に関する法律5条4号、対人地雷の製造の禁止及び所持の規制等に関する法律6条4号、クラスター弾等の製造の禁止及び所持の規制等に関する法律6条4号参照）。

　なお、債務者が支払不能であるときは、裁判所は、申立てにより、決定で、破産手続を開始する（破産法15条1項）。破産者であって復権（同法255条、256条）を得ない者は、業法や紛争解決に関する法律において、欠格事由とされるのが一般的である（廃棄物の処理及び清掃に関する法律7条5項4号イ、フロン類の使用の合理化及び管理の適正化に関する法律51条2号イ、民間資金等の活用による公共施設等の整備等の促進に関する法律9条2号、鉄道事業法6条3号等）。これは、支払不能となった債務者で復権を得ない者は、事業を営むに当たり、または紛争解決に当たり、経済的能力の点で支障が生ずる可能性が高いため、欠格事由とすることに合理性があるからである。これに対して、人工衛星の管理は、事故等が発生する確率が低く、また、責任集中制度がないので、被害者等は、人工衛星の管理者以外の者に対しても損害賠償を請求できる。さらに、人工衛星の管理には技術力が重要であって、経済的能力は必ずしも重要ではなく、科学者・技術者の同窓会的組織による管理も想定される。そこで、破産者であって復権を得ない者は、欠格事由として規定されていない。破産者であって復権を得ない者を欠格事由として規定していない例として、対人地雷の製造の禁止及び所持の規制等に関する法律6条、クラスター弾等の製造の禁止及び所持の規制等に関する法律6条参照。

（5）「又は外国の法令上これと同様に取り扱われている者」（3号）

　「外国の法令上これと同様に取り扱われている法人」を欠格事由とする例として、民間資金等の活用による公共施設等の整備等の促進に関する法律9条2号がある。

（6）「法人であって、その業務を行う役員……のうちに前三号のいずれかに該当する者があるもの」（4号）

役員についての欠格事由を定める例として、電気通信事業法118条3号（「法人又は団体であつて、その役員のうちに前二号のいずれかに該当する者があるもの」）がある。

（7）「内閣府令で定める使用人」（4号）

申請者の使用人であって、当該申請者の人工衛星の管理に係る業務に関する権限および責任を有する者である（本法施行規則21条）。「使用人」とは、本店、支店または事業所等の代表者を意味する。本法においては、人工衛星の管理の許可において、使用人以上の職の者に欠格事由に該当する者がいる場合には、許可を受けることができないとしている。

（8）「内閣府令で定める使用人」（5号）

申請者の使用人であって、当該申請者の人工衛星の管理に係る業務に関する権限および責任を有する者である（本法施行規則21条）。

（9）「個人であって、その死亡時代理人が前各号のいずれかに該当するもの」（6号）

代理人とは、当事者以外の者であって、当事者を代理して意思表示を行い、または意思表示を受ける者を意味し、それにより発生する法効果は、直接に、代理人と本人の間に生ずる。代理人の欠格事由を定める例として、アルコール事業法5条6号（「未成年者又は成年被後見人、被保佐人若しくは被補助人であって、その法定代理人（アルコールの製造に係る事業に関し代理権を有する者に限る。）が前各号のいずれかに該当するもの」）がある。

（許可の基準）

第22条　内閣総理大臣は、第20条第1項の許可の申請が次の各号のいずれにも適合していると認めるときでなければ、同項の許可をしてはならない。

（1）人工衛星の利用の目的及び方法が、基本理念に則したものであり、かつ、

宇宙の開発及び利用に関する諸条約の的確かつ円滑な実施及び公共の安全の確保に支障を及ぼすおそれがないものであること。
(2) 人工衛星の構造が、その人工衛星を構成する機器及び部品の飛散を防ぐ仕組みが講じられていることその他の宇宙空間探査等条約第9条に規定する月その他の天体を含む宇宙空間の有害な汚染並びにその平和的な探査及び利用における他国の活動に対する潜在的に有害な干渉（次号及び第4号ニにおいて「宇宙空間の有害な汚染等」という。）の防止並びに公共の安全の確保に支障を及ぼすおそれがないものとして内閣府令で定める基準に適合するものであること。
(3) 管理計画において、他の人工衛星との衝突を避けるための措置その他の宇宙空間の有害な汚染等を防止するために必要なものとして内閣府令で定める措置及び終了措置を講ずることとされており、かつ、申請者（個人にあっては、死亡時代理人を含む。）が当該管理計画を実行する十分な能力を有すること。
(4) 終了措置の内容が次のイからニまでのいずれかに該当するものであること。
　イ　人工衛星の位置、姿勢及び状態を制御することにより、当該人工衛星の高度を下げて空中で燃焼させること（これを構成する機器の一部を燃焼させることなく地表又は水面に落下させて回収することを含む。）であって、当該人工衛星の飛行経路及び当該機器の一部の着地又は着水が予想される地点の周辺の安全を確保して行われるもの
　ロ　人工衛星の位置、姿勢及び状態を制御することにより、当該人工衛星の高度を上げて時の経過により高度が下がることのない地球を回る軌道に投入することであって、他の人工衛星の管理に支障を及ぼすおそれがないもの
　ハ　人工衛星の位置、姿勢及び状態を制御することにより、当該人工衛星を地球以外の天体を回る軌道に投入し、又は当該天体に落下させることであって、当該天体の環境を著しく悪化させるおそれがないもの
　ニ　イからハまでに掲げる措置を講ずることができない場合において、誤作動及び爆発の防止その他の宇宙空間の有害な汚染等を防止するために必要なものとして内閣府令で定める措置を講じ、並びに人工衛星の位置、姿勢及び状態を内閣総理大臣に通知した上で、その制御をやめること。

(1) 「次の各号」(柱書)

　許可基準の中に、人工衛星の軌道について直接言及するものはない。本条2号は人工衛星の構造に関する基準であって軌道と関係なく、本条4号については、終了措置の変更を伴わない限り、軌道の変更を審査する必要はない。軌道の変更が管理方法の変更を伴い、それが管理計画の変更につながる場合には、本条3号の審査と関係するが、管理計画の変更を伴わない限り、軌道の変更を審査する必要はない。人工衛星等の打上げの場合には、損害賠償担保措置を講ずることが義務づけられているが(本法9条)、人工衛星の落下等による損害については、かかる義務づけはなされていない(政府による補償契約の締結も行われない)。これは、通常、人工衛星は大気圏に突入する際に燃え尽きてしまうので、損害賠償担保措置を義務づけるまでの必要はなく、国際的にみても、人工衛星の落下等について損害賠償担保措置を義務づけることは一般的ではないし、そのような中で損害賠償担保措置を義務づけた場合、国際競争力を削ぐおそれがあるからである。

(2) 「基本理念」(1号)

　宇宙基本法の2条から7条までに定められている基本理念である。具体的には、(i)宇宙の平和的利用(宇宙開発利用は、月その他の天体を含む宇宙空間の探査および利用における国家活動を律する原則に関する条約等の宇宙開発利用に関する条約その他の国際約束の定めるところに従い、日本国憲法の平和主義の理念にのっとり、行われるものとすること。同法2条)、(ii)国民生活の向上等(宇宙開発利用は、国民生活の向上、安全で安心して暮らせる社会の形成、災害、貧困その他の人間の生存および生活に対する様々な脅威の除去、国際社会の平和および安全の確保ならびにわが国の安全保障に資するよう行われなければならないこと。同法3条)、(iii)産業の振興(宇宙開発利用は、宇宙開発利用の積極的かつ計画的な推進、宇宙開発利用に関する研究開発の成果の円滑な企業化等により、わが国の宇宙産業その他の産業の技術力および国際競争力の強化をもたらし、もってわが国産業の振興に資するよう行われなければならないこと、同法4条)、(iv)人類社会の発展(宇宙開発利用は、宇宙に係る知識の集積が人類にとっての知的資産であることに鑑み、先端的な宇宙開発利用の推進および宇宙科学の振興等により、人類の宇宙への夢の実現および人類社会の発展に資するよう行われなければならないこと。同法5条)、(v)国際協力等(宇宙

開発利用は、宇宙開発利用に関する国際協力、宇宙開発利用に関する外交等を積極的に推進することにより、わが国の国際社会における役割を積極的に果たすとともに、国際社会におけるわが国の利益の増進に資するよう行われなければならないこと。同法6条)、(vi)環境への配慮（宇宙開発利用は、宇宙開発利用が環境に及ぼす影響に配慮して行われなければならないこと。同法7条）である（本法1条）。

(3) 「宇宙の開発及び利用に関する諸条約」(1号)

月その他の天体を含む宇宙空間の探査及び利用における国家活動を律する原則に関する条約、宇宙飛行士の救助及び送還並びに宇宙空間に打ち上げられた物体の返還に関する協定、宇宙物体により引き起こされる損害についての国際的責任に関する条約及び宇宙空間に打ち上げられた物体の登録に関する条約をいう（本法2条1号）。

(4) 「宇宙空間探査等条約第9条」(2号)

(i)条約の当事国は、月その他の天体を含む宇宙空間の探査および利用において、協力および相互援助の原則に従うものとし、かつ、条約の他のすべての当事国の対応する利益に妥当な考慮を払って、月その他の天体を含む宇宙空間におけるすべての活動を行うものとすること、(ii)条約の当事国は、月その他の天体を含む宇宙空間の有害な汚染および地球外物質の導入から生ずる地球環境の悪化を避けるように月その他の天体を含む宇宙空間の研究および探査を実施し、かつ、必要な場合には、このための適当な措置をとるものとすること、(iii)条約の当事国は、自国または自国民によって計画された月その他の天体を含む宇宙空間における活動または実験が月その他の天体を含む宇宙空間の平和的な探査および利用における他の当事国の活動に潜在的に有害な干渉を及ぼすおそれがあると信ずる理由があるときは、その活動または実験が行われる前に、適当な国際的協議を行うものとすること、(iv)条約の当事国は、他の当事国が計画した月その他の天体を含む宇宙空間における活動または実験が月その他の天体を含む宇宙空間の平和的な探査および利用における活動に潜在的に有害な干渉を及ぼすおそれがあると信ずる理由があるときは、その活動または実験に関する協議を要請することができることについて定めている。

(5)「宇宙空間探査等条約第9条に規定する月その他の天体を含む宇宙空間の有害な汚染並びにその平和的な探査及び利用における他国の活動に対する潜在的に有害な干渉」(2号)

「宇宙空間探査等条約第9条に規定する月その他の天体を含む宇宙空間の有害な汚染」について、国際法協会（ILA）宇宙部会等においては、人工衛星、探査機、宇宙飛行士等が地球上の微生物、（動力源等としての）放射性物質等を宇宙空間に持ち込むことによる宇宙空間の化学的汚染、生物的汚染、放射能汚染等の非物理的、非物質的な環境悪化のみを含意し、スペースデブリは含まれないという解釈が有力である。宇宙条約が締結された1967年には、スペースデブリ問題は諸外国においても関心を持たれておらず、同条約中にスペースデブリ発生防止のための国家的義務の明確な根拠規定を見出すことは困難であるが、同条約9条に「条約の他のすべての当事国の対応する利益に妥当な考慮」を払う義務が定められており、この規定が、2007（平成19）年制定の国連宇宙空間平和利用委員会（COPUOS）スペースデブリ低減ガイドライン（同ガイドラインについては、Stephan Hobe and Jan Helge Mey, "UN Space Debris Mitigation Guidelines", in Frans G. von der Dunk (ed.), International Space Law (2018), 623-638を参照）等の根拠となっていると解することもできる。そこで、「宇宙空間探査等条約第9条に規定する……その平和的な探査及び利用における他国の活動に対する潜在的に有害な干渉」の部分で、スペースデブリの発生を含意することとしている。

スペースデブリ低減ガイドラインとしては、2002（平成14）年に国際機関間デブリ調整委員会（IDAC）が策定したものもある（スペースデブリ低減に向けての国際協力については、小塚荘一郎=佐藤雅彦編『宇宙ビジネスのための宇宙法入門［第2版］』［有斐閣、2018年］66頁以下［青木節子執筆］参照）。また、JAXAも、スペースデブリ発生防止基準を策定しており、JAXA自身が開発した人工衛星に限らず、JAXAのロケットにより打ち上げられる人工衛星は、この基準に適合することが求められる。

(6)「内閣府令で定める基準」(2号)
(i)人工衛星を構成する機器および部品（以下「機器等」という）の飛散を防ぐ

仕組みが講じられていること、(ii)人工衛星を構成する機器もしくは部品を分離するものまたは人工衛星を他の人工衛星等に結合するものにあっては、他の人工衛星の管理に支障を及ぼさない仕組みが講じられていること、(iii)人工衛星の位置、姿勢および状態の異常を検知したとき、当該人工衛星の破砕を予防する仕組みが講じられていること、(iv)人工衛星の管理の期間中または終了後、地球に落下する人工衛星または人工衛星を構成する機器等にあっては、空中で燃焼させること等により、公共の安全の確保に支障を及ぼさない仕組みが講じられていること、(v)地球以外の天体を回る軌道に投入し、または当該天体に落下した人工衛星または人工衛星を構成する機器もしくは部品を地球に落下させて回収するものにあっては、地球外物質の導入から生ずる地球の環境の悪化を防止する仕組みが講じられていること、(vi)地球以外の天体を回る軌道に投入し、または当該天体に落下させる人工衛星または人工衛星を構成する機器等にあっては、当該天体の有害な汚染を防止する仕組みが講じられていることである（本法施行規則22条）。

(7)　「宇宙空間の有害な汚染等」(3号)

宇宙空間探査等条約9条に規定する月その他の天体を含む宇宙空間の有害な汚染ならびにその平和的な探査および利用における他国の活動に対する潜在的に有害な干渉を意味する（本条2号）。

(8)　「内閣府令で定める措置」(3号)

(i)人工衛星を構成する機器もしくは部品を分離するときまたは人工衛星を他の人工衛星等に結合するときに、他の人工衛星の管理に支障を及ぼさないこと、(ii)人工衛星の位置、姿勢および状態の異常を検知したときに、当該人工衛星の破砕を予防することまたは終了措置を実施すること、(iii)人工衛星を地球を回る軌道に投入して使用する場合のその軌道から異なる軌道に移動しうる能力を有する人工衛星にあっては、他の人工衛星等と衝突する可能性があることを把握したときに回避することが適切と判断される場合は、回避することである（本法施行規則23条）。

(9)「人工衛星の位置、姿勢及び状態を制御することにより、当該人工衛星の高度を下げて空中で燃焼させること（これを構成する機器の一部を燃焼させることなく地表又は水面に落下させて回収することを含む。）であって、当該人工衛星の飛行経路及び当該機器の一部の着地又は着水が予想される地点の周辺の安全を確保して行われるもの」（4号イ）

宇宙開発戦略本部宇宙開発戦略専門調査会の「宇宙活動に関する法制検討ワーキンググループ」が2010（平成22）年3月に公表した「中間とりまとめ」においては、フランスと同様、再突入を管理する帰還事業者も許可制の対象としていたが、わが国では、そのような実態がないため、本法では、再突入の管理を独立に許可の対象とするのではなく、人工衛星の管理許可の一環として、再突入の際に地上または水上の安全を確保して行われるかを審査する方針を採用している。

(10)「人工衛星の位置、姿勢及び状態を制御することにより、当該人工衛星の高度を上げて時の経過により高度が下がることのない地球を回る軌道に投入することであって」（4号ロ）

地球を周回する軌道に投入された人工衛星は、空気抵抗が存在しなければ、打上げ用ロケットから分離される際に付与された速度を維持しながら、地球を周回し続けることになる。したがって、地球の上層の大気に含有される原子や分子が人工衛星に衝突することがない高度の軌道であれば、地球の大気により減速することはないため、時の経過により高度が下がることはないことになる。静止軌道（高度約3万6000キロメートル）以上であれば、人工衛星が落下することは永久にないといわれている。

(11)「他の人工衛星の管理に支障を及ぼすおそれがないもの」（4号ロ）

その高度や傾斜角等によって、有用性が高いために、多数の人工衛星が密集している軌道が存在する。赤道上空の高度約3万6000キロメートルの静止軌道はその例である。この軌道を周回する人工衛星は、地球の自転と並行して移動するため、地上からは天空の1点に静止しているように見える。そのため、多数の通信衛星や放送衛星が、静止軌道を利用している。このように多数の人

工衛星が密集している軌道に終了後の人工衛星を放置することは、当該軌道を利用する他の人工衛星の管理に支障を及ぼすおそれがある。そこで、本号ロは、他の人工衛星が密集している軌道と十分な高度差があり、他の天体の引力や太陽光の圧力による上下動があっても、他の人工衛星の管理に干渉することがない墓場軌道に人工衛星を再配置する必要があることを定めている。

(12) 「宇宙空間の有害な汚染等」(4号ニ)

宇宙空間探査等条約9条に規定する月その他の天体を含む宇宙空間の有害な汚染ならびにその平和的な探査および利用における他国の活動に対する潜在的に有害な干渉を意味する (本条2号)。

(13) 「内閣府令で定める措置」(4号ニ)

(i)人工衛星の管理の終了後における誤作動および爆発を防止すること、(ii)人工衛星を地球を回る軌道に投入して使用する場合のその軌道から異なる軌道に移動しうる能力を有する人工衛星にあっては、なるべく他の人工衛星の管理に支障を及ぼさない軌道に移動することである (本法施行規則24条)。大学教員等の自然人が管理を行うことが想定される人工衛星の場合、資金面での制約により、研究室のパソコンから人工衛星の管理終了に伴うコマンドを送信するという低コストかつ簡便な技術で終了措置をとることが可能な本条4号ニの方法によることが想定される。

(変更の許可等)

第23条 ① 第20条第1項の許可を受けた者(以下「人工衛星管理者」という。)に、同条第2項第4号から第8号までに掲げる事項を変更しようとするときは、内閣府令で定めるところにより、内閣総理大臣の許可を受けなければならない。ただし、内閣府令で定める軽微な変更については、この限りでない。

② 人工衛星管理者は、第20条第2項第1号から第3号まで若しくは第9号に掲げる事項に変更があったとき又は前項ただし書の内閣府令で定める軽

> 微な変更をしたときは、遅滞なく、その旨を内閣総理大臣に届け出なければ
> ならない。
> ③　前条の規定は、第1項の許可について準用する。

（1）「第20条第1項の許可を受けた者」（1項本文）
　国内に所在する人工衛星管理設備を用いて人工衛星の管理を行うことの許可を受けた者である。

（2）「同条第2項第4号から第8号までに掲げる事項」（1項本文）
　(i)人工衛星の利用の目的および方法、(ii)人工衛星の構造、(iii)終了措置の内容、(iv)以上に掲げるもののほか、人工衛星の管理の方法を定めた計画（以下「管理計画」という）、(v)申請者が個人である場合には、申請者が死亡したときにその者に代わって人工衛星の管理を行う者（以下「死亡時代理人」という）の氏名または名称および住所である。
　(i)の例として、人工衛星の利用の目的を実験目的として許可を得ていたものの、衛星リモートセンシングデータの販売目的に変更する場合、大気圏への再突入の方法を安全を確保せずに行う危険な方法に変更する場合等が考えられる。(ii)の例として、太陽電池のガラスカバーに貼付する予定であった機器および部品の飛散防止フィルムを貼付しない構造に変更する場合等が考えられる。(iii)の例として、軌道離脱の終了措置をとるとして許可を得ていたにもかかわらず、他の天体への落下という終了措置に変更する場合等が考えられる。(iv)の例として、人工衛星の位置、姿勢および状態を把握・制御するための管理体制を縮小して、これらの把握頻度を減少させる計画に変更すること、スペースデブリ接近時には回避行動をとるという計画であったものの、継続観測を優先するために、回避行動を実施しない計画に変更すること等が考えられる。(v)は無許可で死亡時代理人を変更する場合である。
　注意を要するのは、本法20条2項3号の軌道の変更は許可事項となっていないことである。軌道の変更により他の宇宙物体との衝突が発生すれば、衝突した物体自体に壊滅的な損傷をもたらしうるのみならず、破片がスペースデブリとなって、さらなる被害を惹起しうるものの、現時点では、軌道の位置の変

更によって他の宇宙物体との衝突が発生する確率に問題にするほどの変化が生ずるわけではない（スペースデブリが相対的に多数存在する高度1000キロメートルにおいても、直径1メートルのスペースデブリと1年以内に衝突する確率は0.000003回／m²である）。すなわち、現状では、軌道の変更を危険視しなければならないほど宇宙空間が混雑しているわけではない。また、低軌道（高度2000キロメートル以下）のうち高度数百キロメートル以下の軌道域においては大気の分子が微量ながら存在するので、摩擦抵抗により人工衛星が徐々に減速し高度が低下することがあり（オーロラ観測衛星「あけぼの」の遠地点は、20年の運用を経て、1万500キロメートルから5000キロメートルまで落下している）、さらに、超高速度衛星技術試験機「SLATS」のように推進計を具備する人工衛星の場合、他の宇宙物体との衝突回避等の目的で、一時的に軌道を変更することが起こりうる。かかる軌道変更についても変更許可を得ることを義務づけることは、過大な負担を課すことになるので、軌道変更についての許可は要しないこととしている。もっとも、軌道の変更に伴い管理方法が変更される可能性はあるが、その場合には管理計画（本法20条2項7号）が変更されるので、変更許可が必要になる（本法23条1項本文）。また、軌道の変更は、人工衛星の構造（本法20条2項5号）とは関係しない。軌道の変更が終了措置（同項6号）の変更を伴う場合には変更許可が必要になるが、終了措置の変更を伴わない場合には、軌道の変更についての審査は不要である。

（3）「変更しようとするときは」（1項本文）

　人工衛星の打上げ用ロケットの設計について型式認定を受けた者が、人工衛星の打上げ用ロケットの設計を変更しようとするときには内閣総理大臣の認定を受けなければならないが、ロケット安全基準の変更があった場合において、当該型式認定を受けた人工衛星の打上げ用ロケットの設計がロケット安全基準に適合しなくなったときにも、変更認定を受ける必要がある（本法14条1項本文）。また、打上げ施設について、これを用いて行う人工衛星等の打上げに係る人工衛星の打上げ用ロケットの型式ごとに、適合認定を受けた者が、(i)打上げ施設の場所（船舶または航空機に搭載された打上げ施設にあっては、当該船舶または航空機の名称または登録記号）、構造および設備または(ii)飛行中断措置その他の人工

衛星の打上げ用ロケットの飛行経路および打上げ施設の周辺の安全を確保する方法を変更しようとするときは、内閣総理大臣の認定を受けなければならない。型式別施設安全基準の変更があった場合において、当該適合認定を受けた打上げ施設が型式別施設安全基準に適合しなくなったときにも、この変更認定を受けなければならない（本法17条1項本文）。これに対して、本項においては、「人工衛星の構造が、その人工衛星を構成する機器及び部品の飛散を防ぐ仕組みが講じられていることその他の宇宙空間探査等条約第9条に規定する月その他の天体を含む宇宙空間の有害な汚染並びにその平和的な探査及び利用における他国の活動に対する潜在的に有害な干渉（次号及び第4号ニにおいて「宇宙空間の有害な汚染等」という。）の防止並びに公共の安全の確保に支障を及ぼすおそれがないものとして内閣府令で定める基準に適合するものであること」（本法22条2号）の基準が変更された結果、新基準への不適合が生じた場合、新基準に適合するよう変更認定を受けることを求めていない。その理由は、人工衛星がいったん宇宙空間に打ち上げられた後は、そのメンテナンスを実施することはできず、打上げ後に技術的基準の変更が行われたとしても、当該基準に適合させることが不可能であるからである。基準変更が打上げ前に実施された場合であっても、人工衛星の構造に係る基準は、宇宙空間の汚染防止を重視したものであり、新基準に適合しないことが、地上の安全に影響を与える可能性は乏しい。さらに、人工衛星等の打上げは、航空路や船舶の航路に係る調整、漁業組合との調整等、種々の調整を経て行われるものであり、新基準への不適合が安全上の問題を惹起する可能性が乏しいにもかかわらず、新基準に適合することの認定を得ることを義務づければ、打上げ実施の延期が必要になることもありうるので、打上げ実施者にとっても人工衛星管理者にとっても酷であり、わが国の人工衛星の管理に関する産業の発展を阻害し、国際競争力を損なうおそれもある。そこで、人工衛星等の打上げ前であっても、人工衛星の構造に係る新基準への適合認定を得ることを義務づけていない。

(4) 「内閣府令で定めるところにより」(1項本文)

様式第19による申請書に、人工衛星の構造に関する基準に適合していることを証する書類のうち当該変更事項に係る書類および当該人工衛星の管理に係

る様式第18による許可証の写しを添えて、内閣総理大臣に提出し、その許可を受けなければならない（本法施行規則25条1項）。

(5) 「内閣総理大臣の許可を受けなければならない」（1項本文）

人工衛星等の打上げの許可と異なるのは、当初は許可を受けた目的で利用していたものの、途中で目的を変更する場合にも許可が必要であるという点である。内閣総理大臣は、本項の変更の許可をしたときは、人工衛星管理者に対し、その旨を通知するとともに、当該人工衛星の管理に係る許可証を返納させた上で、様式第18による許可証を再交付するものとされている（本法施行規則25条3項）。

(6) 「内閣府令で定める軽微な変更」（1項ただし書）

(i)人工衛星の利用の目的および方法、(ii)人工衛星の構造、(iii)終了措置の内容、(iv)以上に掲げるもののほか、管理計画、(v)申請者が個人である場合には、死亡時代理人の氏名または名称および住所について、実質的な変更を伴わないものである（本法施行規則25条3項）。実質的な変更を伴わない例としては、宇宙空間の汚染の防止および公共の安全の確保に影響を与えないアンテナ位置の変更、人事異動等により運用に当たる職員が交代した場合、同一の死亡時代理人の氏名または名称および住所の変更等である（本法施行規則25条3項）。

(7) 「第20条第2項第1号から第3号まで若しくは第9号に掲げる事項」（2項）

(i)氏名または名称および住所、(ii)人工衛星管理設備の場所、(iii)人工衛星を地球を回る軌道に投入して使用する場合には、その軌道、(iv)人工衛星の名称、(v)申請者が法人である場合は、役員の氏名、(vi)使用人の氏名、(vii)欠格事由のいずれにも該当しないことである。人工衛星の軌道の変更について許可は不要であるものの（本条1項）、宇宙物体登録条約4条2項において、「登録国は、登録した宇宙物体に関する追加の情報を随時国際連合事務総長に提供することができる」と規定されており、追加の情報として条約加入時に念頭に置かれているのは、故意または事故等による基本的軌道要素の大幅な変更や人工衛星の機能の停止であるから、軌道の変更については、監督官庁が把握しておくべきと考

えられる。そこで、軌道の変更については届出を義務づけている。

(8)「その旨を内閣総理大臣に届け出なければならない」(2項)
　人工衛星管理者は、本項の届出をしようとするときは、様式第20による届出書に、変更事項に係る書類および当該人工衛星の管理に係る許可証の写しを添えて、内閣総理大臣に提出しなければならない（本法施行規則25条4項）。

(9)「前条の規定は、第1項の許可について準用する」(3項)
　人工衛星の管理に係る許可の基準が、変更の許可について準用される結果、変更の許可基準も、人工衛星の管理に係る許可の基準と同一になる。

（管理計画の遵守）
第24条　人工衛星管理者は、人工衛星の管理を行うに当たっては、災害その他やむを得ない事由のある場合を除くほか、第20条第1項の許可に係る管理計画の定めるところに従わなければならない。

---

(1)「第20条第1項の許可に係る管理計画」
　人工衛星の管理の方法を定めた計画（本法20条2項7号）である。

(2)「従わなければならない」
　計画上はスペースデブリを回避する行動をとることになっており、宇宙常況監視機関からスペースデブリの接近通報があったにもかかわらず、計画に従った回避行動をとらなければ、計画遵守義務違反になる。また、人工衛星の管理者が死亡した際、死亡時代理人と異なる者が終了措置を講じた場合には、死亡時代理人が終了措置を講ずる管理計画の遵守義務違反になる。

（事故時の措置）
第25条　人工衛星管理者は、第20条第1項の許可に係る人工衛星の他の物

> 体との衝突その他の事故の発生により、同項の許可に係る終了措置を講ずることなく人工衛星の管理ができなくなり、かつ、回復する見込みがないときは、内閣府令で定めるところにより、速やかに、その旨、当該事故の状況及び当該事故の発生後の人工衛星の位置の特定に資するものとして内閣府令で定める事項を内閣総理大臣に届け出なければならない。この場合において、同項の許可は、その効力を失う。

(1) 「終了措置」（前段）
人工衛星の管理の終了に伴い講ずる措置を意味する（本法20条2項6号）。

(2) 「内閣府令で定めるところにより」（前段）
様式第21による届出書を内閣総理大臣に提出しなければならない（本法施行規則26条1項）。

(3) 「内閣府令で定める事項」（前段）
(i)当該事故が発生した日時および位置および(ii)当該事故の発生後の人工衛星の軌道である（本法施行規則26条2項）。

(4) 「内閣総理大臣に届け出なければならない」（前段）
事故時に監督官庁に対する届出義務を課す例として、電子署名等に係る地方公共団体情報システムの認証業務に関する法律10条1項参照。

> **（承継）**
> **第26条** ① 人工衛星管理者が国内に所在する人工衛星管理設備を用いて人工衛星の管理を行おうとする者に第20条第1項の許可を受けた人工衛星の管理に係る事業の譲渡を行う場合において、譲渡人及び譲受人があらかじめ当該譲渡及び譲受けについて内閣府令で定めるところにより内閣総理大臣の認可を受けたときは、譲受人は、人工衛星管理者のこの法律の規定による地位を承継する。

② 人工衛星管理者が、国内に所在する人工衛星管理設備によらずに人工衛星の管理を行おうとする者に第20条第1項の許可を受けた人工衛星の管理に係る事業の譲渡を行うときは、内閣府令で定めるところにより、あらかじめ、内閣総理大臣にその旨を届け出なければならない。

③ 人工衛星管理者である法人が合併により消滅することとなる場合において、あらかじめ当該合併について内閣府令で定めるところにより内閣総理大臣の認可を受けたときは、合併後存続する法人又は合併により設立された法人は、人工衛星管理者のこの法律の規定による地位を承継する。

④ 人工衛星管理者である法人が分割により第20条第1項の許可を受けた人工衛星の管理に係る事業を承継させる場合において、あらかじめ当該分割について内閣府令で定めるところにより内閣総理大臣の認可を受けたときは、分割により当該事業を承継した法人は、人工衛星管理者のこの法律の規定による地位を承継する。

⑤ 第21条及び第22条（第3号（管理計画を実行する能力に係る部分に限る。）に係る部分に限る。）の規定は、第1項及び前二項の認可について準用する。

⑥ 人工衛星管理者が第20条第1項の許可を受けた人工衛星の管理に係る事業の譲渡を行い、又は人工衛星管理者である法人が合併により消滅することとなり、若しくは分割により当該事業を承継させる場合において、第1項、第3項又は第4項の認可をしない旨の処分があったとき（これらの認可の申請がない場合にあっては、当該事業の譲渡、合併又は分割があったとき）は、同条第1項の許可は、その効力を失うものとし、その譲受人（第2項に規定する事業の譲渡に係る譲受人を除く。）、合併後存続する法人若しくは合併により設立された法人又は分割により当該事業を承継した法人は、当該処分があった日（これらの認可の申請がない場合にあっては、当該事業の譲渡、合併又は分割の日）から120日以内に、同条第1項の許可に係る終了措置を講じなければならない。この場合において、当該終了措置が完了するまでの間（前条に規定する場合にあっては、同条の規定による届出があるまでの間）は、これらの者を人工衛星管理者とみなして、第24条、前条前段、第31条、第32条及び第33条第3項の規定（これらの規定に係る罰則を含む。）を適用する。

(1) 「国内に所在する人工衛星管理設備を用いて人工衛星の管理を行おうとする者に」(1項)

　本法は、国内に所在する人工衛星管理設備を用いて人工衛星の管理を行おうとする者のみを人工衛星の管理の許可対象としているため、地位の承継に係る譲渡の認可が必要な場合も、かかる者への譲渡に限定している。比較法的にみると、フランスやオーストリアのように、国外に所在する人工衛星設備を用いて人工衛星の管理を行おうとする者に譲渡する場合にも許可を得ることを義務づける立法例もあるが、わが国では、かかる場合には、届出制にとどめている。

(2) 「内閣府令で定めるところにより」(1項)

　様式第22による申請書に、(i)譲受人が個人である場合は、住民票の写しまたはこれに代わる書類ならびに使用人および死亡時代理人に係る住民票の写しまたはこれに代わる書類、譲受人が法人である場合は、定款および登記事項証明書またはこれらに準ずるものならびに役員および使用人に係る住民票の写しまたはこれに代わる書類、(ii)譲受人が当該管理計画を実行する十分な能力を有していることを明らかにする書類、(iii)譲渡および譲受けに関する契約書の写し、(iv)譲渡人または譲受人が法人である場合は、譲渡または譲受けに関する株主総会もしくは社員総会の決議録または無限責任社員もしくは総社員の同意書または譲渡もしくは譲受けに関する意思の決定を証する書類、(v)譲渡人に係る様式第18による許可証の写しを添えて、内閣総理大臣に提出しなければならない（本法施行規則27条1項）。

(3) 「譲渡人及び譲受人があらかじめ当該譲渡及び譲受けについて……内閣総理大臣の認可を受けたときは、譲受人は、人工衛星管理者のこの法律の規定による地位を承継する」(1項)

　人工衛星を打ち上げる機会は限定され希少なものであり、地上のインフラの状況に左右されずに、広範な地域において、同時に情報収集・情報発信を行うことを可能にするものであるので、人工衛星自体に支障がない以上、継続して有効活用することが望ましい。そこで、譲渡および譲受けについて内閣総理大臣の認可を受けることを条件として、人工衛星管理者の本法の規定による地位

を承継することを認めている。人工衛星の管理に関する産業の振興を図るため、より迅速な譲渡が可能となるように、許可制ではなく認可制にしている。

(4) 「国内に所在する人工衛星管理設備によらずに人工衛星の管理を行おうとする者に第20条第1項の許可を受けた人工衛星の管理に係る事業の譲渡を行うときは……あらかじめ、内閣総理大臣にその旨を届け出なければならない」(2項)

国内に所在する人工衛星管理設備によらずに人工衛星の管理を行おうとする者は、本法の人工衛星の管理に係る許可制の対象外であるので、譲渡は届出で足りることとしている。

(5) 「内閣府令で定めるところにより」(2項)

様式第23による届出書に、(i)譲受人が個人である場合は、住民票の写しまたはこれに代わる書類ならびに使用人および死亡時代理人に係る住民票の写しまたはこれに代わる書類、譲受人が法人である場合は、定款および登記事項証明書またはこれらに準ずるものならびに役員および使用人に係る住民票の写しまたはこれに代わる書類、(ii)譲受人が当該管理計画を実行する十分な能力を有していることを明らかにする書類、(iii)譲渡および譲受けに関する契約書の写し、(iv)譲渡人または譲受人が法人である場合は、譲渡または譲受けに関する株主総会もしくは社員総会の決議録または無限責任社員もしくは総社員の同意書または譲渡もしくは譲受けに関する意思の決定を証する書類、(v)譲渡人に係る様式第18による許可証の写しを添えて、内閣総理大臣に提出しなければならない(本法施行規則27条2項)。

(6) 「内閣府令で定めるところにより」(3項)

様式第24による申請書に、(i)合併の方法および条件が記載された書類、(ii)合併後存続する法人または合併により設立される法人に係る定款および登記事項証明書またこれらに準ずるものならびに役員および使用人に係る住民票の写しまたはこれに代わる書類、(iii)合併後存続する法人または合併により設立される法人が当該管理計画を実行する十分な能力を有していることを明らかにする書類、(iv)合併契約書の写しおよび合併比率説明書、(v)合併に関する株主総会も

しくは社員総会の決議録または無限責任社員もしくは総社員の同意書または合併に関する意思の決定を証する書類、(vi)被承継者に係る様式第18の許可証の写しを添えて、内閣総理大臣に提出しなければならない（本法施行規則27条3項）。

（7）「内閣総理大臣の認可を受けたときは、合併後存続する法人又は合併により設立された法人は、人工衛星管理者のこの法律の規定による地位を承継する」（3項）

　人工衛星を打ち上げる機会は限定され希少なものであり、地上のインフラの状況に左右されずに、広範な地域において、同時に情報収集・情報発信を行うことを可能にするものであるので、人工衛星自体に支障がない以上、継続して有効活用することが望ましい。そこで、合併について内閣総理大臣の認可を受けることを条件として、人工衛星管理者の本法の規定による地位を吸収合併存続会社または新設合併設立会社に承継することを認めている。同様の例として、電気通信事業法123条3項参照。

（8）「内閣府令で定めるところにより」（4項）

　様式第25による申請書に、(i)分割の方法および条件が記載された書類、(ii)分割により人工衛星の管理に係る事業を承継する法人に係る定款および登記事項証明書またこれらに準ずるものならびに役員および使用人に係る住民票の写しまたはこれに代わる書類、(iii)分割により人工衛星の管理に係る事業を承継する法人が当該管理計画を実行する十分な能力を有していることを明らかにする書類、(iv)分割契約書（新設分割の場合にあっては、分割計画書）の写しおよび分割比率説明書、(v)分割に関する株主総会もしくは社員総会の決議録または無限責任社員もしくは総社員の同意書または分割に関する意思の決定を証する書類、(vi)被承継者に係る様式第18の許可証の写しを添えて、内閣総理大臣に提出しなければならない（本法施行規則27条4項）。

（9）「内閣総理大臣の認可を受けたときは、分割により当該事業を承継した法人は、人工衛星管理者のこの法律の規定による地位を承継する」（4項）

　人工衛星を打ち上げる機会は限定され希少なものであり、地上のインフラの

状況に左右されずに、広範な地域において、同時に情報収集・情報発信を行うことを可能にするものであるので、人工衛星自体に支障がない以上、継続して有効活用することが望ましい。そこで、分割について内閣総理大臣の認可を受けることを条件として、人工衛星管理者の本法の規定による地位を承継することを認めている。同様の例として、電気通信事業法123条3項参照。

(10) 「第21条及び第22条(第3号(管理計画を実行する能力に係る部分に限る。)に係る部分に限る。)の規定」(5項)

本法21条の規定は、人工衛星の管理に係る許可の欠格事由である。「第22条(第3号(管理計画を実行する能力に係る部分に限る。)に係る部分に限る。)の規定」は、「申請者(個人にあっては、死亡時代理人を含む。)が当該管理計画を実行する十分な能力を有すること」という許可基準を意味する。承継等の認可に当たり、欠格事由のみならず許認可基準をすべて準用している場合(放送法98条6項、航空法114条2項、115条2項、116条3項、石油パイプライン事業法10条3項、深海底鉱業暫定措置法18条3項、電気通信事業法123条5項、鉄道事業法26条3項、貨物利用運送事業法29条3項、民間事業者による信書の送達に関する法律13条3項等)が多いが、欠格事由に加えて許可基準のうち申請者の能力に関する部分のみを準用する例もある(核原料物質、核燃料物質及び原子炉の規制に関する法律18条2項、自動車ターミナル法12条3項、廃棄物の処理及び清掃に関する法律9条の6第2項)。欠格事由のみならず許認可基準をすべて準用している場合は、事業としての安定性、継続性の確保が重視されているのに対し、欠格事由に加えて許可基準のうち申請者の能力に関する部分のみを準用している場合は、事業の安定性、継続性よりも、行為に対する許可を与えるに当たっての技術的能力が重視されていると考えられる。本法に基づく人工衛星の管理の許可は後者に該当するので、欠格事由に加えて許可基準のうち申請者の能力に関する部分のみを準用することとしている。

(11) 「第1項……の認可」(5項)

人工衛星管理者が国内に所在する人工衛星管理設備を用いて人工衛星の管理を行おうとする者に許可を受けた人工衛星の管理に係る事業の譲渡を行う場合

において、当該譲渡および譲受けについての内閣総理大臣の認可を意味する。

(12) 「前二項の認可」(5項)

(i)人工衛星管理者である法人が合併により消滅することとなる場合において、当該合併についての事前の内閣総理大臣の認可および(ii)人工衛星管理者である法人が分割により許可を受けた人工衛星の管理に係る事業を承継させる場合において、当該分割についての事前の内閣総理大臣の認可を意味する。

(13) 「その効力を失う」(6項前段)

業務の廃止により、許可が失効する他の例として、電波法38条の16第2項がある。

(14) 「第2項に規定する事業の譲渡に係る譲受人を除く」(6項前段)

人工衛星管理者が、国内に所在する人工衛星管理設備によらずに人工衛星の管理を行おうとする者に許可を受けた人工衛星の管理に係る事業の譲渡を行う場合の譲受人を除くことを意味する。

(15) 「終了措置を講じなければならない」(6項前段)

核原料物質、核燃料物質及び原子炉の規制に関する法律12条の7においては、指定の取消し、解散、死亡、承継がなかったときの廃止措置について一括して規定している。これに対し、本法では、承継がなかったときの廃止措置（本法26条)、死亡（本法27条)、解散（本法29条)、許可の取消し（本法30条）に係る終了措置を別々の条で規定している。これは、核原料物質、核燃料物質及び原子炉の規制に関する法律においては、終了措置がその原因の如何を問わず同一であるのに対して、本法では、原因により終了措置が必ずしも同一ではないからである。

(16) 「当該終了措置が完了するまでの間……は、これらの者を人工衛星管理者とみなして、第24条、前条前段、第31条、第32条及び第33条第3項の規定（これらの規定に係る罰則を含む。）を適用する」(6項後段)

許可が取り消された後も、講ずべき措置が完了するまでの間は、許可を受けた地位にある者とみなす規定の例として、放射性同位元素等による放射線障害の防止に関する法律28条7項参照。

(17) 「(前条に規定する場合にあっては、同条の規定による届出があるまでの間)」(6項後段)

人工衛星の管理に係る許可を受けた者が管理する人工衛星の他の物体との衝突その他の事故の発生により、当該許可に係る終了措置を講ずることなく人工衛星の管理ができなくなり、かつ、回復する見込みがない場合にあっては、その旨、当該事故の状況および当該事故の発生後の人工衛星の位置の特定に資する事項を内閣総理大臣に届け出る（本法25条前段）までの間を意味する。

(18) 「第24条、前条前段、第31条、第32条及び第33条第3項の規定（これらの規定に係る罰則を含む。）を適用する」(6項後段)

管理計画の遵守（本法24条）、人工衛星の他の物体との衝突その他の事故の発生により、終了措置を講ずることなく人工衛星の管理ができなくなり、かつ、回復する見込みがないときにおけるその旨、当該事故の状況および当該事故の発生後の人工衛星の位置の特定に資する事項の内閣総理大臣への届出（本法25条前段）、内閣総理大臣による立入検査等（本法31条）、内閣総理大臣による指導、助言、勧告（本法32条）、管理計画遵守義務違反に対する内閣総理大臣による是正命令（本法33条3項）、これらの規定に係る罰則（本法60条6号［本法33条3項の是正命令違反］、62条3号［本法31条の立入検査等に係る違反］、63条1号［本法25条後段違反］、64条［両罰規定］）を適用することを意味する。

（死亡の届出等）

第27条　① 人工衛星管理者が死亡したときは、相続人は、遅滞なく、その旨を内閣総理大臣に届け出なければならない。

② 人工衛星管理者が死亡したときは、第20条第1項の許可は、その効力を失うものとし、その死亡時代理人は、当該人工衛星の管理に係る事業の譲渡

> について前条第1項の認可を受けた場合を除き、その死亡の日から120日以内に、第20条第1項の許可に係る終了措置を講じなければならない。この場合において、当該事業の譲渡が行われ、又は当該終了措置が完了するまでの間（第25条に規定する場合にあっては、同条の規定による届出があるまでの間）は、その死亡時代理人を人工衛星管理者とみなして、第24条、第25条前段、前条第1項及び第5項、第31条、第32条並びに第33条第3項の規定（これらの規定に係る罰則を含む。）を適用する。

(1) 「第20条第1項の許可」(2項前段)

国内に所在する人工衛星管理設備を用いて人工衛星の管理を行おうとする者が、人工衛星ごとに、内閣総理大臣から受ける許可を意味する。

(2) 「死亡時代理人」(2項前段)

申請者が個人である場合に、申請者が死亡したときにその者に代わって人工衛星の管理を行う者として、人工衛星の管理に係る許可申請書に記載された者（本法20条2項8号）を意味する。

(3) 「当該人工衛星の管理に係る事業の譲渡について前条第1項の認可を受けた場合を除き」(2項前段)

人工衛星管理者が国内に所在する人工衛星管理設備を用いて人工衛星の管理を行おうとする者に人工衛星の管理に係る事業の譲渡を行う場合における当該譲渡および譲受けについての内閣総理大臣の認可を受けた場合を除くという意味である。人工衛星管理者が死亡したときは、その死亡時代理人は、終了措置を講ずるのが原則であるが、人工衛星の打上げは希少な機会であり、広範囲の地域にわたり情報収集・情報発信を行うことが可能であるので、人工衛星の故障等の支障がない限り、継続して有効活用する機会を保障することが望ましい。他方において、許可を得ていない者が許可を得ている者と同じ地位を認められるのは妥当ではないので、国内に所在する人工衛星管理設備を用いて人工衛星の管理を行おうとする者への譲渡の場合に限り、かかる機会を保障することとしている。国外に所在する人工衛星管理設備を用いて人工衛星の管理を行おう

とする者への許可を受けた地位の譲渡による承継は認められない。また、許可を受けた地位を手続に長期を要する合併または分割により承継させることも認められない。なお、航空法においては、本邦航空運送事業者が死亡した場合においては、その相続人（相続人が2人以上ある場合においては、その協議により定めた事業を承継すべき1人の相続人）は、被相続人の死亡後60日以内にその相続について国土交通大臣の認可を申請し、認可が得られれば、被相続人たる本邦航空運送事業者の同法の規定による地位を承継するが、被相続人の死亡後60日以内にその相続について国土交通大臣の認可を申請しなければ、その期間の経過後は、航空運送事業の許可は、その効力を失い、認可の申請に対し、認可しない旨の処分があった場合においても、その日以後、許可は失効することとしている（同法116条1項・2項）。同様の例として、電気通信事業法123条1項・2項も参照。

(4)　「その死亡の日から120日以内に」（2項前段）

　終了措置を講ずるという原則の例外として、許可を受けた地位の譲渡による承継の機会を保障しているので、かかる機会を合理的期間に制限する必要がある。他方において、人工衛星の管理に係る事業の譲渡に係る認可を得るためには、(i)各従業員の同意、各債務者の承諾の取得、(ii)譲渡先の選定、(iii)移転する財産目録の作成、(iv)契約の締結、(v)譲渡認可申請の準備作業、(vi)申請の審査の期間が必要である。かかる手続に必要な期間が保障されていなければ、譲渡の機会の保障が形骸化してしまうことになる。そこで、譲渡の機会の保障のために合理的に必要と考えられる期間として120日以内としている。

(5)　「終了措置を講じなければならない」（2項前段）

　終了措置とは、(i)人工衛星の位置、姿勢および状態を制御することにより、当該人工衛星の高度を下げて空中で燃焼させること（これを構成する機器の一部を燃焼させることなく地表または水面に落下させて回収することを含む）であって、当該人工衛星の飛行経路および当該機器の一部の着地または着水が予想される地点の周辺の安全を確保して行われるもの、(ii)人工衛星の位置、姿勢および状態を制御することにより、当該人工衛星の高度を上げて時の経過により高度が下が

ることのない地球を回る軌道に投入することであって、他の人工衛星の管理に支障を及ぼすおそれがないもの、(ⅲ)人工衛星の位置、姿勢および状態を制御することにより、当該人工衛星を地球以外の天体を回る軌道に投入し、または当該天体に落下させることであって、当該天体の環境を著しく悪化させるおそれがないもの、(ⅳ)前記(ⅰ)から(ⅲ)までに掲げる措置を講ずることができない場合において、誤作動および爆発の防止その他の宇宙空間の有害な汚染等を防止するために必要なものとして内閣府令で定める措置を講じ、ならびに人工衛星の位置、姿勢および状態を内閣総理大臣に通知した上で、その制御をやめることである（本法22条4号）。死亡時代理人が相続人等の自然人であるような場合、終了措置は、低コストで簡便に講ずることができるものでなければならないので、(ⅳ)が選択されることになると思われる。具体的には、事前に終了措置のマニュアルを用意し、それに従い、パソコンから管理終了のコマンドを送信する方法が考えられる。

（6）「第25条に規定する場合にあっては、同条の規定による届出があるまでの間」（2項後段）

　人工衛星の管理に係る許可を受けた者が管理する人工衛星の他の物体との衝突その他の事故の発生により、当該許可に係る終了措置を講ずることなく人工衛星の管理ができなくなり、かつ、回復する見込みがない場合にあっては、その旨、当該事故の状況および当該事故の発生後の人工衛星の位置の特定に資する事項を内閣総理大臣に届け出る（本法25条前段）までの間を意味する。

（7）「第24条、第25条前段、前条第1項及び第5項、第31条、第32条並びに第33条第3項の規定（これらの規定に係る罰則を含む。）を適用する」（2項後段）

　管理計画の遵守（本法24条）、人工衛星の他の物体との衝突その他の事故の発生により、終了措置を講ずることなく人工衛星の管理ができなくなり、かつ、回復する見込みがないときにおけるその旨、当該事故の状況および当該事故の発生後の人工衛星の位置の特定に資する事項の内閣総理大臣への届出（本法25条後段）、国内に所在する人工衛星管理設備を用いて人工衛星の管理を行おうとする者に許可を受けた人工衛星の管理に係る事業の譲渡を行う場合において、

譲渡人および譲受人があらかじめ当該譲渡および譲受けについて内閣総理大臣の認可を受けたときに、譲受人が、人工衛星管理者の本法の規定による地位を承継すること（本法26条1項）、人工衛星の管理に係る許可の欠格事由、「申請者（個人にあっては、死亡時代理人を含む。）が当該管理計画を実行する十分な能力を有すること」という許可基準を上記の譲渡および譲受けの認可に準用すること（同条5項）、内閣総理大臣による立入検査等（本法31条）、内閣総理大臣による指導、助言、勧告（本法32条）、管理計画遵守義務違反に対する内閣総理大臣による是正命令（本法33条3項）、これらの規定に係る罰則（本法60条2号［偽りその他不正な手段による本法26条1項の認可の取得］、本法60条6号［本法33条3項の是正命令違反］、62条3号［本法31条の立入検査等に係る違反］、63条1号［本法25条後段違反］、64条［両罰規定］）を適用することを意味する。

> **（終了措置）**
> **第28条** ① 人工衛星管理者は、第20条第1項の許可に係る管理計画の定めるところにより人工衛星の管理を終了しようとするときは、内閣府令で定めるところにより、あらかじめ、その旨を内閣総理大臣に届け出るとともに、同項の許可に係る終了措置を講じなければならない。
> ② 前項の規定により終了措置が講じられたときは、第20条第1項の許可は、その効力を失う。

（1）「人工衛星の管理を終了しようとするときは……あらかじめ、その旨を内閣総理大臣に届け出るとともに」（1項）

業務を休廃止しようとするときに事前の届出を義務づける例として、電波法38条の16第1項参照。

（2）「内閣府令で定めるところにより」（1項）

様式第27による届出書を内閣総理大臣に提出しなければならない（本法施行規則29条）。

(3)「終了措置を講じなければならない」(1項)

終了措置は、(i)人工衛星の位置、姿勢および状態を制御することにより、当該人工衛星の高度を下げて空中で燃焼させること（これを構成する機器の一部を燃焼させることなく地表または水面に落下させて回収することを含む）であって、当該人工衛星の飛行経路および当該機器の一部の着地または着水が予想される地点の周辺の安全を確保して行われるもの、(ii)人工衛星の位置、姿勢および状態を制御することにより、当該人工衛星の高度を上げて時の経過により高度が下がることのない地球を回る軌道に投入することであって、他の人工衛星の管理に支障を及ぼすおそれがないもの、(iii)人工衛星の位置、姿勢および状態を制御することにより、当該人工衛星を地球以外の天体を回る軌道に投入し、または当該天体に落下させることであって、当該天体の環境を著しく悪化させるおそれがないもの、(iv)前記(i)から(iii)までに掲げる措置を講ずることができない場合において、誤作動および爆発の防止その他の宇宙空間の有害な汚染等を防止するために必要なものとして内閣府令で定める措置を講じ、ならびに人工衛星の位置、姿勢および状態を内閣総理大臣に通知した上で、その制御をやめること、のいずれかである（本法22条4号）。事業を廃止しようとするときに廃止措置を義務づける例として、核原料物質、核燃料物質及び原子炉の規制に関する法律12条の6第1項参照。

（解散の届出等）

第29条 ① 人工衛星管理者である法人が合併以外の事由により解散したときは、その清算人又は破産管財人は、遅滞なく、その旨を内閣総理大臣に届け出なければならない。

② 人工衛星管理者である法人が合併以外の事由により解散したときは、第20条第1項の許可は、その効力を失うものとし、その清算法人（清算中若しくは特別清算中の法人又は破産手続開始後の法人をいう。以下この項において同じ。）は、当該人工衛星の管理に係る事業の譲渡について第26条第1項の認可を受けた場合を除き、その解散の日から120日以内に、第20条第1項の許可に係る終了措置を講じなければならない。この場合におい

> て、当該事業の譲渡が行われ、又は当該終了措置が完了するまでの間（第25条に規定する場合にあっては、同条の規定による届出があるまでの間）は、その清算法人を人工衛星管理者とみなして、第24条、第25条前段、第26条第1項及び第5項、第31条、第32条並びに第33条第3項の規定（これらの規定に係る罰則を含む。）を適用する。

(1) 「合併以外の事由により解散」(1項)

　法人が合併以外の事由により解散したときに、清算人または破産管財人による監督官庁への届出を義務づける例として、電気事業法2条の8第2項参照。

(2) 「解散したときは、……その旨を内閣総理大臣に届け出なければならない」(1項)

　核原料物質、核燃料物質及び原子炉の規制に関する法律12条の7第1項においては、法人の合併以外の事由による解散の場合と許可の取消しの場合の廃止措置について一括して規定しているが、本法では、法人の合併以外の事由による解散の場合の終了措置については本条で、許可の取消しの場合の終了措置については30条で別個に規定している。これは、本法においては、法人の合併以外の事由による解散の場合には、まず届出をさせることとしているため、両者を一括して規定できないからである。法人が解散したときに、その清算人または破産管財人等による監督官庁への届出を義務づける例として、核原料物質、核燃料物質及び原子炉の規制に関する法律57条の7第8項等参照。

(3) 「清算人又は破産管財人」(1項)

　裁判所は、(i)破産手続の費用の予納がないとき（費用を仮に国庫から支弁する場合を除く）、(ii)不当な目的で破産手続開始の申立てがされたとき、その他申立てが誠実にされたものでないときのいずれかに該当する場合を除き、破産手続開始の申立てがあった場合において、破産手続開始の原因となる事実があると認めるときは、破産手続開始の決定を行い（破産法30条1項）、この決定は、その決定の時から、効力を生ずる（同条2項）。破産手続開始の決定があると、株式会社は解散する（会社法471条5号）。裁判所は、破産手続開始の決定と同時に、1人または数人の破産管財人を選任しなければならない（破産法31条1項柱書）。

そこで、法人が破産手続開始の決定により解散した旨の届出義務を破産管財人に課している。

会社法においては、合併および破産手続開始の決定以外の事由により解散する事由として、(i)定款で定めた存続期間の満了、(ii)定款で定めた解散の事由の発生、(iii)株主総会の決議、(iv)解散を命ずる裁判を定めている（同法471条1号～3号・6号）。この場合には、株式会社は清算をしなければならない（同法475条1号）。清算株式会社は、清算の目的の範囲内において、清算が結了するまではなお存続するものとみなされる（同法476条）。清算株式会社には、1人または2人以上の清算人を置かなければならない（同法477条1項）。そして、清算人が現務の結了（同法481条1号）等を行う。そこで、法人が合併および破産手続開始の決定以外の事由により解散した旨の届出義務を清算人に課している。

本法の規制の対象となる人工衛星の管理は、国内に所在する人工衛星管理設備を用いて行うものである（本法20条1項）。したがって、外国法人であっても、本法の規制の対象となる人工衛星の管理は、国内に所在する人工衛星管理設備を用いて行うことになる。

破産法では、「外国人又は外国法人は、破産手続、第12章第1節の規定による免責手続（以下「免責手続」という。）及び同章第2節の規定による復権の手続（以下この章において「破産手続等」と総称する。）に関し、日本人又は日本法人と同一の地位を有する」（同法3条）とされ、「この法律の規定による破産手続開始の申立ては、債務者が個人である場合には日本国内に営業所、住所、居所又は財産を有するときに限り、法人その他の社団又は財団である場合には日本国内に営業所、事務所又は財産を有するときに限り、することができる」（同法4条1項）と規定されている。破産事件は、債務者が、営業者であるときはその主たる営業所の所在地、営業者で外国に主たる営業所を有するものであるときは日本におけるその主たる営業所の所在地、営業者でないときまたは営業者であっても営業所を有しないときはその普通裁判籍の所在地を管轄する地方裁判所が管轄する（同法5条1項）。そして、債務者についての外国で開始された手続で破産手続に相当するものがある場合には、当該債務者に破産手続開始の原因となる事実があるものと推定し（同法17条）、債権者または債務者は、わが国で破産手続開始の申立てをすることができる（同法18条1項）。そ

して、裁判所は、破産手続開始の申立てがあった場合において、破産手続開始の原因となる事実があると認めるときは、原則として、破産手続開始の決定を行い（同法30条1項）、その場合、わが国の裁判所が選任する破産管財人（同法31条1項）が、調査等（同法83条）の手続を行うことができる。そのため、本項は、金融商品取引法施行令17条の16（「破産管財人」を「破産管財人又は当該国において破産管財人に相当する者」に読替え）、投資信託及び投資法人に関する法律222条1項（「破産管財人……又はこれらの者に相当する義務を負う者」）、信託業法57条2項3号（「破産管財人又は当該国において破産管財人に相当する者」）、衛星リモートセンシング記録の適正な取扱いの確保に関する法律24条2項2号（「破産管財人又はこれらの者に相当する義務を負う者」）等の規定と異なり、外国の法令上、破産管財人と同様に取り扱われている者について規定していない。

　外国会社（外国の法令に準拠して設立された法人その他の外国の団体であって、株式会社、合名会社、合資会社または合同会社と同種のものまたはこれらに類似するものをいう。同法2条1号・2号）については、法務大臣または株主、社員、債権者その他の利害関係人の申立てにより、日本において取引を継続してすることの禁止またはその日本に設けられた営業所の閉鎖を命じられた場合または日本において取引を継続してすることをやめた場合には、裁判所は、利害関係人の申立てによりまたは職権で、日本にある外国会社の財産の全部について清算の開始を命ずることができる（同法822条1項）。この場合、裁判所は、清算人を選任し（同条2項）、特別清算の手続に従い、清算人が特別清算に係る事務を執行する。外国法人が合併および破産手続開始の決定以外の事由により解散する場合においても、日本において取引を継続してすることをやめた場合として、清算人が現務の結了、債権の取立ておよび債務の弁済、残余財産の分配の職務（同法481条）を行うことになるので、本項は、金融商品取引法施行令17条の16（「清算人」を「清算人又は本店の所在する国において清算人に相当する者」に読替え）、投資信託及び投資法人に関する法律222条1項（「清算人又はこれらの者に相当する義務を負う者」）、信託業法57条2項4号（「清算人又は本店の所在する国において清算人に相当する者」）、衛星リモートセンシング記録の適正な取扱いの確保に関する法律24条2項2号（「清算人……又はこれらの者に相当する義務を負う者」）等の規定と異なり、外国の法令上、清算人と同様に取り扱われている者について規定していない。

(4)　「その清算法人（清算中若しくは特別清算中の法人又は破産手続開始後の法人をいう。以下この項において同じ。）は」（2項前段）
　裁判所は、清算株式会社に(ⅰ)清算の遂行に著しい支障を来すべき事情があること、(ⅱ)債務超過の疑いがあることという事由があると認めるときは、申立てにより、当該清算株式会社に対し特別清算の開始を命ずるが（会社法510条）、そのことは人工衛星の管理業務に係る専門的知識とは関係しないので、特別清算中の法人となっても、引き続き終了措置義務を負うこととしている。

　(5)　「当該人工衛星の管理に係る事業の譲渡について第26条第1項の認可を受けた場合を除き」（2項前段）
　人工衛星管理者が国内に所在する人工衛星管理設備を用いて人工衛星の管理を行おうとする者に、人工衛星の管理に係る事業の譲渡を行う場合における当該譲渡および譲受けについての内閣総理大臣の認可を受けた場合を除くことを意味する。人工衛星管理者が合併以外の事由により解散したときは、その清算法人は、終了措置を講ずるのが原則であるが、人工衛星の打上げは希少な機会であり、広範囲の地域にわたり情報収集・情報発信を行うことが可能であるので、人工衛星の故障等の支障がない限り、継続して有効活用する機会を保障することが望ましい。そこで、国内に所在する人工衛星管理設備を用いて人工衛星の管理を行おうとする者への譲渡の場合に限り、かかる機会を保障することとしている。国外に所在する人工衛星管理設備を用いて人工衛星の管理を行おうとする者への譲渡は認められない。また、手続に長期を要する合併または分割による承継も認められない。

　(6)　「その解散の日から120日以内に」（2項前段）
　終了措置を講ずるという原則の例外として、許可を受けた地位の譲渡による承継の機会を保障しているので、かかる機会を合理的期間に制限する必要がある。他方において、人工衛星の管理に係る事業の譲渡に係る認可を得るためには、(ⅰ)各従業員の同意、各債権者の承諾の取得、(ⅱ)譲渡先の選定、(ⅲ)移転する財産目録の作成、(ⅳ)契約の締結、(ⅴ)譲渡認可申請の準備作業、(ⅵ)申請の審査の期間が必要である。事業の譲渡のための手続に必要な期間が保障されていなけ

れば、譲渡の機会の保障が形骸化してしまうことになる。また、法人の解散について株式会社を例にとると、株主総会で会社を解散させる旨の決議と清算人の選任が行われ、株主総会で解散の日を定めたときには当該日において、定めなかったときは解散決議の日に解散されることになるが、解散から清算結了までには、①法務局における解散と清算人の登記、②債権者による債権の申出に係る公告（2か月以上）、③税務署長等に対する会社の解散届の提出、④確定申告書の提出、⑤債権の回収、債務の支払、残余財産の確定、⑥最終決算報告書の株主総会における承認（残余財産がある場合の株主への分配）、⑦清算結了登記、⑧清算結了届の税務署長への提出、⑨清算確定申告書の提出等の法務・財務関係の事務を多数行わなければならない。このように、事業の譲渡および清算結了に要する期間を考慮して120日以内としている。

（7）「（第25条に規定する場合にあっては、同条の規定による届出があるまでの間）」（2項後段）

人工衛星の管理に係る許可を受けた者が管理する人工衛星の他の物体との衝突その他の事故の発生により、当該許可に係る終了措置を講ずることなく人工衛星の管理ができなくなり、かつ、回復する見込みがない場合にあっては、その旨、当該事故の状況および当該事故の発生後の人工衛星の位置の特定に資する事項を内閣総理大臣に届け出る（本法25条前段）までの間を意味する。

（8）「この場合において、当該事業の譲渡が行われ、又は当該終了措置が完了するまでの間……は、その清算法人を人工衛星管理者とみなして」（2項後段）

本法は、破産による解散の届出義務を破産管財人に課しているものの（本条1項）、終了措置については、破産管財人が当該業務に関する専門知識を有するとは限らないため、従前から当該業務を実施していた清算法人を人工衛星管理者とみなして、清算法人に終了措置を講ずる義務を課している。

（9）「第24条、第25条前段、第26条第1項及び第5項、第31条、第32条並びに第33条第3項の規定（これらの規定に係る罰則を含む。）を適用する」（2項後段）

管理計画の遵守（本法24条）、人工衛星の他の物体との衝突その他の事故の

発生により、終了措置を講ずることなく人工衛星の管理ができなくなり、かつ、回復する見込みがないときにおけるその旨、当該事故の状況および当該事故の発生後の人工衛星の位置の特定に資する事項の内閣総理大臣への届出（本法25条前段）、国内に所在する人工衛星管理設備を用いて人工衛星の管理を行おうとする者に許可を受けた人工衛星の管理に係る事業の譲渡を行う場合において、譲渡人および譲受人があらかじめ当該譲渡および譲受けについて内閣総理大臣の認可を受けたときに、譲受人が、人工衛星管理者の本法の規定による地位を承継すること（本法26条1項）、人工衛星の管理に係る許可の欠格事由、「申請者（個人にあっては、死亡時代理人を含む。）が当該管理計画を実行する十分な能力を有すること」という許可基準を上記の譲渡および譲受けの認可に準用すること（同条5項）、内閣総理大臣による立入検査等（本法31条）、内閣総理大臣による指導、助言、勧告（本法32条）、管理計画遵守義務違反に対する内閣総理大臣による是正命令（本法33条3項）、これらの規定に係る罰則（本法60条2号［偽りその他不正な手段による本法26条1項の認可の取得］、本法60条6号［本法33条3項の是正命令違反］、62条3号［本法31条の立入検査等に係る違反］、63条1号［本法25条後段違反］、64条［両罰規定］）を適用することを意味する。

（許可の取消し等）

第30条 ① 内閣総理大臣は、人工衛星管理者が次の各号のいずれかに該当するときは、第20条第1項の許可を取り消すことができる。

(1) 偽りその他不正の手段により第20条第1項若しくは第23条第1項の許可又は第26条第1項、第3項若しくは第4項の認可を受けたとき。

(2) 第21条第1号又は第3号から第6号までのいずれかに該当することとなったとき。

(3) 第23条第1項の規定により許可を受けなければならない事項を同項の許可を受けないで変更したとき。

(4) 第33条第3項の規定による命令に違反したとき。

(5) 第34条第1項の規定により第20条第1項若しくは第23条第1項の許可又は第26条第1項、第3項若しくは第4項の認可に付された条件に違反したとき。

② 人工衛星管理者が前項の規定により第20条第1項の許可を取り消されたときは、当該人工衛星の管理に係る事業の譲渡について第26条第1項の認可を受けた場合を除き、その取消しの日から120日以内に、第20条第1項の許可に係る終了措置を講じなければならない。この場合において、当該事業の譲渡が行われ、又は当該終了措置が完了するまでの間（第25条に規定する場合にあっては、同条の規定による届出があるまでの間）は、その者を人工衛星管理者とみなして、第24条、第25条前段、第26条第1項及び第5項、次条、第32条並びに第33条第3項の規定（これらの規定に係る罰則を含む。）を適用する。

（1）「次の各号」（1項柱書）
人工衛星の管理に係る許可基準の中には、「人工衛星の構造が、その人工衛星を構成する機器及び部品の飛散を防ぐ仕組みが講じられていることその他の宇宙空間探査等条約第9条に規定する月その他の天体を含む宇宙空間の有害な汚染並びにその平和的な探査及び利用における他国の活動に対する潜在的に有害な干渉（次号及び第4号ニにおいて「宇宙空間の有害な汚染等」という。）の防止並びに公共の安全の確保に支障を及ぼすおそれがないものとして内閣府令で定める基準に適合するものであること」（本法22条2号）という技術的基準が存在する。しかし、本条各号の許可取消事由の中には、かかる基準に適合しなくなったことが含まれていない。この点は、人工衛星等の打上げに係る許可の取消事由の中に、「その者の行う人工衛星等の打上げに用いる人工衛星の打上げ用ロケットの設計がロケット安全基準に適合しなくなったとき」（本法12条3号）、「その者の行う人工衛星等の打上げに用いる打上げ施設が型式別施設安全基準に適合しなくなったとき」（同条4号）という技術的基準違反が含まれていることと対照的である。その理由は、人工衛星がいったん宇宙空間に打ち上げられた後は、そのメンテナンスを実施することはできず、打上げ後に技術的基準の変更が行われたとしても、当該基準に適合させることが不可能であるからである。さらに、打上げ実施後に新基準への不適合を理由に人工衛星の管理に係る許可を取り消すと、爾後の衛星管理がより困難になり、宇宙空間の効果的な利用という観点からも、宇宙空間の汚染防止という観点からも、かえっ

て事態を悪化させるおそれがある。したがって、むしろ旧基準に適合した状態における管理が継続することのほうが、当該衛星の有効な活用や宇宙空間の環境保全の観点から望ましいといえる。基準変更が打上げ前に実施された場合であっても、人工衛星の構造に係る基準は、宇宙空間の汚染防止を重視したものであり、新基準に適合しないことが、地上の安全に影響を与える可能性は乏しい。さらに、人工衛星等の打上げは、航空路や船舶の航路に係る調整、漁業組合との調整等、種々の調整を経て行われるものであり、新基準への不適合が安全上の問題を惹起する可能性が乏しいにもかかわらず、人工衛星の管理に係る許可を取り消すことは、打上げ実施者にとっても人工衛星の管理者にとっても酷であり、わが国の人工衛星の管理に関する産業の発展を阻害し、国際競争力を損なうおそれもある。そこで、人工衛星等の打上げ前であっても、人工衛星の構造に係る新基準への不適合を人工衛星の管理に係る許可の取消事由としていない。

（2）「許可を取り消すことができる」（1項柱書）

本項の「取り消す」は、講学上の取消しと撤回の双方を含む。本項各号のいずれかに該当するときに、常に取消しを義務づけているわけではなく、内閣総理大臣は取り消すか否かについて効果裁量を付与されている。しかし、取り消さないことが著しく不合理であるにもかかわらず取り消さない場合には、取り消さないことが国家賠償法1条1項の規定の適用上、違法となる。

（3）「偽りその他不正の手段により」（1項1号）

偽りその他不正の手段により得た許可または認可には、その成立時から瑕疵があることになるので、本号に基づいて行われるのは講学上の取消しに当たる。

（4）「第20条第1項若しくは第23条第1項の許可又は第26条第1項、第3項若しくは第4項の認可」（1項1号）

国内に所在する人工衛星管理設備を用いて人工衛星の管理を行おうとする者が、人工衛星ごとに内閣総理大臣から得る許可（本法20条1項）、人工衛星管理者が、人工衛星の利用の目的および方法、人工衛星の構造、終了措置の内容、

以上に掲げるもののほか管理計画、死亡時代理人の氏名または名称および住所を変更しようとするときに内閣総理大臣から得る許可（本法23条1項）、人工衛星管理者が国内に所在する人工衛星管理設備を用いて人工衛星の管理を行おうとする者に人工衛星の管理に係る事業の譲渡を行う場合において、当該譲渡および譲受けについて内閣総理大臣から得る認可（本法26条1項）、人工衛星管理者である法人が合併により消滅することとなる場合において、あらかじめ当該合併について内閣総理大臣から得る認可（同条3項）、人工衛星管理者である法人が分割により人工衛星の管理に係る事業を承継させる場合において、あらかじめ当該分割について内閣総理大臣から得る認可（同条4項）を意味する。

(5) 「第21条第1号又は第3号から第6号までのいずれかに該当することとなったとき」(1項2号)

(i)「この法律若しくはこの法律に基づく命令又はこれらに相当する外国の法令の規定に違反し、罰金以上の刑（これに相当する外国の法令による刑を含む。）に処せられ、その執行を終わり、又は執行を受けることがなくなった日から3年を経過しない者」（本法21条1号）、(ii)「成年被後見人又は外国の法令上これと同様に取り扱われている者」（同条3号）、(iii)法人であって、その業務を行う役員または使用人のうちに「この法律若しくはこの法律に基づく命令又はこれらに相当する外国の法令の規定に違反し、罰金以上の刑（これに相当する外国の法令による刑を含む。）に処せられ、その執行を終わり、又は執行を受けることがなくなった日から3年を経過しない者」、本条1項の規定により許可を取り消され、その取消しの日から3年を経過しない者、成年被後見人または外国の法令上これと同様に取り扱われている者のいずれかに該当する者があるもの（本法21条4号）、(iv)個人であって、その使用人のうちに「この法律若しくはこの法律に基づく命令又はこれらに相当する外国の法令の規定に違反し、罰金以上の刑（これに相当する外国の法令による刑を含む。）に処せられ、その執行を終わり、又は執行を受けることがなくなった日から3年を経過しない者」、本条1項の規定により許可を取り消され、その取消しの日から3年を経過しない者、成年被後見人または外国の法令上これと同様に取り扱われている者のいずれかに該当する者があるもの（本法21条5号）、(v)個人であって、その

死亡時代理人が「この法律若しくはこの法律に基づく命令又はこれらに相当する外国の法令の規定に違反し、罰金以上の刑（これに相当する外国の法令による刑を含む。）に処せられ、その執行を終わり、又は執行を受けることがなくなった日から3年を経過しない者」、本条1項の規定により許可を取り消され、その取消しの日から3年を経過しない者、成年被後見人または外国の法令上これと同様に取り扱われている者、法人であって、その業務を行う役員または使用人のうちに「この法律若しくはこの法律に基づく命令又はこれらに相当する外国の法令の規定に違反し、罰金以上の刑（これに相当する外国の法令による刑を含む。）に処せられ、その執行を終わり、又は執行を受けることがなくなった日から3年を経過しない者」、本条1項の規定により許可を取り消され、その取消しの日から3年を経過しない者、成年被後見人または外国の法令上これと同様に取り扱われている者のいずれかに該当する者があるもの、個人であって、その使用人のうちに「この法律若しくはこの法律に基づく命令又はこれらに相当する外国の法令の規定に違反し、罰金以上の刑（これに相当する外国の法令による刑を含む。）に処せられ、その執行を終わり、又は執行を受けることがなくなった日から3年を経過しない者」、本条1項の規定により許可を取り消され、その取消しの日から3年を経過しない者、成年被後見人または外国の法令上これと同様に取り扱われている者のいずれかに該当する者があるもの（同条6号）のいずれかに該当することとなったときを意味する。許可後に生じた事実を理由とするものであるので、講学上の撤回に当たる。

（6）「第23条第1項の規定により許可を受けなければならない事項を同項の許可を受けないで変更したとき」(1項3号)

　人工衛星の利用の目的および方法、人工衛星の構造、終了措置の内容、以上のほか、管理計画、申請者が個人である場合には死亡時代理人の氏名または名称および住所の変更許可を受けないで変更したときを意味する。人工衛星の管理に係る許可後に生じた事実を理由とするものであるので、講学上の撤回に当たる。

(7)「第33条第3項の規定による命令に違反したとき」(1項4号)

人工衛星管理者が管理計画遵守義務に係る規定に違反していると認めて内閣総理大臣が発する違反是正命令に違反したときである。人工衛星の管理に係る許可後に生じた事実を理由とするものであるので、講学上の撤回に当たる。

(8)「第34条第1項の規定により第20条第1項若しくは第23条第1項の許可又は第26条第1項、第3項若しくは第4項の認可に付された条件に違反したとき」(1項5号)

人工衛星の管理に係る許可（本法20条1項）、変更の許可（本法23条1項）、国内に所在する人工衛星管理設備を用いて人工衛星の管理を行おうとする者に人工衛星の管理に係る事業の譲渡を行う場合における当該譲渡および譲受けの認可（本法26条1項）、人工衛星管理者である法人が合併により消滅することとなる場合における当該合併の認可（同条3項）、人工衛星管理者である法人が分割により人工衛星の管理に係る事業を承継させる場合における当該分割の認可（同条4項）に付された附款に違反することを意味する。

(9)「当該人工衛星の管理に係る事業の譲渡について第26条第1項の認可を受けた場合を除き」(2項前段)

国内に所在する人工衛星管理設備を用いて人工衛星の管理を行おうとする者に人工衛星の管理に係る事業の譲渡を行う場合における当該譲渡および譲受けの認可を受けた場合を除くという意味である。人工衛星管理者が許可を取り消されたときは、終了措置を講ずるのが原則であるが、人工衛星の打上げは希少な機会であり、広範囲の地域にわたり情報収集・情報発信を行うことが可能であるので、人工衛星の故障等の支障がない限り、継続して有効活用する機会を保障することが望ましい。そこで、国内に所在する人工衛星管理設備を用いて人工衛星の管理を行おうとする者への譲渡の場合に限り、かかる機会を保障することとしている。国外に所在する人工衛星管理設備を用いて人工衛星の管理を行おうとする者への譲渡は認められない。また、許可を受けた地位を手続に長期を要する合併または分割により承継させることも認められない。

(10) 「その取消しの日から120日以内に」(2項前段)

　終了措置を講ずるという原則の例外として、譲渡による許可を受けた地位の承継の機会を保障しているので、かかる機会を合理的期間に制限する必要がある。他方において、人工衛星の管理に係る事業の譲渡に係る認可を得るためには、(i)各従業員の同意、各債務者の承諾の取得、(ii)譲渡先の選定、(iii)移転する財産目録の作成、(iv)契約の締結、(v)譲渡認可申請の準備作業、(vi)申請の審査の期間が必要である。事業の譲渡のための手続に必要な期間が保障されていなければ、譲渡の機会の保障が形骸化してしまうことになる。そこで、取消しの日から120日以内としている。

(11) 「(第25条に規定する場合にあっては、同条の規定による届出があるまでの間)」(2項後段)

　人工衛星管理者が、許可に係る人工衛星の他の物体との衝突その他の事故の発生により、終了措置を講ずることなく人工衛星の管理ができなくなり、かつ、回復する見込みがないときに、その旨、当該事故の状況および当該事故の発生後の人工衛星の位置の特定に資する事項を内閣総理大臣に届け出るまでの間を意味する。

(12) 「第24条、第25条前段、第26条第1項及び第5項、次条、第32条並びに第33条第3項の規定（これらの規定に係る罰則を含む。）を適用する」(2項後段)

　管理計画の遵守（本法24条）、人工衛星の他の物体との衝突その他の事故の発生により、終了措置を講ずることなく人工衛星の管理ができなくなり、かつ、回復する見込みがないときにおけるその旨、当該事故の状況および当該事故の発生後の人工衛星の位置の特定に資する事項の内閣総理大臣への届出（本法25条前段）、国内に所在する人工衛星管理設備を用いて人工衛星の管理を行おうとする者に許可を受けた人工衛星の管理に係る事業の譲渡を行う場合において、譲渡人および譲受人があらかじめ当該譲渡および譲受けについて内閣総理大臣の認可を受けたときに、譲受人が、人工衛星管理者の本法の規定による地位を承継すること（本法26条1項）、人工衛星の管理に係る許可の欠格事由、「申請者（個人にあっては、死亡時代理人を含む。）が当該管理計画を実行する十分

な能力を有すること」という許可基準を上記の譲渡および譲受けの認可に準用すること（同条5項）、内閣総理大臣による立入検査等（本法31条）、内閣総理大臣による指導、助言、勧告（本法32条）、管理計画遵守義務違反に対する内閣総理大臣による是正命令（本法33条3項）、これらの規定に係る罰則（本法60条2号［偽りその他不正な手段による本法26条1項の認可の取得］、本法60条6号［本法33条3項の是正命令違反］、62条3号［本法31条の立入検査等に係る違反］、63条1号［本法25条後段違反］、64条［両罰規定］）を適用することを意味する。

第4章　内閣総理大臣による監督

（立入検査等）
第31条　① 内閣総理大臣は、この法律の施行に必要な限度において、打上げ実施者、第13条第1項の型式認定を受けた者、第16条第1項の適合認定を受けた者若しくは人工衛星管理者に対し必要な報告を求め、又はその職員に、これらの者の事務所その他の事業所に立ち入り、これらの者の帳簿、書類その他の物件を検査させ、若しくは関係者に質問させることができる。
② 前項の規定による立入検査をする職員は、その身分を示す証明書を携帯し、関係者の請求があったときは、これを提示しなければならない。
③ 第1項の規定による立入検査の権限は、犯罪捜査のために認められたものと解してはならない。

（1）「第13条第1項の型式認定を受けた者」（1項）

人工衛星の打上げ用ロケットの設計についての型式認定を受けた者を意味する。

（2）「第16条第1項の適合認定を受けた者」（1項）

国内に所在し、または日本国籍を有する船舶もしくは航空機に搭載された打上げ施設について、これを用いて行う人工衛星等の打上げに係る人工衛星の打上げ用ロケットの型式ごとに、適合認定を受けた者を意味する。

（3）「その職員」（1項）

本項の内閣総理大臣は、分担管理事務を所掌する内閣府（宇賀・行政法概説Ⅲ 167頁以下参照）の長としての内閣総理大臣であり、その職員は内閣府の職員である。

(4)「必要な報告を求め、又はその職員に、これらの者の事務所その他の事業所に立ち入り、これらの者の帳簿、書類その他の物件を検査させ、若しくは関係者に質問させることができる」(1項)

　本項の規定による報告をせず、もしくは虚偽の報告をし、または本項の規定による検査を拒み、妨げ、もしくは忌避し、もしくは本項の規定による質問に対して答弁をせず、もしくは虚偽の答弁をした者は、100万円以下の罰金に処せられる(本法62条3号)。したがって、本項の規定に基づく調査は間接強制調査(宇賀・行政法概説Ⅰ 150頁参照)である。

(5)「前項の規定による立入検査をする職員は、その身分を示す証明書を携帯し、関係者の請求があったときは、これを提示しなければならない」(2項)

　立入検査に協力しない場合、罰則の適用があるので、権限を有する職員であるか否かを確認する必要が生ずる。そこで、立入検査をする職員に身分証明書を携帯し、関係者から提示を求められた場合にこれに応ずる義務を課している。立入検査に係る規定には、このような職員の義務を定めるのが一般的であるが、関係者からの請求がなくても、身分証明書を提示する義務を課している例もある(宇賀・行政法概説Ⅰ 156頁参照)。

(6)「第1項の規定による立入検査の権限は、犯罪捜査のために認められたものと解してはならない」(3項)

　犯罪捜査は、刑事訴訟法等の定める厳格な手続の下で行われなければならない。行政調査手続を用いて犯罪捜査を行うことは、この刑事訴訟法等の手続を潜脱することになり許されない。本項は、そのことを確認するための解釈規定である。行政調査に係る規定には、このような解釈規定が置かれるのが一般的である(宇賀・行政法概説Ⅰ 160頁参照)。

(指導等)
第32条　内閣総理大臣は、基本理念にのっとり、打上げ実施者、第13条第1項の型式認定を受けた者、第16条第1項の適合認定を受けた者又は人工

> 衛星管理者に対し、宇宙の開発及び利用に関する諸条約の的確かつ円滑な実施及び公共の安全の確保を図るため、必要な指導、助言及び勧告をすることができる。

(1) 「基本理念」

　宇宙基本法の基本理念、すなわち、(i)宇宙の平和的利用（宇宙開発利用は、月その他の天体を含む宇宙空間の探査および利用における国家活動を律する原則に関する条約等の宇宙開発利用に関する条約その他の国際約束の定めるところに従い、日本国憲法の平和主義の理念にのっとり、行われるものとすること。同法2条）、(ii)国民生活の向上等（宇宙開発利用は、国民生活の向上、安全で安心して暮らせる社会の形成、災害、貧困その他の人間の生存および生活に対する様々な脅威の除去、国際社会の平和および安全の確保ならびにわが国の安全保障に資するよう行われなければならないこと。同法3条）、(iii)産業の振興（宇宙開発利用は、宇宙開発利用の積極的かつ計画的な推進、宇宙開発利用に関する研究開発の成果の円滑な企業化等により、わが国の宇宙産業その他の産業の技術力および国際競争力の強化をもたらし、もってわが国産業の振興に資するよう行われなければならないこと、同法4条）、(iv)人類社会の発展（宇宙開発利用は、宇宙に係る知識の集積が人類にとっての知的資産であることに鑑み、先端的な宇宙開発利用の推進および宇宙科学の振興等により、人類の宇宙への夢の実現および人類社会の発展に資するよう行われなければならないこと。同法5条）、(v)国際協力等（宇宙開発利用は、宇宙開発利用に関する国際協力、宇宙開発利用に関する外交等を積極的に推進することにより、わが国の国際社会における役割を積極的に果たすとともに、国際社会におけるわが国の利益の増進に資するよう行われなければならないこと。同法6条）、(vi)環境への配慮（宇宙開発利用は、宇宙開発利用が環境に及ぼす影響に配慮して行われなければならないこと。同法7条）である。

(2) 「打上げ実施者」

　国内に所在し、または日本国籍を有する船舶もしくは航空機に搭載された打上げ施設を用いて人工衛星等の打上げを行う許可を受けた者を意味する（本法7条1項本文）。

(3)「第13条第1項の型式認定を受けた者」

人工衛星の打上げ用ロケットの設計についての型式認定を受けた者を意味する。

(4)「第16条第1項の適合認定を受けた者」

国内に所在し、または日本国籍を有する船舶もしくは航空機に搭載された打上げ施設について、これを用いて行う人工衛星等の打上げに係る人工衛星の打上げ用ロケットの型式ごとに、適合認定を受けた者を意味する。

(5)「宇宙の開発及び利用に関する諸条約」

(i)「月その他の天体を含む宇宙空間の探査及び利用における国家活動を律する原則に関する条約」、(ii)「宇宙飛行士の救助及び送還並びに宇宙空間に打ち上げられた物体の返還に関する協定」、(iii)「宇宙物体により引き起こされる損害についての国際的責任に関する条約」および(iv)「宇宙空間に打ち上げられた物体の登録に関する条約」を意味する。

(6)「指導、助言及び勧告をすることができる」

「指導、助言及び勧告」の性格は行政指導（「行政機関がその任務又は所掌事務の範囲内において一定の行政目的を実現するため特定の者に一定の作為又は不作為を求める指導、勧告、助言その他の行為であって処分に該当しないもの」行政手続法2条6号）である。したがって、「指導、助言及び勧告」を行う者は、いやしくも当該行政機関の任務または所掌事務の範囲を逸脱してはならないことおよび行政指導の内容があくまでも相手方の任意の協力によってのみ実現されるものであることに留意しなければならない（同法32条1項）。

また、「指導、助言及び勧告」を行う者は、その相手方が行政指導に従わなかったことを理由として、不利益な取扱いをしてはならない（同条2項）。内閣総理大臣は、打上げ実施者、本法13条1項の型式認定を受けた者、本法16条1項の適合認定を受けた者または人工衛星管理者に対して、「許認可等に基づく処分をする権限を有する行政機関」（行政手続法34条）に当たり、当該権限を行使することができない場合または行使する意思がない場合においてする行政

指導にあっては、行政指導に携わる者は、当該権限を行使しうる旨を殊更に示すことにより相手方に当該行政指導に従うことを余儀なくさせるようなことをしてはならない。「指導、助言及び勧告」を行う者は、その相手方に対して、当該行政指導の趣旨および内容ならびに責任者を明確に示さなければならない（行政手続法35条1項）。また、当該行政指導をする際に、行政機関が許認可等をする権限または許認可等に基づく処分をする権限を行使し得る旨を示すときは、その相手方に対して、(i)当該権限を行使し得る根拠となる法令の条項、(ii)当該条項に規定する要件、(iii)当該権限の行使が当該条項に規定する要件に適合する理由を示さなければならない（同条2項）。「指導、助言及び勧告」が口頭でされた場合において、その相手方から(ア)当該行政指導の趣旨および内容ならびに責任者、(イ)(i)当該権限を行使し得る根拠となる法令の条項、(ii)当該条項に規定する要件、(iii)当該権限の行使が当該条項に規定する要件に適合する理由を記載した書面の交付を求められたときは、当該行政指導に携わる者は、行政上特別の支障がない限り、これを交付しなければならない（同条3項）。同一の行政目的を実現するため一定の条件に該当する複数の者に対し行政指導をしようとするときは、行政機関は、あらかじめ、事案に応じ、行政指導指針を定め、かつ、行政上特別の支障がない限り、これを公表しなければならない（同法36条）。

（是正命令）

第33条 ① 内閣総理大臣は、第13条第1項の型式認定を受けた人工衛星の打上げ用ロケットの設計がロケット安全基準に適合せず、又はロケット安全基準に適合しなくなるおそれがあると認めるときは、当該型式認定を受けた者に対し、ロケット安全基準に適合させるため、又はロケット安全基準に適合しなくなるおそれをなくするために必要な設計の変更を命ずることができる。

② 内閣総理大臣は、第16条第1項の適合認定を受けた打上げ施設が型式別施設安全基準に適合せず、又は型式別施設安全基準に適合しなくなるおそれがあると認めるときは、当該適合認定を受けた者に対し、型式別施設安全基準に適合させるため、又は型式別施設安全基準に適合しなくなるおそれをな

くするために必要な措置をとるべきことを命ずることができる。
③　内閣総理大臣は、人工衛星管理者が第24条の規定に違反していると認めるときは、当該人工衛星管理者に対し、当該違反を是正するため必要な措置をとるべきことを命ずることができる。

(1)　「ロケット安全基準」(1項)

　人工衛星の打上げ用ロケットの飛行経路および打上げ施設の周辺の安全を確保するための人工衛星の打上げ用ロケットの安全に関する基準として内閣府令で定める基準を意味する（本法6条1号）。人工衛星の管理に係る許可基準の中には、「人工衛星の構造が、その人工衛星を構成する機器及び部品の飛散を防ぐ仕組みが講じられていることその他の宇宙空間探査等条約第9条に規定する月その他の天体を含む宇宙空間の有害な汚染並びにその平和的な探査及び利用における他国の活動に対する潜在的に有害な干渉（次号及び第4号ニにおいて「宇宙空間の有害な汚染等」という。）の防止並びに公共の安全の確保に支障を及ぼすおそれがないものとして内閣府令で定める基準に適合するものであること」（本法22条2号）という技術的基準が存在する。しかし、本条の是正命令の対象には、かかる基準に適合しなくなったことが含まれていない。その理由は、人工衛星がいったん宇宙空間に打ち上げられた後は、そのメンテナンスを実施することはできず、打上げ後に技術的基準の変更が行われたとしても、当該基準に適合させることが不可能であるからである。人工衛星の構造に係る基準変更が打上げ前に実施された場合であっても、人工衛星の構造に係る基準は、宇宙空間の汚染防止を重視したものであり、新基準に適合しないことが、地上の安全に影響を与える可能性は乏しい。さらに、人工衛星等の打上げは、航空路や船舶の航路に係る調整、漁業組合との調整等、種々の調整を経て行われるものであり、新基準への不適合が安全上の問題を惹起する可能性が乏しいにもかかわらず、人工衛星の管理に係る新たな技術的基準への適合命令を出すと、人工衛星の製造が遅延し、さらにロケット側の変更の必要性の有無についての検討も必要になり、打上げスケジュールが大幅に遅れ、打上げの大幅な延期、場合によっては打上げの断念に至る事態も生じかねない。ロケット自体に問題がないにもかかわらず、かかる事態が生ずることは、わが国の人工衛星の管理に

関する産業の発展を阻害し、国際競争力を損なうおそれもある。そこで、人工衛星等の打上げ前であっても、人工衛星の構造に係る新基準への不適合を理由とした是正命令は行わないこととしている。これに対して、ロケット安全基準は、人工衛星等の打上げの安全確保に関する基準であり、これに違反すれば、ロケットの落下等により人命等に深刻な被害が生ずるおそれがある。したがって、新基準への不適合またはそのおそれがある場合に設計の変更を命ずることができるようにしている。

(2) 「適合せず」(1項)

人工衛星の打上げ用ロケットの設計がロケット安全基準に適合していなければ型式認定は行われないので、申請時に不適合を看過して認定してしまったことを認識した場合か、認定後に不適合が生じた場合のいずれかの場合であると考えられる。

(3) 「ロケット安全基準に適合させるため、又はロケット安全基準に適合しなくなるおそれをなくするために必要な設計の変更を命ずることができる」(1項)

基準に適合させるため、または基準に適合しなくなるおそれをなくするために必要な設計の変更を命ずる例として、航空法13条の3第1項がある。不適合を是正するために必要な変更でなければならず、それを超えた変更を命ずることはできない。

(4) 「型式別施設安全基準」(2項)

人工衛星の打上げ用ロケットの飛行経路および打上げ施設の周辺の安全を確保するための打上げ施設の安全に関する基準として人工衛星の打上げ用ロケットの型式に応じて内閣府令で定める基準を意味する (本法6条2号)。型式別施設安全基準は、人工衛星等の打上げの安全確保のための基準であり、それに違反することは、ロケットの落下等により、人命等に深刻な被害を生じさせかねない。そこで、それへの不適合またはそのおそれがあるときに必要な措置を講ずることを命令できることとしている。

（5）「第24条の規定に違反していると認めるとき」（3項）

　人工衛星管理者が人工衛星の管理の方法を定めた計画（本法20条2項7号）を遵守する義務に違反していると認めるときである。注意を要するのは、本条1項では、型式認定を受けた人工衛星の打上げ用ロケットの設計がロケット安全基準に適合せず、またはロケット安全基準に適合しなくなるおそれがあると認めるときは、当該型式認定を受けた者に対し、ロケット安全基準に適合させるため、またはロケット安全基準に適合しなくなるおそれをなくするために必要な設計の変更を命ずることができるとし、本条2項では、適合認定を受けた打上げ施設が型式別施設安全基準に適合せず、または型式別施設安全基準に適合しなくなるおそれがあると認めるときは、当該適合認定を受けた者に対し、型式別施設安全基準に適合させるため、または型式別施設安全基準に適合しなくなるおそれをなくするために必要な措置をとるべきことを命ずることができるとしているのに対して、本項においては、人工衛星の構造に関する基準への適合命令について定めていないことである。その理由は、人工衛星がいったん宇宙空間に打ち上げられた後は、そのメンテナンスを実施することはできず、打上げ後に技術的基準の変更が行われたとしても、当該基準に適合させることが不可能であるので、是正命令の対象とすることは適切ではないからである。基準変更が打上げ前に実施された場合であっても、人工衛星の構造に係る基準は、宇宙空間の汚染防止を重視したものであり、新基準に適合しないことが、地上の安全に影響を与える可能性は乏しい。そこで、人工衛星等の打上げ前であっても、人工衛星の構造に係る新基準への適合を求める是正命令の対象としていない。

（許可等の条件）

第34条　①　第4条第1項、第7条第1項、第20条第1項若しくは第23条第1項の許可又は第10条第1項から第3項まで若しくは第26条第1項、第3項若しくは第4項の認可には、条件を付し、及びこれを変更することができる。

②　前項の条件は、許可又は認可に係る事項の確実な実施を図るため必要な最

> 小限度のものに限り、かつ、許可又は認可を受ける者に不当な義務を課することとなるものであってはならない。

(1)「第4条第1項、第7条第1項、第20条第1項若しくは第23条第1項の許可」(1項)

　国内に所在し、または日本国籍を有する船舶もしくは航空機に搭載された打上げ施設を用いて人工衛星等の打上げを行うことの許可（本法4条1項）、打上げ実施者が変更を行うことの許可（本法7条1項）、人工衛星管理設備を用いて人工衛星の管理を行うことの許可（本法20条1項）、人工衛星管理者が変更を行うことの許可（本法23条1項）である。

　打上げ用ロケットの型式認定（本法13条1項）、その変更の認定（本法14条1項）、打上げ施設の適合認定（本法16条1項）、打上げ施設の場所等の変更の認定（本法17条1項）については、技術的基準を充足しているか否かの事実を確認するのみで裁量が認められないため、条件を付す対象とはされていない。人工衛星等の打上げ許可申請に当たっては、認定番号のみを確認することにより審査を簡略化することとしている。

(2)「第10条第1項から第3項まで若しくは第26条第1項、第3項若しくは第4項の認可」(1項)

　打上げ実施者が人工衛星等の打上げに係る事業の譲渡を行う場合における当該譲渡および譲受けの認可（本法10条1項）、打上げ実施者である法人が合併により消滅することとなる場合における当該合併の認可（同条2項）、打上げ実施者である法人が分割により人工衛星等の打上げに係る事業を承継させる場合における当該分割の認可（同条3項）、人工衛星管理者が国内に所在する人工衛星管理設備を用いて人工衛星の管理を行おうとする者に人工衛星の管理に係る事業の譲渡を行う場合における当該譲渡および譲受けについての認可（本法26条1項）、人工衛星管理者である法人が合併により消滅することとなる場合における当該合併の認可（同条3項）、人工衛星管理者である法人が分割により人工衛星の管理に係る事業を承継させる場合における当該分割の認可（同条4項）を意味する。

(3）「条件を付し、及びこれを変更することができる」(1項)

本項では、「条件」という文言が使用されているが、講学上の附款（宇賀・行政法概説Ⅰ 98頁以下参照）を意味する。具体的に想定されるのは、人工衛星等の打上げ許可時点において打上げ実施日が確定していない場合に、打上げ実施日が確定次第速やかに報告することを許可の条件としたり、人工衛星の管理の許可に、自然落下させた場合には大気圏で部品が焼尽せずに地上に落下するリスクのある大型の人工衛星を低軌道に投入するに当たり、終了措置として制御落下を内閣総理大臣の事前の承認を得て行うという条件を付すことが考えられる。附款の例として、貨物利用運送事業法54条1項、水産業協同組合法126条の3第1項、マンションの管理の適正化の推進に関する法律25条1項参照。

（4）「前項の条件は、許可又は認可に係る事項の確実な実施を図るため必要な最小限度のものに限り、かつ、許可又は認可を受ける者に不当な義務を課することとなるものであってはならない」(2項)

比例原則（宇賀・行政法概説Ⅰ 56頁以下参照）に照らして当然のことではあるが、確認的に規定したものである。かかる確認規定の例として、貨物利用運送事業法54条2項、水産業協同組合法126条の3第2項、マンションの管理の適正化の推進に関する法律25条2項参照。

第5章　ロケット落下等損害の賠償

第1節　ロケット落下等損害賠償責任

> **（無過失責任）**
> 第35条　国内に所在し、又は日本国籍を有する船舶若しくは航空機に搭載された打上げ施設を用いて人工衛星等の打上げを行う者は、当該人工衛星等の打上げに伴いロケット落下等損害を与えたときは、その損害を賠償する責任を負う。

（1）「国内に所在し、又は日本国籍を有する船舶若しくは航空機に搭載された打上げ施設」

　国内に所在する打上げ施設に対して、わが国は、属地主義により領域的管轄権を有し、日本国籍を有する船舶または航空機に搭載された打上げ施設に対して、わが国は、準領域的管轄権（旗国主義）を有する。

（2）「人工衛星等の打上げを行う者は、当該人工衛星等の打上げに伴いロケット落下等損害を与えたときは、その損害を賠償する責任を負う」

　ロケット落下等損害は、「地表若しくは水面又は飛行中の航空機その他の飛しょう体」に発生した損害であるから（本法2条8号）、ロケットが宇宙空間で第三者に発生させた損害を含まない。その理由は、本法の目的が、公共の安全を確保し、一般の被害者を保護することにあり、危険な活動であることを認識しつつ、宇宙活動を実施する者を対象とする必要はないと考えられたからである。かかる者の保護は、宇宙損害責任条約、関係国内法に基づき行われることになる。わが国であれば、民間事業者が管理者である人工衛星であれば、原則として、民法の不法行為規定の適用の問題になると考えられる（小塚荘一郎＝水島淳＝新谷美保子「宇宙2法が開く宇宙ビジネス法務のフロンティア」NBL 1089号（2017年）12頁参照）。

原子力損害の賠償に関する法律（以下「原賠法」という）3条1項本文が、原子力損害について原子力事業者の無過失責任を定めているのと同様（無過失責任の例として、大気汚染防止法25条1項、水質汚濁防止法19条1項も参照）、本法も、ロケット落下等損害（本法2条8号）については人工衛星等の打上げを行う者の無過失責任を規定している。ロケット落下等損害について無過失責任主義を採用しているのは、(i)被害者が危険を回避することは極めて困難であり、自ら危険を作り出し、危険をコントロールする立場にある者が過失の有無を問わず危険責任を負うべきこと、(ii)被害者が原因を特定して加害者の過失を立証することは不可能に近いこと、(iii)宇宙条約7条、宇宙損害責任条約2条により、ロケット落下等損害について、打上げを実施した国は被害を受けた国に対して無過失責任を負うこととされており、これは国家間の関係におけるものであるため、国内法において無過失責任主義を採用することを義務づけるものではないが、自国民と他国民の救済の均衡上、国内法においても無過失責任主義を採用することが望ましいことによる。

　なお、無許可の打上げによる場合であっても、ロケット落下等損害について無過失責任主義を採用する理由は同様に妥当するので、本条の規定が適用される。本条が、本法4条1項の許可を受けた者を意味する「打上げ実施者」（本法7条1項）という文言を使用せず、「人工衛星等の打上げを行う者」という文言を用いているのは、そのためである。国は、現時点では、人工衛星等の打上げ能力はないし、将来、国が打上げを行うようになっても、打上げ許可を得る必要はないが（本法57条1項）、本条の無過失責任の趣旨は、打上げ者の如何にかかわらず妥当するので、国が打ち上げた場合にも適用されると解すべきであろう。国には、損害賠償責任保険契約または供託と損害賠償補償契約に係る規定は適用されないが、国は十分な資力を有するので、無過失責任を課すことが酷とはいえないし、無過失責任により国が萎縮して打上げが抑制されることにもならないと思われる。

　原賠法4条の2は、同法3条の規定により、原子力事業者が損害賠償責任を負う場合において、過失相殺を重過失がある場合に限定している。その理由は、(i)福島第1原子力発電所の廃炉作業や汚染水対策のために、様々な作業員の参加が不可欠であるものの、かかる作業には放射線被曝の危険が伴い、作業員の

過失により高線量の被曝をした場合に、軽過失であっても過失相殺を行うならば、かかる作業への参加を躊躇し、廃炉作業や汚染水対策に支障が生ずることが懸念されたこと、(ii)放射性物質により汚染された飼料を家畜に与えたことにより、当該酪農業者等に営業上の損害が発生した場合に軽過失でも過失相殺が行われるならば、当該酪農業者等は、損害を回避するために、原子力事故発生地で産出された飼料の利用を回避することになりかねず、被災地の復興を妨げるおそれがあることである。

　これに対し、本法は、人工衛星等の打上げ行為に起因する損害について、かかる限定をしていない。その理由は、人工衛星等の打上げ行為自体に関しては、一般人が損害の発生に寄与するとともに被害者にもなる場面が想定しがたいからである。すなわち、人工衛星等の打上げについては、損害の発生に自己の過失が寄与する被害者として考えられるのは、航空機の機長や船舶の船長が、人工衛星等の打上げ射点近傍の立入禁止区域や第1段ロケット、固体ロケットブースター、衛星フェアリングの海上投下予定区域に侵入して被害に遭うケースに限られる。そして、人工衛星等の打上げが行われる場合、航空機については、航空法99条の2第2項の規定に基づき、あらかじめ国土交通大臣に通報がなされ、当該情報が同法99条の規定に基づく航空情報（NOTAM）として、航空機乗組員に提供される。機長は、航空機が航行に支障がないことその他運航に必要な準備が整っていることを確認した後でなければ、航空機を出発させてはならないので（同法73条の2）、この義務を懈怠して、立入禁止区域で飛行して人工衛星等の打上げ用ロケットの投下物と衝突した場合、航空機の運航というそれ自体、危険性を有する行為に責任を有する機長にまで軽過失の場合の過失相殺を否定する必要はないと考えられたのである。同様に、海上の船舶についても、人工衛星等の打上げ射点近傍の水域および固体ロケットブースター等の投下予定区域については、海上保安庁長官が、告示等により当該海域の航行を制限し（海上交通安全法26条1項）、水路通報として関係者に情報提供を行うので（同法施行規則31条1項）、船舶の航行というそれ自体、危険性を有する行為に責任を有する船長にまで軽過失の場合の過失相殺を否定する必要はないと考えられたのである。以上みてきたように、本法の損害賠償制度は、原子力損害についての原賠法、原子力損害賠償補償契約に関する法律の仕組みを参考にしなが

らも、ロケット落下等損害、人工衛星落下等損害と原子力損害の性格の相違に慎重に配慮して立法されていることが窺われる。

「損害を賠償する責任を負う」という表現は、電子記録債権法11条本文にもみられるが、同条の場合には、「電子債権記録機関の代表者及び使用人その他の従業者がその職務を行うについて注意を怠らなかったことを証明したときは、この限りでない」（同条ただし書）としているので、過失の証明責任を転換するにとどまる。

本法施行前に打上げを行い、本法施行後に損害が生じた場合について経過規定はないが、無過失責任を課す趣旨に鑑みれば、本条の規定（および賠償についてのしん酌規定）が適用されると解すべきと思われる。また、前橋地判平成29・3・17（判時2339号4頁）が原賠法3条1項の無過失責任制度の下においても、予見可能性と結果回避可能性は、慰謝料算定に当たっての非難性を基礎づける要素として考慮されるとしており、同じことが本条についても妥当しよう。

なお、原賠法16条1項は、「政府は、原子力損害が生じた場合において、原子力事業者（外国原子力船に係る原子力事業者を除く。）が第3条の規定により損害を賠償する責めに任ずべき額が賠償措置額をこえ、かつ、この法律の目的を達成するため必要があると認めるときは、原子力事業者に対し、原子力事業者が損害を賠償するために必要な援助を行なうものとする」と規定しており、これを受けて、原子力損害賠償・廃炉等支援機構法による融資が行われているが、本法には、かかる規定は置かれていない（本条の無過失責任規定に係る諸問題について、小塚荘一郎「特殊な活動に関する無過失責任法制―宇宙活動法案と原賠法からの理論的反省」私法79号（2017年）100頁以下参照）。

（責任の集中）
第36条 ①　前条の場合において、同条の規定により損害を賠償する責任を負うべき人工衛星等の打上げを行う者以外の者は、その損害を賠償する責任を負わない。
②　ロケット落下等損害については、製造物責任法（平成6年法律第85号）の規定は、適用しない。

> ③ 第1項の規定は、原子力損害の賠償に関する法律（昭和36年法律第147号）の適用を排除するものと解してはならない。

（1）「前条の場合において」（1項）

人工衛星等の打上げを行う者が、当該人工衛星等の打上げに伴いロケット落下等損害を与え無過失責任を負う場合である。

（2）「同条の規定により損害を賠償する責任を負うべき人工衛星等の打上げを行う者以外の者は、その損害を賠償する責任を負わない」（1項）

原賠法が原子力事業者に責任を集中しているのと同様（同法4条1項）、本法も、ロケット落下等損害について人工衛星等の打上げを行う者に責任を集中している。フランスや韓国の宇宙活動に関する法律も、同様の責任集中制度を採用している（責任集中の例として、船舶油濁損害賠償保障法3条4項も参照）。本法が人工衛星等の打上げ実施者に責任を集中する仕組みを採用したのは、(i)人工衛星等の打上げは、打上げ実施者の他に、打上げ施設の管理・運営者、ロケットの製造業者、人工衛星の軌道への投入を打上げ実施者に依頼した者、人工衛星の製造業者・輸入業者等、多数の者が参加して行われるし、打上げ実施者と打上げ施設の管理・運営者との役割分担も外部からは明確でないので、打上げ実施者に責任を集中することにより、被害者が損害賠償を請求する相手が明確になり、また、国にとっても、補償契約の締結先が明確になること、(ii)責任の集中は損害賠償の請求先を限定する面では被害者にとり不利といえるが、賠償リスクの保険による分散については保険市場の引受能力に伴う限界があり、責任を集中された事業者が損害賠償保険ではカバーできない損害については、国が補償することにより、十分な賠償資力を確保できる仕組みを構築することになっているため、責任の集中により被害者の救済が不十分になることはないこと、(iii)人工衛星等の打上げの用に供された資材その他の物品または役務の提供者（打上げ用ロケットの製造業者、人工衛星等の所有者を含む）が損害賠償責任を負うリスクから解放されることにより、部品メーカー等の人工衛星等の打上げ事業への参入を促す意義があること、(iv)人工衛星の軌道への投入を打上げ実施者に依頼する者が、打上げ実施者に責任を集中している外国での人工衛星等の打上げ

を選択することを抑止し、欧米先進国と同様の法制度とすることにより、わが国の打上げ実施者の国際競争力を向上させることを目的としている。なお、国立研究開発法人宇宙航空研究開発機構法（以下「JAXA法」という）の平成28年法律第76号による改正前の22条1項1号では、契約によりJAXAへの責任集中の特約を定めることができるとしていたが、本項により、かかる契約上の責任集中特約規定は不要になるため、同法改正（平成28年法律第76号）附則6条によりJAXA法22条1項1号の規定は削除された。責任集中制度は、損害賠償責任保険契約または供託と損害賠償補償契約の組合せにより、被害者に対する十分な賠償資力を確保するとともに、打上げ実施者以外の者が賠償リスクを負わないようにし、かつ、政府補償も行うことによって、打上げ実施者の賠償リスクも低減させることによって、宇宙産業の発展を図ることを意図したものであるので、無許可打上げ者に、損害賠償責任保険契約または供託と損害賠償補償契約の組合せによる賠償リスク低減の利益を享受させるべきではない。したがって、無許可責任者は、上記の仕組みにより賠償資力が確保されることにはならない。そして、責任集中制度は、責任を集中される者に十分な賠償資力が確保されることが前提となるため、無許可打上げ者に責任を集中させることは、被害者の救済に欠けるおそれが大きく妥当でない。したがって、責任集中に係る規定は、無許可打上げ者には適用されないと解すべきと思われる。

　他方、人工衛星落下等損害の場合には、①人工衛星の管理者と製造者が損害賠償責任を追及される主体として想定されるのみであり、被害者が損害賠償を請求する相手方を明確にするために人工衛星の管理者に責任を集中させる必要が乏しいこと、②欧米先進国においても、人工衛星落下等損害については、人工衛星の管理者への責任集中の仕組みは法定されておらず、関連産業の国際競争力の観点から責任集中制度をとる必要はないこと、③責任集中制度は、被害者の損害賠償請求先を制限するため、責任を集中される者が十分な賠償資力を確保するための措置（一般的には、損害賠償責任保険契約の締結および政府との損害賠償補償契約の締結）を講ずることが前提となるが、人工衛星落下等損害については、かかる措置を講ずることは国際的にみて一般的ではなく、本法でも、かかる措置をとらないこととしているので、責任集中制度の採用は被害者に不利となりうることを考慮して、責任集中制度を採用していない。

なお、本項が国の規制権限の不行使に起因する国家賠償責任をも射程に入れるものであるかが問題になる。この点に関して、前橋地判平成29・3・17（判時2339号4頁）が、原賠法4条1項の責任集中規定は、国家賠償責任を排除する趣旨ではないと判示していることが注目される。本項の規定の趣旨も、上記(i)〜(iv)のいずれも、国家賠償責任を排除する根拠とはなりがたいと思われる。

（3）「ロケット落下等損害については、製造物責任法（平成6年法律第85号）の規定は、適用しない」（2項）

原賠法が原子力事業者に責任を集中し（同法4条1項）、製造物責任法の規定を適用除外にしている（同条3項）のと同様、本法も、ロケット落下等損害について人工衛星等の打上げを行う者に責任を集中し（本条1項）、製造物責任法の規定の適用を除外している（本項）。

これにより、人工衛星等の打上げの用に供された資材その他の物品等を提供した者が損害賠償責任を負う可能性を排除し、当該事業への参入を促進し、わが国の宇宙産業の国際競争力を強化する趣旨を徹底することを意図している。本項は、民法の不法行為規定の適用除外については、明文の規定を置いていない。前橋地判平成29・3・17（判時2339号4頁）は、原賠法3条1項の規定が適用される場合には、民法709条の規定は適用されないとしている。同様に、本法の無過失責任規定は民法709条の特則と解せば、明文の規定はないが、民法709条の規定は適用されないことになろう。もっとも、被害者の側からすれば、加害者に過失があったことを裁判所が認定することにより、加害者に対する制裁機能、違法行為の抑止を期待することが多いであろう。前橋地判平成29・3・17の事案において、原告があえて過失の立証を要する民法709条の規定に基づく損害賠償請求を主位的に行ったのも、同様の理由によるものと思われる。しかし、同判決は、原賠法3条1項に基づく責任を判断するために、東京電力の予見可能性と結果回避可能性を判断し、それを肯定し、慰謝料の算定に反映させている。本法35条の無過失責任規定が適用される場合には、民法709条の規定は適用されないと解しても、慰謝料額の算定のために、予見可能性と結果回避可能性の有無についての審理はなされることになろう。

（4）「第1項の規定は、原子力損害の賠償に関する法律（昭和36年法律第147号）の適用を排除するものと解してはならない」(3項)

　原賠法4条1項は民法の損害賠償に関する規定の特例として、原子力事業者への責任の集中について定め、本条1項も同様に人工衛星等の打上げ実施者に責任を集中しているが、万一、人工衛星等が原子力施設に落下したことが原因で原子力損害が発生した場合、ロケット落下等損害の中に原子力損害が包含されることになり、両者の損害賠償責任の競合の問題が生ずる。そこで、本項は、本条1項の規定は、原賠法の適用を排除するものと解してはならないと定め、原賠法の規定を優先的に適用することとしている（人工衛星等の落下は、原賠法3条1項ただし書の「異常に巨大な天災地変又は社会的動乱」に当たらないので、原子力事業者は免責されない）。その理由は、(i)原子力損害の賠償問題については、原子力損害賠償制度の根幹をなす原賠法により統一的に処理することが適当と考えられたこと、(ii)原賠法および原子力損害賠償・廃炉等支援機構法（平成23年法律第94号）に基づく被害者救済の仕組みの下では、ロケット落下等損害の政府補償額を上回る額の救済が与えられると考えられるので（実際、東京電力福島第1原子力発電所事故については、1200億円の補償のほか、それをはるかに上回る多額の融資が東京電力に対して行われている）、原賠法の規定を優先的に適用することとしても、被害者の保護に欠けることにはならないと考えられたことによる。なお、ある法律の適用を排除するものと解してはならなという解釈規定の例として、食品表示法14条（「この法律の規定は、不当景品類及び不当表示防止法（昭和37年法律第134号）の適用を排除するものと解してはならない」）がある。

（賠償についてのしん酌）
第37条　前二条の規定にかかわらず、ロケット落下等損害の発生に関して天災その他の不可抗力が競合したときは、裁判所は、損害賠償の責任及び額を定めるについて、これをしん酌することができる。

　不可抗力とは、「外部から発生した事実で、取引上あるいは社会通念上普通に要求される注意や予防方法を講じても、損害を防止できないもの」（『法律学

小辞典［第 5 版］』［有斐閣、2016 年］1123 頁）であり、突然の落雷や噴火等の天災のほか、内乱、海外からの武力攻撃、戦争等の社会的動乱を含む。大気汚染防止法 25 条の 3、水質汚濁防止法 20 条の 2 の「不可抗力」も、社会的動乱を含むと解されている。社会的動乱には、局地的な暴動、蜂起等は含まれず、テロリズム行為は、社会的動乱には当たらない。原賠法においては、損害が異常に巨大な天災地変または社会的動乱によって生じたものであるときには、不可抗力として原子力事業者が免責されている（同法 3 条 1 項ただし書）。これは、かかる場合は、国家的、社会的損害であり、民事の損害賠償制度の守備範囲を超えているという考えによっている。ロケット落下等損害の場合には、突然の落雷や噴火等による損害の場合が「天災」として考えられる。

　もっとも、無過失責任の免責事由を定めない絶対責任が認められるかについては、賠償資力の確保、国の補償等も含めて総合考慮すべきであり、免責事由を設けることが不可欠とまではいえないと考えられる。本法においては、ロケット落下等損害の発生に関しては、天災その他の不可抗力が競合したときは、裁判所は、損害賠償の責任および額を定めるについて、これをしん酌することができると定められている。原子力発電所の稼働と異なり、人工衛星等の打上げは継続的な活動ではなく、いつ行うかを選択できるので、他の法律で免責事由とされている天災等であっても、打上げを控えることにより損害を回避することが可能であるし、打上げ後の飛行中にロケットが天災に遭遇した場合には、海上に設定された飛行経路で機体が破壊されることになると考えられ、第三者に損害が発生することはほとんど想定しえない。また、本法では、ロケット落下等損害については、想定可能な最大の損害を賠償することを可能とするように、賠償資力を民間の責任保険および国の補償で確保する仕組みを設けており、打上げ実施者の賠償リスクは、通常は、すべて保険会社および国に転嫁されることになるので、免責事由の有無、広狭が打上げ実施者の経済的リスクに具体的な影響を与えることはないと考えられる。このように、人工衛星等の打上げについては、免責事由を定める必要性に乏しいので、被害者保護の観点から免責事由を定めていない。他方において、社会的動乱のように事業者がいかなる注意を払っても回避できない不可抗力に起因する損害については、その損害のリスクは国民全体が引き受けるべきものといえ、その責任をすべて人工衛星等

の打上げ実施者に負わせることは事業者にとって酷であり、また、当該不可抗力による被害者の間で救済の均衡を欠く事態も想定されうるので、大気汚染防止法、水質汚濁防止法が無過失責任主義（大気汚染防止法25条1項、水質汚濁防止法19条1項）の下で、裁判所が、損害賠償の責任および額を定めるについて、不可抗力をしん酌することができることとされていること（大気汚染防止法25条の3、水質汚濁防止法20条の2）と同様、原告が損害賠償の請求をした場合、被告が不可抗力の立証に成功したときには、裁判所の判断により、被告の損害賠償責任を否定して原告の請求を棄却したり、被告の損害賠償額を軽減したりすることができることとしている。なお、大気汚染防止法25条の3、水質汚濁防止法20条の2のしん酌規定の適用が、これまでの裁判で論点とされたケースはなく、本条のしん酌規定が適用される事案も容易には想定しがたい。なお、無許可打上げの場合にも打上げを行った者に無過失責任を課すべきであるが、本項の賠償についてのしん酌の規定は適用されるべきであろう。国は、そもそも打上げ許可制度の適用除外になっているが（本法57条1項）、国が打ち上げた場合にも、無過失責任（本法35条）の趣旨と本条の賠償についてのしん酌規定の趣旨は同様に妥当すると考えられる。また、本法施行前に打上げを行い、本法施行後に損害が生じた場合にも、本条の規定が適用されると解すべきと思われる。

（求償権）
第38条 ① 第35条の場合において、他にその損害の発生の原因について責任を負うべき者があるときは、同条の規定により損害を賠償した者は、その者に対して求償権を有する。ただし、当該責任を負うべき者が当該人工衛星等の打上げの用に供された資材その他の物品又は役務の提供をした者（当該人工衛星等の打上げの用に供された打上げ施設を管理し、及び運営する者を除く。）であるときは、当該損害がその者又はその者の従業者の故意により生じたものである場合に限り、その者に対して求償権を有する。
② 前項の規定は、求償権に関し書面による特約をすることを妨げない。

（1）「第35条の場合において、他にその損害の発生の原因について責任を負うべき者があるときは、同条の規定により損害を賠償した者は、その者に対して求償権を有する。ただし、当該責任を負うべき者が当該人工衛星等の打上げの用に供された資材その他の物品又は役務の提供をした者（当該人工衛星等の打上げの用に供された打上げ施設を管理し、及び運営する者を除く。）であるときは、当該損害がその者又はその者の従業者の故意により生じたものである場合に限り、その者に対して求償権を有する」(1項)

　原賠法も本法も、産業振興の観点からも責任集中の仕組みを設けているので、部品メーカー等に対する求償権を制限する規定を設けている点では共通しているが、制限の内容は異なる。原賠法は、その制定当初は、第三者が故意または過失により原子力損害を発生させた場合に原子力事業者は求償権を有するとする一方、原子炉の運転等の用に供する資材の供給等を行う者については故意がある場合に限り求償権を有するとしていた。その当時は、原子炉の運転等に関与する第三者としては、資材の供給等を行う者および試験研究用原子炉を使用させる外部の研究者等のみが想定されており、以上のうち、原子力産業保護の観点から求償権の制限を行う必要性が認められたのは資材の供給等を行う者に限られていたのである。その後、原子力発電所の建設および稼働が進行し、それに伴い核燃料物質等の運搬が増加した結果、当該運搬の過程で自動車や船舶との衝突事故が想定されるに至った。そこで、核燃料物質等の運搬に関与する者等、原子力産業に関係する者に広く求償権の制限を及ぼす必要が生じた。そこで、1971（昭和46）年の同法改正により、損害が第三者の故意により発生したときに限り、原子力事業者は求償権を有するが、求償権に関し特約をすることを妨げないという規定に改正された。さらに、2014（平成26）年に、他に損害の発生の原因について責めに任ずべき自然人に故意がある場合に限り、求償を可能とする規定に改正された（同法5条1項）。この限定は、平成26年法律第134号による改正に基づく。2011（平成23）年3月に発生した東京電力福島第1原子力発電所事故により必要になった福島第1原子力発電所の廃炉・汚染水対策に係る事業には、多様かつ多数の民間事業者が参入するようになったが、こうした事業者の間では、故意がある場合に限定されていても、求償権を行使される可能性への懸念が示された。その理由は、廃炉・汚染水対策に係る事業は、

従業員や第三者を被曝させてしまう可能性が原子力発電所の通常の運転の場合と比較して大きく、また、故意には未必の故意も含まれ、過失との境界は必ずしも明確ではないからである。そこで、求償権が発生する場合を、他にその損害の発生について責めに帰すべき自然人がおり、当該自然人の故意による場合に限定することとしたのである。

これに対し、人工衛星等の打上げについては、廃炉・汚染水対策事業のように多様な民間事業者の参入が不可欠というわけではないため、求償の対象を自然人に限定する必要はない。他方、部品メーカー等が求償を受けるリスクを軽減することにより、人工衛星等の打上げ産業への参入を促すという産業政策の観点から、部品メーカー等またはその従業者に故意がある場合に限り、求償権の行使を可能にしている。なお、国が打上げ実施者になる場合であっても、求償権を制限する理由は同様に妥当するので、本項の規定は国が打上げ実施者になる場合にも適用される。平成28年法律第76号による改正前のJAXA法22条1項2号は、受託打上げ関係者以外の者に損害が生じた場合において、その損害が受託打上げ関係者の故意により生じたものであるときに、JAXAがその者に求償権を有すると定めていたが、本項により、JAXA法22条1項2号は不要になるため、同号は本法改正（平成28年法律第76号）附則6条により削除された（なお、船舶油濁損害賠償保障法3条4項は、故意のある場合のほか、損害の発生のおそれのあることを認識しながら無謀な行為により損害を生じさせた者も、責任集中による免責の対象外としている）。

故意がある場合にのみ求償を受けることとされたのは、「当該人工衛星等の打上げの用に供された資材その他の物品又は役務の提供をした者（当該人工衛星等の打上げの用に供された打上げ施設を管理し、及び運営する者を除く。）」であるから、打上げ施設を管理し、および運営するJAXAに対しての求償は、故意がある場合に限定されるわけではない。

なお、本条の求償権に係る規定は、責任の集中を前提とするものであり、無許可打上げの場合には、責任の集中を認めるべきではないから、本条の規定は適用されないと解すべきである（無許可打上げの場合には、求償を認めるべきではないという考えもありうるが、故意のロケット落下等損害を与えたメーカーを免責することは妥当でないので、故意に損害を惹起せしめた者への求償は、無許可打上げの場合であっても

認めてよいと思われる）。ただし、国の場合、打上げ許可の制度が適用されず、許可なしに打ち上げることになるが、求償権制限の趣旨は、国が打上げの場合にも妥当すると考えうれるので、本条の規定が適用されると解すべきと思われる。

第2節　ロケット落下等損害賠償責任保険契約

> **第39条**　①　ロケット落下等損害の被害者は、その損害賠償請求権に関し、ロケット落下等損害賠償責任保険契約の保険金について、他の債権者に先立って弁済を受ける権利を有する。
> ②　被保険者に、ロケット落下等損害の被害者に対する損害賠償額について、自己が支払った限度又は当該被害者の承諾があった限度においてのみ、保険者に対して保険金の支払を請求することができる。
> ③　ロケット落下等損害賠償責任保険契約の保険金請求権は、これを譲り渡し、担保に供し、又は差し押さえることができない。ただし、ロケット落下等損害の被害者がその損害賠償請求権に関し差し押さえる場合は、この限りでない。

（1）「ロケット落下等損害の被害者は、その損害賠償請求権に関し、ロケット落下等損害賠償責任保険契約の保険金について、他の債権者に先立って弁済を受ける権利を有する」（1項）

　ロケット落下等損害賠償責任保険契約の保険金が確実に被害者に渡るように、被害者に先取特権を認めている。その効力は、民法311条以下の動産の先取特権に準ずるものと解される。したがって、この権利を実現するためには、保険金が打上げ実施者に支払われる前に差押えをしなければならない（同法304条）。原賠法9条1項、特定住宅瑕疵担保責任の履行の確保等に関する法律6条1項にも同様の規定がある。また、原子力損害賠償補償契約に関する法律（以下「原賠補償法」という）7条2項は、原子力損害の発生原因となった事実があった日から10年を経過した後に発生した後発性障害のように、民間の損害賠償責任保険契約と政府による補償契約の両方で塡補されうる場合に、両者の契約で

塡補される額を賠償措置額に制限するものであるが、ロケット落下等損害については、放射能による後発性障害の発生という事態は想定されないため、同項に対応する規定は、本法には設けられていない。

（2）「被保険者は、ロケット落下等損害の被害者に対する損害賠償額について、自己が支払った限度又は当該被害者の承諾があった限度においてのみ、保険者に対して保険金の支払を請求することができる」（2項）

　本条1項の先取特権は支払がなされた後の保険金には及ばないため、打上げ実施者の保険者に対する保険金請求権を制限している。すなわち、被害者に支払った限度で保険金を請求することは、被害者にとって不当な結果は発生しないし、被害者の承諾があった限度で打上げ実施者が保険者に対して保険金の支払を請求することができることとすれば、被害者は、当該承諾と同時に当該支払請求権を差し押さえることが可能であり、打上げ実施者による保険金の現金化を防止することができる。そこで、打上げ実施者の保険者に対する保険金請求権の成立を以上の2つの場合に限定し、その範囲も上記のように限定しているのである。

（3）「ロケット落下等損害賠償責任保険契約の保険金請求権は、これを譲り渡し、担保に供し、又は差し押さえることができない。ただし、ロケット落下等損害の被害者がその損害賠償請求権に関し差し押さえる場合は、この限りでない」（3項）

　先取特権は、債務者がその目的である動産をその第三取得者に引き渡した後は、その動産について行使することができないので（民法333条）、打上げ実施者が有する保険金請求権を第三者に譲渡し、担保に供し、または被害者以外の者により差し押さえられることを認めないこととしている。

第3節　ロケット落下等損害賠償補償契約

> **（ロケット落下等損害賠償補償契約）**
> **第40条**　①　政府は、打上げ実施者を相手方として、打上げ実施者の特定ロケット落下等損害の賠償の責任が発生した場合において、これを打上げ実施者が賠償することにより生ずる損失を当該特定ロケット落下等損害の賠償に充てられる第9条第2項に規定する損害賠償担保措置（以下単に「損害賠償担保措置」という。）の賠償措置額に相当する金額を超えない範囲内で政府が補償することを約するロケット落下等損害賠償補償契約を締結することができる。
> ②　前項に定めるもののほか、政府は、打上げ実施者を相手方として、打上げ実施者のロケット落下等損害の賠償の責任が発生した場合において、ロケット落下等損害賠償責任保険契約、同項のロケット落下等損害賠償補償契約その他のロケット落下等損害を賠償するための措置によっては埋めることができないロケット落下等損害を打上げ実施者が賠償することにより生ずる損失を、我が国の人工衛星等の打上げに関係する産業の国際競争力の強化の観点から措置することが適当なものとして内閣府令で定める金額から当該打上げ実施者のコケット落下等損害の賠償に充てられる損害賠償担保措置の賠償措置額に相当する金額（当該ロケット落下等損害について相当措置が講じられている場合にあっては、当該賠償措置額に相当する金額又は当該相当措置により当該ロケット落下等損害の賠償に充てることができる金額のいずれか多い金額）を控除した金額を超えない範囲内で政府が補償することを約するロケット落下等損害賠償補償契約を締結することができる。
> ③　前条の規定は、ロケット落下等損害賠償補償契約に基づく補償金について準用する。

（1）「打上げ実施者を相手方として」（1項）

本法は、JAXAも、ロケット落下等損害賠償補償契約の対象にしている。すなわち、同契約の対象になるのは「打上げ実施者」であり（本項）、「打上げ実施者」に、本法4条1項による人工衛星等の打上げの許可を受けた者である

が（本法7条1項）、本法4条1項は、「国内に所在し、又は日本国籍を有する船舶若しくは航空機に搭載された打上げ施設を用いて人工衛星等の打上げを行おうとする者」に許可を受けることを義務づけているので、JAXAも許可を受ける必要があり、打上げ実施者にはJAXAも含まれる。JAXAは、国立研究開発法人に分類される独立行政法人（宇賀・行政法概説Ⅲ 264頁以下参照）であるが、打上げ費用の合理化の観点から人工衛星の商業打上げを受託することがある。たとえば、JAXAが開発段階の試験ロケットについて廉価で商業衛星の打上げを受託する場合、JAXAが開発した打上げ用ロケットに自己の人工衛星を搭載して打ち上げるに当たり、搭載能力に余裕があるため、商業衛星の打上げを受託する場合等が想定されうる。諸外国においても、民間の損害賠償責任保険でカバーできない部分を国が補償するスキームが一般的である中で、かかる場合にJAXAに対する国の補償がないと、JAXAが国際的な受注競争において不利になるおそれがあり、打上げ業務自体にも支障を及ぼしかねない。JAXAは、独立行政法人であり、独立行政法人通則法46条1項においては、「政府は、予算の範囲内において、独立行政法人に対し、その業務の財源に充てるために必要な金額の全部又は一部に相当する金額を交付することができる」と規定するが、JAXAが人工衛星等の打上げ失敗により多大な損失を受けた場合に、国が財源措置をとることが保証されているわけではないし、JAXA法にも、かかる財源措置を保証する規定はない。そこで、人工衛星等の打上げに係るわが国の国際競争力を損なわないようにする観点から、JAXAについても、損害賠償補償契約の制度を適用することが必要と考えられたのである。

　他方、打上げ実施者は、本法4条1項の許可を受けた者を意味するが（本法7条1項）、国は、本法4条1項の許可を受ける必要はなく（本法57条1項）、政府が国と補償契約を締結することは、自分自身との契約ということになり、ありえない。なお、国以外の者であっても、本項は、打上げ実施者と締結するものであり、本法施行前には、何人も、本項の契約を締結できない。

（2）「賠償措置額に相当する金額」（1項）

　「○○に相当する金額」という表現は、「○○の金額」とは異なるが、金額が

同一の場合に用いられる（原賠補償法4条1項、7条2項）。本項においては補償契約の金額を定めており、その概念は賠償措置額の概念と一致しているわけではないが、その金額が賠償措置額と同一であることを示すために、「賠償措置額に相当する金額」という表現を用いている。これに対し、原賠法7条1項で定義された「賠償措置額」と同義である場合には、この語がそのまま用いられている（同法16条1項）。

（3）「打上げ実施者の特定ロケット等損害の賠償の責任が発生した場合において、これを打上げ実施者が賠償することにより生ずる損失を当該特定ロケット落下等損害の賠償に充てられる第9条第2項に規定する損害賠償担保措置（以下単に「損害賠償担保措置」という。）の賠償措置額に相当する金額を超えない範囲内で政府が補償することを約するロケット落下等損害賠償補償契約を締結することができる」（1項）

賠償措置として、供託ではなく、損害賠償責任保険および政府との補償契約を締結する場合を念頭に置いた規定である。鉱業法109条のように、無過失責任主義を採用し、担保の供託（同法117条）についての規定は置かれていても、政府による補償契約の締結について定めていない例もある。本法が、政府による補償契約の締結について規定したのは、わが国の宇宙産業の国際競争力を強化する必要性を強く意識したことによる面が大きいと思われる。本項は、特定ロケット落下等損害を賠償することにより生ずる損失のうち、損害賠償担保措置の賠償措置額を超えない範囲内で政府が補償することを約するものについてのロケット落下等損害賠償補償契約について定めている。この仕組みは、原賠法の仕組みと共通する。平成28年法律第76号による改正前のJAXA法21条は、JAXAによる人工衛星等の打上げまたはJAXAが委託を受けて行う人工衛星等の打上げにあたり損害賠償責任保険契約を締結する義務について定めていたが、同条は本法9条1項により不要となったため、同法改正（平成28年法律第76号）附則6条により削除された。

「損害賠償担保措置（以下単に「損害賠償担保措置」という。）の賠償措置額に相当する金額」という表現がなされ、「損害賠償担保措置（以下単に「損害賠償担保措置」という。）の賠償措置額」とされていないのは、当該金額は、政府による補償金額であるからである（原賠補償法4条1項の「賠償措置額に相当す

る金額」という表現も参照)。

　原子力損害賠償補償契約の場合には、原子力事業者は国に補償料を納付することを約するのに対し（原賠補償法2条）、ロケット落下等損害賠償補償契約では、打上げ実施者は国に対する補償料の納付を要しない。この点では、展覧会における美術品損害の補償に関する法律の補償契約の仕組み（同法3条1項）と類似している。本法が、ロケット落下等損害賠償補償契約について打上げ実施者による補償料の納付を義務づけていないのは、米国やフランス等においても、打上げ実施者に補償料の納付を求めておらず、わが国が補償料の納付を義務づけることは、国際競争力を削ぐことになるので、産業政策の観点から、補償料の納付を義務づけることは適当でないこと、原子力損害と比較してロケット落下等損害において想定される損害の規模は相当に小さいと考えられ、一般的には、民間の損害賠償責任保険契約等により十分にカバーできるので、補償料の納付を義務づけるかたちで政府補償契約の締結を行うことは必ずしも適当でないと考えられたことによる。

　なお、損害賠償責任保険契約または供託による損害賠償措置を講ずる義務は、打上げ計画を遵守する義務等の打上げ実施者に課される義務の一端をなすものであり、無許可打上げに損害賠償担保措置の履行を期待することは困難である。無許可打上げ者に対しては直罰による制裁を科しており（本法60条1号）、それにより無許可打上げを抑止する以外になく、無許可打上げには、損害賠償担保措置の規定は適用されない。

（4）「前項に定めるもののほか、政府は、打上げ実施者を相手方として、打上げ実施者のロケット落下等損害の賠償の責任が発生した場合において、……その他のロケット落下等損害を賠償するための措置によっては埋めることができないロケット落下等損害を打上げ実施者が賠償することより生ずる損失を、我が国の人工衛星等の打上げに関係する産業の国際競争力の強化の観点から措置することが適当なものとして内閣府令で定める金額から当該打上げ実施者のロケット落下等損害の賠償に充てられる損害賠償担保措置の賠償措置額に相当する金額（当該ロケット落下等損害について相当措置が講じられている場合にあっては、当該賠償措置額に相当する金額又は当該相当措置により当該ロケット落下等損害の賠償に充てることができ

る金額のいずれか多い金額)を控除した金額を超えない範囲内で政府が補償することを約するロケット落下等損害賠償補償契約を締結することができる」(2項)

　損害賠償担保措置では足りない場合に備えて産業支援の観点から締結されるロケット落下等損害賠償補償契約について定めている。米国、韓国の宇宙活動に関する法律においても、同様の仕組みがとられている。フランスでは、上限なしに政府が補償する仕組みを採用しており、打上げサービスの受注競争におけるセールスポイントとなりうるが、わが国で、かかる仕組みを採用することに対しては、財政当局ひいては納税者の理解を得ることは困難と思われる。本項の委任に基づき内閣府令で定める金額は、3500億円とされている(本法施行規則32条の2)。

　なお、政府補償契約は、打上げ実施者と締結するものであり、無許可打上げ者と締結する機会はないし、締結すべきでもないことは言うまでもない。したがって、無許可打上げには、政府補償の規定は適用されない。

(5)　「同項のロケット落下等損害賠償補償契約」(2項)
　特定ロケット落下等損害に対する損害賠償補償契約を意味する。

(6)　「前条の規定は、ロケット落下等損害賠償補償契約に基づく補償金について準用する」(3項)
　前条1項の規定が準用される結果、政府がロケット落下等損害賠償補償契約に基づき支払う補償金についても、被害者の先取特権が認められる。ロケット落下等損害賠償補償契約に基づく補償金が支払われる場合には、打上げ事業者が被害者に賠償し、賠償額が確定した後に当該賠償額に応じて政府から補償金が打上げ事業者に支払われるのが一般的であると考えられる。しかし、「打上げ実施者が賠償することにより生ずる損失を……政府が補償する」(本法40条2項)という文言に照らせば、補償金の支払前に被害者への賠償が行われていることは必須ではなく、賠償額が算定できれば、当該賠償による損失額も算定できるので、被害者への賠償が履行される前に政府に補償を求めることが禁じられているわけではないと解される。したがって、被害者に対する賠償が実施される前に、打上げ実施者の政府に対する補償金の支払請求権を観念することが

可能である。そこで、ロケット落下等損害賠償補償契約に基づく補償金が確実に被害者の手に渡るように、補償金に対する被害者の先取特権を認めているのである。原子力損害賠償補償契約（原賠法10条）に基づく補償金についても同様の定めがある（同法11条）。

> **（ロケット落下等損害賠償補償契約の期間）**
> **第41条** ロケット落下等損害賠償補償契約の期間は、その締結の時から当該ロケット落下等損害賠償補償契約に係る人工衛星等の打上げを終える時までとする。

　原賠補償法5条1項は、「原子力損害に係る補償契約の期間は、その締結の時から当該補償契約に係る原子炉の運転等をやめる時までとする」と定めている。

　「人工衛星等の打上げを終える時まで」とは、軌道上において人工衛星等を分離した打上げロケットの上段部が、地上に落下しない軌道上に投入された場合においては人工衛星の分離完了時点を意味し、その他の場合には地上に落下した時点までを意味する。後者の場合には、人工衛星の分離後に速やかに落下する場合もあれば、軌道上に数十年にわたりとどまる場合もあり、多様である。民間の責任保険契約については保険責任期間が1年を原則とするのに対し、ロケット落下等損害賠償補償契約については、複数年にわたる契約として想定されている。国は、人工衛星等の打上げに関するわが国の国際競争力の強化という観点から、人工衛星等の打上げ実施者との間で、ケースバイケースで適切な期間について補償契約を締結すれば足りるため、補償契約期間を法定していない。

> **（補償金）**
> **第42条** 政府がロケット落下等損害賠償補償契約により補償する金額は、当該ロケット落下等損害賠償補償契約の期間内における人工衛星等の打上げに

> より与えたロケット落下等損害を打上げ実施者が賠償することにより生ずる損失について当該ロケット落下等損害賠償補償契約に係る契約金額までとする。

　補償金を支払う上限を当該ロケット落下等損害賠償補償契約に係る契約金額としている（原賠補償法7条1項も、「政府が補償契約により補償する金額は、当該補償契約の期間内における原子炉の運転等により与えた原子力損害に係る補償損失について補償契約金額までとする」と定めている）。本条は支払の上限を定めているにすぎないので、政府が補償金を支払う前に打上げ実施者が求償権を行使して第三者から支払を受けた場合には、政府は、当該金額を控除して補償金を支払えば足りる。そのため、原賠補償法12条2項のように、政府の補償金支払前に被保険者が求償権を行使して第三者から支払を受けた場合に政府がその限度で補償金の支払を免れる旨の規定を置いていない。

　原賠補償法7条2項は、「政府が第3条第1号から第3号まで及び第5号に掲げる原子力損害に係る補償損失を補償する場合において、当該補償に係る原子力損害と同一の原因によつて発生した原子力損害について責任保険契約によつてうめられる金額があるときは、当該補償損失について補償契約により支払う補償金の額の合計額は、当該補償契約の締結が含まれる損害賠償措置の賠償措置額に相当する金額（当該損害賠償措置に責任保険契約及び補償契約の締結以外の措置が含まれる場合においては当該措置により原子力損害の賠償に充てることができる金額を控除した金額）から当該責任保険契約によつてうめられる金額を控除した金額をこえないものとする」と定めている。この規定は、地震、津波、噴火、原子炉の正常な運転中の損害、後発性障害等の特定の原子力損害に係る賠償金の支払限度を規定したものである。以上のうち、原子力損害が発生した場合には民間の責任保険契約により被害者に対する賠償が支払われるが、同一の原子力損害により10年経過後に発生する後発性障害の場合には、政府による補償金の支払もなされる。後発性障害以外の損害の賠償の場合には、民間の損害賠償責任保険契約または政府補償契約のいずれか一方の契約のみで損害が補塡されることとの均衡を考慮して、同項の規定は、原子力損害の発生原因となった事実があった日から10年を経過した後に発生した後発性障害の

ように、民間の損害賠償責任保険契約と政府による補償契約の両方で補塡されうる場合に、両者の契約で塡補される額を賠償措置額に制限するものである。ロケット落下等損害については、放射能による後発性障害の発生という事態は想定されないため、同項に対応する規定は、本法には設けられていない。

> **（ロケット落下等損害賠償補償契約の締結の限度）**
> **第43条** 政府は、1会計年度内に締結するロケット落下等損害賠償補償契約に係る契約金額の合計額が会計年度ごとに国会の議決を経た金額を超えない範囲内で、ロケット落下等損害賠償補償契約を締結するものとする。

同様に、原賠補償法8条は、「政府は、1会計年度内に締結する補償契約に係る補償契約金額の合計額が会計年度ごとに国会の議決を経た金額をこえない範囲内で、補償契約を締結するものとする」と定め、展覧会における美術品損害の補償に関する法律5条は、「政府は、1会計年度内に締結する補償契約に係る約定評価額総額（一の補償契約に係る対象美術品の約定評価額の合計額（当該合計額が補償上限額を超える場合にあっては、補償上限額）をいう。）の合計額が会計年度ごとに国会の議決を経た金額を超えない範囲内で、補償契約を締結するものとする」と定めている。

> **（時効）**
> **第44条** 補償金の支払を受ける権利は、これを行使することができる時から3年を経過したときは、時効によって消滅する。

(1)　「これを行使することができる時から」

「これを行使することができる時から」という表現は、民法166条、原賠補償法11条と平仄を合わせて、消滅時効の起算点を明確にするものである。原賠補償法11条は、従前は、「補償金の支払を受ける権利は、3年を経過したと

きは、時効によつて消滅する」と規定していたが、民法166条1項2号（「権利を行使することができる時から10年間行使しないとき」）と平仄を合わせて、「補償金の支払を受ける権利は、これを行使することができる時から3年を経過したときは、時効によつて消滅する」という規定に改正されている。

(2) 「3年を経過したときは」
民法166条1項が定める債権の消滅時効の期間の特例を定めるもので、原賠補償法11条、自動車損害賠償保障法19条が定める消滅時効の期間である3年と平仄を合わせている。

(代位)
第45条　政府は、ロケット落下等損害賠償補償契約により補償した場合において、当該ロケット落下等損害賠償補償契約の相手方である打上げ実施者が第三者に対して求償権を有するときは、次に掲げる金額のうちいずれか少ない金額を限度として当該求償権を取得する。
(1)　政府が補償した金額
(2)　当該求償権の金額

原子力損害についても、補償契約の相手方である者が第三者に対して求償権を有するときに、(i)政府が補償した金額、(ii)当該求償権の金額、のうちいずれか少ない金額を限度として当該求償権を政府が取得することとしている点では本法と共通している（原賠補償法12条1項。特定タンカーに係る特定賠償義務履行担保契約等に関する特別措置法11条1項も同じ）。ただし、原子力損害賠償補償契約の場合には、政府の補償によっては損失を塡補できない場合には、その不足額を求償金額から控除している（同項2号かっこ書）。そして同条2項は、政府が補償金を支払う前に原子力事業者が求償権を行使して第三者から支払を受けた場合に、(i)当該原子力事業者が当該求償権の行使により支払を受けた金額、(ii)当該補償契約により補償する補償損失について政府が補償の義務を負う金額（前記(i)の金額が当該補償損失の金額に不足するときは、当該政府が補償の義務を負う金額から当

該不足金額を控除した金額)、のうちいずれか少ない金額の限度で補償の義務を免れる旨を規定している。ロケット落下等損害賠償補償契約の場合には、かかる控除を行っていない（本条2号)。このように、原子力損害の場合には、政府補償によっても塡補しえない部分については原子力事業者の求償権を残し、損失を塡補することを可能とする立法政策をとっているが、ロケット落下等損害賠償補償契約の場合には、原子力損害賠償補償契約と異なり、補償契約によっても塡補しえない損失が生ずることは想定しがたいし、仮にかかる事態が生じたとしても、政府の代位権を制限してまで事業者を保護する必要はないと考えられたからである（本法と同様の立法政策をとる例として、展覧会における美術品損害の補償に関する法律10条2号、特定タンカーに係る特定賠償義務履行担保契約等に関する特別措置法11条1項2号参照)。

（補償金の返還）
第46条 政府は、ロケット落下等損害賠償補償契約に基づき補償金を支払った場合において、当該ロケット落下等損害賠償補償契約の相手方である打上げ実施者が次の各号のいずれかに該当するときは、当該打上げ実施者から、政令で定めるところにより、その返還をさせるものとする。
(1)　第8条の規定に違反して人工衛星等の打上げを行ったこと。
(2)　人工衛星等の打上げを行った際、第12条第1号又は第5号に該当していたこと。

---

(1)　「政令で定めるところにより」(柱書)

内閣総理大臣は、本条の規定により、補償金を支払った日から1年以内に、当該補償金の額に相当する金額を返還させるものとされている（本法施行令1条)。

(2)　「その返還をさせるものとする」(柱書)

原賠補償法13条においても、政府は、(i)補償契約の相手方である原子力事業者が原子炉の運転等に関する重要な事実の通知を怠り、または虚偽の通知を

した場合において、その通知を怠り、または虚偽の通知をした事実に基づく原子力損害、(ⅱ)補償料の納付の懈怠等を理由として、政府が補償契約を解除した場合において、原子力事業者が、その解除の通知を受けた日から解除の効力が生ずる日の前日までの間における原子炉の運転等により与えた原子力損害に係る補償損失について補償金を支払ったときは、原子力事業者から、その返還をさせる旨が定められている。一般に、補償契約の相手方による重要事項の通知義務違反、補償料支払義務の不履行等の契約義務違反があった場合、補償金の支払を拒否することができる。しかし、損害発生後において、契約相手に義務違反が発生した場合、補償金が支払われないと、契約相手の賠償資力の不足により、被害者保護が不十分になるおそれがある。そこで、原賠補償法においては、かかる場合であっても、政府は、補償金を原子力事業者に支払い、原子力事業者が被害者に賠償した後に、補償金を支払った日から1年以内に、当該補償金の額に相当する金額を原子力事業者に返還させる制度を設けているのである（同法施行令7条）。

本法においても、契約相手である打上げ実施者に非難すべき義務違反があった場合においても、損害発生後は、被害者保護の観点から補償金を支払った後に、その返還をさせることとしている。

（3）「第8条の規定に違反して人工衛星等の打上げを行ったこと」（1号）

打上げ実施者が、人工衛星の打上げ用ロケットを許可に係る設計に合致させる義務（同条1項）、災害その他やむを得ない事由のある場合を除くほか、許可に係るロケット打上げ計画を遵守する義務（同条2項）に違反して、人工衛星等の打上げを行ったことを意味する。

（4）「人工衛星等の打上げを行った際、第12条第1号又は第5号に該当していたこと」（2号）

人工衛星等の打上げを行った際、(ⅰ)偽りその他不正の手段により人工衛星等の打上げの許可（本法4条1項）もしくは変更の許可（本法7条1項）または人工衛星等の打上げに係る事業の譲渡を行う場合における当該譲渡および譲受けの認可（本法10条1項）、打上げ実施者である法人が合併により消滅することとな

る場合における当該合併の認可（同条2項）もしくは打上げ実施者である法人が分割により人工衛星等の打上げに係る事業を承継させる場合における当該分割の認可（同条3項）を受けていたこと（本法12条1号）または(ii)変更の許可を受けなければならない事項を許可を受けないで変更したこと（同条5号）を意味する。

なお、原賠補償法13条1号は、同法9条の規定に基づく重要事項の通知義務を懈怠したことを補償金の返還事由としており、同条の定める重要事項は、核原料物質、核燃料物質及び原子炉の規制に関する法律が定める許可申請書の記載事項とほぼ同じである。他方、本法においては、分担管理事務を行う内閣府の主任の大臣である内閣総理大臣が、人工衛星等の打上げの許可権限者であると同時に、ロケット落下等損害賠償補償契約事務を所掌する内閣府の長でもある。したがって、内閣総理大臣は、ロケット落下等損害賠償補償契約に必要な事項について、人工衛星等の打上げの許可申請を審査する事務において把握しうることになる。そこで、本条においては、人工衛星等の打上げ実施者に対し、ロケット落下等損害賠償補償契約の締結に当たり、重要事項の通知義務を課していない。

（業務の管掌）
第47条　①　この節に規定する政府の業務は、内閣総理大臣が管掌する。
　　　　②　内閣総理大臣は、ロケット落下等損害賠償補償契約を締結しようとするときは、あらかじめ、財務大臣に協議しなければならない。

（1）「この節」（1項）
本法5章3節（ロケット落下等損害賠償補償契約）である。

（2）「**内閣総理大臣は、ロケット落下等損害賠償補償契約を締結しようとするときは、あらかじめ、財務大臣に協議しなければならない**」（2項）
補償契約を締結しようとする場合に財務大臣に協議することを義務づける例として、展覧会における美術品損害の補償に関する法律12条2項参照。

> (業務の委託)
> 第48条　①　政府は、政令で定めるところにより、ロケット落下等損害賠償補償契約に基づく業務の一部を保険者に委託することができる。
> ②　内閣総理大臣は、前項の規定による委託をしたときは、委託を受けた者の名称その他内閣府令で定める事項を告示しなければならない。

(1)　「政令で定めるところにより」（1項）

政府が本項の規定により委託することができる業務は、(i)補償金の支払の請求の受付、(ii)ロケット落下等損害を打上げ実施者が賠償することにより生ずる損失の金額に関する調査、(iii)以上に掲げるもののほか、補償金の支払に関する業務（補償金の額の決定を除く）で、(ｱ)補償金の支払の請求に係る書類の確認および補正の指示、(ｲ)補償金の額の算定、(ｳ)支払うべき補償金の送金、(ｴ)前記(ｱ)～(ｳ)に掲げるもののほか、補償金の支払に関し必要な業務のうち軽微なものである（本法施行令2条1項、本法施行規則33条）。以上のほか、本項の規定による委託に関し必要な事項は、内閣府令で定める（本法施行令2条2項）。

(2)　「ロケット落下等損害賠償補償契約に基づく業務の一部を保険者に委託することができる」（1項）

補償契約に関する業務の一部を委託することを認める例として、原賠補償法19条1項参照。

(3)　「委託を受けた者の名称……を告示しなければならない」（2項）

委託を受けた者の名称等を告示することを義務づける例として、原賠補償法19条2項参照。

(4)　「その他内閣府令で定める事項」（2項）

業務の委託を開始する年月日（本法施行規則34条1号）および委託した業務の内容（同条2号）である。

第4節 供　託

> **（損害賠償担保措置としての供託）**
> **第49条**　損害賠償担保措置としての供託は、打上げ実施者の主たる事務所（国内に事務所がない場合にあっては、第4条第1項の許可に係る打上げ施設の場所（船舶に搭載された打上げ施設にあっては当該船舶の船籍港の所在地、航空機に搭載された打上げ施設にあっては当該航空機の定置場の所在地））の最寄りの法務局又は地方法務局に、金銭又は内閣府令で定める有価証券（社債、株式等の振替に関する法律（平成13年法律第75号）第278条第1項に規定する振替債を含む。次条及び第51条において同じ。）によりするものとする。

（1）「損害賠償担保措置としての供託は、打上げ実施者の主たる事務所（国内に事務所がない場合にあっては、第4条第1項の許可に係る打上げ施設の場所（船舶に搭載された打上げ施設にあっては当該船舶の船籍港の所在地、航空機に搭載された打上げ施設にあっては当該航空機の定置場の所在地））の最寄りの法務局又は地方法務局に……するものとする」

損害賠償措置としての供託について定める例として、原賠法12条がある。

（2）「内閣府令で定める有価証券」
(i)国債証券（振替国債を含む）、(ii)地方債証券、(iii)政府保証債券（その債券に係る債務を政府が保証している債券をいう）、(iv)特別の法律により法人の発行する債券（前記(iii)に掲げるものを除く）、(v)担保付社債信託法による担保付社債券および法令により優先弁済を受ける権利を保証されている社債券（前記(iii)(iv)に掲げるもの、自己の社債券および会社法による特別清算開始の命令を受け、特別清算終結の決定の確定がない会社、破産法による破産手続開始の決定を受け、破産手続終結の決定もしくは破産手続廃止の決定の確定がない会社、民事再生法による再生手続開始の決定を受け、再生手続終結の決定もしくは再生手続廃止の決定の確定がない会社または会社更生法による更生手続開始の決定を受け、更生手続終結の決定もしくは更生手続廃止の決定の確定がない会社が発行し

た社債券を除く）を意味する（本法施行規則35条）。

> **（供託物の還付）**
> **第50条** ロケット落下等損害の被害者は、その損害賠償請求権に関し、前条の規定により打上げ実施者が供託した金銭又は有価証券について、他の債権者に先立って弁済を受ける権利を有する。

供託物の還付について定める例として、原賠法13条がある。

> **（供託物の取戻し）**
> **第51条** 打上げ実施者は、次に掲げる場合においては、内閣総理大臣の承認を受けて、第49条の規定により供託した金銭又は有価証券を取り戻すことができる。
> (1) 人工衛星等の打上げを終え、かつ、ロケット落下等損害を与えないことが明らかとなったとき。
> (2) ロケット落下等損害が発生し、その損害の賠償を終えたとき。
> (3) 供託に代えて他の損害賠償担保措置を講じたとき。

　供託物の取戻しについて定める例として、原賠法14条がある。同条1項では、(i)原子力損害を賠償したとき、(ii)供託に代えて他の損害賠償措置を講じたとき、(iii)原子炉の運転等をやめたときに、文部科学大臣の承認を受けて、供託物の取戻しをすることを認めている。そして、同条2項は、文部科学大臣が承認するときは、原子力損害の賠償の履行を確保するため必要と認められる限度において、取り戻すことができる時期および取り戻すことができる金銭または有価証券の額を指定して承認することができると定めている。

> **（内閣府令・法務省令への委任）**
> **第52条** この節に定めるもののほか、供託に関する事項は、内閣府令・法務省令で定める。

　2019（平成31）年3月1日現在、本条の委任に基づく内閣府令・法務省令は定められていない。

第6章　人工衛星落下等損害の賠償

> **（無過失責任）**
> **第53条**　国内に所在する人工衛星管理設備を用いて人工衛星の管理を行う者は、当該人工衛星の管理に伴い人工衛星落下等損害を与えたときは、その損害を賠償する責任を負う。

（1）「人工衛星落下等損害」

　人工衛星の打上げ用ロケットから正常に分離された人工衛星の落下または爆発により、地表もしくは水面または飛行中の航空機その他の飛しょう体において人の生命、身体または財産に生じた損害をいう。人工衛星落下等損害は、「地表若しくは水面又は飛行中の航空機その他の飛しょう体」に発生した損害であるから（本法2条11号）、人工衛星が宇宙空間で第三者に発生させた損害を含まない。その理由は、本法の目的が、公共の安全を確保し、一般の被害者を保護することにあり、危険な活動であることを認識しつつ、宇宙活動を実施する者を対象とする必要はないと考えられたからである。かかる者の保護は、宇宙損害責任条約、関係国内法に基づき行われることになる。宇宙空間における人工衛星の衝突は、これまでのところ、2009（平成21）年に米国とロシアの人工衛星が衝突した1件のみしか認識されていないが、今後、コンステレーションとして人工衛星を配置する宇宙ビジネスが発展することが予想されるため、人工衛星管理者にも、第三者損害賠償保険の付保を義務づけるべきではないか、政府補償制度を導入すべきではないかという議論もなされ始めている。

　人工衛星落下等損害からは、「当該人工衛星の管理を行う者の従業者その他の当該人工衛星の管理を行う者と業務上密接な関係を有する者として内閣府令で定める者がその業務上受けた損害」は除かれている（本法2条11号ただし書、本法施行規則4条）。これらの者は、当該行為に伴う危険を認識した上で当該行為に参加した者であり、当該損害を発生させる側に位置づけられるからである。なお、これらの事業の従業者の損害は労働者災害補償保険で補償されることになる。

(2) 「その損害を賠償する責任を負う」

　原賠法3条1項本文が、原子力損害について原子力事業者の無過失責任を定めているのと同様、本条も、人工衛星落下等損害については人工衛星の管理を行う者の無過失責任を規定している。人工衛星落下等損害について無過失責任主義を採用しているのは、(i)軌道上にある人工衛星が落下する地点を具体的に予測することは、人工衛星等の打上げの場合のロケットの落下地点を予測する以上に困難であり、落下に対して避難措置を講ずることは事実上不可能であるので、被害者が危険を回避することは極めて困難であり、自ら危険を作り出し、危険をコントロールする立場にある者が過失の有無を問わず危険責任を負うべきこと、(ii)人工衛星の管理には高度な技術を要し、また、人工衛星は、地球周回軌道等を周回しており、その部品の状態等を直接把握することが困難で、かつ、地上に落下した場合には大破して原型をとどめなくなるのが通常であるので、被害者が原因を特定して加害者の過失を立証することは不可能に近いこと、(iii)宇宙条約7条、宇宙損害責任条約2条により、人工衛星落下等損害について、打上げを実施した国は被害を受けた国に対して無過失責任を負うこととされており、これは国家間の関係におけるものであるため、国内法において無過失責任主義を採用することを義務づけるものではないが、自国民と他国民の救済の均衡上、国内法においても無過失責任主義を採用することが望ましいことによる。

　なお、明文の規定はないが、無許可の打上げによる場合であっても、人工衛星落下等損害について無過失責任主義を採用する理由は同様に妥当するので、本条の規定が適用されると解すべきと思われる。また、国が人工衛星の管理者になっている例は現存するが、人工衛星落下等損害についての無過失責任主義採用の理由は、国が人工衛星の管理者の場合にも同様に妥当するので、国も無過失責任を負うことになる。

　本法の施行日前に打ち上げられ、施行日以後に損害が発生した場合に本条の無過失責任の規定が適用されるかについて、経過規定は置かれていないが、本条が無過失責任主義を採用した理由は、人工衛星等の打上げが本法の施行日の前か後かで変わるわけではなく、打上げが施行日前であっても本法の施行日後に発生した損害については、無過失責任に係る規定（および賠償についてのしん酌規定）は、適用されると解すべきであろう。

なお、ロケット落下等損害と異なり、人工衛星落下等損害については、損害賠償担保措置を講ずることが義務づけられていない（政府補償も存在しない）。その理由は、(i)人工衛星には多種多様な形態のものがあり、その運用方法もきわめて多様であるため、ロケット落下等損害と異なり、人工衛星落下等損害に係る必要な賠償資力の算定方法が未確立であること、(ii)人工衛星が地上に落下して損害が発生する可能性はきわめて低く、人工衛星落下等損害に係る損害賠償担保措置の義務づけは国際的にも一般化しているとはいえないこと、(iii)以上のような状況下における人工衛星落下等損害に係る損害賠償担保措置の義務づけは、人工衛星管理者に過大な負担を課し、わが国における人工衛星を使用した研究開発を阻害し、宇宙産業における国際競争力を損ねるおそれがあることである。したがって、人工衛星落下等損害については、人工衛星管理者が、それぞれの人工衛星の管理に応じた賠償措置を自らの判断で講ずることになる。

　また、人工衛星落下等損害の場合には、(i)人工衛星管理者と人工衛星の製造者が損害賠償責任を追及される主体として想定される程度であり、被害者が損害賠償を請求する相手方を明確にするために人工衛星管理者に責任を集中させる必要が乏しいこと、(ii)欧米先進国においても、人工衛星落下等損害については、人工衛星管理者への責任集中の仕組みは法定されておらず、関連産業の国際競争力の観点から責任集中制度をとる必要はないこと、(iii)責任集中制度は、被害者の損害賠償請求先を制限するため、責任を集中される者が十分な賠償資力を確保するための措置（一般的には、損害賠償責任保険契約の締結および政府との損害賠償補償契約の締結）を講ずることが前提となるが、人工衛星落下等損害については、かかる措置を講ずることは国際的にみて一般的ではなく、本法でも、かかる措置をとらないこととしているので、責任集中制度の採用は被害者に不利となりうることを考慮して、責任集中制度を採用していない（大気汚染防止法も水質汚濁防止法も、無過失責任と賠償のしん酌の規定は置くが、責任集中と求償権の制限の規定は置いていない）。

（賠償についてのしん酌）
第54条　前条の規定にかかわらず、人工衛星落下等損害の発生に関して天災

> その他の不可抗力が競合したときは、裁判所は、損害賠償の責任及び額を定めるについて、これをしん酌することができる。

　原賠法においては、損害が異常に巨大な天災地変または社会的動乱によって生じたものであるときには、不可抗力として原子力事業者が免責されている（同法3条1項ただし書）。これは、かかる場合は、国家的、社会的損害であり、民事の損害賠償制度の守備範囲を超えているという考えによっている。他方、本法においては、人工衛星落下等損害の発生に関しても、天災その他の不可抗力が競合したときは、裁判所は、損害賠償の責任および額を定めるについて、これをしん酌することができると定められている。打上げ後の飛行中にロケットが天災に遭遇した場合には、海上に設定された飛行経路で機体が破壊されることになると考えられ、第三者に損害が発生することはほとんど想定しえない。また、人工衛星管理者には、軌道上で他の物体との衝突を予測し回避することが当然に期待されている。このように、人工衛星の管理については、免責事由を定める必要性に乏しいので、被害者保護の観点から免責事由を定めていない。他方において、事業者がいかなる注意を払っても回避できない不可抗力に起因する損害について、その責任をすべて人工衛星管理者に負わせることは事業者にとって酷であり、また、当該不可抗力による被害者の間で救済の均衡を欠く事態も想定されうるので、大気汚染防止法、水質汚濁防止法が無過失責任主義（大気汚染防止法25条1項、水質汚濁防止法19条1項）の下で、裁判所が、損害賠償の責任および額を定めるについて、不可抗力をしん酌することができることとされていること（大気汚染防止法25条の3、水質汚濁防止法20条の2）と同様、原告が損害賠償の請求をした場合、被告が不可抗力の立証に成功したときには、裁判所の判断により、被告の損害賠償責任を否定して原告の請求を棄却したり、被告の損害賠償額を軽減したりすることができることとしている。なお、明文の規定はないが、無許可の人工衛星管理者であっても、人工衛星落下等損害について無過失責任を負う旨の本条の規定は適用されると解すべきと思われる。また、本法施行前に打上げを行い、本法施行後に損害が生じた場合にも、本条の規定が適用されると解すべきと思われる。

第7章 雑　則

> **（宇宙政策委員会の意見の聴取）**
> 第55条　内閣総理大臣は、第4条第2項第2号、第6条第1号若しくは第2号又は第22条第2号若しくは第3号の内閣府令を制定し、又は改廃しようとするときは、あらかじめ、宇宙政策委員会の意見を聴かなければならない。

（1）「第4条第2項第2号……の内閣府令」

型式認定を受けたものにあってはその型式認定番号、人工衛星の打上げ用ロケットの飛行経路および打上げ施設の周辺の安全を確保する上でわが国と同等の水準にあると認められる人工衛星の打上げ用ロケットの設計の認定の制度を有している国を定める内閣府令を意味する。

（2）「第6条第1号……の内閣府令」

人工衛星の打上げ用ロケットの飛行経路および打上げ施設の周辺の安全を確保するための人工衛星の打上げ用ロケットの安全に関する基準（ロケット安全基準）を定める内閣府令を意味する。

（3）「第6条……第2号……の内閣府令」

人工衛星の打上げ用ロケットの飛行経路および打上げ施設の周辺の安全を確保するための打上げ施設の安全に関する基準（施設安全基準）を定める内閣府令を意味する。

（4）「第22条第2号……の内閣府令」

宇宙条約9条に規定する月その他の天体を含む宇宙空間の有害な汚染ならびにその平和的な探査および利用における他国の活動に対する潜在的に有害な干渉の防止ならびに公共の安全の確保に支障を及ぼすおそれがないものとして定

める人工衛星の構造に係る基準を定める内閣府令を意味する。

（5）「第22条……第3号の内閣府令」
他の人工衛星との衝突を避けるための措置その他の宇宙空間の有害な汚染等を防止するために必要な措置を定める内閣府令を意味する。

（6）「内閣府令を制定し、又は改廃しようとするときは、あらかじめ、宇宙政策委員会の意見を聴かなければならない」
打上げ用ロケットの安全確保や宇宙空間の環境保全に関する基準および措置等を定めるに当たっては、事前に識見を有する宇宙政策委員会の意見を聴取することを義務づけることにより、その内容の適正を期している。同様の意見聴取の例として、ヒトに関するクローン技術等の規制に関する法律4条3項（「文部科学大臣は、指針を定め、又はこれを変更しようとするときは、あらかじめ、関係行政機関の長に協議するとともに、総合科学技術・イノベーション会議の意見を聴かなければならない」）、統計法28条2項（「総務大臣は、前項の統計基準を定めようとするときは、あらかじめ、統計委員会の意見を聴かなければならない。これを変更し、又は廃止しようとするときも、同様とする」）、医療分野の研究開発に資するための匿名加工医療情報に関する法律39条3項（「主務大臣は、主務省令を定め、又は変更しようとするときは、あらかじめ、個人情報保護委員会に協議しなければならない」）、農業の担い手に対する経営安定のための交付金の交付に関する法律4条3項（「農林水産大臣は、前項の農林水産省令を制定し、又は改正しようとするときは、食料・農業・農村政策審議会の意見を聴かなければならない」）、郵政民営化法91条（「総務大臣は、日本郵便株式会社法第6条第1項の総務省令を制定し、又は改廃しようとするときは、民営化委員会の意見を聴かなければならない」）等がある。再生医療等の安全性の確保等に関する法律55条も、(i)同法2条2項の政令の制定または改廃の立案をしようとするとき、(ii)同法2条5項または6項の厚生労働省令を制定し、または改廃しようとするとき、(iii)再生医療等提供基準を定め、または変更しようとするとき、(iv)同法8条1項（同法10条1項において準用する場合を含む）の規定による命令をしようとするときは、あらかじめ、厚生科学審議会の意見を聴かなければならないと定めている。

§55

　内閣府設置法38条1項2号は、「内閣総理大臣又は関係各大臣の諮問に応じて人工衛星及びその打上げ用ロケットの打上げの安全の確保又は宇宙の環境の保全に関する重要事項を調査審議すること」を宇宙政策委員会の所掌事務としている。この規定は、人工衛星等の打上げの安全確保や宇宙の環境の保全等、政府全体として統一的な方針や基準を作成することが望ましい案件に関しては、有識者等からなる宇宙政策委員会に諮問して審議させることが望ましいという観点から設けられたものである。また、同条2項は、「宇宙政策委員会は、前項各号に掲げる重要事項に関し、必要があると認めるときは、内閣総理大臣又は関係各大臣に意見を述べることができる」と規定している。この規定は、宇宙政策委員会の職務は、審議した結果について内閣総理大臣等に意見を述べることによって全うされるという観点から設けられたものである。本条の意見聴取は、内閣府設置法38条1項2号・2項により行うことができるので、本条を受けて同法を改正する必要はなかった（ヒトに関するクローン技術等の規制に関する法律4条3項の規定に基づく総合科学技術・イノベーション会議（CSTI）の意見聴取についても、内閣府設置法26条1項2号（「内閣総理大臣又は関係各大臣の諮問に応じて科学技術に関する予算、人材その他の科学技術の振興に必要な資源の配分の方針その他科学技術の振興に関する重要事項について調査審議すること」）・5号（「第1号に規定する基本的な政策並びに第2号及び前号に規定する重要事項に関し、それぞれ当該各号に規定する大臣に意見を述べること」）に読み込むことができるため、ヒトに関するクローン技術等の規制に関する法律4条3項の規定に基づく諮問に応じて調査審議し意見を述べることを個別に総合科学技術・イノベーション会議の所掌事務として規定していない）。

　本条の規定に基づき、2017（平成29）年3月9日付で内閣総理大臣から宇宙政策委員会委員長宛に諮問がなされ、宇宙政策委員会は、翌日、当該内閣府令を審議検討するため、宇宙活動法技術基準小委員会を設置した。2018（平成30）年3月13日の第7回の会議で、本法に基づく許認可等に係るガイドラインや申請マニュアルについての事務局案を了承している。

> **(財務大臣との協議)**
> 第56条　内閣総理大臣は、第9条第2項又は第40条第2項の内閣府令を制定し、又は改廃しようとするときは、あらかじめ、財務大臣に協議しなければならない。

(1)　「第9条第2項……の内閣府令」

ロケット落下等損害の被害者の保護を図る観点から適切なものとして定める「損害賠償担保措置」の金額を定める内閣府令を意味する。

(2)　「第40条第2項の内閣府令」

特定ロケット落下等損害に係るロケット落下等損害賠償補償契約を締結するほか、政府は、打上げ実施者を相手方として、打上げ実施者のロケット落下等損害の賠償の責任が発生した場合において、ロケット落下等損害賠償責任保険契約、特定ロケット落下等損害に係るロケット落下等損害賠償補償契約その他のロケット落下等損害を賠償するための措置によっては埋めることができないロケット落下等損害を打上げ実施者が賠償することにより生ずる損失を、わが国の人工衛星等の打上げに関係する産業の国際競争力の強化の観点から措置することが適当なものとして内閣府令で定める金額から当該打上げ実施者のロケット落下等損害の賠償に充てられる損害賠償担保措置の賠償措置額に相当する金額（当該ロケット落下等損害について相当措置が講じられている場合にあっては、当該賠償措置額に相当する金額または当該相当措置により当該ロケット落下等損害の賠償に充てることができる金額のいずれか多い金額）を控除した金額を超えない範囲内で政府が補償することを約するロケット落下等損害賠償補償契約を締結することができる。「第40条第2項の内閣府令」とは、この金額を定める本法施行規則32条の2である。

(3)　「**内閣府令を制定し、又は改廃しようとするときは、あらかじめ、財務大臣に協議しなければならない**」

主務大臣が府省令を制定し、または改廃しようとするときに、関係大臣との協議することを義務づける例として、健康増進法26条7項、特定機器に係る

適合性評価手続の結果の外国との相互承認の実施に関する法律43条がある。JAXA法旧28条2号も、主務大臣が保険金額を定めようとするときに、あらかじめ、財務大臣と協議することを義務づけていた。

> **（国に対する適用除外）**
> **第57条** ① 国が行う人工衛星等の打上げについては、第4条第1項の規定は、適用しない。
> ② 国が行う人工衛星の管理については、第20条第1項の規定は、適用しない。

（1）「国が行う人工衛星等の打上げについては、第4条第1項の規定は、適用しない」（1項）

　人工衛星等の打上げに係る許可制を採用する理由は、宇宙条約に基づき、自国の非政府機関による宇宙活動に対する許可および継続的監督が義務づけられていることに対応するためである。したがって、国が行う人工衛星等の打上げについて、国の機関である内閣総理大臣の許可に服せしめる必要はないので、本法4条1項の規定の適用除外としている。国は、人工衛星等を打ち上げても、打上げ実施者にはならない。なお、これまで国が人工衛星等の打上げを行った例はなく、現段階では、国に打上げ能力はなく、打上げ計画もない。

（2）「国が行う人工衛星の管理については、第20条第1項の規定は、適用しない」（2項）

　内閣情報調査室は情報収集衛星の管理者であり、気象庁気象衛星センター・国土交通省航空衛星センターは、静止気象衛星ひまわり6号・7号を管理している。しかし、人工衛星の管理に係る許可制を採用する理由は、宇宙条約に基づき、自国の非政府団体による宇宙活動に対する許可および継続的監督が義務づけられていることに対応するためである。したがって、国の機関が行う人工衛星等の管理について国の機関である内閣総理大臣の許可に服せしめる必要はないので、本法20条1項の規定の適用除外としている。なお、国が人工衛星

の所有者であっても、民間事業者が管理する場合には、人工衛星の管理の許可を得る必要がある(具体的には、経済産業省のASNAROは、民間のPASCO社が委託を受けて管理している)。国がPFI方式(宇賀・行政法概説Ⅲ 544頁以下参照)に基づき民間企業に人工衛星の管理を委ねる場合には、当該民間企業が人工衛星の管理主体となるので、許可を受ける必要がある。

> (経過措置)
> 第58条　この法律の規定に基づき命令を制定し、又は改廃する場合においては、その命令で、その制定又は改廃に伴い合理的に必要と判断される範囲内において、所要の経過措置(罰則に関する経過措置を含む。)を定めることができる。

アルコール事業法45条、国際連合安全保障理事会決議第1267号等を踏まえ我が国が実施する国際テロリストの財産の凍結等に関する特別措置法27条、警備業法54条にも同様の経過措置が定められている。

> (内閣府令への委任)
> 第59条　この法律に定めるもののほか、この法律の実施のための手続その他この法律の施行に関し必要な事項は、内閣府令で定める。

本条は、執行命令(実施命令)の委任に関し確認的に規定するとともに、執行命令(実施命令)の法形式を内閣府令に特定するものである。執行命令(実施命令)は、委任命令(委任命令と執行命令(実施命令)については、宇賀・行政法概説Ⅰ 275頁以下参照)と異なり、権利・義務の内容を新たに定めるものではないので、憲法73条6号、国家行政組織法12条1項等の一般的授権で足り、具体の法律の根拠は不要という見解が有力といえると思われる。しかし、委任命令と執行命令(実施命令)の区別を否定し、すべての法規命令に具体的な法律上の根拠

を要するとする見解もある（平岡久『行政立法と行政基準』［有斐閣、1995年］24頁以下参照）。本条は、前者の見解に立って確認的に設けられたものといえるが、執行命令（実施命令）の形式を内閣府令に特定している点で創設的意義を認めることができる。執行命令（実施命令）に関する概括的委任規定を置くことは、近年の立法では多い（老人福祉法37条、行政機関の保有する情報の公開に関する法律26条、警備業法55条、国際連合安全保障理事会決議第1267号等を踏まえ我が国が実施する国際テロリストの財産の凍結等に関する特別措置法28条等）。

第8章 罰　　則

> **第60条**　次の各号のいずれかに該当する者は、3年以下の懲役若しくは300万円以下の罰金に処し、又はこれを併科する。
> (1)　第4条第1項の規定に違反して人工衛星等の打上げを行った者
> (2)　偽りその他不正の手段により第4条第1項、第7条第1項、第20条第1項若しくは第23条第1項の許可、第10条第1項から第3項まで若しくは第26条第1項、第3項若しくは第4項の認可、第13条第1項の型式認定、第14条第1項若しくは第17条第1項の認定又は第16条第1項の適合認定を受けた者
> (3)　第7条第1項の規定に違反して第4条第2項第2号から第5号までに掲げる事項を変更した者
> (4)　第20条第1項の規定に違反して人工衛星の管理を行った者
> (5)　第23条第1項の規定に違反して第20条第2項第4号から第8号までに掲げる事項を変更した者
> (6)　第33条第3項の規定による命令に違反した者

（1）「第4条第1項の規定に違反して」（1号）

人工衛星の打上げに係る内閣総理大臣の許可を得る規定に違反することを意味する。

（2）「第7条第1項……の許可」（2号）

人工衛星の打上げに係る変更の許可を意味する。人工衛星の利用目的を実験として許可を得たにもかかわらず、安全保障目的に許可を得ずに変更した場合、地球の大気圏への再突入の方法について、許可を得た安全な方法から安全を確保せずに行う危険な方法に無許可で変更した場合等が考えられる。

（3）「第20条第1項……の許可」（2号）

人工衛星の管理に係る内閣総理大臣の許可を意味する。

（4）「第23条第1項の許可」（2号）
　人工衛星の管理に係る変更の許可を意味する。

（5）「第10条第1項から第3項まで……の認可」（2号）
　打上げ実施者が人工衛星等の打上げに係る事業の譲渡を行う場合における当該譲渡および譲受けについての認可（本法10条1項）、打上げ実施者である法人が合併により消滅することとなる場合における当該合併の認可（同条2項）、打上げ実施者である法人が分割により人工衛星等の打上げに係る事業を承継させる場合における当該分割の認可（同条3項）を意味する。

（6）「第26条第1項……の認可」（2号）
　人工衛星管理者が国内に所在する人工衛星管理設備を用いて人工衛星の管理を行おうとする者に人工衛星の管理に係る事業の譲渡を行う場合における当該譲渡および譲受けについての認可を意味する。

（7）「第26条……第3項……の認可」（2号）
　人工衛星管理者である法人が合併により消滅することとなる場合における当該合併の認可を意味する。

（8）「第26条……第4項の認可」（2号）
　人工衛星管理者である法人が分割により人工衛星の管理に係る事業を承継させる場合における当該分割の認可を意味する。

（9）「第13条第1項の型式認定」（2号）
　人工衛星の打上げ用ロケットの設計に係る型式認定を意味する。

（10）「第14条第1項……の認定」（2号）
　人工衛星の打上げ用ロケットの設計の変更の認定を意味する。

(11) 「第17条第1項の認定」(2号)

打上げ施設の場所（船舶また航空機に搭載された打上げ施設にあっては、当該船舶または航空機の名称または登録記号）、構造および設備または飛行中断措置その他の人工衛星の打上げ用ロケットの飛行経路および打上げ施設の周辺の安全を確保する方法の変更の認定を意味する。

(12) 「第16条第1項の適合認定」(2号)

国内に所在し、または日本国籍を有する船舶もしくは航空機に搭載された打上げ施設について、これを用いて行う人工衛星等の打上げに係る人工衛星の打上げ用ロケットの型式ごとの適合認定を意味する。

(13) 「第7条第1項の規定に違反して第4条第2項第2号から第5号までに掲げる事項を変更した者」(3号)

変更の許可を受けずに変更を行った者に罰則を科す例として、都市計画法92条3号、フロン類の使用の合理化及び管理の適正化に関する法律103条6号参照。

(14) 「第20条第1項の規定に違反して人工衛星の管理を行った者」(4号)

人工衛星の管理者が死亡した際、死亡時代理人と異なる者が終了措置を講じた場合には、当該措置を講じた者は、無許可で人工衛星の管理を行った者になる。

(15) 「第23条第1項の規定に違反して第20条第2項第4号から第8号までに掲げる事項を変更した者」(5号)

変更許可を受けずに変更を行った者を処罰する例として、クラスター弾等の製造の禁止及び所持の規制等に関する法律24条1号参照。

(16) 「第33条第3項の規定による命令に違反した者」(6号)

命令違反に対する罰則の例として、再生医療等の安全性の確保等に関する法律60条3号・6号等参照。

> **第61条** 次の各号のいずれかに該当する者は、1年以下の懲役若しくは100万円以下の罰金に処し、又はこれを併科する。
> (1) 第8条又は第9条第1項の規定に違反して人工衛星等の打上げを行った者
> (2) 第26条第6項、第27条第2項、第28条第1項、第29条第2項又は第30条第2項の規定に違反して第20条第1項の許可に係る終了措置を講じなかった者

(1) 「第8条……の規定に違反」(1号)

打上げ実施者が、人工衛星等の打上げを行うに当たって、当該人工衛星等の打上げに係る人工衛星の打上げ用ロケットを打上げ許可に係る設計に合致するようにする義務(本法8条1項)、災害その他やむを得ない事由のある場合を除くほか、打上げ許可に係るロケット打上げ計画を遵守する義務(同条2項)に違反することを意味する

(2) 「第9条第1項の規定に違反」(1号)

損害賠償担保措置を講じていなければ、人工衛星等の打上げを行ってはならない義務に違反することを意味する。

(3) 「第26条第6項……規定に違反」(2号)

人工衛星管理者が許可を受けた人工衛星の管理に係る事業の譲渡を行い、または人工衛星管理者である法人が合併により消滅することとなり、もしくは分割により当該事業を承継させる場合において、当該譲渡および譲受け、合併または分割の認可をしない旨の処分があったとき(これらの認可の申請がない場合にあっては、当該事業の譲渡、合併または分割があったとき)、その譲受人(国内に所在する人工衛星管理設備によらずに人工衛星の管理を行おうとする者に人工衛星の管理に係る事業の譲渡を行う場合の譲渡に係る譲受人を除く)、合併後存続する法人もしくは合併により設立された法人または分割により当該事業を承継した法人が、当該処分があった日(これらの認可の申請がない場合にあっては、当該事業の譲渡、合併または分割の日)から120日以内に、許可に係る終了措置を講ずる義務に違反すること

を意味する。

(4) 「第27条第2項……の規定に違反」(2号)

人工衛星管理者が死亡したときに、その死亡時代理人が、当該人工衛星の管理に係る事業の譲渡について内閣総理大臣の認可を受けた場合を除き、その死亡の日から120日以内に、人工衛星の管理に係る許可に係る終了措置を講ずる義務に違反することを意味する。人工衛星の管理者が死亡した際、死亡時代理人と異なる者が終了措置を講じた場合には、死亡時代理人は終了措置を講ずる義務に違反したことになる。

(5) 「第28条第1項……の規定に違反」(2号)

人工衛星管理者が、人工衛星の管理に係る許可に係る管理計画の定めるところにより人工衛星の管理を終了しようとするときに、事前にその旨を内閣総理大臣に届け出るとともに、許可に係る終了措置を講ずる義務に違反することを意味する。大気圏への再突入の方法について地上の安全を確保する措置を講ずる計画になっていたにもかかわらず地上の安全確保措置を講じずに大気圏に再突入させたり、誤作動や爆発の防止措置を講ずる計画になっていたにもかかわらず、これを講じなかった場合などが考えられる。

(6) 「第29条第2項……の規定に違反」(2号)

人工衛星管理者である法人が合併以外の事由により解散したときに、その清算法人が、当該人工衛星の管理に係る事業の譲渡について認可を受けた場合を除き、その解散の日から120日以内に、許可に係る終了措置を講ずる義務に違反することを意味する。

(7) 「第30条第2項の規定に違反」(2項)

人工衛星管理者が許可を取り消されたときに、当該人工衛星の管理に係る事業の譲渡について認可を受けた場合を除き、その取消しの日から120日以内に、許可に係る終了措置を講ずる義務に違反することを意味する。

（8）「第20条第1項の許可に係る終了措置」（2項）

国内に所在する人工衛星管理設備を用いて人工衛星の管理を行おうとする者が、人工衛星ごとに、内閣総理大臣から得た許可に係る終了措置を意味する。

第62条　次の各号のいずれかに該当する者は、100万円以下の罰金に処する。
(1)　第14条第1項の規定に違反して第13条第2項第2号に掲げる事項を変更した者
(2)　第17条第1項の規定に違反して第16条第2項第2号又は第4号に掲げる事項を変更した者
(3)　第31条第1項の規定による報告をせず、若しくは虚偽の報告をし、又は同項の規定による検査を拒み、妨げ、若しくは忌避し、若しくは同項の規定による質問に対して答弁をせず、若しくは虚偽の答弁をした者
(4)　第33条第1項又は第2項の規定による命令に違反した者

（1）「第14条第1項の規定に違反して」（1号）

型式認定を受けた者が、人工衛星の打上げ用ロケットの設計を変更しようとするとき（ロケット安全基準の変更があった場合において、当該型式認定を受けた人工衛星の打上げ用ロケットの設計がロケット安全基準に適合しなくなったときを含む）に、内閣総理大臣の認定を受ける義務に違反することを意味する。

（2）「第13条第2項第2号に掲げる事項」（1号）

人工衛星の打上げ用ロケットの設計を意味する。

（3）「第17条第1項の規定に違反して」（2号）

打上げ施設の適合認定を受けた者が、打上げ施設の場所（船舶または航空機に搭載された打上げ施設にあっては、当該船舶または航空機の名称または登録記号）、構造および設備または飛行中断措置その他の人工衛星の打上げ用ロケットの飛行経路および打上げ施設の周辺の安全を確保する方法を変更しようとするとき（型式別施設安全基準の変更があった場合において、当該適合認定を受けた打上げ施設が型式別施

設安全基準に適合しなくなったときを含む）に、内閣総理大臣の認定を受ける義務に違反することを意味する。

（4）「第16条第2項第2号又は第4号に掲げる事項」（2号）

打上げ施設の場所（船舶または航空機に搭載された打上げ施設にあっては、当該船舶または航空機の名称または登録記号）、構造および設備または飛行中断措置その他の人工衛星の打上げ用ロケットの飛行経路および打上げ施設の周辺の安全を確保する方法を意味する。

（5）「第31条第1項の規定」（3号）

内閣総理大臣が、本法の施行に必要な限度において、打上げ実施者、型式認定を受けた者、適合認定を受けた者もしくは人工衛星管理者に対し必要な報告を求め、またはその職員に、これらの者の事務所その他の事業所に立ち入り、これらの者の帳簿、書類その他の物件を検査させ、もしくは関係者に質問させることができるという規定である。

（6）「報告をせず、若しくは虚偽の報告をし、又は同項の規定による検査を拒み、妨げ、若しくは忌避し、若しくは同項の規定による質問に対して答弁をせず、若しくは虚偽の答弁をした者」（3号）

行政調査への不協力や虚偽報告等を処罰する例として、原子力損害の補完的な補償に関する条約の実施に伴う原子力損害賠償資金の補助等に関する法律15条1項等参照。

（7）「第33条第1項……の規定」（4号）

内閣総理大臣が、型式認定を受けた人工衛星の打上げ用ロケットの設計がロケット安全基準に適合せず、またはロケット安全基準に適合しなくなるおそれがあると認めるときに、当該型式認定を受けた者に対し、ロケット安全基準に適合させるため、またはロケット安全基準に適合しなくなるおそれをなくするために必要な設計の変更を命ずることができるとする規定である。

（8）「第33条……第2項の規定」（4号）

　内閣総理大臣が、適合認定を受けた打上げ施設が型式別施設安全基準に適合せず、または型式別施設安全基準に適合しなくなるおそれがあると認めるときに、当該適合認定を受けた者に対し、型式別施設安全基準に適合させるため、または型式別施設安全基準に適合しなくなるおそれをなくするために必要な措置をとるべきことを命ずることができるとする規定である。

第63条　次の各号のいずれかに該当する者は、50万円以下の罰金に処する。
　⑴　第7条第2項、第14条第2項、第17条第2項、第23条第2項、第25条、第26条第2項又は第28条第1項の規定による届出をせず、又は虚偽の届出をした者
　⑵　第15条第2項の規定に違反して型式認定書を返納しなかった者
　⑶　第18条第2項の規定に違反して打上げ施設認定書を返納しなかった者

（1）「第7条第2項……の規定」（1号）

　(i)「氏名又は名称及び住所」（本法4条2項1号）、(ii)人工衛星の打上げ用ロケットの型式、機体の名称および号機番号、(iii)人工衛星の打上げ用ロケットに搭載される人工衛星の名称、(iv)申請者が法人である場合は役員の氏名、(v)使用人の氏名、(vi)欠格事由のいずれにも該当しないこと（本法4条2項6号、本法施行規則5条3項）に変更があったとき、または、前記(ii)～(v)について実質的な変更を伴わない軽微な変更があった場合（本法施行規則9条3項）に、遅滞なく、その旨を内閣総理大臣に届け出る義務について定めている。

（2）「第14条第2項……の規定」（1号）

　型式認定を受けた者が、「氏名又は名称及び住所」（本法13条2項1号）または「飛行中断措置その他の人工衛星の打上げ用ロケットの飛行経路及び打上げ施設の周辺の安全を確保する方法」（同項3号、本法施行規則13条3項1号）もしくは「人工衛星の打上げ用ロケットと打上げ施設の適合性を確保する技術的条件」（本法13条2項3号、本法施行規則13条3項2号）に変更があったとき、その旨

を内閣総理大臣に届け出る義務について定めている。

（3）「第17条第2項……の規定」（1号）

打上げ施設の適合認定を受けた者が、(i)氏名または名称および住所（本法16条2項1号）、(ii)人工衛星の打上げ用ロケットの型式、(iii)人工衛星の打上げ用ロケットの型式認定年月日に変更があったとき（本法16条2項5号、本法施行規則16条3項）、または(iv)打上げ施設の場所（船舶または航空機に搭載された打上げ施設にあっては、当該船舶または航空機の名称または登録記号）、構造および設備、(v)飛行中断措置その他の人工衛星の打上げ用ロケットの飛行経路および打上げ施設の周辺の安全を確保する方法の実質的な変更を伴わない軽微な変更をしたとき（本法施行規則17条3項）に、遅滞なく、その旨を内閣総理大臣に届け出る義務を定めている。

（4）「第23条第2項……の規定」（1号）

人工衛星管理者が、(i)氏名または名称および住所、(ii)人工衛星管理設備の場所、(iii)人工衛星を地球を回る軌道に投入して使用する場合には、その軌道、(iv)人工衛星の名称、(v)申請者が法人である場合は、役員の氏名、(vi)使用人の氏名、(vii)欠格事由のいずれにも該当しないこと、に変更があったとき（本法23条2項、本法施行規則20条3項）、または実質的な変更を伴わない変更があった場合（本法施行規則25条3項）に、遅滞なく、その旨を内閣総理大臣に届け出る義務について定めている。

（5）「第25条……の規定」（1号）

人工衛星管理者が、許可に係る人工衛星の他の物体との衝突その他の事故の発生により、許可に係る終了措置を講ずることなく人工衛星の管理ができなくなり、かつ、回復する見込みがないときに、速やかに、その旨、当該事故の状況および当該事故の発生後の人工衛星の位置の特定に資する事項を内閣総理大臣に届け出る義務について定めている。

(6) 「第26条第2項……の規定」(1号)

人工衛星管理者が、国内に所在する人工衛星管理設備によらずに人工衛星の管理を行おうとする者に人工衛星の管理に係る事業の譲渡を行うときに、あらかじめ、内閣総理大臣にその旨を届け出る義務について定めている。

(7) 「第28条第1項の規定」(1号)

人工衛星管理者が、人工衛星の管理に係る許可に係る管理計画の定めるところにより人工衛星の管理を終了しようとするときに、あらかじめ、その旨を内閣総理大臣に届け出る義務について定めている。

(8) 「第15条第2項の規定に違反して」(2号)

型式認定を受けた者が、当該型式認定が取り消されたときに、遅滞なく、型式認定書を内閣総理大臣に返納する義務に違反することを意味する。

(9) 「型式認定書を返納しなかった者」(2号)

認定証を返納しなかったことを処罰する例として、警備業法58条4号、60条1号参照。

(10) 「第18条第2項の規定に違反して」(3号)

適合認定を受けた者が、当該適合認定が取り消されたときに、遅滞なく、打上げ施設認定書を内閣総理大臣に返納する義務に違反することを意味する。

第64条　法人の代表者又は法人若しくは人の代理人、使用人その他の従業者が、その法人又は人の業務に関して第60条から前条までの違反行為をしたときは、行為者を罰するほか、その法人又は人に対しても、各本条の罰金刑を科する。

---

(1) 「法人の代表者」

機関が法人の名前で、第三者とした行為の効果が法人に帰属する場合、当該

機関は法人を対外的に代表する権限を有することになる。これが「代表者」であり、代表取締役（会社法349条3項）がその例である。

(2) 「法人若しくは人の代理人」

「代理人」とは、支配人（商法20条、会社法10条）のように、法令等に基づき、法人を代理する権限を有するものである。代理人は、当事者以外の者であって、当事者を代理して意思表示を行い、または意思表示を受けることができ、それにより発生する法効果は、直接に、代理人と本人の間に生ずる。

(3) 「使用人その他の従業者」

「使用人」とは、本店、支店または事業所等の代表者を意味する。本法においては、人工衛星等の打上げの許可、人工衛星の管理の許可（本法5条4号・5号、21条4号〜6号）において、使用人以上の職の者に欠格事由に該当する者がいる場合には、許可を受けることができないとしている。「従業者」は、事業主の組織内でその監督の下に事業に従事するが、事業主との雇用関係が存在することは要件でない。したがって、事業主との雇用関係が存在しない派遣労働者は、「その他の従業者」に該当する。

(4) 「その法人又は人の業務に関して」

「業務」とは営利事業に限らないが、反復継続性は必要である。両罰規定は、事業主として行為者の選任、監督その他違反行為を防止するために必要な注意を尽くさなかった過失の存在を推定し、事業主において以上の点に関する注意を尽くしたことの証明がない限り、事業主も刑事責任を免れないとするものである（最大判昭和32・11・27刑集11巻12号3113頁、最判昭和40・3・26刑集19巻2号83頁）。したがって、事業主を罰することができるためには、従業者の行為が事業主の業務との関連で行われたことが必要であり（定款等の範囲内であることは必ずしも必要でない）、外形的にも業務とまったく無関係な個人的行為は、両罰規定の対象とならない。

(5)「その法人又は人に対しても、**各本条の罰金刑を科する**」

　法人または人が組織として事業活動を行うのが通常であるので、行為者を処罰するのみでは実効性が十分でないと考えられることから、事業主も処罰することとしている。両罰規定の例として、原子力損害の補完的な補償に関する条約の実施に伴う原子力損害賠償資金の補助等に関する法律15条2項等参照。

> 第65条　第11条、第27条第1項又は第29条第1項の規定による届出をせず、又は虚偽の届出をした者は、10万円以下の過料に処する。

---

(1)「届出をせず、又は虚偽の届出をした者は、10万円以下の過料に処する」

　届出義務違反に対する過料の罰則を定める例は多い（警備業法58条6号等参照）。行政上の秩序罰（宇賀・行政法概説Ⅰ 250頁以下参照）としての過料を科することによって、届出義務の懈怠や虚偽の届出を抑止することを意図した規定である。過料は刑罰ではなく、行政上の制裁金である。したがって、過料を科されても前科になるわけではない。過料は、非訟事件手続法119条の規定により、過料に処せられるべき者の住所地の地方裁判所によって科されることになる。届出義務違反に対する過料額については、個人情報の保護に関する法律88条等、10万円以下とするものが多く、それらを参考にしている。本法60条〜63条の行政刑罰については、本法64条で両罰規定が設けられているのに対し、本条については両罰規定が設けられていない。その理由は、過料の場合には、両罰規定を置かなくても、法人（法人でない団体で代表者または管理人の定めのあるものを含む）に対して科すことができると解されているからである。

(2)「第11条……の規定」

　打上げ実施者が死亡したときにその相続人、打上げ実施者である法人が破産手続開始の決定により解散したときはその破産管財人、打上げ実施者である法人が合併および破産手続開始の決定以外の事由により解散したときはその清算人、打上げ実施者が人工衛星等の打上げを終えたときは打上げ実施者であった

個人または打上げ実施者であった法人を代表する役員が、これらの事由に該当することとなった日から30日以内に、その旨を内閣総理大臣に届け出る義務について規定している。

(3)「**第27条第1項……の規定**」
人工衛星管理者が死亡したときに、相続人が、遅滞なく、その旨を内閣総理大臣に届け出る義務について規定している。

(4)「**第29条第1項の規定**」
人工衛星管理者である法人が合併以外の事由により解散したときに、その清算人または破産管財人が、遅滞なく、その旨を内閣総理大臣に届け出る義務について規定している。

附　則

> **（施行期日）**
> **第1条**　この法律は、公布の日から起算して2年を超えない範囲内において政令で定める日から施行する。ただし、次の各号に掲げる規定は、当該各号に定める日から施行する。
> 　(1)　附則第3条及び第10条の規定　公布の日
> 　(2)　次条の規定　公布の日から起算して1年を超えない範囲内において政令で定める日

（1）「公布の日」（柱書本文）
2016（平成28）年11月16日に平成28年法律第76号として公布されている。

（2）「政令で定める日」（柱書本文）
平成30年政令第164号により、2018（平成30）年11月15日に施行された。

（3）「ただし、次の各号に掲げる規定は、当該各号に定める日から施行する」（柱書ただし書）
　本法の全面施行前に、申請手続を行うことを認めるとともに、本法の施行の準備を進めておく必要がある規定について、例外的に早期に施行することを定めるものである。

（4）「附則第3条……の規定」（1号）
　内閣総理大臣が、内閣府令を制定しようとするときに、本法施行前においても、宇宙政策委員会の意見を聴くことができるとする規定（同条1項）および財務大臣に協議することができるとする規定（同条2項）である。

（5）「附則……第10条の規定」（1号）
　本法の施行に伴い必要な経過措置（罰則に関する経過措置を含む）について、政

令で定める旨の規定である。

(6)「次条の規定」(2号)
本法施行前に申請を行うことを認める規定である。

(7)「政令で定める日」(2号)
平成29年政令第279号により、2017 (平成29年) 11月15日とされた。

> (準備行為)
> 第2条 ① 第4条第1項又は第20条第1項の許可を受けようとする者は、この法律の施行前においても、第4条第2項又は第20条第2項の規定の例により、その申請を行うことができる。
> ② 第13条第1項の型式認定又は第16条第1項の適合認定を受けようとする者 (機構を除く。) は、この法律の施行前においても、第13条第2項又は第16条第2項の規定の例により、その申請を行うことができる。
> ③ 機構は、その行った人工衛星の打上げ用ロケットの設計について、この法律の施行前においても、第19条第1項の規定の例により、第13条第1項の型式認定の申請を行うことができる。
> ④ 機構は、その管理し、及び運営する打上げ施設について、この法律の施行前においても、第19条第2項の規定の例により、第16条第1項の適合認定の申請を行うことができる。

法律の施行前に準備行為を行うことを認める附則の例として、主要食糧の需給及び価格の安定に関する法律制定附則3条参照。

> 第3条 ① 内閣総理大臣は、第4条第2項第2号、第6条第1号若しくは第2号又は第22条第2号若しくは第3号の内閣府令を制定しようとするときは、この法律の施行前においても、宇宙政策委員会の意見を聴くことができる。

附§3

② 内閣総理大臣は、第9条第2項又は第40条第2項の内閣府令を制定しようとするときは、この法律の施行前においても、財務大臣に協議することができる。

(1) 「第4条第2項第2号……の内閣府令」(1項)

人工衛星の打上げ用ロケットの飛行経路および打上げ施設の周辺の安全を確保する上でわが国と同等の水準にあると認められる人工衛星の打上げ用ロケットの設計の認定の制度を有している国を認定する内閣府令を意味する。

(2) 「第6条第1号……の内閣府令」(1項)

ロケット安全基準を定める内閣府令（本法施行規則7条）である。

(3) 「第6条……第2号……の内閣府令」(1項)

型式別施設安全基準を定める内閣府令（本法施行規則8条）である。

(4) 「第22条第2号……の内閣府令」(1項)

人工衛星を構成する機器および部品（以下「機器等」という）の飛散を防ぐ仕組みが講じられていること、人工衛星を構成する機器もしくは部品を分離するものまたは人工衛星を他の人工衛星等に結合するものが、他の人工衛星の管理に支障を及ぼさない仕組みが講じられていること、人工衛星の位置、姿勢および状態の異常を検知したとき、当該人工衛星の破砕を予防する仕組みが講じられていること、人工衛星の管理の期間中または終了後、地球に落下する人工衛星または人工衛星を構成する機器等にあっては、空中で燃焼させること等により、公共の安全の確保に支障を及ぼさない仕組みが講じられていること、地球以外の天体を回る軌道に投入し、または当該天体に落下した人工衛星または人工衛星を構成する機器もしくは部品を地球に落下させて回収するものにあっては、地球外物質の導入から生ずる地球の環境の悪化を防止する仕組みが講じられていること、地球以外の天体を回る軌道に投入し、または当該天体に落下させる人工衛星または人工衛星を構成する機器等にあっては、当該天体の有害な汚染を防止する仕組みが講じられていること、に関する基準を定める内閣府令

（本法施行規則22条）である。

 (5) 「第22条……第3号の内閣府令」(1項)
　人工衛星を構成する機器もしくは部品を分離するときまたは人工衛星を他の人工衛星等に結合するときに、他の人工衛星の管理に支障を及ぼさないこと、人工衛星の位置、姿勢および状態の異常を検知したとき、当該人工衛星の破砕を予防することまたは終了措置を実施すること、地球を回る軌道から異なる軌道に移動しうる能力を有する人工衛星にあっては、他の人工衛星等と衝突する可能性があることを把握したときに回避することが適切と判断される場合は、回避すること、に関する基準を定める内閣府令（本法施行規則23条）である。

（経過措置）
第4条　この法律の施行の際現に行われている人工衛星の管理については、第20条第1項の規定は、適用しない。

　人工衛星の管理に係る許可の規定は、本法施行の際に現に行われている人工衛星の管理には適用しないこととしている。

（検討）
第5条　政府は、この法律の施行後5年を経過した場合において、この法律の施行の状況について検討を加え、必要があると認めるときは、その結果に基づいて所要の措置を講ずるものとする。

　「規制改革推進のための3か年計画」（平成19年6月22日閣議決定）において、「法律により新たな制度を創設して規制の新設を行うものについては、各府省は、……当該法律に一定期間経過後当該規制の見直しを行う旨の条項（以下「見直し条項」という。）を盛り込むものとする」とされているが、本法は、許可制の採用等、民間事業者に対する規制を新設しているので、見直し規定を設

けている。上記閣議決定においては、見直しまでの期間について、「『5年』を標準とし、それより短い期間となるよう努める」とされている。「この法律の施行」とは、本法制定附則1条柱書の定める施行であり、2018（平成30）年11月15日に全面施行されている。したがって、「施行後5年を経過した場合」とは、2023年11月15日を経過した場合を意味する。

（国立研究開発法人宇宙航空研究開発機構法の一部改正）
第6条　国立研究開発法人宇宙航空研究開発機構法（平成14年法律第161号）の一部を次のように改正する。
　　第18条第2項を削る。
　　第19条第2項中「前条第1項第2号」を「前条第2号」に、「同項第2号」を「同条第2号」に、「同項第8号」を「同条第8号」に改める。
　　第21条及び第22条を次のように改める。
　　第21条及び第22条　削除
　　第23条第1項中「第18条第1項」を「第18条」に改める。
　　第26条第1項第3号中「第18条第1項」を「第18条」に改め、同項第4号から第7号までの規定中「第18条第1項」を「第18条」に、「同項第3号」を「同条第3号」に、「同項第5号」を「同条第5号」に改め、同項第8号中「第18条第1項」を「第18条」に、「同項第6号」を「同条第6号」に改める。
　　第28条第1号中「又は第22条第1項」を削り、同条中第2号を削り、第3号を第2号とする。
　　第31条第2号中「第18条第1項」を「第18条」に改め、同条第3号を削る。

（1）「第21条……削除」

JAXA法旧21条1項（「機構は、人工衛星等の打上げにより他人に生じた損害を賠償するために必要な金額を担保することができる保険契約を締結していなければ、人工衛星等の打上げを行ってはならない」）の規定が削除されたが、同項の規定に基づきJAXAまたはJAXAに人工衛星等の打上げを委託した者と保険会社との間で

締結された保険契約は、同項の規定が廃止されても失効するわけではない。本法施行前に同項の規定に基づき保険契約を締結した後、本法施行後に人工衛星等の打上げが実施される場合、同条2項（「前項に規定する保険契約に係る保険金額は、被害者の保護等を図る観点から適切なものとなるよう、保険者の引受けの可能な額等を参酌して、主務大臣が定めるものとする」）の規定に基づきJAXAの主務大臣が告示で定める保険金額は200億円であるが、この金額は、本法の委任に基づき内閣府令で定める損害賠償措置額を下回るものではないので、本法の規定に反することにはならない。したがって、JAXA法旧21条1項・2項の削除に係る経過措置は定められていない。

　また、JAXA法旧21条3項（「機構が第1項に規定する特約をするときは、前条第1項に規定する保険契約は、同項及び同条第3項の規定にかかわらず、打上げ委託者が、機構に代わって、機構のために締結するものとする」）は、人工衛星等の打上げを委託する者がJAXAに代わって第三者損害賠償保険契約を締結することができる旨を規定しているが、JAXAに代わって第三者損害賠償保険契約を締結していた者は、実際には、三菱重工業株式会社のみである。そして、同社は、本法における打上げ実施者であるので、本法に基づく損害賠償担保措置を講じていることになり、本法の要件を満たすことになる。したがって、JAXA法旧21条3項の削除に係る経過措置も定められていない。

（2）「第22条削除」

　JAXA法旧22条1項は、「機構は、受託打上げに係る契約を打上げ委託者との間で締結するときは、主務大臣の認可を受けて、受託打上げにより受託打上げ関係者以外の者に損害が生じた場合における損害賠償の責任に関し、次に掲げる内容の特約をすることができる」（柱書）とし、「機構が受託打上げにより受託打上げ関係者以外の者に生じた損害を賠償する責めに任ずべき場合において、当該受託打上げに係る受託打上げ関係者も同一の損害について賠償の責めに任ずべきときは、機構が当該受託打上げ関係者の損害賠償の責任の全部を負担するものとすること」（1号）、「前号の場合において、その損害が受託打上げ関係者の故意により生じたものであるときは、機構は、その者に対して求償権を有するものとすること」（2号）と定めていた。本項の規定に基づいて締結

された受託打上げに関する特約は、本項の規定が廃止されたことにより失効するわけではない。本法施行後、打上げ実施者への責任集中の規定が適用されるが、JAXAが本法の打上げ実施者である場合の責任集中は、契約により実現されることになるため、本法施行後も、当該契約に基づく対応をすることで問題は生じない。また、JAXA法旧22条1項2号は、人工衛星等の打上げに起因する損害が、受託打上げ関係者の故意により発生した場合において、JAXAが当該者に対して求償権を有する旨を定めていたが、本法38条1項は、同趣旨の規定であるため、JAXA法旧22条が削除されたことに伴う経過措置も不要であり、規定されなかった。

> （国立研究開発法人宇宙航空研究開発機構法の一部改正に伴う罰則に関する経過措置）
> 第7条　この法律の施行前にした前条の規定による改正前の国立研究開発法人宇宙航空研究開発機構法の規定に違反する行為に対する罰則の適用については、なお従前の例による。

同様の一部改正に伴う罰則に関する経過措置の例として、独立行政法人中小企業基盤整備機構法の平成22年法律第25号改正附則7条参照。

> （地方税法の一部改正）
> 第8条　地方税法（昭和25年法律第226号）の一部を次のように改正する。
> 〔略〕

国立研究開発法人宇宙航空研究開発機構法の改正に伴う形式的な改正であり、実質的な改正ではない。

> （土地収用法及び印紙税法の一部改正）
> 第9条　次に掲げる法律の規定中「第18条第1項第1号」を「第18条第1号」に改める。
> 〔略〕

　国立研究開発法人宇宙航空研究開発機構法の改正に伴う形式的な改正であり、実質的な改正ではない。

> （政令への委任）
> 第10条　この附則に定めるもののほか、この法律の施行に伴い必要な経過措置（罰則に関する経過措置を含む。）は、政令で定める。

　本法制定附則4条、7条に定める経過措置以外にも、必要な経過措置が存在しうるが、それについては政令に委任することとしている。

第2部

衛星リモートセンシングに関する政策と法

序章　衛星リモートセンシング政策推進の意義と法規制の必要性

（1）　衛星リモートセンシング記録利用の意義

　地球を回る軌道に投入して使用する人工衛星（以下「地球周回人工衛星」という）に搭載したセンサーにより地表もしくは水面（これらに近接する地中または水中を含む）またはこれらの上空に存在する物により放射され、または反射された電磁波（以下「地上放射等電磁波」という）を検出し、その強度、周波数および位相に関する情報ならびにその検出した時の当該地球周回人工衛星の位置その他の状態に関する情報（その他の状態に関する情報としては、記録日時等が考えられる）（以下「検出情報」という）を電磁的記録（電子的方式、磁気的方式その他人の知覚によっては認識することができない方式で作られる記録であって、電子計算機による情報処理の用に供されるものをいう）として記録し、地上に送信する衛星リモートセンシングは、航空写真等の撮影が困難な地域においても、恒常的なデータ収集を可能にする。かつては、高機能の衛星リモートセンシングデータは、米国等の大国の国家機関がほぼ独占的に利用していた。しかし、衛星リモートセンシングデータを分析・加工することによって、多様な情報を得ることが可能になり、鉱物資源の効率的探索、社会インフラの維持・整備、防災・減災、農業生産性の向上等の諸目的で新サービス、新産業を創出することへの期待が高まっている。近年では、宇宙活動国が増加し、また、民間の衛星リモートセンシング技術も著しく向上し、高分解能、高頻度、高鮮度の情報を取得することが可能になり、さらに衛星の小型化による低コスト化、動画対応等も進み、民間においても、衛星リモートセンシングデータの利用が広がり、国際市場で販売される時代に突入している。宇宙基本計画においては、宇宙政策の目標として、民生分野における宇宙利用促進（地球規模の課題の解決、新事業創出等）、産業・科学技術基盤の維持・強化（製造・研究基盤、国際競争力等）が掲げられており、わが国においても、民生用の衛星リモートセンシングデータの活用を促進することにより、国民生活の向上、産業の発展等を促進することの意義は大きい（衛星リモートセンシング記録活用の例について、新谷美保子「衛星リモートセンシング法の概説と衛星データ活用

序　章

の未来」NBL1109 号（2017 年）9 頁参照）。他方、宇宙基本計画においては、宇宙安全保障の確保（安全保障の観点からの宇宙の利用についてのわが国における議論の経緯について、青木節子「21 世紀の宇宙開発・利用における平和利用原則」河井克行＝五代富文＝田中俊二＝志方俊之＝稗田浩雄＝中須賀真一＝青木節子『国家としての宇宙戦略論』（誠文堂新光社、2006 年）219 頁以下参照）も宇宙政策の目標とされており、この観点からの衛星リモートセンシングデータの利用も重視されている。

（2）　衛星リモートセンシングに係る法規制の必要性

リモートセンシング衛星の性能、データの解像度の飛躍的向上は、安全保障への懸念を高めている。衛星リモートセンシングデータがわが国の国益を害するような利用をされた場合、わが国の安全保障にとって脅威になり、それを防止するための必要最小限の法規制が必要になる。他方において、衛星リモートセンシングに関して事業者が遵守すべき基準・ルールを明確化することにより、事業者に予見可能性を付与することは、わが国の衛星リモートセンシング産業の発展を促進する制度的インフラになると考えられる。したがって、衛星リモートセンシングの民生・安全保障のための利用を促進する観点と安全保障への脅威を抑止するための管理の観点の均衡を考慮した法規制が必要になると考えられる。このように衛星リモートセンシングに係る法制は、情報の有効活用と保全の均衡を考慮する必要があるという点で、情報法制の観点からも、重要な意味を有する。そこで、本章において、衛星リモートセンシング政策を実現するための法制について論ずることとする。

（3）　諸外国におけるリモートセンシング規制

すでに 1962 年に、国連宇宙空間平和利用委員会（COPUOS）法律小委員会にソ連がスパイ衛星利用禁止を提案していたように、衛星リモートセンシングに係る法規制に関する議論は、1960 年代から国連での関心が高まり、1968 年開催の第 1 回国連宇宙会議では、衛星リモートセンシングに係る国際条約または国連総会決議が必要であることについてコンセンサスが形成され、翌年の法律小委員会において、衛星リモートセンシングに係る法規制が議題とされた。1969 年には、同委員会科学技術小委員会が、衛星リモートセンシングデータ

に係る報告書を採択している。しかし、被撮影国の事前の同意なしに衛星リモートセンシングを行うことを禁止し、被撮影国は、自国に係る衛星リモートセンシングデータに完全かつ無制限のアクセス権を付与されるべきであるとするラテンアメリカ諸国の見解、撮影もデータの提供も自由であるとする米国の見解、撮影は宇宙探査・利用の自由に含まれるがデータを第三国に提供することには被撮影国の事前の同意が必要であるとするフランスやソ連の折衷的見解が対立し、1978年に同委員会法律小委員会に、リモートセンシング活動には被撮影国への事前の通報が必要であり、撮影国は被撮影国の天然資源に関する衛星リモートセンシングデータを被撮影国の同意なしに公表しないとする案が提示されたが、合意に達することはできなかった。他方、同年、東側諸国のインターコスモス参加国間で衛星リモートセンシングデータの移転・利用に関する条約（ただし、この条約はすでに死文化している疑いが強いとされる。青木節子『日本の宇宙戦略』［慶應義塾大学出版会、2006年］83頁参照）が採択された。同条約では、分解能50メートルより高精度の第1次データを有する締約国に、被撮影国の明示の同意なしに当該データを公表したり他者に提供しないことを義務づけ、被撮影国の天然資源・経済的潜在力に関する情報を含む衛星リモートセンシングデータについては、被撮影国の明示の同意なしに当該データを公表したり利用することを禁止している。衛星リモートセンシングに係るルールについて国連総会でようやく合意が形成されたのは、1986年になってからであった（以上について、小塚荘一郎=佐藤雅彦編著『宇宙ビジネスのための宇宙法入門［第2版］』［有斐閣、2018年］72～75頁［青木節子執筆］参照。リモートセンシング原則を定める国連総会決議に至るまでに各国がいかなる意見を述べて、議論が行われてきたかの経緯については、中央学院大学地方自治研究センター編・龍澤邦彦著『宇宙法システム—宇宙開発のための法制度』［丸善プラネット、2000年］274～291頁が詳細である）。

1986年12月3日の第41回国連総会決議第41/65号で合意された原則（以下「リモートセンシング原則」という）（リモートセンシング原則の妥当性について論ずるものとして、Maureen Williams, "The UN Principles on Remote Sensing Today", in Frans G. von der Dunk (ed.), International Space Law (2018), 757-760を参照）は、リモートセンシングを天然資源の管理、土地利用および環境保護の改善の目的で行うものに限定しており、軍事目的のものは射程外である（第1原則(a)）。リモートセンシング

序　章

活動は、特に開発途上国の必要を考慮して、すべての国の利益のために行われるとされているが（第2原則）、宇宙空間の探査・利用の自由の原則を規定する宇宙条約1条の原則に従うこととされ（第4原則）、撮影国の撮影の自由が認められ、被撮影国の事前の同意も、被撮影国への事前の通報も不要とされている。被撮影国は、自国の領域に係る「第1次データ（primary data）」および「処理データ（processd data）」が作成された場合、直ちに、無差別かつ合理的な費用で当該データにアクセスすることができるが、自国の領域に係る「解析された情報（analyzed information）」については、当該画像を取得したリモートセンシング活動に参加した国が保有し、被撮影国は、それが利用可能なときに、無差別かつ合理的な費用で当該データにアクセスすることができるにとどまる（第12原則）。ただし、リモートセンシング原則の第10原則では、地球の自然環境に有害な現象を防止することに資する情報を有する衛星リモートセンシング参加国は、関係国に当該情報を公開し、第11原則では、自然災害により影響を受け、または影響を受ける危険が切迫している可能性がある国にとって有益な処理データおよび解析された情報を有する国は、可及的速やかに当該データおよび情報を関係国に提供することとしている。第14原則では、リモートセンシング衛星を運用する国は、宇宙条約6条に従って、自国の活動について国際的な責任を有し、当該活動が、政府団体、非政府団体または自国が属する国際組織のいずれによって行われるか否かを問わず、この宣言の原則および国際法の規範に従い行われることを確保するとされ、この原則は、リモートセンシング活動についての国家責任に関する国際法の規範の適用の可能性を損なうものではないとされている（15のリモートセンシング原則については、中央学院大学地方自治研究センター編・龍澤邦彦著・前掲書『宇宙法システム』285～291頁が逐条的に解説している。リモートセンシング原則確立後の衛星リモートセンシングデータの公表・提供制度の展開については、小塚=佐藤・前掲書『宇宙ビジネスのための宇宙法入門［第2版］』76～77頁［青木節子執筆］参照）。リモートセンシング原則について国連で合意が形成されたとはいえ、衛星リモートセンシングに係る国際ルールの整備は不十分であり、一部の先進国が、衛星リモートセンシングに係る国内法を制定しているにとどまる。

　米国では、1972年に打ち上げられた地球観測衛星ランドサットの商業化を

試み、1984年制定の陸域リモートセンシング商業化法で、地球観測衛星ランドサットからの画像の販売を商業化しようとした。しかし、安全保障上の制約および政府の財政支援の不足等により、この試みは失敗した。そこで、陸域リモートセンシング商業化法に代えて、1992年、陸域衛星リモートセンシング政策法が制定され、ランドサットを米国政府が所有して運用し、そのデータを実費ですべての利用者に無差別で提供することを定めるとともに、より分解能が高くフランス、ベルギー、スウェーデンが共同開発したSPOT衛星と競争可能な民間の衛星リモートセンシングシステムについての許可制等の規制を導入し、商務省が監督官庁とされた。1994年の大統領令では、衛星リモートセンシングシステムは米国の領土内から管理すること、衛星リモートセンシングの運用ログを保存し、監督官庁からの求めに応じ開示する義務を負うこと、監督官庁が国家安全保障または外交上の理由で撮影や撮影データの提供先を制限するシャッター・コントロールを行うこと、海外に衛星地上局を設置する契約のような外国との重要な契約に係る事前審査を行うこと、撮影データの廃棄を制限し、国のアーカイブに移管するか否かを政府が判断すること、リモートセンシング衛星の運用終了後の措置について監督官庁の指示に従うこと等が定められている。また、1997年の国家防衛権限法改正でイスラエルおよび大統領が指定した地域の画像については、市場で入手可能な解像度を超えるデータの提供が禁止された。さらに、2003年制定の商業リモートセンシング政策により、シャッター・コントロールが強化され、政府が可能な限り国内企業からデータを購入する方針が採用され、2006年には民間部門を対象としたライセンス規則が制定されている。

　カナダでは、2005年にリモートセンシング宇宙システム法および関連政令が制定され、リモートセンシングシステムの運用者による画像指令、生データの受信、保存、処理、配布等に係る規制が導入され、外務省が主たる監督官庁とされた。同法は、分解能と無関係に適用され、また、政府の衛星にも（一部の規定が適用除外になりうるものの）適用される。申請書には、スペースデブリ対策も記載する必要がある。同法はシャッター・コントロールについて定めるとともに、緊急時には、政府に優先的にデータを提供させる権限を政府に付与している。

序章

　ドイツでは、2007 年に「高解像度リモートセンシングデータの伝播によるドイツ連邦共和国の安全保障への危険に対する防衛のための法律」(リモートセンシングデータ安全保障法) が制定され、高度リモートセンシングシステムの運用者とデータ提供者の双方に係る許可制が導入され、同法に基づく命令により、データ提供規制の詳細について定められている。具体的には、第 1 次的に、データ提供者自身が基準に従い機微性審査を行い、機微性があると判断される場合には、連邦経済技術省の審査 (防衛省、外務省等の関与) が必要になる。また、ドイツでは外資規制も実施しており、システムの買収・合併等の場合、外資は 25 パーセント未満でなければならず、事前届出から 30 日以内に当該買収を禁止することも可能である。

　フランスでは、衛星リモートセンシングに特化した法律ではなく、2008 年に制定された宇宙活動に関する法律第 7 編 (23 条～25 条) において、第 1 次運用者について届出制を導入し、フランスの防衛・外交等の国家的利益を保護するため、第 1 次運用者に対する制限を行うことができると定めている。同法の委任を受けて 2009 年に制定された政令第 2009-640 号 (リモートセンシング政令) が、より詳細な定めを置いている。フランスでは、国防委員長に対する届出制と国防委員会によるシャッター・コントロールの仕組みを採用している。衛星リモートセンシング記録の付加価値業者は対象外である (以上の外国法については、伊藤淳代「衛星リモートセンシング法の最新の動向」空法 52 号 (2011 年) 1 頁以下、小塚＝佐藤・前掲書『宇宙ビジネスのための宇宙法入門 [第 2 版]』195～197 頁 [竹内悠執筆] 参照。その他、インドの衛星リモートセンシング政策については、伊藤・前掲空法 52 号 28～30 頁、ロシアの衛星リモートセンシング政策については、小塚＝佐藤・前掲書『宇宙ビジネスのための宇宙法入門 [第 2 版]』197～198 頁 [竹内悠執筆] 参照)。

(4)　衛星リモートセンシング法の立法化

　2015 (平成 27) 年 1 月 9 日に閣議決定した第 3 次宇宙基本計画において、宇宙活動法 (仮称) を 2016 (平成 28) 年の通常国会に提出することを目指すとされた。これと並び衛星リモートセンシングについても、わが国および同盟国の安全保障上の利益を確保しつつ、リモートセンシング衛星を活用した民間事業者の事業を推進するために必要となる制度的担保を図るための新たな法案を同国

会に提出することを目指すとされた。そして、2015（平成27）年2月に、宇宙政策委員会宇宙産業・科学技術基盤部会宇宙法制小委員会が設置され、同法の立法に向けた検討が行われ、同年6月、宇宙政策委員会において、衛星リモートセンシングに関する現状認識、わが国が衛星リモートセンシング政策を推進する意義、衛星リモートセンシング法に関する論点（管理を行うべきデータ、行為、行為者の範囲）等を整理した「衛星リモートセンシング法等に関する基本的考え方」が取りまとめられた。翌月の宇宙開発戦略本部会合においては、安倍晋三内閣総理大臣から、「我が国の民間事業者等による宇宙活動を後押しするための制度インフラとなる『宇宙活動法』と『衛星リモートセンシング法』について、次期通常国会に提出できるよう、検討を進めること」という指示が出された。2016（平成28）年の第190回通常国会に「衛星リモートセンシング記録の適正な取扱いの確保に関する法律案」が提出され（同年3月4日、衆議院で議案受理）、同年4月26日に同院で内閣委員会に付託されたが、継続審査となり、第192回臨時国会において同年11月9日に可決・成立し、同月16日に平成28年法律第77号として公布された。

（5） 課題

　衛星リモートセンシングデータについては、分解能の高度化に伴い、航空写真と同様に、個人情報保護の問題も認識されるようになっている。財団法人日本測量調査技術協会は、2007（平成19）年3月26日、「個人情報保護及び国家安全保障等に配慮した高解像度航空写真の公開について」（注意喚起）において、(i)航空写真は、国土の状況把握・記録のために不可欠のコンテンツであり、地理空間情報を高度に活用する社会を担う社会基盤として、積極的に利活用されるべきものであるが、(ii)高解像度の航空写真が誰でも自由に閲覧、利用できるといった状況は、個人情報保護、プライバシー保護、防犯、国家安全保障等で考慮しなければならない課題が多いことから、無秩序な一般公開については歯止めが必要であると考えるとし、(iii)不特定多数の人が自由に閲覧できるインターネットWebサイトに公開または提供される航空写真については、少なくとも屋上や庭先の人物が識別できないもの、自動車の車種が特定できないもの、その他個人の財産や生活状況が類推できないものとすべきであり、解像度の調

整および画面上の拡大制限等適切な処置を要請し、(iv)航空写真提供に携わる企業は、高解像度航空写真の一般公開が社会に与える影響を認識し対処しておく必要があり、これを認識しないまま公開または提供した企業が、反社会的行為として社会的制裁を受けることはやむを得ないと考えるという見解を示している。2010（平成 22）年に地理空間情報活用推進会議が決定した「地理空間情報の活用における個人情報の取扱いに関するガイドライン」（地理空間情報に係る個人情報保護について、宇賀克也「地理空間情報に係る個人情報保護」同『情報公開・個人情報保護─最新重要裁判例・審査会答申の紹介と分析』［有斐閣、2013 年］96 頁以下参照）においては、航空写真は個人情報には該当しないとする一方、上空から撮影される航空写真の特性上、塀で囲まれ公道から見えない場所等の情報が含まれることから、撮影対象・撮影縮尺によっては、プライバシーや防犯への配慮について十分な検討が必要となる場合があることを指摘している。同ガイドラインは、当時の技術水準（最も高い品質が 50 センチメートル程度の分解能）では、衛星画像は個人情報には該当しないとしながら、やはり、上空から撮影される衛星画像の特性上、航空写真と同様の配慮を求めている。また、国際法曹協会は、衛星による地球観測画像を含む地理的情報を対象として、著作権のみならず、プライバシー権等の人格権も含めて条約の制定を提言している（小塚＝佐藤・前掲書『宇宙ビジネスのための宇宙法入門［第 2 版］』274 頁［小塚荘一郎執筆］参照）。衛星リモートセンシング記録の高解像度化が今後一層進展していくと予見されるため、個人情報保護法制との関係を真剣に検討しなければならない時代も到来すると思われる。このように、本法制定後も、検討を要する法的課題は少なくない。また、本法が対象とする衛星リモートセンシングは、従前は、宇宙法の一環として、主として国際法の分野で議論がされてきたが、情報法制の観点からも、検討を継続していく必要があると思われる（小塚荘一郎＝青木節子「宇宙 2 法の背景と実務上の留意点」NBL1090 号（2017 年）34 頁参照。本法について、肖像権・プライバシー権、個人情報保護、著作権、不正競争防止法という情報法の側面から分析したものとして、小塚荘一郎＝横山経通「衛星リモートセンシング事業と情報法」NBL1127 号（2018 年）4 頁以下参照。また、本法の概要について、内閣府宇宙開発戦略推進事務局「宇宙 2 法（人工衛星等の打上げ及び人工衛星の管理に関する法律、衛星リモートセンシング記録の適正な取扱いの確保に関する法律）の制定について」NBL1093 号（2017 年）9 頁以下、佐藤耕平「衛星

リモートセンシング記録の適正な取扱いの確保に関する法律（衛星リモセン法）の概要について」ジュリスト1506号（2017年）34頁以下参照）。

衛星リモートセンシング記録の適正な取扱いの確保に関する法律
〔平成28年11月16日号外　法律第77号〕
〔総理大臣署名〕
衛星リモートセンシング記録の適正な取扱いの確保に関する法律をここに公布する。

衛星リモートセンシング記録の適正な取扱いの確保に関する法律
目　次
　第1章　総則（第1条—第3条）
　第2章　衛星リモートセンシング装置の使用に係る許可等（第4条—第17条）
　第3章　衛星リモートセンシング記録の取扱いに関する規制（第18条—第20条）
　第4章　衛星リモートセンシング記録を取り扱う者の認定（第21条—第26条）
　第5章　内閣総理大臣による監督（第27条—第30条）
　第6章　雑則（第31条・第32条）
　第7章　罰則（第33条—第38条）
　附則

第1章 総　則

> **（趣旨）**
> **第1条**　この法律は、宇宙基本法（平成20年法律第43号）の基本理念にのっとり、我が国における衛星リモートセンシング記録の適正な取扱いを確保するため、国の責務を定めるとともに、衛星リモートセンシング装置の使用に係る許可制度を設け、あわせて、衛星リモートセンシング記録保有者の義務、衛星リモートセンシング記録を取り扱う者の認定、内閣総理大臣による監督その他の衛星リモートセンシング記録の取扱いに関し必要な事項を定めるものとする。

（1）「趣旨」（見出し）

総則の冒頭に法律の趣旨についての規定を置く例として、平成26年法律第68号による全部改正前の行政不服審査法1条、船舶のトン数の測度に関する法律1条、ハンセン病問題の解決の促進に関する法律1条参照。

（2）「宇宙基本法（平成20年法律第43号）」

わが国の従前の宇宙開発利用政策は、研究開発を中心としていた。しかし、人工衛星を活用した放送通信、測位、衛星リモートセンシング記録を活用した資源探査、災害対策、農業経営等、日常の生活や業務においても、人工衛星が広く利用されるようになってきた。また、諸外国では、安全保障が、宇宙利用の重要な部分を占めてきたが、わが国では、宇宙の平和利用原則がとられ、安全保障のための宇宙利用が認められてこなかったが、日本をとりまく安全保障環境の変化を受けて、安全保障の観点からの宇宙利用の必要性が高まっていった。このような背景の下、宇宙開発利用政策を総合的かつ計画的に国家戦略として推進するために、内閣総理大臣を本部長とする宇宙開発戦略本部（内閣に置かれる本部については、宇賀・行政法概説Ⅲ 135頁以下参照）を設置し、宇宙基本計画を閣議決定することなどを定める宇宙基本法が、議員立法として、2008

(平成20)年に制定された。同法は、「科学技術の進展その他の内外の諸情勢の変化に伴い、宇宙の開発及び利用（以下「宇宙開発利用」という。）の重要性が増大していることにかんがみ、日本国憲法の平和主義の理念を踏まえ、環境との調和に配慮しつつ、我が国において宇宙開発利用の果たす役割を拡大するため、宇宙開発利用に関し、基本理念及びその実現を図るために基本となる事項を定め、国の責務等を明らかにし、並びに宇宙基本計画の作成について定めるとともに、宇宙開発戦略本部を設置すること等により、宇宙開発利用に関する施策を総合的かつ計画的に推進し、もって国民生活の向上及び経済社会の発展に寄与するとともに、世界の平和及び人類の福祉の向上に貢献することを目的とする」（同法1条）。同法の制定は、縦割りであった従前のわが国の宇宙開発利用政策を総合性・計画性を確保した国家戦略に転換する分岐点になったといえる。

（3）「基本理念にのっとり」

　宇宙基本法の2条から7条までに、同法の基本理念が定められている（同法8条参照）。具体的には、(i)宇宙の平和的利用（宇宙開発利用は、月その他の天体を含む宇宙空間の探査及び利用における国家活動を律する原則に関する条約等の宇宙開発利用に関する条約その他の国際約束の定めるところに従い、日本国憲法の平和主義の理念にのっとり、行われるものとすること。同法2条)、(ii)国民生活の向上等（宇宙開発利用は、国民生活の向上、安全で安心して暮らせる社会の形成、災害、貧困その他の人間の生存および生活に対する様々な脅威の除去、国際社会の平和および安全の確保ならびにわが国の安全保障に資するよう行われなければならないこと。同法3条)、(iii)産業の振興（宇宙開発利用は、宇宙開発利用の積極的かつ計画的な推進、宇宙開発利用に関する研究開発の成果の円滑な企業化等により、わが国の宇宙産業その他の産業の技術力および国際競争力の強化をもたらし、もってわが国産業の振興に資するよう行われなければならないこと。同法4条)、(iv)人類社会の発展（宇宙開発利用は、宇宙に係る知識の集積が人類にとっての知的資産であることにかんがみ、先端的な宇宙開発利用の推進および宇宙科学の振興等により、人類の宇宙への夢の実現および人類社会の発展に資するよう行われなければならないこと。同法5条)、(v)国際協力等（宇宙開発利用は、宇宙開発利用に関する国際協力、宇宙開発利用に関する外交等を積極的に推進することにより、わが国の国際社会における役割を積極的に果たすと

ともに、国際社会におけるわが国の利益の増進に資するよう行われなければならないこと。同法6条）、(vi)環境への配慮（宇宙開発利用は、宇宙開発利用が環境に及ぼす影響に配慮して行われなければならないこと。同法7条）が基本理念として定められている。ここで注目されるのは、同法4条において、産業の振興が明記されたことである。米国においても、商業打上げ法の制定によって、民間事業者が遵守すべき基準が明確化され、政府による補償制度の導入により人工衛星等の打上げ事業のリスクが低減し、このことがSpaceX社等による商業打上げ市場への新規参入を促進することになった。そこで、宇宙基本法16条において、「国は、宇宙開発利用において民間が果たす役割の重要性にかんがみ、民間における宇宙開発利用に関する事業活動（研究開発を含む。）を促進し、我が国の宇宙産業その他の産業の技術力及び国際競争力の強化を図るため、自ら宇宙開発利用に係る事業を行うに際しては、民間事業者の能力を活用し、物品及び役務の調達を計画的に行うよう配慮するとともに、打上げ射場（ロケットの打上げを行う施設をいう。）、試験研究設備その他の設備及び施設等の整備、宇宙開発利用に関する研究開発の成果の民間事業者への移転の促進、民間における宇宙開発利用に関する研究開発の成果の企業化の促進、宇宙開発利用に関する事業への民間事業者による投資を容易にするための税制上及び金融上の措置その他の必要な施策を講ずるものとする」と規定され、わが国における宇宙産業の発展の法的基盤を形成することになった。これを受けて、国立研究開発法人宇宙航空研究開発機構法（以下「JAXA法」という）が2012（平成24）年に改正され、(i)人工衛星等の開発ならびにこれに必要な施設および設備の開発を行うこと、(ii)人工衛星等の打上げ、追跡および運用ならびにこれらに必要な方法、施設および設備の開発を行うことに係る業務に関し、民間事業者の求めに応じて援助および助言を行うことが、国立研究開発法人宇宙航空研究開発機構（以下「JAXA」という）の業務とされた（JAXA法18条6号）。

　基本法の基本理念にのっとることを定める例として、小規模企業振興基本法1条、女性の職業生活における活躍の推進に関する法律1条参照。

(定義)
第2条 この法律において、次の各号に掲げる用語の意義は、それぞれ当該各号に定めるところによる。
(1) 人工衛星　地球を回る軌道若しくはその外に投入し、又は地球以外の天体上に配置して使用する人工の物体をいう。
(2) 衛星リモートセンシング装置　地球を回る軌道に投入して使用する人工衛星（以下「地球周回人工衛星」という。）に搭載されて、地表若しくは水面（これらに近接する地中又は水中を含む。）又はこれらの上空に存在する物により放射され、又は反射された電磁波（以下「地上放射等電磁波」という。）を検出し、その強度、周波数及び位相に関する情報並びにその検出した時の当該地球周回人工衛星の位置その他の状態に関する情報（次号において「検出情報」という。）を電磁的記録（電子的方式、磁気的方式その他人の知覚によっては認識することができない方式で作られる記録であって、電子計算機による情報処理の用に供されるものをいう。以下同じ。）として記録し、並びにこれを地上に送信する機能を有する装置であって、これらの機能を適切な条件の下で作動させた場合に地上において受信した当該電磁的記録を電子計算機の映像面上において視覚により認識することができる状態にしたときに判別ができる物の程度（以下この条及び第20条第1項において「対象物判別精度」という。）が車両、船舶、航空機その他の移動施設の移動を把握するに足るものとして内閣府令で定める基準に該当し、かつ、これらの機能を作動させ、又は停止させるために必要な信号及び当該電磁的記録を他の無線設備（電磁波を利用して、符号を送り、又は受けるための電気的設備及びこれと電気通信回線で接続した電子計算機をいう。以下同じ。）との間で電磁波を利用して送信し、又は受信することのできる無線設備を備えるものをいう。
(3) 操作用無線設備　衛星リモートセンシング装置の地上放射等電磁波を検出する機能を作動させる時間、検出情報が記録された電磁的記録（以下「検出情報電磁的記録」という。）を地上に送信する時間、その送信の際に用いる通信の方法及び対象物判別精度の決定及び変更その他の衛星リモートセンシング装置の操作を行うために必要な信号を当該衛星リモートセンシング装置に直接又は他の無線設備を経由して電磁波を利用して送信する機能を有する無線設備をいう。
(4) 衛星リモートセンシング装置の使用　自ら又は他の者が管理する操作用

無線設備から衛星リモートセンシング装置にその操作を行うために必要な信号を送信する方法を設定した上で、当該操作用無線設備を用いて、地球周回人工衛星に搭載された当該衛星リモートセンシング装置の操作を行い、検出情報電磁的記録を地上に送信することをいう。
(5) 特定使用機関　衛星リモートセンシング装置の使用を適正に行うことができるものとして政令で定める国又は地方公共団体の機関をいう。
(6) 衛星リモートセンシング記録　特定使用機関以外の者による国内に所在する操作用無線設備を用いた衛星リモートセンシング装置の使用により地上に送信された検出情報電磁的記録及び当該検出情報電磁的記録に加工を行った電磁的記録のうち、対象物判別精度、その加工により変更が加えられた情報の範囲及び程度、当該検出情報電磁的記録が記録されてから経過した時間その他の事情を勘案して、その利用により宇宙基本法第14条に規定する国際社会の平和及び安全の確保並びに我が国の安全保障（以下「国際社会の平和の確保等」という。）に支障を及ぼすおそれがあるものとして内閣府令で定める基準に該当するもの並びにこれらを電磁的記録媒体（電磁的記録に係る記録媒体をいう。）に複写したものをいう。
(7) 特定取扱機関　特定使用機関及び衛星リモートセンシング記録の取扱いを適正に行うことができるものとして政令で定める国若しくは地方公共団体の機関又は外国（本邦の域外にある国又は地域をいう。以下同じ。）の政府機関をいう。
(8) 衛星リモートセンシング記録保有者　衛星リモートセンシング記録を保有する者（特定取扱機関を除く。）をいう。

(1)　「人工衛星　地球を回る軌道若しくはその外に投入し、又は地球以外の天体上に配置して使用する人工の物体をいう」（1号）

　人工衛星は、定義上、無人か有人かは問わない。本号における人工衛星の定義は、「人工衛星等の打上げ及び人工衛星の管理に関する法律」（以下「宇宙活動法」という）における「人工衛星」の定義と同じである（同法2条2号）。他方、JAXA法では、「人工衛星等」を「人工衛星（地球を回る軌道の外に打ち上げられる飛しょう体及び天体上に置かれる人工の物体を含む。）及びその打上げ用ロケットをいう」と定義している（同法2条3項）。JAXA法は、JAXAが行う業務について定めるものであるので、「人工衛星」の意味は自明であるとい

う前提の下で、地球を周回する軌道を公転する人工の物体に限定されず、地球以外の惑星（惑星の法的地位について、池田文雄『宇宙法』［勁草書房、1961年］165頁以下参照）を周回する軌道に投入される惑星探査機のように地球を回る軌道の外に打ち上げられる飛しょう体を含み、さらに、月面探査機、火星探査機のように地球以外の天体に置かれる人工の物体も含むことを明記し、旧文部科学省宇宙科学研究所（ISAS）、旧宇宙開発事業団（NASDA）、旧航空宇宙技術研究所（NAL）を統合してJAXAを設立するに当たり、ISASが実施してきた各種探査機の研究開発業務を承継することを明確にしている。これに対し、本法および宇宙活動法は規制法であり、規制対象を明確にする必要があるので、「人工衛星」の意味が自明であるという前提には立たず、定義規定において、その意味を明確にしている。JAXA法では、「飛しょう体」という文言が使用されているが、宇宙条約8条では、「宇宙空間に発射された物体（天体上に着陸させられ又は建造された物体を含む。）」と規定し、宇宙物体登録条約（宇宙物体登録条約の条文については、慶應義塾大学宇宙法センター（宇宙法研究所）監修・編集『宇宙法ハンドブック』［一柳みどり編集室、2013年］38頁以下参照）2条2項では、人工衛星を「地球を回る軌道に又は地球を回る軌道の外に打ち上げられた宇宙物体」と規定しており、いずれも「飛しょう」することを明記していないこと、「飛しょう」という用語が能動的に移動するニュアンスを有するため、一般的には推進力を有しない人工衛星にこの語を用いることに違和感がありうることから、本法および宇宙活動法では、この語を使用していない。人工衛星は、電力、通信、姿勢制御等の基本的な機能を有するバス機器と、通信・放送装置、測位装置、衛星リモートセンシング装置（センサー）等のように人工衛星の用途のために必要なミッション機器により構成される。

　（2）「地表若しくは水面（これらに近接する地中又は水中を含む。）又はこれらの上空に存在する物により放射され、又は反射された電磁波（以下「地上放射等電磁波」という。）を検出し、その強度、周波数及び位相に関する情報並びにその検出した時の当該地球周回人工衛星の位置その他の状態に関する情報（次号において「検出情報」という。）を電磁的記録（電子的方式、磁気的方式その他人の知覚によっては認識することができない方式で作られる記録であって、電子計算機による情

報処理の用に供されるものをいう。以下同じ。）として記録し」（2号）
　この記録は、地表または水面（これらに近接する地中または水中を含む）に存在する物により放射または反射された電磁波の強度、周波数および位相に関する情報（当該物の形状や色彩に関する情報）、人工衛星の位置および姿勢に関する情報（地上の範囲およびその詳細度に当たる情報）、記録時刻を記録したものである。したがって、宇宙空間や天体を観測するリモートセンシング装置は、本号の衛星リモートセンシング装置には含まれず、本法の規制対象ではない。

（3）「これらの機能を適切な条件の下で作動させた場合に地上において受信した当該電磁的記録を電子計算機の映像面上において視覚により認識することができる状態にしたときに判別ができる物の程度（以下この条及び第21条第1項において「対象物判別精度」という。）」（2号）
　対象物判別精度（分解能）は、衛星リモートセンシング装置が電磁波を検出する性能および電磁的記録を電子計算機の映像面上で視覚により認識可能にするソフトの性能の双方により決定されるが、衛星リモートセンシング装置と地表面との傾斜角の大きさによっても影響を受ける。

（4）「車両、船舶、航空機その他の移動施設の移動を把握するに足りるものとして内閣府令で定める基準に該当し」（2号）
　衛星リモートセンシング記録を利用したビジネスの発展を阻害しないように、本法は規制を最小限度にするため、対象物判別精度が法定された閾値以上の場合に許可の対象としている。そして、衛星リモートセンシング・ビジネスに係る国際的な技術の発展の状況等に応じて適時に基準を変更できるように、基準を内閣府令に委任している。
　(i)対象物が太陽光を受けて放射した量を検出する光学センサーについては対象物判別精度が2メートル以下のものであること、(ii)マイクロ波センサーの一種であるSARセンサー（合成開口レーダー）については対象物判別精度が3メートル以下のものであること、(iii)数十種類以上に分類されたスペクトルによる情報を取得するハイパースペクトルセンサーについては対象物判別精度が10メートル以下のもので、かつ、検出できる波長帯が49を超えるものであるこ

と、(iv)赤外線を受信し電気信号に変換して必要な情報を抽出する熱赤外センサーについては対象物判別精度が5メートル以下のものであることとされている（本法施行規則2条）。

（5）「衛星リモートセンシング装置の地上放射等電磁波を検出する機能を作動させる時間、検出情報が記録された電磁的記録（以下「検出情報電磁的記録」という。）を地上に送信する時間、その送信の際に用いる通信の方法」（3号）

衛星リモートセンシング装置から検出情報電磁的記録を地上に送信する際に用いる方法に係る情報としては、人工衛星を経由して送信する等の通信経路、通信用に複数の周波数帯の電磁波を選択できる場合の当該周波数帯等に係る情報が考えられる。

（6）「衛星リモートセンシング装置の操作を行うために必要な信号」（3号）

操作用無線設備から衛星リモートセンシング装置へ送信するのは「信号」（本号）、衛星リモートセンシング装置から地上に送信されるものを「電磁的記録」と表現しているのは、前者は衛星リモートセンシング装置を操作するためのものであるのに対し、後者は、地上放射等電磁波を検出し、その強度等を数値として表現したものであり、受信設備の操作を行うことを意味するものではないからである。

（7）「衛星リモートセンシング装置の使用　自ら又は他の者が管理する操作用無線設備から衛星リモートセンシング装置にその操作を行うために必要な信号を送信する方法を設定した上で、当該操作用無線設備を用いて、地球周回人工衛星に搭載された当該衛星リモートセンシング装置の操作を行い、検出情報電磁的記録を地上に送信することをいう」（4号）

衛星リモートセンシング装置の定義から、衛星リモートセンシング装置には、(i)地上放射等電磁波を検出する機能、(ii)検出情報電磁的記録として記録する機能、(iii)検出情報電磁的記録を地上に送信する機能があることが窺われる。このうち、(i)(ii)は(iii)の前提であり、(i)(ii)の機能が発揮されても、(iii)の機能が伴わなければ、検出情報電磁的記録は、地球周回人工衛星とともに地球周回軌道に

とどまり、これを悪用しようとする者に取得される現実的可能性もなく、したがって、国際社会の平和および安全の確保ならびにわが国の安全保障（以下「国際社会の平和の確保等」という）にとっての脅威となることもない。そのため、「衛星リモートセンシング装置の使用」は、(iii)の機能に焦点を当てて定義されている。この定義においては、衛星リモートセンシング装置から送信された検出情報電磁的記録の受信設備による受信は、直接には示されていない。確かに、受信設備による受信があって初めて衛星リモートセンシング装置の使用が意味を持つのであるが、送信と受信は表裏一体であり、送信があってこそ受信が可能となることから、送信を主体とした定義としている。

「操作を行うために必要な信号を送信する方法を設定」とは、各衛星リモートセンシング装置に固有の操作に必要な信号の決定、操作用信号を送信する際の通信に係る変換符号（信号の変換処理を行うために用いる符号をいう）、当該変換処理に用いた変換符号と対応する変換符号（以下「対応変換符号」という）の決定、経由する無線設備の決定等を意味し、かかる決定ができる者のみが、衛星リモートセンシング装置の使用者となり、本法4条1項の許可を受けるべき者となる。

（8）「特定使用機関」（5号）

宇宙活動法においては、国が行う人工衛星等の打上げについては、同法4条1項の規定は適用せず、国が行う人工衛星の管理については、同法20条1項の規定は適用しないこととしているが（同法57条）、本法における国は、衛星リモートセンシング装置の使用者の立場、衛星リモートセンシング記録の取扱者の立場のみならず、衛星リモートセンシング記録の提供の相手方となる立場等もあるため、一律に適用除外規定を置くのではなく、特定使用機関、特定取扱機関（本法2条7号）を定義して、個々の条文に特定使用機関、特定取扱機関を適用除外とする規定を置く方式をとっている。

（9）「衛星リモートセンシング装置の使用を適正に行うことができるものとして政令で定める国又は地方公共団体の機関」（5号）

本号の政令で定める国の機関は、内閣官房である（本法施行令1条）。

(10) 「その加工により変更が加えられた情報の範囲及び程度」(6号)

　未加工状態の電磁的記録では、画素情報の分析等によりリモートセンシング衛星および衛星リモートセンシング装置に係る機微情報を取得されるおそれがあるため、加工により機微性を減少させることが想定されている。

(11) 「当該検出情報電磁的記録が記録されてから経過した時間」(6号)

　自衛隊の配置に関する情報等が直ちに明らかになれば、安全保障上の危険が大きくなるが、長期間経過すれば、配置状況が変化している可能性が高くなり、当該情報の機微性は低下することになる。

(12) 「その利用により宇宙基本法第14条に規定する国際社会の平和及び安全の確保並びに我が国の安全保障（以下「国際社会の平和の確保等」という。）に支障を及ぼすおそれがあるもの」(6号)

　悪意を持った国家やテロリストに入手されることを防止する必要がある記録が、衛星リモートセンシング記録と定義され、本法の規制対象になっている。宇宙基本法14条は、「国は、国際社会の平和及び安全の確保並びに我が国の安全保障に資する宇宙開発利用を推進するため、必要な施策を講ずるものとする」と定めている。

(13) 「内閣府令で定める基準」(6号)

　衛星リモートセンシング記録を利用したビジネスの発展を阻害しないように、本法は規制を最小限度にするため、対象物判別精度が法定された閾値以上の場合に許可の対象としている。そして、衛星リモートセンシング・ビジネスに係る国際的な技術の発展の状況等に応じて適時に基準を変更できるように、基準を内閣府令に委任している。本号の基準では、衛星リモートセンシング装置の使用許可の場合の閾値とは異なる閾値になっている。人工衛星から受信したままの状態で補正処理等を施していない生データ（国連リモートセンシング原則の第12原則にいう「第1次データ」に対応する）の場合、(イ)光学センサーにより記録されたものにあっては、対象物判別精度が2メートル以下であって、記録されてから5年以内のものであること、(ロ)SARセンサーにより記録されたものにあ

っては、対象物判別精度が3メートル以下であって、記録されてから5年以内のものであること、㈏ハイパースペクトルセンサーにより記録されたものにあっては、対象物判別精度が10メートル以下かつ検出できる波長帯が49を超え、かつ、記録されてから5年以内のものであること、㈡熱赤外センサーにより記録されたものにあっては、対象物判別精度が5メートル以下であって、記録されてから5年以内のものであることとされている。生データにラジオメトリック処理またはジオメトリック処理という基本的な補正処理等を施しメタデータを付加した標準データ（国連リモートセンシング原則の第12原則にいう「処理データ」に対応する）については、㈵光学センサーにより記録されたものにあっては、対象物判別精度が25センチメートル未満のものであること（車種を判別できる水準である）、㈻SARセンサーにより記録されたものにあっては、対象物判別精度が24センチメートル未満のものであること、㈏ハイパースペクトルセンサーにより記録されたものにあっては、対象物判別精度が5メートル以下であって、検出できる波長帯が49を超えるものであること、㈡熱赤外センサーにより記録されたものにあっては、対象物判別精度が5メートル以下のものであることとされている（本法施行規則3条1項）。ただし、内閣総理大臣が、衛星リモートセンシング記録の利用が国際社会の平和の確保等に支障を及ぼすおそれがあると認めるに足りる十分な理由があるときに、衛星リモートセンシング記録保有者（国内に住所もしくは居所を有しない自然人または国内に主たる事務所を有しない法人その他の団体であって、外国において衛星リモートセンシング記録を取り扱う者（以下「外国取扱者」という）を除く）に対して、衛星リモートセンシング記録の範囲および期間を定めて、その提供の禁止を命ずる場合、提供の禁止の命令の対象となる衛星リモートセンシング記録に係る基準は、内閣総理大臣が告示で定める（同条2項）。なお、標準データにさらに高次の処理を施し付加価値を付けた国連リモートセンシング原則の第12原則の「解析された情報」は、不正使用のおそれが小さいため、本法の規制対象となっていない。

  (14)「政令で定める国……の機関」（7号）
  ㈵衆議院事務局、参議院事務局、裁判官弾劾裁判所事務局、裁判官訴追委員会事務局および国立国会図書館（その内部組織のうち国立国会図書館法に規定する図

書館奉仕の提供に係る事務を取り扱うものを除く)、㈹内閣府、公正取引委員会、国家公安委員会、警察庁、金融庁、総務省、消防庁、法務省、検察庁、公安審査委員会、公安調査庁、外務省、財務省、国税庁、文部科学省、スポーツ庁、文化庁、厚生労働省、農林水産省、林野庁、水産庁、経済産業省、資源エネルギー庁、中小企業庁、国土交通省、気象庁、海上保安庁、環境省、原子力規制委員会、防衛省、防衛装備庁、会計検査院および検察審査会、㈽最高裁判所、高等裁判所、地方裁判所、家庭裁判所および簡易裁判所であって、本法20条の規定により衛星リモートセンシング記録保有者が衛星リモートセンシング記録の安全管理のために講ずることとされる措置に相当する措置を講じているものである (本法施行令2条1項1号)。

(15) 「政令で定める……地方公共団体の機関」(7号)

都道府県、市町村、特別区、地方公共団体の組合および財産区 (地方公共団体の組合、財産区については、宇賀克也『地方自治法概説 [第8版]』[有斐閣、2019年] 84頁以下、94頁以下参照) の機関であって、本法20条の規定により衛星リモートセンシング記録保有者が衛星リモートセンシング記録の安全管理のために講ずることとされる措置に相当する措置を講じているものである (本法施行令2条1項2号)。

(16) 「政令で定める……外国 (本邦の域外にある国又は地域をいう。以下同じ。) の政府機関」(7号)

アメリカ合衆国、カナダ、ドイツおよびフランスの政府機関である (本法施行令2条2項)。以上の4か国は、衛星リモートセンシング活動を規制する国内法を制定しており、衛星リモートセンシング記録の適切な取扱いが確保されると考えられるため、衛星リモートセンシング記録を提供して差し支えない国と認められたのである。

(17) 「衛星リモートセンシング記録保有者 衛星リモートセンシング記録を保有する者……をいう」(8号)

衛星リモートセンシング記録の提供を受けると衛星リモートセンシング記録

保有者となり、衛星リモートセンシング装置の使用者と同様、安全管理義務を負うことになる（本法20条）。

(18) 「特定取扱機関を除く」(8号)
　衛星リモートセンシング記録保有者に対する規制の対象外とするため、特定取扱機関を除いている。

(国の責務等)
第3条　①　国は、国際社会の平和の確保等に資する宇宙開発利用に関する施策の一環として、衛星リモートセンシング装置の使用を行う者及び衛星リモートセンシング記録保有者がこの法律の規定により遵守すべき義務が確実に履行されるよう必要な施策を講ずる責務を有する。
②　国は、前項の施策を講ずるに当たっては、衛星リモートセンシング装置の使用により生み出された価値を利用する諸活動の健全な発達が確保されるよう適切な配慮をするものとする。

---

(1)　「国際社会の平和の確保等に資する宇宙開発利用に関する施策の一環として」(1項)
　本法は、宇宙基本法の基本理念にのっとり立法されたものであり、同法2条が定める宇宙の平和的利用、すなわち、月その他の天体を含む宇宙空間の探査および利用における国家活動を律する原則に関する条約等の宇宙開発利用に関する条約その他の国際約束の定めるところに従い、日本国憲法の平和主義の理念にのっとり、宇宙の開発利用を行うことを明らかにしている。

(2)　「衛星リモートセンシング装置の使用により生み出された価値を利用する諸活動の健全な発達が確保されるよう適切な配慮をする」(2項)
　本法は、宇宙基本法の基本理念にのっとり立法されたものであり、同法3条が定める国民生活の向上等（宇宙開発利用は、国民生活の向上、安全で安心して暮らせる社会の形成、災害、貧困その他の人間の生存および生活に対する様々な脅威の除去、国際

社会の平和および安全の確保ならびにわが国の安全保障に資するよう行われなければならないこと)、同法4条が定める産業の振興(宇宙開発利用は、宇宙開発利用の積極的かつ計画的な推進、宇宙開発利用に関する研究開発の成果の円滑な企業化等により、わが国の宇宙産業その他の産業の技術力および国際競争力の強化をもたらし、もってわが国産業の振興に資するよう行われなければならないこと)、同法5条が定める人類社会の発展(宇宙開発利用は、宇宙に係る知識の集積が人類にとっての知的資産であることにかんがみ、先端的な宇宙開発利用の推進および宇宙科学の振興等により、人類の宇宙への夢の実現および人類社会の発展に資するよう行われなければならないこと)に資するように、衛星リモートセンシング装置の使用により生み出された価値を利用する諸活動の健全な発達が確保されるよう配慮する責務があることを明確にしている。このように、本条は1項で、衛星リモートセンシング記録の悪用を防止する国の責務を規定する一方、本項において、衛星リモートセンシング記録を活用するサービスの促進も規定することにより、安全保障と産業振興の要請の調和を図っている。宇宙2法案に対する参議院内閣委員会の附帯決議の5項において、「宇宙開発利用活動によって得られるデータは、ビッグデータとして、社会のイノベーションに大きな可能性を有する。このため、政府は省庁間連携を強力に推進し、宇宙データの活用に努めること」、6項において、「衛星リモートセンシング記録の規制については、加工情報の在り方及び提供方法について適切に例示し、規制と産業振興とのバランスを確保すること」とされている。

第2章　衛星リモートセンシング装置の使用に係る許可等

> **（許可）**
> **第4条**　① 国内に所在する操作用無線設備を用いて衛星リモートセンシング装置の使用を行おうとする者（特定使用機関を除く。）は、衛星リモートセンシング装置ごとに、内閣総理大臣の許可を受けなければならない。
> ② 前項の許可を受けようとする者は、内閣府令で定めるところにより、次に掲げる事項を記載した申請書に内閣府令で定める書類を添えて、これを内閣総理大臣に提出しなければならない。
> (1) 氏名又は名称及び住所
> (2) 衛星リモートセンシング装置の種類、構造及び性能
> (3) 衛星リモートセンシング装置が搭載された地球周回人工衛星の軌道
> (4) 操作用無線設備及び衛星リモートセンシング装置の操作を行うために必要な信号を他の無線設備を経由して送信する際に経由する無線設備（第6条第1号において「操作用無線設備等」という。）の場所、構造及び性能並びにこれらの管理の方法
> (5) 衛星リモートセンシング装置から送信された検出情報電磁的記録を受信するために必要な無線設備（受信する際に経由するものを含む。以下「受信設備」という。）の場所、構造及び性能並びにその管理の方法
> (6) 衛星リモートセンシング記録の管理の方法
> (7) 申請者が個人である場合には、申請者が死亡したときにその者に代わって衛星リモートセンシング装置の使用を行う者（以下「死亡時代理人」という。）の氏名又は名称及び住所
> (8) その他内閣府令で定める事項

(1)　「国内に所在する操作用無線設備を用いて」（1項）

宇宙条約7条は、「条約の当事国は、月その他の天体を含む宇宙空間に物体を発射し若しくは発射させる場合又は自国の領域若しくは施設から物体が発射される場合には、その物体又はその構成部分が地球上、大気空間又は月その他

の天体を含む宇宙空間において条約の他の当事国又はその自然人若しくは法人に与える損害について国際的に責任を有する」と規定している。日本人や日本の法人等の団体が国外にのみ所在する操作用無線設備を用いて衛星リモートセンシング装置の使用を行おうとする場合にも、属人主義により、わが国の立法管轄権を及ぼすことも考えられるが、原則として執行管轄権が及ばず規制の実効性がないこと、および当該外国と協力・連携しつつ、当該外国において適切に許可・監督が行われると考えられることに鑑み、国外にのみ所在する操作用無線施設の使用を行おうとする場合には、域外適用は行わず、本項の許可制の対象とすることはしていない。

（2）　「衛星リモートセンシング装置の使用を行おうとする者」（1項）

　衛星リモートセンシング装置とは、地球周回人工衛星に搭載されているものに限られるから（本法2条2号）、地上で受信する設備を使用する者は、本項の許可制の対象外である。米国やカナダが、地上施設を包含するシステム全体を許可制の対象としているのと異なる。ただし、地上の受信設備の場所やその管理方法は、本項の許可に係る審査の対象となる（本法6条1号）。

　本法は、衛星リモートセンシング装置を搭載した人工衛星自体の運用（ハウスキーピング）を規制するものではなく、かかる規制は、宇宙活動法に委ねられている。衛星リモートセンシング装置を搭載した人工衛星を管理し、当該装置を使用して本法の規制対象となる衛星リモートセンシング記録を販売する事業者は、宇宙活動法に基づく人工衛星の管理の許可と本法に基づく衛星リモートセンシング装置の使用許可の双方を得る必要がある。

　衛星リモートセンシング装置の使用者とは、いかなる場所のいかなる時点の検出情報電磁的記録を作成するか、いかなる時点で当該記録を地上に送信するかを決定する権限を有する者である。他方、受信設備を管理する者は、衛星リモートセンシング装置の使用に係る許可を受けた者（以下「衛星リモートセンシング装置使用者」という）から提供された対応記録変換符号を使用して、検出情報電磁的記録を受信するための無線設備を管理する者を意味する。受信設備を管理する者は、自ら衛星リモートセンシング装置を使用するために必要な信号を設定するわけでも、衛星リモートセンシング装置を操作するわけでもなく、衛

星リモートセンシング装置使用者の許諾の下に受信しているにすぎないので、衛星リモートセンシング装置の使用に係る許可を受ける必要はない。もっとも、受信設備を管理する者は、衛星リモートセンシング記録を取り扱うことになるので、本法21条1項の規定に基づく認定を受ける必要がある。

　申請を行うことができる者は、法人その他の団体に限定されてはいない。その理由は、衛星リモートセンシング装置に係る最近の技術の進展はめざましく、衛星リモートセンシング装置の小型化により製造コストが低下し、小型の衛星リモートセンシング装置であっても高性能になり、学術研究目的で個人の研究者が小型の衛星リモートセンシング装置を搭載した人工衛星を打ち上げ、使用する例がみられるようになっているからである。小型の衛星リモートセンシング装置は、個人が一般的に使用しているパソコンでも、専用のソフトをインストールすれば使用可能であり、個人による衛星リモートセンシング装置の使用例は今後増加すると見込まれる以上、本法4条1項の規定に基づく許可対象者に個人も含めることが適切と判断されたのである。

　衛星リモートセンシング装置の使用に係る規制は、当該装置を搭載する人工衛星の管理者には課されていない。人工衛星の管理者は、人工衛星本体の姿勢を変化させることにより、衛星リモートセンシング装置の撮像対象地域をコントロールできるし、人工衛星と衛星リモートセンシング装置の電源系が共通である場合、衛星リモートセンシング装置への電源供給を遮断することができるので、衛星リモートセンシング装置の使用の適正を確保するうえで、重要な役割を果たしうる。しかし、同一の人工衛星に複数の衛星リモートセンシング装置が搭載され、各装置を異なる主体が管理している場合には、各装置を区別して上記のような措置を人工衛星の管理者が講ずることは困難であり、また、衛星リモートセンシング装置への電源供給を人工衛星の管理者が遮断することを可能にするためには、人工衛星の現行の標準設計と異なる設計とする必要があり、事業者に負担を課すことになる。さらに、諸外国においても、人工衛星の管理者には、衛星リモートセンシング装置の使用に係る規制を課していない。そこで、本法においても、人工衛星の管理者に、衛星リモートセンシング装置の使用に係る規制を課すことはしない方針がとられた。

§4

(3) 「特定使用機関を除く」(1項)

「特定使用機関」、すなわち、政令で定める国または地方公共団体の機関については、衛星リモートセンシング装置の使用に係る許可を得る必要はない。現在、気象庁気象衛星センターが管理する「ひまわり」、内閣衛星情報センターが管理する情報収集衛星等に国が使用する衛星リモートセンシング装置が搭載されている。本法33条1号は、「第4条第1項の規定に違反して衛星リモートセンシング装置の使用を行った者」に対する罰則を定めているが、特定使用機関は許可を得る必要がないので、無許可であっても、「第4条第1項の規定に違反」したことにはならず、罰則の対象にならない。

(4) 「衛星リモートセンシング装置ごとに」(1項)

衛星リモートセンシング装置ごとに、それが搭載された地球周回人工衛星の軌道が異なりうるし、同一の地球周回人工衛星に複数の衛星リモートセンシング装置が搭載されている場合であっても、対象物判別精度や操作用無線設備が異なりうる。したがって、同一の者が使用する衛星リモートセンシング装置であっても、各装置により、国際社会の平和の確保等に支障を及ぼすおそれがあるか否かの判断が相違しうるので、衛星リモートセンシング装置ごとに使用に係る許可申請をさせる仕組みとしている。これは、情報の段階における管理制度といえる。

(5) 「内閣総理大臣」(1項)

分担管理事務（宇賀・行政法概説III 168頁以下参照）を行う内閣府の長としての内閣総理大臣（宇賀・行政法概説III 151頁以下参照）である。

(6) 「許可を受けなければならない」(1項)

宇宙活動法は、人工衛星の管理の許可制度を設けているが、これは人工衛星の本体であるバスの運用を対象とするにとどまり、人工衛星を利用して行われる活動内容（ミッション）を直接には規制していないが、リモートセンシングに限り、本法が制定され、ミッションについても規制が行われている。その最大の理由は、衛星リモートセンシング装置により取得された高解像度の衛星リモ

ートセンシング記録が、これを悪用する国やテロリスト集団により入手されることを回避する必要性が大きいからである。

　登録免許税は、国等が行う登録・免許等に伴う業務の独占等の利益に着目し、担税力に応じて課税するものであり、事業開始に係る登録・免許等の場合、課税することが原則とされている。東京地判昭和38・11・28（行集14巻11号1936頁）は、「従前国の行政機関が取り扱つてきた弁護士登録を日本弁護士連合会に行わせることとした現行弁護士法の施行と同時に、弁護士登録についての国の課税権は消滅したとか日本弁護士連合会へ委譲されたとかいう原告の主張は根拠がない。また、原告は、国が弁護士登録事務を行わなくなつた以上、課税物件が存在する余地がなくなり登録税課税の根拠は失われたと主張しているけれども、登録税は登録を申請する者が登録をうけた場合それにより何らかの利益を享受するであろうことに着眼して国の財政収入の目的から課される一種の租税であつて単なる手数料ではなく、登録税法第7条の定める登録税債権が成立するためには、弁護士名簿への登録という事実が存在すれば足り、その登録が国の本来の行政機関によりなされることは必要でないと解すべきであるから、弁護士登録が日本弁護士連合会によつて行われるようになつた今日でも、弁護士登録という事実の存する限り課税の根拠が失われたということはできない」と判示している。

　しかし、(i)法律の規定に基づき付与されるものでないもの、(ii)地方公共団体が付与するもの、(iii)人の資格と事業開始の双方について別個に登録・免許等の制度があり、いずれか一方が課税対象とされている場合の他方、(iv)登録・免許等により、独占的または排他的に利益が付与されているとはいえないもの、(v)主として危険防止または犯罪取締のために付与されるもの、(vi)事業経営に直接つながらないもの、のいずれかに当たる場合には、登録免許税を課さない方針がとられている。衛星リモートセンシング装置の使用許可は、事業免許ではないこと、および国際社会の平和の確保等を目的としていることに鑑みると、上記(iv)(v)(vi)に該当するものと考えられるため、登録免許税は課されないこととされた。衛星リモートセンシング記録を取り扱う者の認定も、同様の理由により、登録免許税の課税対象とされていない。

（7）「内閣府令で定めるところにより」（2項柱書）

本条1項の許可を受けようとする者は、様式第1による申請書を内閣総理大臣に提出しなければならない（本法施行規則4条1項）。

（8）「内閣府令で定める書類」（2項柱書）

内閣府令では、大別して6種類の書類を定めている（本法施行規則4条2項）。

第1に、申請者に係る書類である。これについては、(イ)申請者が個人である場合は、(i)住民票の写しまたはこれに代わる書類（本籍（外国人にあっては、住民基本台帳法30条の45に規定する国籍等）の記載のあるものに限る。以下同じ）、(ii)本法5条1号から4号までの欠格事由のいずれにも該当しない者であることを誓約する書類、(iii)使用人および死亡時代理人に係る(a)住民票の写しまたはこれに代わる書類、(b)当該使用人にあっては本法5条1号から4号まで、当該死亡時代理人にあっては本法5条1号から6号までの欠格事由のいずれにも該当しない者であることを誓約する書類、(ロ)申請者が法人である場合は、(i)定款および登記事項証明書またはこれらに準ずるもの、(ii)本法5条1号から3号までの欠格事由のいずれにも該当しない者であることを誓約する書類、(iii)本法5条5号の役員および使用人に係る(a)住民票の写しまたはこれに代わる書類、(b)本法5条1号から4号までの欠格事由のいずれにも該当しない者であることを誓約する書類である。

第2に、衛星リモートセンシング装置の種類、構造および性能が記載された書類である。

第3に、操作用無線設備等に係る(イ)操作用無線設備等の場所、構造および性能ならびにこれらの管理方法が記載された書類、(ロ)申請者以外の者が操作用無線設備等の管理を行う場合には、当該管理を行う者に係る書類であり、(i)当該管理を行う者が個人である場合は、(a)住民票の写しまたはこれに代わる書類、(b)本法5条1号から4号までの欠格事由のいずれにも該当しない者であることを誓約する書類、(ii)当該管理を行う者が法人である場合は、(a)定款および登記事項証明書またはこれらに準ずるもの、(b)本法5条1号から3号までのいずれにも該当しない者であることを誓約する書類である。

第4に、受信設備に係る(イ)受信設備の場所、構造および性能ならびにこれら

の管理方法が記載された書類、㋺申請者以外の者が受信設備の管理を行う場合には、当該管理を行う者に係る本法21条4項の認定証の写しである。

第5に、本法施行規則7条に定める安全管理措置に関する書類である。

第6に、その他内閣総理大臣が必要と認める書類である。

(9) 「氏名又は名称及び住所」(2項1号)

　申請者を特定し、欠格事由該当性を判断するために必要な情報である。法人の代表者の氏名は記載事項とされていない。法人の代表者の氏名を記載事項とした場合、代表者の変更のたびごとに、代表者の変更の届出義務を事業者に課すこととなり、事業者に負担を課す一方、当該法人を特定する上では、当該法人の名称と住所で足り、代表者の氏名は必須でないからである。他の法律においても、法人の代表者の氏名まで、申請書に記載を求めないことが少なくない。鉱業法100条の2第2項4号、高齢者の居住の安定確保に関する法律53条1項1号、経済連携協定に基づく特定原産地証明書の発給等に関する法律7条の2第2項1号参照。

(10) 「衛星リモートセンシング装置の種類、構造及び性能」(2項2号)

　検出情報電磁的記録として記録する機能を有する装置、衛星リモートセンシング装置を操作するために必要な信号の受信機能を有する装置、検出情報電磁的記録を地上に送信する機能を有する装置の型式、寸法、性能等を意味する。許可申請書記載事項の「衛星リモートセンシング装置の種類、構造及び性能」(本号)、「操作用無線設備及び衛星リモートセンシング装置の操作を行うために必要な信号を他の無線設備を経由して送信する際に経由する無線設備……の場所、構造及び性能並びにこれらの管理の方法」(本項4号)、「衛星リモートセンシング装置から送信された検出情報電磁的記録を受信するために必要な無線設備(受信する際に経由するものを含む。以下「受信設備」という。)の場所、構造及び性能並びにその管理の方法」(本項5号)を総合的に審査することにより、当該衛星リモートセンシング装置が、変換符号等の処理・変更に対応可能であるか、申請に係る軌道を外れたときにその機能を停止することが可能であるか、使用を終了しようとするときに終了措置を講ずることが可能であるかを

確認することができ、これらは本法6条1号の基準適合性の審査に必要な項目ということができる。

(11) 「衛星リモートセンシング装置が搭載された地球周回人工衛星の軌道」（2項3号）

　衛星リモートセンシング装置ごとに使用に係る許可申請をさせる仕組みをとる以上、申請書において、衛星リモートセンシング装置を特定する必要がある。衛星リモートセンシング装置が搭載された地球周回人工衛星の軌道とは、軌道の傾斜角、周期、遠地点の高度、近地点の高度、軌道の種類等により示される。したがって、地球周回人工衛星の軌道が特定されれば、同一の軌道に複数の人工衛星が存在することはないので、地球周回人工衛星の特定が可能になる。同一の地球周回人工衛星に複数の衛星リモートセンシング装置が搭載されることがありうるが、同一の仕様の物が複数搭載されることは通常ないので、「衛星リモートセンシング装置の種類、構造及び性能」（本項2号）が特定されることにより、個々の衛星リモートセンシング装置を特定することが可能になる。「衛星リモートセンシング装置が搭載された地球周回人工衛星の軌道」は、衛星リモートセンシング装置の特定のために重要な情報であるにとどまらず、衛星リモートセンシング装置の対象物判別精度に大きな影響を与えるので、当該装置が本法の適用対象となるかを審査するためにも必要な情報である。

(12) 「操作用無線設備及び衛星リモートセンシング装置の操作を行うために必要な信号を他の無線設備を経由して送信する際に経由する無線設備（第6条第1号において「操作用無線設備等」という。）の場所、構造及び性能並びにこれらの管理の方法」（2項4号）

　衛星リモートセンシング装置の使用に係る許可は、国内に所在する操作用無線設備を用いて衛星リモートセンシング装置の使用を行おうとする者のみを対象としている（本条1項）。「操作用無線設備及び衛星リモートセンシング装置の操作を行うために必要な信号を他の無線設備を経由して送信する際に経由する無線設備……の場所」は、申請に係る衛星リモートセンシング装置が本法の適用対象となるか否かを審査するために必要な情報である。「操作用無線設備

及び衛星リモートセンシング装置の操作を行うために必要な信号を他の無線設備を経由して送信する際に経由する無線設備……の……構造及び性能」(同号)は、操作用無線設備の型式、寸法、性能等の仕様を意味し、これを制御するためのプログラム等の仕様により決定されるものも含まれる。「操作用無線設備及び衛星リモートセンシング装置の操作を行うために必要な信号を他の無線設備を経由して送信する際に経由する無線設備……の管理の方法」は、操作用無線設備の操作体制や衛星リモートセンシング装置の不正使用防止の観点から操作用無線設備について安全管理措置を講ずる方法を意味する。この管理の方法には、操作用無線設備の管理者が衛星リモートセンシング装置使用の許可申請者と異なる場合における当該管理者の管理体制も含まれるので、当該管理者が欠格事由に該当しないかも確認することができる。

　わが国の衛星リモートセンシングの使用は、国内における無線設備を中心としているが、リモートセンシング衛星の通過頻度が高い極地近辺諸国（ノルウェー等）に設置された無線設備と電気通信回線で接続された電子計算機も一体的に運用されている。かかる場合、国内に所在する主たる操作用無線設備以外の国外の従たる無線設備およびそれと電気通信回線で接続された電子計算機は、衛星リモートセンシング装置を操作するための中継設備とみることができるので、主たる操作用無線設備と一体的に許可の対象となり、内閣総理大臣による監督の対象になる。すなわち、主たる操作用無線設備を操作して直接に衛星リモートセンシング装置に送信する場合のほか、他の無線設備を経由して送信する場合において、経由される「他の無線設備」も、その場所、構造および性能ならびに管理の方法が本法6条1号の基準を満たしたものでなければならない。したがって、衛星リモートセンシング装置の使用に係る許可申請書における申請書記載事項である操作用無線設備の場所には、国内の主たる無線設備の場所のみならず、国外の従たる無線設備の場所も記載する必要がある。

(13)　「衛星リモートセンシング装置から送信された検出情報電磁的記録を受信するために必要な無線設備……の場所、構造及び性能並びにその管理の方法」(2項5号)
　「衛星リモートセンシング装置から送信された検出情報電磁的記録を受信するために必要な無線設備……の場所」は、衛星リモートセンシング装置から送

信された検出情報電磁的記録を直接に受信する場所であり、当該場所が、国際社会の平和の確保等の観点から懸念のある国に所在する場合、衛星リモートセンシング記録の提供の制限に係る規制の実効性が失われるおそれがある。そのため、本法6条1号の許可基準該当性の審査にとって、受信設備の場所は重要な情報である。「受信設備……の……構造及び性能」(本法4条2項5号) は、受信設備の型式、寸法、性能等を意味し、「受信設備……の……管理の方法」(同号) は、受信設備の管理体制ならびに記録変換符号・対応記録変換符号の管理および更新等の実施方法を意味する。受信設備の管理体制には、受信設備の管理者が衛星リモートセンシング装置使用の許可申請者と異なる場合における当該管理者の管理体制も含まれる。この情報は、当該管理者が本法21条1項の規定に基づく認定を受けた者であるか否かを確認するためにも必要であり、本法6条1号の許可基準該当性の審査にとって重要な情報になる。

(14) 「(受信する際に経由するものを含む。以下「受信設備」という。)」(2項5号かっこ書)

衛星リモートセンシング装置から送信された検出情報電磁的記録を受信する場合にも、主たる無線設備以外の無線設備を経由して受信する場合がありうる。受信する際に経由される無線設備についても、その場所、構造および性能ならびにこれらの管理の方法が、本法6条1号の基準を満たしている必要がある。そこで、受信する際に経由する無線設備の場所、構造および性能ならびにその管理の方法を申請書に記載することが必要とされている。

(15) 「衛星リモートセンシング記録の管理の方法」(2項6号)

衛星リモートセンシング装置を使用する者は、当該装置が的確に作動しているかを確認し調整を行う必要があるため、衛星リモートセンシング記録を取り扱うことになる。したがって、本法6条2号の「衛星リモートセンシング記録の漏えい、滅失又は毀損の防止その他の当該衛星リモートセンシング記録の安全管理のために必要かつ適切なものとして内閣府令で定める措置が講じられていること」の基準に合致するかを判断するため、「衛星リモートセンシング記録の管理の方法」(本法4条2項6号) も申請書に記載させ、審査することとし

ている。

> **(欠格事由)**
> **第5条** 次の各号のいずれかに該当する者は、前条第1項の許可を受けることができない。
> (1) この法律その他国際社会の平和の確保等に支障を及ぼすおそれがある行為の規制に関する法律で政令で定めるもの若しくはこれらの法律に基づく命令又はこれらに相当する外国の法令の規定に違反し、罰金以上の刑（これに相当する外国の法令による刑を含む。）に処せられ、その執行を終わり、又は執行を受けることがなくなった日から5年を経過しない者
> (2) 第17条第1項の規定により許可を取り消され、又は第25条第1項若しくは第26条第1項の規定により認定を取り消され、その取消しの日から3年を経過しない者
> (3) 国際連合安全保障理事会決議第1267号等を踏まえ我が国が実施する国際テロリストの財産の凍結等に関する特別措置法（平成26年法律第124号）第3条第1項の規定により公告されている者（現に同項に規定する名簿に記載されている者に限る。）又は同法第4条第1項の規定による指定を受けている者（第21条第3項第1号ハにおいて「国際テロリスト」という。）
> (4) 成年被後見人又は外国の法令上これと同様に取り扱われている者
> (5) 法人であって、その業務を行う役員又は内閣府令で定める使用人のうちに前各号のいずれかに該当する者があるもの
> (6) 個人であって、その内閣府令で定める使用人のうちに第1号から第4号までのいずれかに該当する者があるもの
> (7) 個人であって、その死亡時代理人が前各号のいずれかに該当するもの

（1）「次の各号のいずれかに該当する者は、前条第1項の許可を受けることができない」（柱書）

　衛星リモートセンシング装置の使用許可に当たっては、衛星リモートセンシング記録がそれを悪用する者の手に渡らないように、欠格事由が定められてい

る。

(2)　「この法律その他国際社会の平和の確保等に支障を及ぼすおそれがある行為の規制に関する法律で政令で定めるもの」(1号)

　「この法律その他国際社会の平和の確保等に支障を及ぼすおそれがある行為の規制に関する法律」を個別に列記することなく、政令に委任しているのは、この類型に該当する法律の制定・改廃の都度、本法を改正することは煩瑣であり、機動性に欠けるからである。他の法律違反で処罰され、その執行を終わり、または執行を受けることがなくなるまでの者を欠格事由とするに当たり、他の法律を政令に委任する例として、就学前の子どもに関する教育、保育等の総合的な提供の推進に関する法律3条5項4号ロ、難病の患者に対する医療等に関する法律14条2項2号参照。

　本号に該当する行為としては、特定秘密の取扱いの業務に従事する者がその業務により知得した特定秘密を漏らす行為、営業秘密の管理に係る任務に背いて領得した営業秘密を不正の利益を得る目的で開示する行為、外国為替及び外国貿易法25条1項の規定に違反して、経済産業大臣の許可を受けずに特定技術を特定国に提供する行為、同法48条の規定に違反して経済産業大臣の許可を受けずに特定の地域を仕向地とする特定の種類の貨物を輸出する行為等である。より詳細に述べると、本号の委任に基づく政令で指定されているのは、(i)爆発物取締罰則（1条から6条までの規定に限る）、(ii)刑法（77条から79条まで、81条、82条、87条、88条、93条、94条、106条（3号を除く）、108条、109条1項、112条、117条1項前段、125条から127条まで、128条（同法124条1項に係る部分を除く）、146条、199条、203条（同法199条に係る部分に限る）、225条の2第1項、226条、228条（同法225条の2第1項および226条に係る部分に限る）、236条、239条から241条（2項を除く）までおよび243条（同法236条、239条、240条および241条3項に係る部分に限る）の規定に限る）、(iii)海底電信線保護万国連合条約罰則（1条1項および2項の規定に限る）、(iv)国家公務員法（109条（12号（同法100条1項および2項に係る部分に限る）に係る部分に限る）の規定に限る）、(v)外国為替及び外国貿易法（69条の6、69条の7第1項（4号にあっては同法48条3項の規定により同法10条1項の閣議決定を実施するために課された承認を受ける義務に係る部分、5号にあっては同法52条の規定により同項の閣議決定を

実施するために課された承認を受ける義務に係る部分に限る）および2項ならびに70条1項（3号（同法16条1項の規定により同法10条1項の閣議決定が行われたときに課された許可を受ける義務に係る部分に限る）、7号（同法21条1項の規定により同法10条1項の閣議決定が行われたときに課された許可を受ける義務に係る部分に限る）、14号（同法24条1項の規定により同法10条1項の閣議決定が行われたときに課された許可を受ける義務に係る部分に限る）、16号、18号（同法25条6項の規定により同法10条1項の閣議決定が行われたときに課された許可を受ける義務に係る部分に限る）、19号、20号、32号、35号および36号（同法48条3項に係る部分にあっては同項の規定により同法10条1項の閣議決定を実施するために課された承認を受ける義務に係る部分、同法52条に係る部分にあっては同条の規定により同項の閣議決定を実施するために課された承認を受ける義務に係る部分に限る）に係る部分に限る）および2項の規定に限る）、(vi)電波法（108条の2（人命の保護または治安の維持の用に供する無線設備に係る部分に限る）の規定に限る）、(vii)地方公務員法（60条（2号に係る部分に限る）の規定に限る）、(viii)日本国とアメリカ合衆国との間の相互協力及び安全保障条約第6条に基づく施設及び区域並びに日本国における合衆国軍隊の地位に関する協定の実施に伴う刑事特別法（5条、6条ならびに7条1項および2項の規定に限る）、(ix)破壊活動防止法（38条1項および2項、39条、40条、42条ならびに43条の規定に限る）、(x)武器等製造法（31条、31条の2および31条の3（4号に係る部分に限る）の規定に限る）、(xi)関税法（109条1項、3項および4項（いずれも同法69条の11第1項2号、3号、5号および5号の2に係る部分に限る）、109条の2第1項、3項および4項（いずれも同法69条の11第1項2号、3号および5号の2に係る部分に限る）ならびに112条1項（同法109条1項（同法69条の11第1項2号、3号、5号および5号の2に係る部分に限る）および109条の2第1項（同法69条の11第1項2号、3号および5号の2に係る部分に限る）に係る部分に限る）の規定に限る）、(xii)自衛隊法（118条1項（1号に係る部分に限る）および2項ならびに121条の規定に限る）、(xiii)日米相互防衛援助協定等に伴う秘密保護法（3条および5条1項から3項までの規定に限る）、(xiv)高速自動車国道法（26条および27条の規定に限る）、(xv)銃砲刀剣類所持等取締法（31条から31条の4まで、31条の6から31条の9までおよび31条の11から31条の13までの規定に限る）、(xvi)新幹線鉄道における列車運行の安全を妨げる行為の処罰に関する特例法（2条1項の規定に限る）、(xvii)公海に関する条約の実施に伴う海底電線等の損壊行為の処罰に関する法律（1条1項、2条1項およ

び3条の規定に限る）、(xviii)航空機の強取等の処罰に関する法律、(xix)火炎びんの使用等の処罰に関する法律、(xx)航空の危険を生じさせる行為等の処罰に関する法律（1条から5条までの規定に限る）、(xxi)人質による強要行為等の処罰に関する法律、(xxii)細菌兵器（生物兵器）及び毒素兵器の開発、生産及び貯蔵の禁止並びに廃棄に関する条約等の実施に関する法律（9条および10条の規定に限る）、(xxiii)流通食品への毒物の混入等の防止等に関する特別措置法（9条1項から3項までの規定に限る）、(xxiv)化学兵器の禁止及び特定物質の規制等に関する法律（38条から41条までの規定に限る）、(xxv)サリン等による人身被害の防止に関する法律、(xxvi)感染症の予防及び感染症の患者に対する医療に関する法律（67条から71条までの規定に限る）、(xxvii)対人地雷の製造の禁止及び所持の規制等に関する法律（22条および23条の規定に限る）、(xxviii)組織的な犯罪の処罰及び犯罪収益の規制等に関する法律（3条（1項7号から10号まで、12号および15号に係る部分に限る）、4条（同法3条1項7号、9号および10号に係る部分に限る）、6条（1項1号に係る部分に限る）ならびに6条の2第1項および2項（いずれも同法別表第4第1号（同法別表第3第1号（同法3条（1項7号から10号まで、12号および15号に係る部分に限る）に係る部分に限る）、2号イからハまで、ニ（刑法108条、109条1項および117条1項前段に係る部分に限る）、ヘ、チ（刑法146条前段に係る部分に限る）、ソ（刑法226条に係る部分に限る）およびネ（刑法236条および239条に係る部分に限る）、3号、6号、16号（外国為替及び外国貿易法69条の7第1項に係る部分については、同項4号にあっては同法48条3項の規定により同法10条1項の閣議決定を実施するために課された承認を受ける義務に係る部分、同法69条の7第1項5号にあっては同法52条の規定により同法10条1項の閣議決定を実施するために課された承認を受ける義務に係る部分に限る）、17号（電波法108条の2第1項に規定する人命の保護または治安の維持の用に供する無線設備に係る部分に限る）、29号、32号、34号（関税法109条1項（同法69条の11第1項2号、3号、5号および5号の2に係る部分に限る。以下(xxviii)において同じ）、109条の2第1項（同法69条の11第1項2号、3号および5号の2に係る部分に限る。以下(xxviii)において同じ）および112条1項（同法109条1項および109条の2第1項に係る部分に限る）に係る部分に限る）、36号、40号、42号、50号、54号、56号、58号、60号から62号まで、71号、72号、78号、79号、82号ならびに87号から89号までの規定に係る部分に限る）に係る部分に限る）の規定に限る）、(xxix)無差別大量殺人行為を行った団体の規制に関する

法律（38条および39条の規定に限る）、(xxx)公衆等脅迫目的の犯罪行為のための資金等の提供等の処罰に関する法律（2条から5条までの規定に限る）、(xxxi)放射線を発散させて人の生命等に危険を生じさせる行為等の処罰に関する法律、(xxxii)海賊行為の処罰及び海賊行為への対処に関する法律、(xxxiii)クラスター弾等の製造の禁止及び所持の規制等に関する法律（21条および22条の規定に限る）、(xxxiv)国際連合安全保障理事会決議第1874号等を踏まえ我が国が実施する貨物検査等に関する特別措置法、(xxxv)特定秘密の保護に関する法律（23条1項から3項まで、24条1項および2項ならびに25条の規定に限る）、(xxxvi)国際連合安全保障理事会決議第1267号等を踏まえ我が国が実施する国際テロリストの財産の凍結等に関する特別措置法である（本法施行令3条、別表第2）。

（3）「これらの法律に基づく命令」（1号）
　法律に基づく命令違反を処罰する他の例として、クラスター弾等の製造の禁止及び所持の規制等に関する法律15条、25条2号・3号参照。ここでいう「命令」は、行政機関が制定する法を意味する（宇賀・行政法概説Ⅰ7頁以下参照）。命令違反に対して罰則を科す場合においても、欠格事由についての規定においては、命令に委任をした法律も含めて、「この法律若しくはこの法律に基づく命令」の規定に違反して一定以上の刑に処せられ、その執行を終わり、または執行を受けることがなくなってから所定の期間を経過しない者とすることが一般的である（高圧ガス保安法7条2号、化学兵器の禁止及び特定物質の規制等に関する法律5条1号、対人地雷の製造の禁止及び所持の規制等に関する法律6条1号、鳥獣の保護及び管理並びに狩猟の適正化に関する法律40条5号、クラスター弾等の製造の禁止及び所持の規制等に関する法律6条1号、水銀による環境の汚染の防止に関する法律7条1号参照）。
　なお、他の法律では、欠格事由として、当該法令のみならず他の法令に違反し、その情状が許可を与えるのに不適当なものを挙げているものがある。クラスター弾等の製造の禁止及び所持の規制等に関する法律6条3号が、「他の法令の規定に違反し、罰金以上の刑に処せられ、その執行を終わり、又は執行を受けることがなくなった日から3年を経過しない者で、その情状がクラスター弾等の所持をする者として不適当なもの」を欠格事由としているのがその例である（化学兵器の禁止及び特定物質の規制等に関する法律5条3号、対人地雷の製造の禁止

及び所持の規制等に関する法律6条3号、武器等製造法5条1項5号も参照）。

(4) 「これらに相当する外国の法令」(1号)

「国内に所在する操作用無線設備を用いて衛星リモートセンシング装置の使用を行おうとする者」（本法4条1項）には、国内に住所または居所を有しない自然人または国内に主たる事務所を有しない法人その他の団体が含まれうる。そのため、本号では、外国において国際テロ行為等を行い刑に処せられた者を含めるため、「これらに相当する外国の法令の規定に違反し、罰金以上の刑（これに相当する外国の法令による刑を含む。）に処せられ、その執行を終わり、又は執行を受けることがなくなった日から5年を経過しない者」を含めている。

同様の例として、金融商品取引法29条の4第1項1号ハ（「これらに相当する外国の法令の規定に違反し、罰金の刑（これに相当する外国の法令による刑を含む。）に処せられ、その刑の執行を終わり、又はその刑の執行を受けることがなくなつた日から5年を経過しない者」）、同項2号ハ（「禁錮以上の刑（これに相当する外国の法令による刑を含む。）に処せられ、その刑の執行を終わり、又はその刑の執行を受けることがなくなつた日から5年を経過しない者」）、商品投資に係る事業の規制に関する法律6条2項4号ハ（「禁錮以上の刑（これに相当する外国の法令による刑を含む。）に処せられ、その刑の執行を終わり、又はその刑の執行を受けることがなくなった日から3年を経過しない者」）、資金決済に関する法律10条1項9号ハ（「禁錮以上の刑（これに相当する外国の法令による刑を含む。）に処せられ、その刑の執行を終わり、又はその刑の執行を受けることがなくなった日から3年を経過しない者」）参照。

「法令」という用語は、条例を含む意味で用いられる場合と含まない意味で用いられる場合がある（双方の例について、宇賀・行政法概説Ⅰ8頁参照）。本号においては、「この法律若しくはこの法律に基づく命令」に相当するものが対象となっており、「この法律若しくはこの法律に基づく命令」に条例は含まれないから、条例を含まない意味で「法令」という用語が使用されている。

(5) 「罰金以上の刑（これに相当する外国の法令による刑を含む。）に処せられ、その執行を終わり、又は執行を受けることがなくなった日から5年を経過しない者」(1号)

5年を経過しない者を欠格事由としているのは、刑に処せられた者で、その刑の執行を終わり、または執行を受けることがなくなった日から起算して5年を経過していない者を欠格事由とする他の法律の例を参考にしたものである（銃砲刀剣類所持等取締法5条1項13号、海賊多発海域における日本船舶の警備に関する特別措置法7条2号チ参照）。もっとも、欠格事由についての規定には、「罰金以上の刑に処せられ、その執行を終わり、又は執行を受けることがなくなった日から3年を経過しない者」としているものも少なくない（化学兵器の禁止及び特定物質の規制等に関する法律5条1号・3号、対人地雷の製造の禁止及び所持の規制等に関する法律6条1号、鳥獣の保護及び管理並びに狩猟の適正化に関する法律40条5号、クラスター弾等の製造の禁止及び所持の規制等に関する法律6条1号、水銀による環境の汚染の防止に関する法律7条1号参照）。3年ではなく2年を経過していないことを要件とするものも多いが（フロン類の使用の合理化及び管理の適正化に関する法律51条2号ロ、放送法93条1項6号ヘ、核原料物質、核燃料物質及び原子炉の規制に関する法律15条2号、高圧ガス保安法7条2号、石油パイプライン事業法6条1号、電気通信事業法118条1号参照）、近年の立法例では経過年数については3年とするものが多くなっている。

（6）「第17条第1項の規定により許可を取り消され、又は第25条第1項若しくは第26条第1項の規定により認定を取り消され」（2号）

　「第17条第1項の規定」による許可の取消しとは、衛星リモートセンシング装置の使用の許可の取消しである。「第25条第1項」の認定の取消しとは、衛星リモートセンシング記録を取り扱う者（外国取扱者を除く）の認定の取消しである。「第26条第1項」の認定の取消しとは、外国取扱者の認定の取消しである。衛星リモートセンシング装置の使用許可を取り消された者のみならず、衛星リモートセンシング記録を取り扱う者の認定を取り消された者も、取消しから3年間、欠格事由とされているのは、衛星リモートセンシング記録を取り扱う者の認定を取り消された者は、衛星リモートセンシング記録を適正に取り扱うことについて信頼が欠ける者であり、かかる者が衛星リモートセンシング装置の使用許可を得ると、衛星リモートセンシング装置を他者によって無断で使用されたり、衛星リモートセンシング装置から地上に送信された検出情報電磁的記録が傍受されたりして、本法3章（衛星リモートセンシング記録の取扱いに関す

る規制)、4章(衛星リモートセンシング記録を取り扱う者の認定)の規制の射程外で衛星リモートセンシング記録が不適正に取り扱われてしまうおそれがあるからである(他方、衛星リモートセンシング装置使用者が衛星リモートセンシング記録を取り扱う者としての認定も受けている場合、この認定の取消しを衛星リモートセンシング装置使用許可の取消事由とはしていない。本法17条1項)。

許可の時点において瑕疵があったために許可の効力を失わせる講学上の取消しと、許可には瑕疵はなかったが、その後の違反行為等の状況の変化に伴い、許可の効力を失わせる講学上の撤回の双方を含む(講学上の「取消し」と撤回の区別について、宇賀・行政法概説Ⅰ 367頁以下参照)。

(7) 「その取消しの日から3年を経過しない者」(2号)

本号では、許可または認定の取消しの日から3年を経過しない者を欠格事由としており、本条1号の5年間よりも短い欠格期間としている。これは刑事罰に処せられた場合と行政処分である不利益処分を課された場合の悪質性の差異を考慮したからである(同様に指定取消処分を課された場合の欠格期間(2年)と刑事罰に処せられた場合の欠格期間(3年)とに差異を設けている例として、地方税法施行令43条の7第2号イ・ニ参照)。

許認可等の取消しの日から3年を経過しない者を欠格事由とする立法例として、化学兵器の禁止及び特定物質の規制等に関する法律5条2号、クラスター弾等の製造の禁止及び所持の規制等に関する法律6条2号参照。許認可等の取消しの日から2年を経過しない者を欠格事由とする立法例(フロン類の使用の合理化及び管理の適正化に関する法律51条2号ハ、放送法93条1項6号ト・チ・リ・ヌ、航空法101条1項5号ロ、核原料物質、核燃料物質及び原子炉の規制に関する法律15条1号、自動車ターミナル法5条2号、石油パイプライン事業法6条2号、深海底鉱業暫定措置法11条3号、電気通信事業法118条2号、鉄道事業法6条2号、民間事業者による信書の送達に関する法律8条2号)も少なくない。また、許認可等の取消しの日から5年を経過しない者を欠格事由とする立法例もある(廃棄物の処理及び清掃に関する法律7条5項4号ニ)。

(8)　「国際連合安全保障理事会決議第1267号等を踏まえ我が国が実施する国際テロリストの財産の凍結等に関する特別措置法（平成26年法律第124号）第3条第1項の規定により公告されている者（現に同項に規定する名簿に記載されている者に限る。）」(3号)

　　国際連合安全保障理事会決議第1267号、同理事会決議第1333号その他の政令で定める同理事会決議によりその財産の凍結等の措置をとるべきこととされている国際テロリストが、同理事会決議第1267号、同理事会決議第1988号その他の政令で定める同理事会決議により設置された委員会の作成する名簿に記載されたときは、国家公安委員会は、遅滞なく、その旨、その者の氏名または名称その他の国家公安委員会規則で定める事項を官報により公告するものとされている（この場合において、当該公告された者の所在が判明しているときは、国家公安委員会規則で定めるところにより、その者に対し、当該公告に係る事項を通知するものとされている）。

　(9)　「同法第4条第1項の規定による指定を受けている者」(3号)

　　国家公安委員会は、国際連合安全保障理事会決議第1373号に定める国際的なテロリズムの行為を防止し、および抑止するための国際社会の取組にわが国として寄与するため、(i)外国為替及び外国貿易法16条1項に規定する本邦から外国へ向けた支払をしようとする居住者もしくは非居住者または非居住者との間で支払等をしようとする居住者であるとしたならば、第1373号決議を誠実に履行するため必要があるとして同項の規定により当該支払または支払等について許可を受ける義務を課せられることとなる者（第1373号決議によりその財産の凍結等の措置をとるべきこととされている者として現に当該義務を課せられている者を含む）および(ii)(イ)公衆等脅迫目的の犯罪行為（公衆等脅迫目的の犯罪行為のための資金等の提供等の処罰に関する法律1条に規定する公衆等脅迫目的の犯罪行為をいう）を行い、行おうとし、または助けたと認められる者であって、将来さらに公衆等脅迫目的の犯罪行為を行い、または助ける明らかなおそれがあると認めるに足りる十分な理由があるもの、(ロ)前記(イ)またはこの(ロ)に該当する者が出資、融資、取引その他の関係を通じてその活動に支配的な影響力を有する者であって、自然人の場合には、公衆等脅迫目的の犯罪行為を行い、または助ける明らかなお

それがあると認めるに足りる十分な理由があること、法人その他の団体の場合は、当該団体の役職員（代表者、主幹者その他いかなる名称であるかを問わず当該団体の事務に従事する者をいう）または構成員が当該団体の活動として公衆等脅迫目的の犯罪行為を行い、または助ける明らかなおそれがあると認めるに足りる十分な理由があること、㈠第1373号決議が求める国際テロリストの財産の凍結等の措置に関し、当該措置に係る者の権利利益の保護に留意しつつ国際的なテロリズムの行為の防止および抑止を図る上でわが国と同等の水準にあると認められる制度を有している国として政令で定めるもののいずれかにより、この法律に相当する当該国の法令に従い、当該措置がとられている者のいずれかに該当するもの（同法3条1項の規定により公告された者（現に名簿に記載されている者に限る）を除く）を、第1373号決議によりその財産の凍結等の措置をとるべきこととされている国際テロリストとして、3年を超えない範囲内で期間を定めて指定するものとされている。

(10) 「成年被後見人」（4号）

精神上の障害により事理を弁識する能力を欠く常況にある者については、家庭裁判所は、本人、配偶者、4親等内の親族、未成年後見人、未成年後見監督人、保佐人、保佐監督人、補助人、補助監督人または検察官の請求により、後見開始の審判をすることができる（民法7条）。後見開始の審判を受けた者は、成年被後見人とされ、これに成年後見人が付される（同法8条）。成年被後見人の法律行為は、取り消すことができる。ただし、日用品の購入その他日常生活に関する行為については、この限りでない（同法9条）。同法7条に規定する原因が消滅したときは、家庭裁判所は、本人、配偶者、4親等内の親族、後見人（未成年後見人および成年後見人をいう）、後見監督人（未成年後見監督人および成年後見監督人をいう）または検察官の請求により、後見開始の審判を取り消さなければならない（同法10条）。成年被後見人は精神上の障害により事理弁識能力を欠く常況にあると裁判所が判断したものであり、かかる者が人工衛星等の打上げを行った場合、公共の安全の確保に重大な影響を与える可能性が高いことが明確であるので、欠格事由としている（麻薬及び向精神薬取締法3条3項4号のように、成年被後見人であることを欠格事由とはせず、免許を与えないことができる事由とするにと

どめるものもある)。他方、精神上の障害により事理を弁識する能力が著しく不十分である者については、家庭裁判所は、本人、配偶者、4親等内の親族、後見人、後見監督人、補助人、補助監督人または検察官の請求により、保佐開始の審判をすることができ (民法11条)、成年後見制度に基づく被保佐人 (同法12条) は、保佐人の同意があれば重要な財産行為も行うことができる (同法13条)。また、精神上の障害により事理を弁識する能力が不十分である者については、家庭裁判所は、本人、配偶者、4親等内の親族、後見人、後見監督人、保佐人、保佐監督人または検察官の請求により、補助開始の審判をすることができるが (同法15条1項)、被補助人 (同法16条) は、被補助人が特定の法律行為をするについて補助人の同意を得なければならない旨の審判があってはじめて行為能力が制限される (同法17条)。したがって、被保佐人、被補助人については、申請の審査に当たり、「国際社会の平和の確保等に支障を及ぼすおそれがないものであること」(本法6条4号) の要件が適切に行われる限り、欠格事由とまでする必要はないと考えられる。実際、他の法律においても、成年後見制度に基づく成年被後見人は欠格事由とされているものの、被保佐人、被補助人は欠格事由とされていないものが少なくない (核原料物質、核燃料物質及び原子炉の規制に関する法律15条3号、化学兵器の禁止及び特定物質の規制等に関する法律5条4号、クラスター弾等の製造の禁止及び所持の規制等に関する法律6条4号、対人地雷の製造の禁止及び所持の規制等に関する法律6条4号参照)。ただし、被保佐人も欠格事由にしている例もある (高齢者の居住の安定確保に関する法律8条1項1号、廃棄物の処理及び清掃に関する法律7条5項4号イ、フロン類の使用の合理化及び管理の適正化に関する法律51条2号イ、鉄道事業法6条3号)。

なお、債務者が支払不能にあるときは、裁判所は、申立てにより、決定で、破産手続を開始する (破産法15条1項)。破産者であって復権 (同法255条、256条) を得ない者は、業法や紛争解決に関する法律において、欠格事由とされるのが一般的である (廃棄物の処理及び清掃に関する法律7条5項4号イ、民間資金等の活用による公共施設等の整備等の促進に関する法律9条2号、フロン類の使用の合理化及び管理の適正化に関する法律51条2号イ、鉄道事業法6条3号等)。これは、支払不能となった債務者で復権を得ない者は、事業を営むに当たり、または紛争解決に当たり、経済的能力、資力の点で支障が生ずる可能性が高いため、欠格事由とす

ることに合理性があるからである。これに対して、衛星リモートセンシング装置の使用については、その使用に高い経済的能力や資力が必要というわけでは必ずしもなく、本法6条の許可基準を審査することにより、不適格者を排除すれば足りるので、欠格事由として規定されていない（破産者であって復権を得ない者を欠格事由として規定していない例として、対人地雷の製造の禁止及び所持の規制等に関する法律6条、クラスター弾等の製造の禁止及び所持の規制等に関する法律6条、麻薬及び向精神薬取締法3条、化学兵器の禁止及び特定物質の規制等に関する法律5条参照）。

(11) **「外国の法令上これと同様に取り扱われている者」**（4号）

「外国の法令上これと同様に取り扱われている法人」を欠格事由とする例として、民間資金等の活用による公共施設等の整備等の促進に関する法律9条2号がある。

(12) **「法人であって、その業務を行う役員……のうちに前各号のいずれかに該当する者があるもの」**（5号）

役員についての欠格事由を定める例として、化学兵器の禁止及び特定物質の規制等に関する法律5条5号、クラスター弾等の製造の禁止及び所持の規制等に関する法律6条5号、高齢者の居住の安定確保に関する法律8条1項7号、電気通信事業法118条3号がある。

(13) **「内閣府令で定める使用人」**（5号）

申請者の使用人であって、当該申請者の衛星リモートセンシング装置の使用に係る業務に関する権限および責任を有する者を意味する（本法施行規則5条）。使用人は、本店、支店または事業所等の代表者であり、「使用人」も「従業者」に含まれる。本法においては、衛星リモートセンシング装置の使用の許可において、使用人以上の職の者に欠格事由に該当する者がいる場合には、許可を受けることができないとしている。

(14) **「内閣府令で定める使用人」**（6号）

申請者の使用人であって、当該申請者の衛星リモートセンシング装置の使用

に係る業務に関する権限および責任を有する者を意味する（本法施行規則5条）。使用人は、本店、支店または事業所等の代表者であり、「使用人」も「従業者」に含まれる。

> **（許可の基準）**
> **第6条** 内閣総理大臣は、第4条第1項の許可の申請が次の各号のいずれにも適合していると認めるときでなければ、同項の許可をしてはならない。
> (1) 衛星リモートセンシング装置の構造及び性能、当該衛星リモートセンシング装置が搭載された地球周回人工衛星の軌道並びに操作用無線設備等及び受信設備の場所、構造及び性能並びにこれらの管理の方法が、申請者以外の者が衛星リモートセンシング装置の使用を行うことを防止するために必要かつ適切な措置が講じられていることその他の国際社会の平和の確保等に支障を及ぼすおそれがないものとして内閣府令で定める基準に適合していること。
> (2) 衛星リモートセンシング記録の漏えい、滅失又は毀損の防止その他の当該衛星リモートセンシング記録の安全管理のために必要かつ適切なものとして内閣府令で定める措置が講じられていること。
> (3) 申請者（個人にあっては、死亡時代理人を含む。）が、第1号に規定する申請者以外の者が衛星リモートセンシング装置の使用を行うことを防止するための措置及び前号に規定する衛星リモートセンシング記録の安全管理のための措置を適確に実施するに足りる能力を有すること。
> (4) その他当該衛星リモートセンシング装置の使用が国際社会の平和の確保等に支障を及ぼすおそれがないものであること。

（1）「第4条第1項の許可」（柱書）

国内に所在する操作用無線設備を用いて衛星リモートセンシング装置の使用を行おうとする者（特定使用機関を除く）が、衛星リモートセンシング装置ごとに、内閣総理大臣から受ける許可である。

（2）「衛星リモートセンシング装置の構造及び性能、当該衛星リモートセンシング装置が搭載された地球周回人工衛星の軌道並びに操作用無線設備等及び受信設備の場所、構造及び性能並びにこれらの管理の方法が、申請者以外の者が衛星リモートセンシング装置の使用を行うことを防止するために必要かつ適切な措置が講じられていることその他の国際社会の平和の確保等に支障を及ぼすおそれがないものとして内閣府令で定める基準」(1号)

　衛星リモートセンシング装置の使用に係る許可制度を設けるのは、当該装置が悪意のある者により占拠されて、衛星リモートセンシング記録が当該者により入手され悪用されることを防止するためであるから、規制の必要性・強度は、当該衛星リモートセンシング装置により記録される衛星リモートセンシング記録の機微性に左右されることになる。衛星リモートセンシング記録の機微性を判断する際の重要な考慮要素は、対象物判別精度である。対象物判別精度は、衛星リモートセンシング装置の構造および性能はもとより、当該衛星リモートセンシング装置が搭載された地球周回人工衛星の軌道にも依存する。なぜならば、地球周回人工衛星の軌道が高い場合には、地表からの距離が遠くなるため、観測範囲（記録できる面積）は大きくなる一方、判別精度は低下し、逆に軌道が低い場合には、観測範囲（記録できる面積）は小さくなる一方、判別精度は向上するからである。したがって、「衛星リモートセンシング装置の構造及び性能、当該衛星リモートセンシング装置が搭載された地球周回人工衛星の軌道」が「操作用無線設備等及び受信設備の場所、構造及び性能並びにこれらの管理の方法」とともに、本号の許可基準の判断のために必要な情報といえる。

　内閣府令では、(ⅰ)申請者以外の者が衛星リモートセンシング装置の使用を行うことを防止するため、(イ)本法8条に定める不正な衛星リモートセンシング装置の使用を防止するための措置、(ロ)本法15条に定める終了措置を適切に行うことができると認められるものであること、(ⅱ)操作用無線設備等および受信設備が、(イ)輸出貿易管理令別表第3の2または別表第4に掲げる地域、(ロ)国際連合の総会または安全保障理事会の決議において国際社会の平和および安全を脅かす事態の発生に責任を有するとされた国または地域に所在しないこと、(ⅲ)本法9条が定める申請に係る軌道以外での機能停止を適切に行うことができると認められるものであること、が定められている（本法施行規則6条）。

（3）「衛星リモートセンシング記録の漏えい、滅失又は毀損の防止その他の当該衛星リモートセンシング記録の安全管理のために必要かつ適切なものとして内閣府令で定める措置」（2号）

　生データにあっては、(イ)組織的安全管理措置として、(ⅰ)衛星リモートセンシング記録の安全管理に係る基本方針を定めていること、(ⅱ)衛星リモートセンシング記録を取り扱う者の責任および権限ならびに業務を明確にしていること、(ⅲ)衛星リモートセンシング記録の漏えい、滅失または毀損発生時における事務処理体制が整備されていること、(ⅳ)安全管理措置に関する規程の策定および実施ならびにその運用の評価および改善を行っていること、(ロ)人的安全管理措置として、(ⅰ)衛星リモートセンシング記録を取り扱う者が、本法5条1号から4号までおよび本法21条3項1号イからニまでの欠格事由のいずれにも該当しない者であることを確認していること、(ⅱ)衛星リモートセンシング記録を取り扱う者が、その業務上取り扱う衛星リモートセンシング記録についての情報その他の特別の非公開情報（その業務上知り得た公表されていない情報をいう）を、当該業務の適切な運営の確保その他必要と認められる目的以外の目的のために利用しないことを確保するための措置を講じていること、(ⅲ)衛星リモートセンシング記録を取り扱う者に対する必要な教育および訓練を行っていること、(ハ)物理的安全管理措置として、(ⅰ)衛星リモートセンシング記録を取り扱う施設設備を明確にしていること、(ⅱ)衛星リモートセンシング記録を取り扱う施設設備への立入りおよび機器の持込みを制限する措置を講じていること、(ⅲ)衛星リモートセンシング記録を取り扱う電子計算機および可搬記憶媒体（電子計算機またはその周辺機器に挿入し、または接続して情報を保存することができる媒体または機器のうち、可搬型のものをいう）には、その盗難、紛失その他の事故を防止するため、電子計算機の端末をワイヤで固定することその他の必要な物理的措置を講じていること、(ニ)技術的安全管理措置として、(ⅰ)衛星リモートセンシング記録を取り扱う施設設備に、不正アクセス行為（不正アクセス行為の禁止等に関する法律2条4項に規定する不正アクセス行為をいう）を防止するため、適切な措置が講じられていること、(ⅱ)可搬記憶媒体の電子計算機またはその周辺機器への接続の制限に関する措置を講じていること、(ⅲ)衛星リモートセンシング記録の取扱いに係る電子計算機および端末装置の動作を記録していること、(ⅳ)衛星リモートセンシ

グ記録を移送または電気通信により送信するときは、暗号化その他の衛星リモートセンシング記録を適切に保護するために必要な措置を講じていること、(v)衛星リモートセンシング記録を加工するときは、当該加工を適切に行うために必要な措置を講じていることである。

標準データについては、(イ)組織的安全管理措置については、生データの(イ)と同じ措置、(ロ)人的安全管理措置については、生データの(ロ)と同じ措置、(ハ)技術的安全管理措置については、生データの(ニ)と同じ措置を講じていることである（本法施行規則7条1項）。

内閣府宇宙開発戦略推進事務局の「衛星リモートセンシング記録の適正な取扱いの確保に関する法律に基づく措置等に関するガイドライン」で具体的措置が例示されている。

また、衛星リモートセンシング装置使用者および衛星リモートセンシング記録保有者は、衛星リモートセンシング記録の取扱い業務の全部または一部を電気通信回線を通じて外部に保存するサービスを利用して管理する場合は、当該サービスを提供する事業者（以下「サービス事業者」という）とのサービスの利用に係る契約において、(i)本法施行規則7条1項に定める措置に相当する措置が講じられること、(ii)衛星リモートセンシング記録を(イ)輸出貿易管理令別表第3の2または別表第4に掲げる地域、(ロ)国際連合の総会または安全保障理事会の決議において国際社会の平和および安全を脅かす事態の発生に責任を有するとされた国または地域に所在する電子計算機に保存しないこと、(iii)契約の解除または満了に伴い、衛星リモートセンシング記録の消去、返却その他の必要な措置が講じられること、(iv)サービス事業者がその業務の全部または一部を他の者に委託する場合には、当該業務の委託に係る契約において委託を受けた者が前記(i)～(iii)に掲げる事項を遵守する旨その他の委託を受けた者が当該業務を適正かつ確実に遂行するための措置を講ずる旨の条件を付すことを明確に定めなければならない（本法施行規則7条2項）。

（4）「その他当該衛星リモートセンシング装置の使用が国際社会の平和の確保等に支障を及ぼすおそれがないものであること」(4号)

本号に当たるとして不許可処分がされることが想定されるのは、衛星リモー

トセンシングの分野における国際的な連携・協力の一環として、外国政府から不適格者に係る機微情報を入手しており、それに該当するような場合である。

（変更の許可等）
第7条 ① 第4条第1項の許可を受けた者（以下「衛星リモートセンシング装置使用者」という。）は、同条第2項第2号から第8号までに掲げる事項を変更しようとするときは、内閣府令で定めるところにより、内閣総理大臣の許可を受けなければならない。ただし、内閣府令で定める軽微な変更については、この限りでない。
② 衛星リモートセンシング装置使用者は、第4条第2項第1号に掲げる事項に変更があったとき又は前項ただし書の内閣府令で定める軽微な変更をしたときは、遅滞なく、その旨を内閣総理大臣に届け出なければならない。
③ 前条の規定に、第1項の許可について準用する。

---

(1) 「第4条第1項の許可を受けた者」（1項本文）

国内に所在する操作用無線設備を用いて衛星リモートセンシング装置の使用を行うために、衛星リモートセンシング装置ごとに、内閣総理大臣から許可を受けた者である。

(2) 「同条第2項第2号から第8号までに掲げる事項」（1項本文）

衛星リモートセンシング装置使用者は、本法4条2項に定める申請書記載事項のうち、「氏名又は名称及び住所」（同項1号）以外の事項を変更しようとするときは、内閣府令で定めるところにより、内閣総理大臣の許可を受けなければならない。

すなわち、(i)衛星リモートセンシング装置の種類、構造および性能（同項2号）、(ii)衛星リモートセンシング装置が搭載された地球周回人工衛星の軌道（同項3号）、(iii)操作用無線設備および衛星リモートセンシング装置の操作を行うために必要な信号を他の無線設備を経由して送信する際に経由する無線設備の場所、構造および性能ならびにこれらの管理の方法（同項4号）、(iv)衛星リモート

センシング装置から送信された検出情報電磁的記録を受信するために必要な無線設備（受信する際に経由するものを含む）の場所、構造および性能ならびにその管理の方法（同項5号）、(v)衛星リモートセンシング記録の管理の方法（同項6号）、(vi)申請者が個人である場合には、申請者が死亡したときにその者に代わって衛星リモートセンシング装置の使用を行う者の氏名または名称および住所、(vii)その他内閣府令で定める事項を変更しようとする場合に許可を受ける必要がある。

（i）の変更の例としては、当該装置の使用開始後に許可申請時の想定を超える優れた性能が発揮された場合が考えられる（本法6条1号の許可基準と関係）。(ii)を変更しようとするときも内閣総理大臣の許可を必要としているのは、軌道の変更により衛星リモートセンシングの機微性が変化しうるからである。すなわち、当初の申請時の軌道よりも低い軌道に変更した場合、対象物判別精度が向上し、その結果、機微性が高くなる事態が生じうるので、改めて、「申請者以外の者が衛星リモートセンシング装置の使用を行うことを防止するために必要かつ適切な措置が講じられていることその他の国際社会の平和の確保等に支障を及ぼすおそれがないものとして内閣府令で定める基準に適合していること」（本法7条3項、6条1項1号）を確認する必要が生ずるのである。(iii)の変更の例としては、操作用無線設備等を移転させる必要が生じた場合が考えられる（本法6条1号・3号の許可基準と関係）。(iv)の変更例として、セキュリティ対策として受信設備の改良が必要になる場合が考えられる（本法6条1号・3号の許可基準と関係）。(v)の変更例としては、送受信のために用いる暗号鍵の管理場所の変更等が考えられる（本法6条2号・3号の許可基準と関係）。(vi)の変更例としては、申請者が死亡時代理人となる予定の者を変更しようとする場合が考えられる（本法6条3号の許可基準と関係）。なお、申請者が死亡した後に、死亡時代理人以外の者が終了措置を講じた場合には、無許可変更にはならないものの、死亡時代理人が本法14条2項の規定に基づく終了措置を講ずる義務を懈怠したことになり、また、死亡時代理人でないにもかかわらず終了措置を講じた者は、本法4条1項の規定に違反して衛星リモートセンシング装置を使用したことになり、本法33条1号の規定に基づき、罰則を科される。

§8

（3）「内閣府令で定めるところにより」（1項本文）
　様式第3による申請書に、本法施行規則4条2項に掲げる書類のうち当該変更事項に係る書類および当該衛星リモートセンシング装置に係る許可証を添えて、内閣総理大臣の変更の許可を受けなければならない（本法施行規則9条1項）。

（4）「内閣府令で定める軽微な変更」（1項ただし書）
　(i)衛星リモートセンシング装置の使用に係る業務を行う役員または使用人の氏名の変更であって、役員または使用人の変更を伴わないもの、(ii)申請者以外の者が操作用無線設備等または受信設備の管理を行う場合のその管理を行う者の氏名または名称の変更であって、当該管理を行う者の変更を伴わないもの、(iii)前記(i)(ii)に掲げるもののほか、本法4条2項2号から8号までに掲げる事項の実質的な変更を伴わないものである（本法施行規則9条2項）。

（5）「第4条第2項第1号に掲げる事項」（2項）
　申請者の氏名または名称および住所である。

（6）「内閣総理大臣に届け出なければならない」（2項）
　衛星リモートセンシング装置使用者は、届出をしようとするときは、様式第4による届出書に、変更事項に係る書類および当該衛星リモートセンシング装置に係る許可証の写しを添えて、内閣総理大臣に提出しなければならない（本法施行規則9条3項）。

（7）「前条の規定は、第1項の許可について準用する」（3項）
　最初の衛星リモートセンシング装置使用許可の基準と変更許可の基準が同一であることを意味する。

（不正な衛星リモートセンシング装置の使用を防止するための措置）
第8条　①　衛星リモートセンシング装置使用者は、衛星リモートセンシング装置の操作を行うために必要な信号であって、電子計算機による情報処理

の用に供されるものについて、電子計算機及び変換符号（信号の変換処理を行うために用いる符号をいう。以下この条において同じ。）を用いて変換処理を行うことにより、当該変換処理に用いた変換符号と対応する変換符号（第5項において「対応変換符号」という。）を用いなければ復元することができないようにする措置その他の当該衛星リモートセンシング装置使用者以外の者による衛星リモートセンシング装置の使用を防止するために必要かつ適切なものとして内閣府令で定める措置を講じなければならない。

② 衛星リモートセンシング装置使用者は、衛星リモートセンシング装置から送信する検出情報電磁的記録について、電子計算機及び記録変換符号（電磁的記録の変換処理を行うために用いる符号をいう。以下同じ。）を用いて変換処理を行うことにより、当該変換処理に用いた記録変換符号と対応する記録変換符号（第4項及び第5項において「対応記録変換符号」という。）を用いなければ復元することができないようにする措置その他の当該衛星リモートセンシング装置から送信された検出情報電磁的記録が第4条第1項の許可に係る受信設備以外の受信設備で受信されて衛星リモートセンシング記録として利用されることを防止するために必要かつ適切なものとして内閣府令で定める措置を講じなければならない。

③ 衛星リモートセンシング装置使用者は、変換符号を他の者（操作用無線設備を管理する者が衛星リモートセンシング装置使用者と異なる場合にあっては、当該管理する者以外の者）に提供してはならない。

④ 衛星リモートセンシング装置使用者は、対応記録変換符号を他の者（受信設備を管理する者が衛星リモートセンシング装置使用者と異なる場合にあっては、当該管理する者以外の者）に提供してはならない。

⑤ 衛星リモートセンシング装置使用者は、変換符号、対応変換符号、記録変換符号及び対応記録変換符号（以下この項において「変換符号等」という。）の漏えい、滅失又は毀損の防止その他の変換符号等の安全管理のために必要かつ適切なものとして内閣府令で定める措置を講じなければならない。

（1）「その他の当該衛星リモートセンシング装置使用者以外の者による衛星リモートセンシング装置の使用を防止するために必要かつ適切なものとして内閣府令で定める措置」（1項）

（i）対応変換符号または対応記録変換符号を用いなければ復元することができ

ないようにすること、(ⅱ)周波数を複数具備し使い分けて通信すること、(ⅲ)衛星リモートセンシング装置を使用する権限を有する者のみが操作用無線設備を操作できる措置を講じること、のいずれかの措置である（本法施行規則10条1項）。

（2）「当該衛星リモートセンシング装置から送信された検出情報電磁的記録が第4条第1項の許可に係る受信設備以外の受信設備で受信されて衛星リモートセンシング記録として利用されることを防止するために必要かつ適切なものとして内閣府令で定める措置」(2項)

（ⅰ)対応変換符号または対応記録変換符号を用いなければ復元することができないようにすること、(ⅱ)周波数を複数具備し使い分けて通信すること、(ⅲ)衛星リモートセンシング装置を使用する権限を有する者のみが操作用無線設備を操作できる措置を講じること、のいずれかの措置である（本法施行規則10条2項）。

（3）「変換符号、対応変換符号、記録変換符号及び対応記録変換符号（以下この項において「変換符号等」という。）の漏えい、滅失又は毀損の防止その他の変換符号等の安全管理のために必要かつ適切なものとして内閣府令で定める措置」(5項)

本法7条1項および2項の規定は、本項の変換符号等の安全管理のために必要かつ適切なものとして内閣府令で定める措置について準用されている（本法施行規則10条2項）。

（申請に係る軌道以外での機能停止）
第9条 衛星リモートセンシング装置使用者は、第4条第1項の許可に係る衛星リモートセンシング装置が搭載された地球周回人工衛星が同項の許可に係る軌道を外れているときは、直ちに、操作用無線設備から当該衛星リモートセンシング装置にその地上放射等電磁波を検出する機能を停止する信号を送信し、当該地球周回人工衛星が同項の許可に係る軌道に戻るまで当該機能を停止させなければならない。

当初の申請に係る軌道を変更する場合には許可を得る必要があるが、変更許

可を得ることなく、衛星リモートセンシング装置が搭載された地球周回人工衛星が許可に係る軌道を外れているときは、対象物判別精度が向上し、国際社会の平和の確保等に支障を及ぼすおそれが生ずる。そこで、衛星リモートセンシング装置使用者は、直ちに、操作用無線設備から当該衛星リモートセンシング装置にその地上放射等電磁波を検出する機能を停止する信号を送信し、当該地球周回人工衛星が許可に係る軌道に戻るまで当該機能を停止させる義務を負うこととしている。

（検出情報電磁的記録の受信に用いる受信設備）
第10条　①　衛星リモートセンシング装置使用者は、衛星リモートセンシング装置から送信された検出情報電磁的記録を受信するときは、第4条第1項の許可に係る受信設備であって自ら又は特定取扱機関若しくは第21条第1項の認定を受けた者が管理するもの以外の受信設備を用いてはならない。
②　衛星リモートセンシング装置使用者が、衛星リモートセンシング装置から送信された検出情報電磁的記録を受信するに際して第21条第1項の認定を受けた者が管理する受信設備を用いる場合において、第25条第1項又は第26条第1項の規定により当該認定が取り消されたときは、内閣総理大臣は、その旨を当該衛星リモートセンシング装置使用者に速やかに通知するものとする。
③　前項の規定による通知を受けた衛星リモートセンシング装置使用者は、同項に規定する受信設備による受信ができる場合において当該衛星リモートセンシング装置から当該受信設備に向けて検出情報電磁的記録の送信を行わないこと、記録変換符号を変更することその他の当該衛星リモートセンシング装置から送信された検出情報電磁的記録が当該受信設備で受信されて衛星リモートセンシング記録として利用されることを防止するために必要かつ適切なものとして内閣府令で定める措置を講じなければならない。

（1）「第4条第1項の許可」（1項）
　国内に所在する操作用無線設備を用いて衛星リモートセンシング装置の使用を行おうとする者（特定使用機関を除く）が、衛星リモートセンシング装置ごと

に、内閣総理大臣から受ける許可である。

(2) 「特定取扱機関」(1項)

　衛星リモートセンシング装置の使用を適正に行うことができるものとして政令で定める国または地方公共団体の機関（特定使用機関）および衛星リモートセンシング記録の取扱いを適正に行うことができるものとして政令で定める国もしくは地方公共団体の機関または外国（本邦の域外にある国または地域をいう）の政府機関をいう（本法2条5号・7号）。

(3) 「第21条第1項の認定を受けた者」(1項)

　衛星リモートセンシング記録を適正に取り扱うことができるものと認められる旨の内閣総理大臣の認定を受けた者である。

(4) 「第25条第1項又は第26条第1項の規定により当該認定が取り消されたとき」(2項)

　本法25条1項の規定による認定の取消しは、外国取扱者以外の者の認定の取消しであり、本法26条1項の規定による取消しは、外国取扱者の認定の取消しである。なお、ここでいう「取消し」には、講学上の取消しと撤回の双方を含む。

(5) 「当該衛星リモートセンシング装置から送信された検出情報電磁的記録が当該受信設備で受信されて衛星リモートセンシング記録として利用されることを防止するために必要かつ適切なものとして内閣府令で定める措置」(3項)

　(ⅰ)衛星リモートセンシング記録を取り扱う者の認定を取り消された者が管理する受信設備に向けて検出情報電磁的記録の送信を行わないこと、または(ⅱ)記録変換符号を変更することのいずれかの措置である（本法施行規則11条）。

（故障時等の措置）
第11条　衛星リモートセンシング装置使用者は、衛星リモートセンシング装置又はこれを搭載する地球周回人工衛星の故障その他の事情により、終了措

> 置（第15条第2項に規定する終了措置をいう。第13条第6項及び第14条第2項において同じ。）を講ずることなく当該衛星リモートセンシング装置の使用を行うことができなくなり、かつ、回復する見込みがないときは、内閣府令で定めるところにより、速やかに、その旨を内閣総理大臣に届け出なければならない。この場合において、第4条第1項の許可は、その効力を失う。

（1）「終了措置」（前段）
（ⅰ）操作用無線設備から当該衛星リモートセンシング装置にその地上放射等電磁波を検出する機能を停止する信号を送信すること、その他の当該機能を完全に停止させるために必要なものとして内閣府令で定める措置または、（ⅱ）操作用無線設備から当該衛星リモートセンシング装置に再開信号（その地上放射等電磁波を検出する機能を停止した場合にこれを回復するために必要な信号をいう）を受信するまで当該機能を停止する信号を送信するとともに当該再開信号およびその作成方法に関する情報を内閣総理大臣に届け出ること、その他の再開信号を受信しない限り当該機能を回復することができないようにするために必要なものとして内閣府令で定める措置を意味する。

（2）「内閣府令で定めるところにより」（前段）
届出をしようとするときは、様式第5による届出書を内閣総理大臣に提出しなければならない（本法施行規則12条）。

（3）「第4条第1項の許可」（後段）
国内に所在する操作用無線設備を用いて衛星リモートセンシング装置の使用を行おうとする者（特定使用機関を除く）が、衛星リモートセンシング装置ごとに、内閣総理大臣から受ける許可である。

> （帳簿）
> 第12条 ① 衛星リモートセンシング装置使用者は、内閣府令で定めるとこ

> ろにより、帳簿（その作成に代えて電磁的記録の作成がされている場合における当該電磁的記録を含む。以下同じ。）を備え、その衛星リモートセンシング装置の使用の状況について、内閣府令で定める事項を記載しなければならない。
> ②　前項の帳簿は、内閣府令で定めるところにより、保存しなければならない。

（1）「内閣府令で定めるところにより、帳簿……を備え」（1項）

　衛星リモートセンシング装置使用者は、本項の帳簿に係る電磁的記録の作成を行う場合は、作成された電磁的記録を当該衛星リモートセンシング装置使用者の使用に係る電子計算機に備えられたファイルに記録する方法または磁気ディスク、シー・ディー・ロムその他これらに準ずる方法により一定の事項を確実に記録しておくことができる物（以下「磁気ディスク等」という）をもって調製する方法により行わなければならない（本法施行規則13条2項）。

（2）「内閣府令で定める事項を記載しなければならない」（1項）

　(i)衛星リモートセンシング装置の操作を行うための信号を送信した日時、その内容および当該信号の送信に用いた操作用無線設備等の場所、(ii)検出情報電磁的記録を記録した日時、対象範囲およびこれらを識別するための文字、番号、記号その他の符号（以下「識別符号」という）、(iii)検出情報電磁的記録を地上に送信した日時およびその受信に用いた受信設備の場所、(iv)検出情報電磁的記録の加工または消去の状況、(v)衛星リモートセンシング記録を他の者に提供する場合にあっては、当該衛星リモートセンシング記録の識別符号、区分および提供日時ならびにその提供の相手方の氏名または名称およびその者が本法21条4項の認定証の交付を受けている者である場合は、その番号を記載しなければならない（本法施行規則13条1項）。

（3）「内閣府令で定めるところにより、保存しなければならない」（2項）

　衛星リモートセンシング装置使用者は、衛星リモートセンシング装置ごとに、衛星リモートセンシング装置の操作を行うための信号の送信、検出情報電磁的記録の記録、検出情報電磁的記録の地上への送信、検出情報電磁的記録の加工

もしくは消去または衛星リモートセンシング記録の提供を行うごとに、遅滞なく、本法施行規則13条1項各号に掲げる事項を帳簿に記載し、その記載の日から5年間保存しなければならない（本法施行規則13条3項）。

（承継）
第13条 ① 衛星リモートセンシング装置使用者が国内に所在する操作用無線設備を用いて衛星リモートセンシング装置の使用を行おうとする者に第4条第1項の許可を受けた衛星リモートセンシング装置の使用に係る事業の譲渡を行う場合において、譲渡人及び譲受人があらかじめ当該譲渡及び譲受けについて内閣府令で定めるところにより内閣総理大臣の認可を受けたときは、譲受人は、衛星リモートセンシング装置使用者のこの法律の規定による地位を承継する。
② 衛星リモートセンシング装置使用者が、国内に所在する操作用無線設備によらずに衛星リモートセンシング装置の使用を行おうとする者に第4条第1項の許可を受けた衛星リモートセンシング装置の使用に係る事業の譲渡を行うときは、内閣府令で定めるところにより、あらかじめ、内閣総理大臣にその旨を届け出なければならない。
③ 衛星リモートセンシング装置使用者である法人が合併により消滅することとなる場合において、あらかじめ当該合併について内閣府令で定めるところにより内閣総理大臣の認可を受けたときは、合併後存続する法人又は合併により設立された法人は、衛星リモートセンシング装置使用者のこの法律の規定による地位を承継する。
④ 衛星リモートセンシング装置使用者である法人が分割により第4条第1項の許可を受けた衛星リモートセンシング装置の使用に係る事業を承継させる場合において、あらかじめ当該分割について内閣府令で定めるところにより内閣総理大臣の認可を受けたときは、分割により当該事業を承継した法人は、衛星リモートセンシング装置使用者のこの法律の規定による地位を承継する。
⑤ 第5条及び第6条（第3号に係る部分に限る。）の規定は、第1項及び前二項の認可について準用する。
⑥ 衛星リモートセンシング装置使用者が第4条第1項の許可を受けた衛星

> リモートセンシング装置の使用に係る事業の譲渡を行い、又は衛星リモートセンシング装置使用者である法人が合併により消滅することとなり、若しくは分割により当該事業を承継させる場合において、第1項、第3項又は第4項の認可をしない旨の処分があったとき（これらの認可の申請がない場合にあっては、当該事業の譲渡、合併又は分割があったとき）は、同条第1項の許可は、その効力を失うものとし、その譲受人（第2項に規定する事業の譲渡に係る譲受人を除く。）、合併後存続する法人若しくは合併により設立された法人又は分割により当該事業を承継した法人は、当該処分があった日（これらの認可の申請がない場合にあっては、当該事業の譲渡、合併又は分割の日）から120日以内に、終了措置を講じなければならない。この場合において、当該終了措置が完了するまでの間（第11条に規定する場合にあっては、同条の規定による届出があるまでの間）は、これらの者を衛星リモートセンシング装置使用者とみなして、第8条から第10条まで、第11条前段、前条、第27条、第28条及び第29条第1項の規定（これらの規定に係る罰則を含む。）を適用する。

(1) 「事業の譲渡」(1項)

「事業の譲渡」の意義について、最判昭和40・9・22（民集19巻6号1600頁）参照。

(2) 「内閣府令で定めるところにより内閣総理大臣の認可を受けたときは」(1項)

本項の認可を受けようとする者は、様式第6による申請書に、(i)譲渡および譲受けの価格が記載された書類、(ii)譲受人が個人である場合は、(イ)住民票の写しまたはこれに代わる書類（本籍（外国人にあっては、住民基本台帳法30条の45に規定する国籍等）の記載のあるものに限る。以下同じ）、(ロ)本法5条1号から4号までの欠格事由のいずれにも該当しない者であることを誓約する書類、(ハ)使用人および死亡時代理人に係る(a)住民票の写しまたはこれに代わる書類、(b)当該使用人にあっては本法5条1号から4号まで、当該死亡時代理人にあっては本法5条1号から6号までの欠格事由のいずれにも該当しない者であることを誓約する書類、譲受人が法人である場合は、(ニ)定款および登記事項証明書またはこれらに準ずるもの、(ホ)本法5条1号から3号までの欠格事由のいずれにも該当しな

い者であることを誓約する書類、㈹本法5条5号の役員および使用人に係る(a)住民票の写しまたはこれに代わる書類、(b)本法5条1号から4号までのいずれにも該当しない者であることを誓約する書類、(ⅲ)譲受人（個人にあっては、死亡時代理人を含む）が、本法6条1号に規定する申請者以外の者が衛星リモートセンシング装置の使用を行うことを防止するための措置および同条2号に規定する衛星リモートセンシング記録の安全管理のための措置を適確に実施するに足りる能力を有することを誓約する書類、(ⅳ)譲渡および譲受けに関する契約書の写し、(ⅴ)譲受人が法人である場合は、最近の損益計算書、貸借対照表および事業報告書、(ⅵ)譲渡人または譲受人が法人である場合は、譲渡または譲受けに関する株主総会もしくは社員総会の決議録または無限責任社員もしくは総社員の同意書または譲渡もしくは譲受けに関する意思の決定を証する書類および譲渡人に係る本法施行規則8条の許可証の写しを添えて、内閣総理大臣に提出しなければならない（本法施行規則14条1項）。

(3) **「譲受人は、衛星リモートセンシング装置使用者のこの法律の規定による地位を承継する」**(1項)

　本条が承継に係る規定を置いたのは、衛星リモートセンシング装置の使用について、事業の譲渡、法人の合併、分割が行われる可能性が高く、もし承継規定がなく、これらの手続終了後に譲受人、合併後存続する法人もしくは合併により設立された法人または分割により事業を承継した法人が新たに本法4条1項の規定に基づく許可申請をしなければならないとすることは、事業者にとり大きな負担になるおそれがあるのみならず、衛星リモートセンシング装置を使用できない期間が発生するおそれがあるからである。相続（本法14条1項)、法人の解散（本法16条1項）について内閣総理大臣への届出義務が規定されているのに対し、事業の譲渡、法人の合併、分割自体についての届出規定が置かれていないのは、事業の譲渡、法人の合併、分割の認可申請手続により、これらの事実を内閣総理大臣が認識することが可能であるし、これらの認可を受けずに衛星リモートセンシング装置の使用を行った場合には、本法33条1号の罰則の対象になるからである。事業の譲渡に伴う地位の承継の例として、計量法41条、株式会社日本政策金融公庫法19条1項参照。

(4)「内閣府令で定めるところにより、あらかじめ、内閣総理大臣にその旨を届け出なければならない」(2項)

本条1項の場合と異なり、この場合に届出制にしているのは、国外における操作用無線設備の使用にはわが国の執行管轄権が及ばないので、認可制を採用しても規制の実効性を確保できないおそれがあるからである。届出により事業の譲渡が行われようとしていることを認識した内閣総理大臣は、関係大臣と協議して、たとえば、当該譲渡が、国際的な平和および安全の維持を妨げることとなると認められるものとして政令で定める特定技術を特定国に提供することを目的とする取引を行おうとするものと認められる場合に、経済産業大臣の許可手続において、慎重な審査が確実に実施されるようにしたりすることが考えられる。

届出をしようとするときは、様式第7による届出書に、本法施行規則14条1項各号に掲げる書類および譲渡人に係る本法施行規則8条の許可証の写しを添えて、内閣総理大臣に提出しなければならない（本法施行規則14条2項）。

(5)「当該合併について内閣府令で定めるところにより内閣総理大臣の認可を受けたときは」(3項)

本項の認可を受けようとする者は、様式第8による申請書に、(i)合併の方法および条件が記載された書類、(ii)合併後存続する法人または合併により設立される法人に係る(イ)定款および登記事項証明書またはこれらに準ずるもの、(ロ)本法5条1号から3号までの欠格事由のいずれにも該当しない者であることを誓約する書類、(ハ)本法5条5号の役員および使用人に係る(a)住民票の写しまたはこれに代わる書類、(b)本法5条1号から4号までの欠格事由のいずれにも該当しない者であることを誓約する書類、(iii)合併後存続する法人または合併により設立される法人が、本法6条3号に規定する申請者以外の者が衛星リモートセンシング装置の使用を行うことを防止するための措置および同条2号に規定する衛星リモートセンシング記録の安全管理のための措置を適確に実施するに足りる能力を有することを誓約する書類、(iv)合併契約書の写しおよび合併比率説明書、(v)合併により法人を設立する場合には、当該法人に関し、事業を経営するために必要な資金の総額、内訳および調達方法が記載された資金計画書、(vi)

合併後存続する法人が現に衛星リモートセンシング装置の使用に係る事業を経営していないときは、最近の貸借対照表、損益計算書および事業報告書、(vii)合併に関する株主総会もしくは社員総会の決議録または無限責任社員もしくは総社員の同意書または合併に関する意思の決定を証する書類および被承継者に係る本法施行規則8条の許可証の写しを添えて、内閣総理大臣に提出しなければならない（本法施行規則14条3項）。

(6)「合併後存続する法人又は合併により設立された法人は、衛星リモートセンシング装置使用者のこの法律の規定による地位を承継する」(3項)

法人の合併に伴う地位の承継の例として、風俗営業等の規制及び業務の適正化等に関する法律7条の2第1項、計量法41条参照。

(7)「あらかじめ当該分割について内閣府令で定めるところにより内閣総理大臣の認可を受けたときは」(4項)

本項の認可を受けようとする者は、様式第9による申請書に、(i)分割の方法および条件が記載された書類、(ii)分割により衛星リモートセンシング装置の使用に係る事業を承継する法人に係る(イ)定款および登記事項証明書またはこれらに準ずるもの、(ロ)本法5条1号から3号までの欠格事由のいずれにも該当しない者であることを誓約する書類、(ハ)本法5条5号の役員および使用人に係る(a)住民票の写しまたはこれに代わる書類、(b)本法5条1号から4号までの欠格事由のいずれにも該当しない者であることを誓約する書類、(iii)分割により衛星リモートセンシング装置の使用に係る事業を承継する法人が、本法6条3号に規定する申請者以外の者が衛星リモートセンシング装置の使用を行うことを防止するための措置および同条2号に規定する衛星リモートセンシング記録の安全管理のための措置を適確に実施するに足りる能力を有することを誓約する書類、(iv)分割契約書（新設分割の場合にあっては、分割計画書）の写しおよび分割比率説明書、(v)分割により法人を設立する場合には、当該法人に関し、事業を経営するために必要な資金の総額、内訳および調達方法が記載された資金計画書、(vi)吸収分割により衛星リモートセンシング装置の使用に係る事業を承継する法人が現に衛星リモートセンシング装置の使用に係る事業を経営していないときは、

最近の貸借対照表、損益計算書および事業報告書、(vii)分割に関する株主総会もしくは社員総会の決議録または無限責任社員もしくは総社員の同意書または分割に関する意思の決定を証する書類および被承継者に係る本法施行規則8条の許可証の写しを添えて、内閣総理大臣に提出しなければならない（本法施行規則14条4項）。

(8)「第5条及び第6条（第3号に係る部分に限る。）の規定」(5項)

　本法5条の規定は、衛星リモートセンシング装置の使用の許可の欠格事由を定めている。本法6条3号の規定は、申請者が、同条1号に規定する申請者以外の者が衛星リモートセンシング装置の使用を行うことを防止するための措置および同条2号に規定する衛星リモートセンシング記録の安全管理のための措置を適確に実施するに足りる能力を有することを定めている。

　許認可等を与えられた者が事業の譲渡等の認可を得てその地位を承継させる場合における認可の基準については、許認可等の欠格事由および許認可等の基準に係る規定の双方を準用する場合が多いが（放送法98条6項、航空法114条2項、115条2項、116条3項、石油パイプライン事業法10条3項、深海底鉱業暫定措置法18条3項、電気通信事業法123条5項、鉄道事業法26条3項、貨物利用運送事業法29条3項、民間事業者による信書の送達に関する法律13条3項参照）、許認可等の欠格事由および申請者の能力に関する基準に係る規定のみを準用する場合（自動車ターミナル法12条3項参照）も存在する。前者は、事業の安定的継続を確保できるかを重視しており、後者は許認可等の基準に係る規定のうち設備の構造等、承継によっても変化しない部分は準用の対象とせず、承継によって変化する申請の能力に関する部分のみを準用するという考え方によっている。本法は、後者の考えによっている（核原料物質、核燃料物質及び原子炉の規制に関する法律31条2項は、欠格事由および一部の許可基準に係る規定を準用しているが、準用されている許可基準に係る規定は、申請者の能力に関するもののほか、「試験研究用等原子炉が平和の目的以外に利用されるおそれがないこと」であり、試験研究用等原子炉施設の位置、構造および設備に関する許可基準に係る規定は準用されていない。道路運送法36条3項のように、欠格事由に係る規定は準用せず、許可基準に係る規定のみ準用している例もある）。

（9）「第1項及び前二項の認可」（5項）

（i）衛星リモートセンシング装置使用者が国内に所在する操作用無線設備を用いて衛星リモートセンシング装置の使用を行おうとする者に、衛星リモートセンシング装置使用の許可を受けた衛星リモートセンシング装置の使用に係る事業の譲渡を行う場合において、譲渡人および譲受人があらかじめ当該譲渡および譲受けについて内閣総理大臣から得た認可ならびに(ii)衛星リモートセンシング装置使用者である法人が合併により消滅することとなる場合において、あらかじめ当該合併について内閣総理大臣から得た認可および(iii)衛星リモートセンシング装置使用者である法人が分割により衛星リモートセンシング装置使用の許可を受けた衛星リモートセンシング装置の使用に係る事業を承継させる場合において、あらかじめ当該分割について内閣総理大臣から得た認可を意味する。

（10）「衛星リモートセンシング装置使用者が第4条第1項の許可を受けた衛星リモートセンシング装置の使用に係る事業の譲渡を行い、又は衛星リモートセンシング装置使用者である法人が合併により消滅することとなり、若しくは分割により当該事業を承継させる場合において、第1項、第3項又は第4項の認可をしない旨の処分があったとき（これらの認可の申請がない場合にあっては、当該事業の譲渡、合併又は分割があったとき）は、同条第1項の許可は、その効力を失うものとし、その譲受人……合併後存続する法人若しくは合併により設立された法人又は分割により当該事業を承継した法人は、当該処分があった日（これらの認可の申請がない場合にあっては、当該事業の譲渡、合併又は分割の日）から120日以内に、終了措置を講じなければならない」（6項前段）

かかる終了措置を義務づけているのは、当該衛星リモートセンシング装置が他の者に無断で使用されることを防止する必要があるからである。

（11）「（第2項に規定する事業の譲渡に係る譲受人を除く。）」（6項前段）

衛星リモートセンシング装置使用者が、国内に所在する操作用無線設備によらずに衛星リモートセンシング装置の使用を行おうとする者に衛星リモートセンシング装置使用許可を受けた衛星リモートセンシング装置の使用に係る事業の譲渡を行う場合の譲受人を除くことを意味する。

(12)「(第11条に規定する場合にあっては、同条の規定による届出があるまでの間)」(6項後段)

　衛星リモートセンシング装置使用者が、衛星リモートセンシング装置またはこれを搭載する地球周回人工衛星の故障その他の事情により、終了措置を講ずることなく当該衛星リモートセンシング装置の使用を行うことができなくなり、かつ、回復する見込みがないときにおいて、その旨が内閣総理大臣に届け出られるまでの間を意味する。

(13)「第8条から第10条まで、第11条前段、前条、第27条、第28条及び第29条第1項の規定（これらの規定に係る罰則を含む。）を適用する」(6項後段)

　不正な衛星リモートセンシング装置の使用を防止するための措置（本法8条）、申請に係る軌道以外での機能停止（本法9条）、検出情報電磁的記録の受信に用いる受信設備（本法10条）、故障時等の措置（本法11条前段）、帳簿（本法12条）、立入検査等（本法27条）、指導等（本法28条）、是正命令（本法29条1項）（これらの規定に係る罰則を含む）に係る規定を適用することを意味する。事業の譲渡、合併または分割の認可がなかった場合における「みなし衛星リモートセンシング装置使用者」の義務について定める本項の規定は、本法18条（衛星リモートセンシング記録の提供の制限）、19条（衛星リモートセンシング記録の提供の禁止の命令）、20条（衛星リモートセンシング記録の安全管理措置）および29条2項（是正命令）については明記していない。しかし、「みなし衛星リモートセンシング装置使用者」が衛星リモートセンシング記録を保有する以上、「衛星リモートセンシング記録保有者」となり、これらの規定の適用を受けることになる（本法16条2項の規定に基づき清算法人が「みなし衛星リモートセンシング装置使用者」となる場合、本法17条2項の規定に基づき許可を取り消された者が「みなし衛星リモートセンシング装置使用者」となる場合も同じである）。

（死亡の届出等）
第14条　①　衛星リモートセンシング装置使用者が死亡したときは、相続人は、遅滞なく、その旨を内閣総理大臣に届け出なければならない。

> ② 衛星リモートセンシング装置使用者が死亡したときは、第4条第1項の許可は、その効力を失うものとし、その死亡時代理人は、当該衛星リモートセンシング装置の使用に係る事業の譲渡について前条第1項の認可を受けた場合を除き、その死亡の日から120日以内に、終了措置を講じなければならない。この場合において、当該事業の譲渡が行われ、又は当該終了措置が完了するまでの間（第11条に規定する場合にあっては、同条の規定による届出があるまでの間）は、その死亡時代理人を衛星リモートセンシング装置使用者とみなして、第8条から第10条まで、第11条前段、第12条、前条第1項及び第5項、第27条、第28条並びに第29条第1項の規定（これらの規定に係る罰則を含む。）を適用する。

（1）「衛星リモートセンシング装置使用者が死亡したときは、相続人は、遅滞なく、その旨を内閣総理大臣に届け出なければならない」(1項)

　事業の譲渡、法人の合併、分割の場合には、これらの認可の時点が衛星リモートセンシング装置使用者の地位の承継時期になるのに対し（本法13条1項・3項・4項）、衛星リモートセンシング装置使用者の死亡の場合には、内閣総理大臣への届出時点で承継が行われることとしている。

（2）「前条第1項の認可を受けた場合を除き」(2項前段)

　衛星リモートセンシング装置使用者が国内に所在する操作用無線設備を用いて衛星リモートセンシング装置の使用を行おうとする者に衛星リモートセンシング装置使用の許可を受けた衛星リモートセンシング装置の使用に係る事業の譲渡を行う場合において、譲渡人および譲受人があらかじめ当該譲渡および譲受けについて内閣総理大臣の認可を受けた場合を除くことを意味する。

（3）「（第11条に規定する場合にあっては、同条の規定による届出があるまでの間）」(2項後段)

　衛星リモートセンシング装置使用者が、衛星リモートセンシング装置またはこれを搭載する地球周回人工衛星の故障その他の事情により、終了措置を講ずることなく当該衛星リモートセンシング装置の使用を行うことができなくなり、かつ、回復する見込みがないときにおいて、その旨が内閣総理大臣に届け出ら

れるまでの間を意味する。

（4）「第8条から第10条まで、第11条前段、第12条、前条第1項及び第5項、第27条、第28条並びに第29条第1項の規定（これらの規定に係る罰則を含む。）を適用する」(2項後段)

　不正な衛星リモートセンシング装置の使用を防止するための措置（本法8条）、申請に係る軌道以外での機能停止（本法9条）、検出情報電磁的記録の受信に用いる受信設備（本法10条）、故障時等の措置（本法11条前段）、帳簿（本法12条）、衛星リモートセンシング装置の使用に係る事業の譲渡および譲受けについて内閣総理大臣の認可を受けた場合における譲受人による衛星リモートセンシング装置使用者の地位の承継（本法13条1項）、衛星リモートセンシング装置の使用の許可の欠格事由ならびに申請者が、申請者以外の者が衛星リモートセンシング装置の使用を行うことを防止するための措置および衛星リモートセンシング記録の安全管理のための措置を適確に実施するに足りる能力を有すること（同条5項）、立入検査等（本法27条）、指導等（本法28条）、是正命令（本法29条1項）（これらの規定に係る罰則を含む）に係る規定を適用することを意味する。

（終了措置）
第15条　①　衛星リモートセンシング装置使用者は、第13条第6項、前条第2項、次条第2項又は第17条第2項の規定によるほか、いつでも、衛星リモートセンシング装置の使用を終了することができる。
②　衛星リモートセンシング装置使用者は、衛星リモートセンシング装置の使用を終了するときは、内閣府令で定めるところにより、次の各号のいずれかに掲げる措置（以下「終了措置」という。）を講ずるとともに、遅滞なく、その講じた措置の内容を内閣総理大臣に届け出なければならない。
(1)　操作用無線設備から当該衛星リモートセンシング装置にその地上放射等電磁波を検出する機能を停止する信号を送信することその他の当該機能を完全に停止させるために必要なものとして内閣府令で定める措置
(2)　操作用無線設備から当該衛星リモートセンシング装置に再開信号（その地上放射等電磁波を検出する機能を停止した場合にこれを回復するために

> 必要な信号をいう。以下同じ。）を受信するまで当該機能を停止する信号を送信するとともに当該再開信号及びその作成方法に関する情報を内閣総理大臣に届け出ることその他の再開信号を受信しない限り当該機能を回復することができないようにするために必要なものとして内閣府令で定める措置
> ③ 前項の規定により終了措置が講じられたときは、第4条第1項の許可は、その効力を失う。
> ④ 第2項第2号に掲げる終了措置を講じた者は、同号の再開信号及びその作成方法に関する情報を特定使用機関又は当該終了措置に係る衛星リモートセンシング装置の使用について新たに第4条第1項の許可を受けた者以外の者に提供してはならない。

（1）「第13条第6項」(1項)

　衛星リモートセンシング装置使用者が本法4条1項の許可を受けた衛星リモートセンシング装置の使用に係る事業の譲渡を行い、または衛星リモートセンシング装置使用者である法人が合併により消滅することとなり、もしくは分割により当該事業を承継させる場合において、認可をしない旨の処分があったとき（これらの認可の申請がない場合にあっては、当該事業の譲渡、合併または分割があったとき）に、その譲受人（国内に所在する操作用無線設備によらずに衛星リモートセンシング装置の使用を行おうとする譲受人を除く）、合併後存続する法人もしくは合併により設立された法人または分割により当該事業を承継した法人が、当該処分があった日（これらの認可の申請がない場合にあっては、当該事業の譲渡、合併または分割の日）から120日以内に、終了措置を講じることを意味する。

（2）「前条第2項」(1項)

　衛星リモートセンシング装置使用者が死亡したときに、その死亡時代理人が、当該衛星リモートセンシング装置の使用に係る事業の譲渡について認可を受けた場合を除き、その死亡の日から120日以内に、終了措置を講じることを意味する。

(3)「次条第2項」(1項)

　衛星リモートセンシング装置使用者である法人が合併以外の事由により解散したときに、その清算法人が、当該衛星リモートセンシング装置の使用に係る事業の譲渡について認可を受けた場合を除き、その解散の日から120日以内に、終了措置を講じることを意味する。

(4)「第17条第2項」(1項)

　衛星リモートセンシング装置使用者が本法4条1項の許可を取り消されたときは、当該衛星リモートセンシング装置の使用に係る事業の譲渡について認可を受けた場合を除き、その取消しの日から120日以内に、終了措置を講じることを意味する。

(5)「衛星リモートセンシング装置使用者は、衛星リモートセンシング装置の使用を終了するときは……次の各号のいずれかに掲げる措置(以下「終了措置」という。)を講ずるとともに、遅滞なく、その講じた措置の内容を内閣総理大臣に届け出なければならない」(2項柱書)

　内閣総理大臣は、この義務を懈怠していると認めるときは、是正命令を出すことができ(本法29条1項)、命令違反に対しては罰則が科される(本法33条6号)。本項では、衛星リモートセンシング装置使用者が衛星リモートセンシング装置の使用の終了措置を講ずることと講じた措置の内容を内閣総理大臣に届け出ることの双方を義務づけており、是正命令の対象になるのは、終了措置を講ずる義務を懈怠した場合のみである。

(6)「内閣府令で定めるところにより」(2項柱書)

　衛星リモートセンシング装置使用者は、終了措置の内容を内閣総理大臣に届出をするときは、様式第11による届出書を内閣総理大臣に提出しなければならない(本法施行規則16条)。

(7)「当該機能を完全に停止させるために必要なものとして内閣府令で定める措置」(2項1号)

(i)操作用無線設備から当該措置に係る衛星リモートセンシング装置にその地上放射等電磁波を検出する機能を停止する信号を送信すること、または(ii)操作用無線設備から当該措置に係る衛星リモートセンシング装置に電源を供給しない信号を送信することである（本法施行規則17条1項）。

（8）「再開信号を受信しない限り当該機能を回復することができないようにするために必要なものとして内閣府令で定める措置」（2項2号）

操作用無線設備から当該措置に係る衛星リモートセンシング装置に再開信号を受信するまでその地上放射等電磁波を検出する機能を停止する信号を送信するとともに当該再開信号およびその作成方法に関する情報を内閣総理大臣に届け出る措置である（本法施行規則17条2項）。

（解散の届出等）
第16条　①　衛星リモートセンシング装置使用者である法人が合併以外の事由により解散したときは、その清算人又は破産管財人は、遅滞なく、その旨を内閣総理大臣に届け出なければならない。
②　衛星リモートセンシング装置使用者である法人が合併以外の事由により解散したときは、第4条第1項の許可は、その効力を失うものとし、その清算法人（清算中若しくは特別清算中の法人又は破産手続開始後の法人をいう。以下この項において同じ。）は、当該衛星リモートセンシング装置の使用に係る事業の譲渡について第13条第1項の認可を受けた場合を除き、その解散の日から120日以内に、終了措置を講じなければならない。この場合において、当該事業の譲渡が行われ、又は当該終了措置が完了するまでの間（第11条に規定する場合にあっては、同条の規定による届出があるまでの間）は、その清算法人を衛星リモートセンシング装置使用者とみなして、第8条から第10条まで、第11条前段、第12条、第13条第1項及び第5項、第27条、第28条並びに第29条第1項の規定（これらの規定に係る罰則を含む。）を適用する。

(1) 「衛星リモートセンシング装置使用者である法人が合併以外の事由により解散したときは、その清算人又は破産管財人は、遅滞なく、その旨を内閣総理大臣に届け出なければならない」(1項)

　会社法471条によれば、株式会社の解散には、(i)定款で定めた存続期間の満了、(ii)定款で定めた解散の事由の発生、(iii)株主総会の決議、(iv)合併（合併により当該株式会社が消滅する場合に限る）、(v)破産手続開始の決定、(vi)同法824条1項または833条1項の規定による解散を命ずる裁判、の6類型がある。このうち、(iv)については、本法13条3項において合併により消滅する場合の承継の認可を受けた場合、同条6項において合併により消滅する場合の承継の認可をしない旨の処分があったときの終了措置を講ずる義務について定めているので、本条においては、合併により解散する場合は除外している（同様の規定例として、電気通信事業法18条2項、裁判外紛争解決手続の利用の促進に関する法律18条1項、公益社団法人及び公益財団法人の認定等に関する法律26条1項参照）。

(2) 「第13条第1項の認可を受けた場合を除き」(2項前段)

　衛星リモートセンシング装置使用者が国内に所在する操作用無線設備を用いて衛星リモートセンシング装置の使用を行おうとする者に衛星リモートセンシング装置使用許可を受けた衛星リモートセンシング装置の使用に係る事業の譲渡を行う場合において、譲渡人および譲受人があらかじめ当該譲渡および譲受けについて内閣総理大臣の認可を受けた場合を除くことを意味する。会社法536条は、特別清算中の清算株式会社が裁判所の許可を得た場合に事業の全部を譲渡することを認めていると解される。本法は、衛星リモートセンシング装置使用者が解散した場合においても、衛星リモートセンシング装置自体が有効に機能する限り、これを活用することの意義に照らし、清算法人が国内に所在する操作用無線設備を用いて衛星リモートセンシング装置の使用を行おうとする者へ事業を譲渡する場合についての承継規定を設けているのである。他方、清算法人が外国に所在する操作用無線設備を用いて衛星リモートセンシング装置の使用を行おうとする者へ事業を譲渡することは認められていない。また、会社法474条によれば、株式会社が解散した場合、当該会社が消滅会社となる場合の合併、当該会社が分割会社となる場合の会社分割は否定されていないと

解されるが、清算法人については、合併、分割による地位の承継は認められていない。

(3) 「その解散の日」(2項前段)

株式会社の解散の場合、株主総会で解散の日を定めたときは当該日、定めていなかったときは解散の決議があった日である。

(4) 「120日以内に」(2項前段)

解散後、法務局における解散および清算人の登記、債権の申出に係る公告、税務署長等への解散届の提出、解散確定申告書の提出、債権の回収、債務の支払、残余財産の確定、最終決算報告の株主総会における承認、残余財産の株主への分配、清算結了登記、清算結了届の税務署長への提出、清算確定申告書の提出、譲渡先の選定、業務の引継ぎ、承継の認可申請の準備等が必要になる。したがって、解散の日から終了措置を講ずるまでの期間については、解散後に必要となる多くの事務を考慮して現実的に可能な期間を定める必要がある。他方において、「みなし衛星リモートセンシング装置使用者」が暫定的な地位であり、必要な範囲を超えて長期化することを回避する必要があり、両者の要請の調和点として120日とされたのである。

(5) 「第11条に規定する場合」(2項後段)

衛星リモートセンシング装置使用者が、衛星リモートセンシング装置またはこれを搭載する地球周回人工衛星の故障その他の事情により、終了措置を講ずることなく当該衛星リモートセンシング装置の使用を行うことができなくなり、かつ、回復する見込みがなくなった場合を意味する。

(6) 「第8条から第10条まで、第11条前段、第12条、第13条第1項及び第5項、第27条、第28条並びに第29条第1項の規定(これらの規定に係る罰則を含む。)を適用する」(2項後段)

不正な衛星リモートセンシング装置の使用を防止するための措置(本法8条)、申請に係る軌道以外での機能停止(本法9条)、検出情報電磁的記録の受信に用

いる受信設備（本法10条）、故障時等の措置（本法11条前段）、帳簿（本法12条）、衛星リモートセンシング装置の使用に係る事業の譲渡および譲受けについて内閣総理大臣の認可を受けた場合における譲受人による衛星リモートセンシング装置使用者の地位の承継（本法13条1項）、衛星リモートセンシング装置の使用の許可の欠格事由ならびに申請者が、申請者以外の者が衛星リモートセンシング装置の使用を行うことを防止するための措置および衛星リモートセンシング記録の安全管理のための措置を適確に実施するに足りる能力を有すること（同条5項）、立入検査等（本法27条）、指導等（本法28条）、是正命令（本法29条1項）（これらの規定に係る罰則を含む）に係る規定を適用することを意味する。

（許可の取消し等）

第17条 ① 内閣総理大臣は、衛星リモートセンシング装置使用者が次の各号のいずれかに該当するときは、第4条第1項の許可を取り消し、又は1年以内の期間を定めて当該衛星リモートセンシング装置の使用の停止を命ずることができる。

(1) 偽りその他不正の手段により第4条第1項若しくは第7条第1項の許可又は第13条第1項、第3項若しくは第4項の認可を受けたとき。

(2) 第5条各号のいずれかに該当することとなったとき。

(3) 第6条各号のいずれかに適合しないこととなったとき。

(4) 第7条第1項の規定により許可を受けなければならない事項を同項の許可を受けないで変更したとき。

(5) 第10条第1項の規定に違反して衛星リモートセンシング装置から送信された検出情報電磁的記録を受信したとき。

(6) この項、第19条第1項又は第29条第1項若しくは第2項の規定による命令に違反したとき。

(7) 次条第3項の規定に違反して衛星リモートセンシング記録を提供したとき。

(8) 第30条第1項の規定により第4条第1項若しくは第7条第1項の許可又は第13条第1項、第3項若しくは第4項の認可に付された条件に違反したとき。

② 衛星リモートセンシング装置使用者が前項の規定により第4条第1項の

> 許可を取り消されたときは、当該衛星リモートセンシング装置の使用に係る事業の譲渡について第13条第1項の認可を受けた場合を除き、その取消しの日から120日以内に、終了措置を講じなければならない。この場合において、当該事業の譲渡が行われ、又は当該終了措置が完了するまでの間（第11条に規定する場合にあっては、同条の規定による届出があるまでの間）は、その者を衛星リモートセンシング装置使用者とみなして、第8条から第10条まで、第11条前段、第12条、第13条第1項及び第5項、第27条、第28条並びに第29条第1項の規定（これらの規定に係る罰則を含む。）を適用する。

（1）「第4条第1項の許可」（1項柱書）

　ここでいう「4条1項の許可」は、衛星リモートセンシング装置の使用に係る最初の許可、最初の許可を受けた者が本法7条1項の規定に基づき変更許可を得た後の許可、本法13条1項、3項もしくは4項または14条2項の規定に基づく認可を受けて本法4条1項の規定に基づく許可を受けた者の地位を承継した後の許可等を含む意味で用いられている。同様の例として、核原料物質、核燃料物質及び原子炉の規制に関する法律20条1項の「第13条第1項の許可」が同法13条1項の原始許可のみならず、同法16条1項の規定に基づき変更許可を得た後の許可、同法18条1項の規定に基づき承継が行われた後の許可を包含し、水銀による環境の汚染の防止に関する法律10条1号柱書の「第6条第1項の許可」が、同法6条1項の原始許可のみならず、同法9条1項の規定に基づく変更許可後の許可、同法11条1項の規定に基づき承継が行われた後の許可を包含するものがある。

（2）「取り消し、又は1年以内の期間を定めて当該衛星リモートセンシング装置の使用の停止を命ずることができる」（1項柱書）

　衛星リモートセンシング装置の使用の許可を取り消す場合には、事前に聴聞の手続をとらなければならない（行政手続法13条1項1号イ）。1年以内の期間を定めて当該衛星リモートセンシング装置の使用の停止を命ずる場合には、事前に弁明の機会を付与しなければならない（同項2号）。本項各号のいずれかに該

当するときに、必ず許可の取消しまたは当該衛星リモートセンシング装置の使用の停止を命じなければならないわけではなく、かかる措置を講ずるか否かは内閣総理大臣の行為裁量に委ねられている。また、許可の取消しを行うか、1年以内の期間を定めて当該衛星リモートセンシング装置の使用の停止を命ずるかについては、内閣総理大臣の選択裁量に委ねられている。もっとも、裁量権の逸脱・濫用があれば違法となる（行政事件訴訟法30条）。

（3）「第4条第1項若しくは第7条第1項の許可」(1項1号)

衛星リモートセンシング装置の使用の許可またはその変更の許可を意味する。

（4）「第13条第1項、第3項若しくは第4項の認可」(1項1号)

衛星リモートセンシング装置使用者が、国内に所在する操作用無線設備を用いて衛星リモートセンシング装置の使用を行おうとする者に、衛星リモートセンシング装置の使用の許可を受けた衛星リモートセンシング装置の使用に係る事業の譲渡を行う場合において、当該譲渡および譲受けについての内閣総理大臣の認可、衛星リモートセンシング装置使用者である法人が合併により消滅することとなる場合において、当該合併についての内閣総理大臣の認可、衛星リモートセンシング装置使用者である法人が分割により衛星リモートセンシング装置の使用の許可を受けた衛星リモートセンシング装置の使用に係る事業を承継させる場合において、当該分割についての内閣総理大臣の認可を意味する。

（5）「第5条各号のいずれかに該当することとなったとき」(1項2号)

衛星リモートセンシング装置の使用の許可の欠格事由に該当することとなったときを意味する。

（6）「第6条各号のいずれかに適合しないこととなったとき」(1項3号)

衛星リモートセンシング装置の使用の許可基準のいずれかに適合しないこととなったときを意味する。

（7）「第7条第1項の規定により許可を受けなければならない事項」(1項4号)

衛星リモートセンシング装置の使用に係る変更許可を受けなければならない事項を意味する。

(8)　「第10条第1項の規定に違反して」(1項5号)

衛星リモートセンシング装置使用者が、衛星リモートセンシング装置から送信された検出情報電磁的記録を受信するときに、衛星リモートセンシング装置の使用の許可に係る受信設備であって自らまたは特定取扱機関もしくは衛星リモートセンシング記録の取扱いの認定を受けた者が管理するもの以外の受信設備を用いてはならないという義務に違反することを意味する。

(9)　「この項、第19条第1項又は第29条第1項若しくは第2項の規定による命令に違反」(1項6号)

本項の規定に基づく衛星リモートセンシング装置の使用の停止命令違反、衛星リモートセンシング記録の提供の禁止の命令違反、是正命令違反を意味する。

(10)　「次条第3項の規定に違反」(1項7号)

衛星リモートセンシング記録保有者が、各議院もしくは各議院の委員会もしくは参議院の調査会が国会法104条1項（同法54条の4第1項において準用する場合を含む）もしくは議院における証人の宣誓および証言等に関する法律1条の規定により行う審査もしくは調査、訴訟手続その他の裁判所における手続、裁判の執行、刑事事件の捜査もしくは会計検査院の検査その他これらに準ずるものとして政令で定める公益上の必要により、または人命の救助、災害の救援その他非常の事態への対応のため緊急の必要により行う場合を除き、当該衛星リモートセンシング記録を提供してはならないという義務に違反することを意味する。

(11)　「第30条第1項の規定により第4条第1項若しくは第7条第1項の許可又は第13条第1項、第3項若しくは第4項の認可に付された条件に違反したとき」(1項8号)

附款の規定に違反したときを意味する。

(12) 「当該衛星リモートセンシング装置の使用に係る事業の譲渡について第13条第1項の認可を受けた場合を除き」（2項前段）

　衛星リモートセンシング装置使用者が、国内に所在する操作用無線設備を用いて衛星リモートセンシング装置の使用を行おうとする者に、衛星リモートセンシング装置の使用許可を受けた衛星リモートセンシング装置の使用に係る事業の譲渡を行う場合において、当該譲渡および譲受けについて内閣総理大臣の認可を受けた場合を除くことを意味する。

(13) 「（第11条に規定する場合にあっては、同条の規定による届出があるまでの間）」（2項後段）

　衛星リモートセンシング装置使用者が、衛星リモートセンシング装置またはこれを搭載する地球周回人工衛星の故障その他の事情により、終了措置を講ずることなく当該衛星リモートセンシング装置の使用を行うことができなくなり、かつ、回復する見込みがないときに、その旨を内閣総理大臣に届け出るまでの間を意味する。

(14) 「第8条から第10条まで、第11条前段、第12条、第13条第1項及び第5項、第27条、第28条並びに第29条第1項の規定（これらの規定に係る罰則を含む。）を適用する」（2項後段）

　不正な衛星リモートセンシング装置の使用を防止するための措置（本法8条）、申請に係る軌道以外での機能停止（本法9条）、検出情報電磁的記録の受信に用いる受信設備（本法10条）、故障時等の措置（本法11条前段）、帳簿（本法12条）、衛星リモートセンシング装置の使用に係る事業の譲渡および譲受けについて内閣総理大臣の認可を受けた場合における譲受人による衛星リモートセンシング装置使用者の地位の承継（本法13条1項）、衛星リモートセンシング装置の使用の許可の欠格事由ならびに申請者以外の者が衛星リモートセンシング装置の使用を行うことを防止するための措置および衛星リモートセンシング記録の安全管理のための措置を適確に実施するに足りる能力を有すること（同条5項）、立入検査等（本法27条）、指導等（本法28条）、是正命令（本法29条1項）（これらの規定に係る罰則を含む）に係る規定を適用することを意味する。

第3章　衛星リモートセンシング記録の取扱いに関する規制

（衛星リモートセンシング記録の提供の制限）
第18条　① 衛星リモートセンシング記録保有者は、衛星リモートセンシング記録の取扱いについて第21条第1項の認定を受けた者に当該衛星リモートセンシング記録を提供するときは、内閣府令で定めるところにより、当該提供の相手方に対し、同条第4項の認定証の提示を求めてその者が当該認定を受けた者であることを確認した上で、当該衛星リモートセンシング記録に係る同条第1項の内閣府令で定める区分を明示するとともに、暗号その他その内容を容易に復元することができない通信の方法その他の当該提供の相手方以外の者が当該衛星リモートセンシング記録を取得して利用することを防止するために必要かつ適切なものとして内閣府令で定める方法により、これを行わなければならない。
② 衛星リモートセンシング記録保有者は、衛星リモートセンシング装置使用者（当該衛星リモートセンシング記録に係る衛星リモートセンシング装置の使用について第4条第1項の許可を受けた者に限る。）又は特定取扱機関に当該衛星リモートセンシング記録を提供するときは、内閣府令で定めるところにより、当該提供の相手方に対し、当該衛星リモートセンシング記録に係る第21条第1項の内閣府令で定める区分を明示するとともに、前項の内閣府令で定める方法により、これを行わなければならない。
③ 衛星リモートセンシング記録保有者は、前二項の規定により、各議院若しくは各議院の委員会若しくは参議院の調査会が国会法（昭和22年法律第79号）第104条第1項（同法第54条の4第1項において準用する場合を含む。）若しくは議院における証人の宣誓及び証言等に関する法律（昭和22年法律第225号）第1条の規定により行う審査若しくは調査、訴訟手続その他の裁判所における手続、裁判の執行、刑事事件の捜査若しくは会計検査院の検査その他これらに準ずるものとして政令で定める公益上の必要により、又は人命の救助、災害の救援その他非常の事態への対応のため緊急の必要により行う場合を除き、当該衛星リモートセンシング記録を提供してはならない。

§18

（1）「衛星リモートセンシング記録保有者は、衛星リモートセンシング記録の取扱いについて……これを行わなければならない」(1項)

「衛星リモートセンシング記録保有者」とは、衛星リモートセンシング記録を保有する者（特定取扱機関を除く）を意味し（本法2条8号）、「特定取扱機関」とは、特定使用機関および衛星リモートセンシング記録の取扱いを適正に行うことができるものとして政令で定める国もしくは地方公共団体の機関または外国の政府機関を意味する（同条7号）。したがって、外国の民間事業者も衛星リモートセンシング記録を保有する以上、「衛星リモートセンシング記録保有者」となる。「特定取扱機関」は、本法21条1項の認定制度の対象外とされているので、特定取扱機関への衛星リモートセンシング記録の提供が、認定を受けていないことにより制限されるわけではない。

衛星リモートセンシング記録にアクセスすることにより、人工衛星の開発に必要な技術情報や紛争地域における軍隊の配備状況等、国際社会の平和および安全の確保ならびにわが国の安全保障に係る情報が入手されうる。したがって、かかる機微性の高い情報がこれを悪用する意図を持つ者により取得されることを抑止するための法規制が必要になる。そこで、本法3章は、衛星リモートセンシング記録の取扱いに関する規制について定めている。外国為替及び外国貿易法による安全保障関連技術の移転規制のような貿易規制の体系における流通規制の仕組みが採用されなかったのは、衛星リモートセンシング記録がインターネット上で流通することが想定されるからであり、また、個々の衛星リモートセンシング記録の安全保障上の重要性は時と場合により異なるので、一律に特定秘密に指定して特定秘密の保護に関する法律で保護することも困難であり、断念された（小宮義則「宇宙活動法および衛星リモセン法の意義とわが国宇宙関連産業の未来」Law and Technology 79号（2018年）17頁参照）。

衛星リモートセンシング記録が悪意ある者に渡る危険は、当該提供が行われる場所が国内か国外かにより左右されるものではないから、本法3章においては、外国人等が外国で衛星リモートセンシング記録を取り扱う場合にも、わが国が立法管轄権を及ぼすことが可能な範囲で域外適用を行うが、執行管轄権の限界を考慮して特例を設けることを基本スタンスとしている。

(2)「第21条第1項の認定を受けた者」(1項)

衛星リモートセンシング記録を適正に取り扱うことができるものであることについての内閣総理大臣の認定を受けた者を意味する。

(3)「内閣府令で定めるところにより、当該提供の相手方に対し、同条第4項の認定証の提示を求めてその者が当該認定を受けた者であることを確認した上で」(1項)

衛星リモートセンシング記録保有者は、本項の規定により衛星リモートセンシング記録を提供するときは、あらかじめ、当該提供の相手方に対し、本法21条4項の認定証を提示させるとともに、本法施行規則22条に定める衛星リモートセンシング記録の区分を明示するものとされている(本法施行規則20条2項)。

(4)「当該衛星リモートセンシング記録に係る同条第1項の内閣府令で定める区分を明示する」(1項)

(i)光学センサーにより記録されたものであって、生データであるもの、(ii)SARセンサーにより記録されたものであって、生データであるもの、(iii)ハイパースペクトルセンサーにより記録されたものであって、生データであるもの、(iv)熱赤外センサーにより記録されたものであって、生データであるもの、(v)光学センサーにより記録されたものであって、標準データであるもの、(vi)SARセンサーにより記録されたものであって、標準データであるもの、(vii)ハイパースペクトルセンサーにより記録されたものであって、標準データであるもの、(viii)熱赤外センサーにより記録されたものであって、標準データであるものの区分を明示することを意味する(本法施行規則22条)。

(5)「当該提供の相手方以外の者が当該衛星リモートセンシング記録を取得して利用することを防止するために必要かつ適切なものとして内閣府令で定める方法」(1項)

(i)暗号その他その内容を容易に復元することができない通信の方法、(ii)磁気ディスク等に衛星リモートセンシング記録を暗号化した上で記録し、当該磁気ディスク等により提供する方法のいずれかの方法を意味する(本法施行規則20

条 1 項)。

(6) 「内閣府令で定めるところにより」(2 項)
　衛星リモートセンシング記録保有者は、本項の規定により衛星リモートセンシング装置の使用について許可を受けた衛星リモートセンシング装置使用者に当該衛星リモートセンシング記録を提供するときは、あらかじめ、その氏名または名称ならびに当該衛星リモートセンシング装置の名称および種類を確認するとともに、衛星リモートセンシング記録の区分を明示するものとされている(本法施行規則 20 条 3 項)。

(7) 「当該衛星リモートセンシング記録に係る第 21 条第 1 項の内閣府令で定める区分を明示する」(2 項)
　本法施行規則 22 条で定める(i)光学センサーにより記録されたものであって、生データであるもの、(ii) SAR センサーにより記録されたものであって、生データであるもの、(iii)ハイパースペクトルセンサーにより記録されたものであって、生データであるもの、(iv)熱赤外センサーにより記録されたものであって、生データであるもの、(v)光学センサーにより記録されたものであって、標準データであるもの、(vi) SAR センサーにより記録されたものであって、標準データであるもの、(vii)ハイパースペクトルセンサーにより記録されたものであって、標準データであるもの、(viii)熱赤外センサーにより記録されたものであって、標準データであるものの区分を明示することを意味する。

(8) 「前項の内閣府令で定める方法により、これを行わなければならない」(2 項)
　(i)暗号その他その内容を容易に復元することができない通信の方法、(ii)磁気ディスク等に衛星リモートセンシング記録を暗号化した上で記録し、当該磁気ディスク等により提供する方法のいずれかの方法を意味する(本法施行規則 20 条 1 項)。

(9) 「前二項の規定により」(3 項)
　衛星リモートセンシング記録保有者は、本法 21 条 1 項の認定を受けた者

（本条 1 項）または本法 4 条 1 項の許可を受けた衛星リモートセンシング装置使用者もしくは特定取扱機関（本条 2 項）に対してのみ、衛星リモートセンシング記録を提供することができるのが原則である。

(10) 「国会法（昭和 22 年法律第 79 号）第 104 条第 1 項」（3 項）

各議院または各議院の委員会から審査または調査のため、内閣、官公署その他に対し、必要な報告または記録の提出を求めたときは、その求めに応じなければならないことを定めている。本項が定める国会法 104 条 1 項の規定に基づく審査または調査としては、各議院または各議院の委員会が特定取扱機関でない地方公共団体等に対して衛星リモートセンシング記録の提供を求める場合が考えられる。

(11) 「同法第 54 条の 4 第 1 項において準用する場合」（3 項）

参議院が、国政の基本的事項に関し、長期的かつ総合的な調査を行うために設置する調査会（国会法 54 条の 2）にも、国会法 104 条 1 項の規定が準用されている。

(12) 「議院における証人の宣誓及び証言等に関する法律（昭和 22 年法律第 225 号）第 1 条の規定により行う審査若しくは調査」（3 項）

各議院から、議案その他の審査または国政に関する調査のため、証人として出頭および証言または書類の提出（提示を含む）を求められたときは、同法に別段の定めのある場合を除いて、何人でも、これに応ずる義務がある。本項の「議院における証人の宣誓及び証言等に関する法律」1 条の規定に基づく審査または調査としては、各議院が議案その他の審査または国政に関する調査のため民間事業者等に衛星リモートセンシング記録の提供を求める場合が考えられる。

(13) 「訴訟手続その他の裁判所における手続」（3 項）

訴訟手続その他の裁判所における手続としては、民事訴訟法 223 条 1 項の規定に基づき裁判所が文書提出命令の申立てを受けて衛星リモートセンシング記

録を含む文書の提出をその所持者に命ずる場合、刑事訴訟法99条1項の規定に基づき裁判所が証拠物または没収すべき物として衛星リモートセンシング記録を含む文書を差し押さえ、または同条3項の規定に基づきその提出を命ずる場合が考えられる。

(14) 「刑事事件の捜査」(3項)

刑事事件の捜査としては、刑事訴訟法218条1項の規定に基づき検察官、検察事務官または司法警察職員が犯罪の捜査について必要があるときに裁判官の発する令状により衛星リモートセンシング記録の差押えをする場合が考えられる。

(15) 「会計検査院の検査」(3項)

会計検査院の検査としては、会計検査院法26条の規定に基づき会計検査院が検査上の必要によりJAXAまたは衛星リモートセンシング装置・記録に係る補助金の交付を受けている民間事業者・大学等に対し、衛星リモートセンシング記録を含む書類その他の資料の提出を求める場合が考えられる。

(16) 「その他これらに準ずるものとして政令で定める公益上の必要」(3項)

公的機関が公益上の必要に基づき情報・記録の提供を受けることを認める先例としては、「行政手続における特定の個人を識別するための番号の利用等に関する法律」19条13号がある (宇賀克也『番号法の逐条解説 [第2版]』(有斐閣、2016年) 124〜126頁参照)。

本法施行令別表第3では、(i)私的独占の禁止及び公正取引の確保に関する法律47条1項の規定による処分または同法101条1項に規定する犯則事件の調査が行われる場合、(ii)地方自治法100条1項の規定による調査が行われる場合、(iii)金融商品取引法の規定による報告もしくは資料の提出の求めもしくは検査 (同法6章の2の規定による課徴金に係る事件についてのものに限る)、同法177条の規定による処分、同章2節の規定による審判手続、同法187条 (投資信託及び投資法人に関する法律26条7項 (同法54条1項において準用する場合を含む)、60条3項、219条3項および223条3項において準用する場合を含む) の規定による処分 (金融商品取

引法187条1項の規定による処分にあっては、同法192条の規定による申立てについてのものに限る）または同法210条1項（犯罪による収益の移転防止に関する法律32条において準用する場合を含む）に規定する犯則事件の調査が行われる場合、(iv)公認会計士法33条1項（同法34条の21の2第7項において準用する場合を含む）の規定による処分（同法31条の2第1項または34条の21の2第1項の規定による課徴金に係る事件についてのものに限る）または同法5章の5の規定による審判手続が行われる場合、(v)検察審査会法2条1項1号に規定する審査が行われる場合、(vi)少年法6条の2第1項または3項の規定による調査が行われる場合、(vii)租税に関する法律またはこれに基づく条例の規定による質問、検査、提示もしくは提出の求め、協力の要請または犯則事件の調査が行われる場合、(viii)破壊活動防止法11条の規定による処分の請求、同法22条1項の規定による審査、同法27条の規定による調査または同法28条1項（無差別大量殺人行為を行った団体の規制に関する法律30条において準用する場合を含む）の規定による書類および証拠物の閲覧の求めが行われる場合、(ix)国際捜査共助等に関する法律1条1号に規定する共助（同条4号に規定する受刑者証人移送を除く）または同法18条1項の協力が行われる場合、(x)国際的な協力の下に規制薬物に係る不正行為を助長する行為等の防止を図るための麻薬及び向精神薬取締法等の特例等に関する法律21条の規定による共助が行われる場合、(xi)行政機関の保有する情報の公開に関する法律19条1項の規定による諮問が行われる場合、(xii)組織的な犯罪の処罰及び犯罪収益の規制等に関する法律59条1項または2項の規定による共助が行われる場合、(xiii)無差別大量殺人行為を行った団体の規制に関する法律7条1項、14条1項もしくは29条の規定による調査、同法7条2項もしくは14条2項の規定による立入検査または同法12条1項の規定による処分の請求が行われる場合、(xiv)独立行政法人等の保有する情報の公開に関する法律19条1項の規定による諮問が行われる場合、(xv)犯罪被害財産等による被害回復給付金の支給に関する法律6条1項に規定する犯罪被害財産支給手続または同法37条1項に規定する外国譲与財産支給手続が行われる場合、(xvi)国際刑事裁判所に対する協力等に関する法律2条4号に規定する証拠の提供、同条10号に規定する執行協力または同法52条1項に規定する管轄刑事事件の捜査に関する措置が行われる場合、(xvii)公文書等の管理に関する法律8条1項、11条4項もしくは14条2項の

規定による移管または同法 21 条 4 項の規定による諮問が行われる場合を定めている（本法施行令 4 条）。

(17) 「人命の救助、災害の救援その他非常の事態への対応のため緊急の必要により行う場合」(3項)

これが定められているのは、衛星リモートセンシング記録が、災害による被害状況の迅速な把握に有効なことが多いからである。

（衛星リモートセンシング記録の提供の禁止の命令）
第 19 条　① 　内閣総理大臣は、衛星リモートセンシング記録の利用が国際社会の平和の確保等に支障を及ぼすおそれがあると認めるに足りる十分な理由があるときは、衛星リモートセンシング記録保有者（国内に住所若しくは居所を有しない自然人又は国内に主たる事務所を有しない法人その他の団体であって、外国において衛星リモートセンシング記録を取り扱う者（以下「外国取扱者」という。）を除く。）に対して、衛星リモートセンシング記録の範囲及び期間を定めて、その提供の禁止を命ずることができる。
②　前項の規定による禁止の命令は、国際社会の平和の確保等のために必要な最小限度のものでなければならない。
③　前二項の規定は、衛星リモートセンシング記録保有者（外国取扱者に限る。）について準用する。この場合において、第 1 項中「提供の禁止を命ずる」とあるのは「提供をしないことを請求する」と、前項中「禁止の命令」とあるのは「請求」と読み替えるものとする。

---

(1) 「内閣総理大臣は、衛星リモートセンシング記録の利用が国際社会の平和の確保等に支障を及ぼすおそれがあると認めるに足りる十分な理由があるときは、衛星リモートセンシング記録保有者……に対して、衛星リモートセンシング記録の範囲及び期間を定めて、その提供の禁止を命ずることができる」(1項)

通常は衛星リモートセンシング記録の提供が認められる者に対する提供や、原則として提供制限の対象とならないデータの提供を例外的に規制する根拠となる条文である。「衛星リモートセンシング記録の利用が国際社会の平和の確

保等に支障を及ぼすおそれがあると認めるに足りる十分な理由があるとき」とは、衛星リモートセンシング記録が紛争当事国やテロ組織等により利用され、武力紛争やテロ行為が助長されるおそれがある場合、衛星リモートセンシング記録が政治的、軍事的な情報収集手段として利用され、わが国の安全保障に支障を及ぼすおそれがある場合であって、そのように認識するに足りる十分な資料や客観的、合理的な理由がある場合等がこれに当たると解される（内閣委員会会議録第4号［平成28年10月26日］5頁［鶴保庸介国務大臣発言］参照）。

　範囲および期間を定め、かつ、国際社会の平和の確保等のために必要な最小限度であっても、衛星リモートセンシング記録の提供を禁止する命令を出すことが、表現の自由の侵害にならないかという憲法問題が生ずる。しかし、この禁止命令は、国民一般を対象とするものでないことはもとより、その対象は、きわめて限定されている。すなわち、衛星リモートセンシング記録を活用するためには、各衛星リモートセンシング装置に固有の当該電磁的記録を再生するためのプログラム等を内蔵する高額な装置を使用する必要があり、また、当該電磁的記録の分析・加工には専門的知識・技術が必要である。さらに、分解能が高い衛星リモートセンシング記録は、きわめて高価である。そのため、わが国において、衛星リモートセンシング記録を保有する者は、衛星リモートセンシング装置使用者（数社）、衛星リモートセンシング記録およびその付加価値製品を販売する専門事業者、特定使用機関等、非常に限定されている。かつ、この禁止の命令は、国際社会の平和の確保等に支障を及ぼすおそれがあると認めるに足りる十分な理由があるときに限り、出すことが認められている。より重要なのは、衛星リモートセンシング記録は、衛星リモートセンシング装置を使用して地表、水面およびそれらの上空に存在する物によって放射または反射された電磁波を検出し、その強度等の物理的状態を数値化して記録したものであるから、人の精神作用を表示するものではない。したがって、同条1項の規定に基づく禁止の命令が、表現の自由を保障する憲法21条の規定に違反するとはいえないと立法過程で考えられた。

　（2）　「(国内に住所若しくは居所を有しない自然人又は国内に主たる事務所を有しない法人その他の団体であって、外国において衛星リモートセンシング記録を取

り扱う者（以下「外国取扱者」という。）を除く。）」（1項かっこ書）
　外国取扱者には、属地主義によるわが国の立法管轄権が及ばないので、本項の規定に基づく禁止命令を行うことは、当該外国の主権侵害となるおそれがある。そのため、禁止命令の対象から除外している。

（3）「前項の規定による禁止の命令は、国際社会の平和の確保等のために必要な最小限度のものでなければならない」（2項）
　禁止命令は、国民の権利自由を制限するものであるので、目的にとり必要最小限度のものでなければならないという比例原則（宇賀克也・行政法概説Ｉ 56頁以下参照）を確認的に規定したものである。

（4）「第1項中「提供の禁止を命ずる」とあるのは「提供をしないことを請求する」と、前項中「禁止の命令」とあるのは「請求」と読み替えるものとする」（3項）
　衛星リモートセンシング記録保有者（外国取扱者に限る）に対しては、提供の禁止命令でになく、提供しないことを請求することとしている。国外にある者に対してわが国の行政庁が行政処分により権利を制限したり義務を課したりすることが、当該外国の主権を侵害するおそれがあるし、外国取扱者には、執行管轄権が及ばず、規制の実効性がないので、法的拘束力のない「請求」に読み替えている。同様の例として、登録外国点検事業者について電波法24条の13第2項、医薬品等外国製造業者について医薬品、医療機器等の品質、有効性及び安全性の確保等に関する法律75条の4第2項、外国取扱業者について電気通信事業法62条2項、外国登録認証機関について工業標準化法41条2項、登録外国生産業者について肥料取締法33条の2第6項、外国登録製造時等検査機関について労働安全衛生法52条の3、外国容器等製造業者について高圧ガス保安法49条の31第2項、外国登録検査機関について液化石油ガスの保安の確保及び取引の適正化に関する法律63条2項、承認調査機関について電子署名及び認証業務に関する法律31条6項参照。個人情報の保護に関する法律75条の域外適用の規定は、国外の個人情報取扱事業者に対しては行政処分に係る規定を除外している（詳しくは、宇賀克也「グローバル化と個人情報保護―立法管轄権を中心として」小早川光郎先生古稀記念『現代行政法の構造と展開』（有斐閣、2016年）145

頁以下参照)。同法に「命令」を「請求」に読み替える規定が置かれていないのは、勧告(同法42条1項)に係る規定が国外の個人情報取扱事業者にも適用されているからである。

　裁判例の中にも、国家主権に由来する「対他国家不干渉義務」により、国外の医療機関には、原子爆弾被爆者に対する援護に関する法律に基づく法的拘束力のある監督権限は行使できないと判示したものがある(大阪地判平成25・10・24民集69巻6号1640頁、大阪高判平成26・6・20民集69巻6号1689頁)。

> **(衛星リモートセンシング記録の安全管理措置)**
> **第20条** 衛星リモートセンシング記録保有者は、衛星リモートセンシング記録の漏えい、滅失又は毀損の防止その他の当該衛星リモートセンシング記録の安全管理のために必要かつ適切なものとして内閣府令で定める措置を講じなければならない。

　生データについては、(イ)組織的安全管理措置として、(i)衛星リモートセンシング記録の安全管理に係る基本方針を定めていること、(ii)衛星リモートセンシング記録を取り扱う者の責任および権限ならびに業務を明確にしていること、(iii)衛星リモートセンシング記録の漏えい、滅失または毀損発生時における事務処理体制が整備されていること、(iv)安全管理措置に関する規程の策定および実施ならびにその運用の評価および改善を行っていること、(ロ)人的安全管理措置として、(i)衛星リモートセンシング記録を取り扱う者が、本法5条1号から4号までおよび本法21条3項1号イからニまでの欠格事由のいずれにも該当しない者であることを確認していること、(ii)衛星リモートセンシング記録を取り扱う者が、その業務上取り扱う衛星リモートセンシング記録についての情報その他の特別の非公開情報(その業務上知り得た公表されていない情報をいう)を、当該業務の適切な運営の確保その他必要と認められる目的以外の目的のために利用しないことを確保するための措置を講じていること、(iii)衛星リモートセンシング記録を取り扱う者に対する必要な教育および訓練を行っていること、(ハ)物理的安全管理措置として、(i)衛星リモートセンシング記録を取り扱う施設設備

を明確にしていること、(ii)衛星リモートセンシング記録を取り扱う施設設備への立入りおよび機器の持込みを制限する措置を講じていること、(iii)衛星リモートセンシング記録を取り扱う電子計算機および可搬記憶媒体（電子計算機またはその周辺機器に挿入し、または接続して情報を保存することができる媒体または機器のうち、可搬型のものをいう）には、その盗難、紛失その他の事故を防止するため、電子計算機の端末をワイヤで固定することその他の必要な物理的措置を講じていること、(ニ)技術的安全管理措置として、(i)衛星リモートセンシング記録を取り扱う施設設備に、不正アクセス行為（不正アクセス行為の禁止等に関する法律2条4項に規定する不正アクセス行為をいう）を防止するため、適切な措置が講じられていること、(ii)可搬記憶媒体の電子計算機またはその周辺機器への接続の制限に関する措置を講じていること、(iii)衛星リモートセンシング記録の取扱いに係る電子計算機および端末装置の動作を記録していること、(iv)衛星リモートセンシング記録を移送または電気通信により送信するときは、暗号化その他の衛星リモートセンシング記録を適切に保護するために必要な措置を講じていること、(v)衛星リモートセンシング記録を加工するときは、当該加工を適切に行うために必要な措置を講じていることを意味する。標準データについては、組織的安全管理措置、人的安全管理措置、技術的安全管理措置については生データと同じ措置を講ずる必要がある（本法施行規則7条）。

　内閣府宇宙開発戦略推進事務局の「衛星リモートセンシング記録の適正な取扱いの確保に関する法律に基づく措置等に関するガイドライン」で具体的措置が例示されている。

第4章　衛星リモートセンシング記録を取り扱う者の認定

（認定）
第21条　① 衛星リモートセンシング記録を取り扱う者（特定取扱機関を除く。）は、申請により、対象物判別精度、検出情報電磁的記録の加工により変更が加えられた情報の範囲及び程度、当該検出情報電磁的記録が記録されてから経過した時間その他の事情を勘案して内閣府令で定める衛星リモートセンシング記録の区分に従い、衛星リモートセンシング記録を適正に取り扱うことができるものと認められる旨の内閣総理大臣の認定を受けることができる。
② 前項の認定を受けようとする者は、内閣府令で定めるところにより、次に掲げる事項を記載した申請書に、次項各号に掲げる認定の基準に適合していることを証する書類その他内閣府令で定める書類を添えて、これを内閣総理大臣に提出しなければならない。
(1)　氏名又は名称及び住所
(2)　衛星リモートセンシング記録の区分
(3)　衛星リモートセンシング記録の利用の目的及び方法
(4)　衛星リモートセンシング記録の管理の方法
(5)　衛星リモートセンシング記録を受信設備で受信する場合には、その場所
(6)　その他内閣府令で定める事項
③ 内閣総理大臣は、第1項の認定の申請が次に掲げる基準に適合すると認めるときは、同項の認定をしなければならない。
(1)　申請者が次のいずれにも該当しないこと。
　イ　この法律その他国際社会の平和の確保等に支障を及ぼすおそれがある行為の規制に関する法律で政令で定めるもの若しくはこれらの法律に基づく命令又はこれらに相当する外国の法令の規定に違反し、罰金以上の刑（これに相当する外国の法令による刑を含む。）に処せられ、その執行を終わり、又は執行を受けることがなくなった日から5年を経過しない者
　ロ　第17条第1項の規定により許可を取り消され、又は第25条第1項

若しくは第26条第1項の規定により認定を取り消され、その取消しの
　　　日から3年を経過しない者
　　ハ　国際テロリスト
　　ニ　成年被後見人又は外国の法令上これと同様に取り扱われている者
　　ホ　法人であって、その業務を行う役員又は内閣府令で定める使用人のう
　　　ちにイからニまでのいずれかに該当する者があるもの
　　ヘ　個人であって、その内閣府令で定める使用人のうちにイからニまでの
　　　いずれかに該当する者があるもの
　(2)　申請者が当該申請に係る区分に属する衛星リモートセンシング記録を取
　　り扱うことについて、申請者による衛星リモートセンシング記録の利用の
　　目的及び方法、衛星リモートセンシング記録の分析又は加工を行う能力、
　　衛星リモートセンシング記録の安全管理のための措置その他の事情を勘案
　　して、国際社会の平和の確保等に支障を及ぼすおそれがないものとして内
　　閣府令で定める基準に適合していること。
④　内閣総理大臣は、第1項の認定をしたときは、申請者に対し、その旨を
　通知するとともに、速やかに認定証を交付しなければならない。
⑤　認定証の交付を受けた者は、当該認定証を亡失し、又は当該認定証が滅失
　したときは、速やかにその旨を内閣総理大臣に届け出て、認定証の再交付を
　受けなければならない。

(1)　「内閣府令で定める衛星リモートセンシング記録の区分に従い」(1項)

　衛星リモートセンシング記録の機微性は、対象物判別精度、加工による変更の程度等により左右されるから、内閣府令では、これらの要素の組み合わせにより、区分が設けられている。本法施行規則22条で定める(i)光学センサーにより記録されたものであって、生データであるもの、(ii) SARセンサーにより記録されたものであって、生データであるもの、(iii)ハイパースペクトルセンサーにより記録されたものであって、生データであるもの、(iv)熱赤外センサーにより記録されたものであって、生データであるもの、(v)光学センサーにより記録されたものであって、標準データであるもの、(vi) SARセンサーにより記録されたものであって、標準データであるもの、(vii)ハイパースペクトルセンサーにより記録されたものであって、標準データであるもの、(viii)熱赤外センサーに

より記録されたものであって、標準データであるものの区分に従うことを意味する。

(2) 「衛星リモートセンシング記録を取り扱う者（特定取扱機関を除く。）は……**衛星リモートセンシング記録を適正に取り扱うことができるものと認められる旨の内閣総理大臣の認定を受けることができる**」(1項)

　本法の特色は、機微性が高い衛星リモートセンシング記録については、原則として、それを適正に取り扱うことができると認定された者のみが取り扱うことができることとし、衛星リモートセンシング記録を保有する者は、それを提供する相手方が、上記の認定を受けた者であることを確認する義務（本法18条1項）を課す点にある。

　衛星リモートセンシング記録は、国内に所在する操作用無線設備を用いた衛星リモートセンシング装置の使用により地上に送信された検出情報電磁的記録および当該検出情報電磁的記録に加工を行った電磁的記録であることが前提になっているので、国外にのみ所在する操作用無線設備を用いた衛星リモートセンシング装置の使用により地上に送信された検出情報電磁的記録および当該検出情報電磁的記録に加工を行った電磁的記録を取り扱うことについては、本法の認定制度の対象外となる。

　衛星リモートセンシング装置の使用の許可と衛星リモートセンシング記録を取り扱う者の認定の双方を定めている点は、ドイツ法に類似している。しかし、本法は、ドイツ法とは異なり、衛星リモートセンシング記録の個別の提供を審査する仕組みをとらず、衛星リモートセンシング記録を取り扱う者の認定制度を設け、センシティブな衛星リモートセンシング記録について、信頼性が担保された者の間でのみ流通する仕組みを採用している。この点に本法の特色がある。

　「認定」には物や計画に係るものもあるが、同項は、「者」に係る認定である（風俗営業等の規制及び業務の適正化等に関する法律10条の2第1項の規定に基づく特例風俗営業者の認定、特定機器に係る適合性評価手続の結果の外国との相互承認の実施に関する法律3条1項の規定に基づく国外適合性評価事業の認定等参照）。衛星リモートセンシング記録を取り扱うことについて許可制をとらなかったのは、衛星リモートセンシング記録については適切な管理が必要になる一方、地図作製、防災、農漁

業等、有用性も大きく、その取扱いを一般的に禁止することは適当ではなく、衛星リモートセンシングに係る国内法を整備した諸外国においても、衛星リモートセンシング記録の提供には制限を設けているものの、衛星リモートセンシング記録の取扱い一般に許可が必要としているものはないからである。また、衛星リモートセンシング記録の取扱いについては、適切な管理体制を構築する必要があるものの、専門的な知識や技術を必要とするわけではないので、資格者制度を設けることも適切でない。他方において、衛星リモートセンシング記録の提供の相手方となる者は、それを適切に管理して当該記録を悪用する者に入手されないようにしなければならず、また、当該記録を悪用する者に提供しないようにしなければならない。そこで、衛星リモートセンシング装置使用者が、衛星リモートセンシング記録を提供するに当たって、相手方が衛星リモートセンシング記録を取り扱うにふさわしい者か否かの判断を容易にできるようにしておく必要がある。そこで、同項は、申請に基づく認定制度を設けている（同一の法律において、許可制度と認定制度を併存させる例として、関税法67条［輸出または輸入の許可］、67条の13［製造者の認定］、特定外来生物による生態系等に係る被害の防止に関する法律5条1項［飼養等の許可］、18条2項［特定外来生物の防除に係る認定］、液化石油ガスの保安の確保及び取引の適正化に関する法律36条［貯蔵施設等の設置の許可］、29条［保安業務を行う者の認定］参照）。

　衛星リモートセンシング記録を電気通信回線で送信する場合において、当該電気通信回線を運用する電気通信事業者、衛星リモートセンシング記録が保存されるデータサーバ（情報蓄積装置）を運用する電気通信事業者は、通信の秘密を保護する義務を負っており（電気通信事業法4条1項）、自己が運用する電気通信回線またはデータサーバ内に衛星リモートセンシング記録が存在するか否かを知ることはない。また、当該電気通信事業者が衛星リモートセンシング記録の加工・分析・提供を行うこともない。したがって、当該電気通信事業者は、衛星リモートセンシング記録を取り扱う者には当たらず、本法21条1項の認定制度の対象外である。

　衛星リモートセンシング装置の使用許可を得た場合、当該衛星リモートセンシング装置の使用および当該装置の使用に係る衛星リモートセンシング記録の取扱いが国際社会の平和の確保等に支障を及ぼすおそれがないことを確認され

ているものの、当該被許可者が他者の衛星リモートセンシング装置の使用により取得された衛星リモートセンシング記録も適正に取り扱うことが可能かについてまでは審査されていない。たとえば、低分解能の衛星リモートセンシング記録の記録のみが可能な衛星リモートセンシング装置の使用許可を得たとしても、高分解能の衛星リモートセンシング記録を適切に取り扱うことができるかについては確認されていないので、もし、当該衛星リモートセンシング装置使用者が他の衛星リモートセンシング装置の使用により取得された衛星リモートセンシング記録を取り扱おうとする場合には、同項の認定を受ける必要がある。

　衛星リモートセンシング記録を取り扱う者としては、(i)受信設備を管理する者、(ii)衛星リモートセンシング記録の販売代理店、(iii)衛星リモートセンシング記録の利用者、(iv)衛星リモートセンシング記録の研究、校正等を行う者が考えられる。(i)は、衛星リモートセンシング装置から検出情報電磁的記録を受信し、それを衛星リモートセンシング装置使用者に伝送する者であり、JAXA、NASA、KSAT 社等がこれに当たる。(ii)は、衛星リモートセンシング装置使用者から衛星リモートセンシング記録の提供を受け、当該記録をそのまま、または加工して他の者に販売したり、当該記録を加工・分析して自ら利用したり、衛星リモートセンシング記録自体ではない商品として他者に販売したりする者であり、NTT データ、PASCO、日本スペースイメージング等がこれに当たる。(iii)は、衛星リモートセンシング装置使用者または衛星リモートセンシング記録を取り扱う認定を受けた者から衛星リモートセンシング記録の提供を受け、当該記録を加工・分析して、地図作成、防災、農業、資源探索等のために自ら利用する地方公共団体、民間事業者が考えられる。(iv)は、衛星リモートセンシング装置使用者または衛星リモートセンシング記録を取り扱う認定を受けた者から衛星リモートセンシング記録の提供を受け、当該記録を加工・分析して自ら研究の用に供したり、衛星リモートセンシング装置使用者から衛星リモートセンシング記録を預かり校正のための分析を行ったりする者であり、大学等の研究機関が考えられる。

（3）「内閣府令で定めるところにより……内閣総理大臣に提出しなければならない」（2項柱書）

本条1項の認定を受けようとする者は、様式第13による申請書を内閣総理大臣に提出しなければならない（本法施行規則23条1項）。

（4）　「その他内閣府令で定める書類」（2項柱書）
　(i)申請者が個人である場合は、(イ)住民票の写しまたはこれに代わる書類、(ロ)本法21条3項1号イからニまでの欠格事由のいずれにも該当しない者であることを誓約する書類、(ハ)使用人に係る(a)住民票の写しまたはこれに代わる書類、(b)当該使用人が本法21条3項1号イからニまでの欠格事由のいずれにも該当しない者であることを誓約する書類、(ii)申請者が法人である場合は、(イ)定款および登記事項証明書またはこれらに準ずるもの、(ロ)本法21条3項1号イからハまでの欠格事由のいずれにも該当しない者であることを誓約する書類、(ハ)本法21条3項1号ホの役員および使用人に係る(a)住民票の写しまたはこれに代わる書類、(b)本法21条3項1号イからニまでの欠格事由のいずれにも該当しない者であることを誓約する書類、(iii)安全管理措置に関する書類、(iv)受信設備に係る(イ)受信設備の場所、構造および性能ならびにこれらの管理方法が記載された書類、(ロ)申請者以外の者が受信設備の管理を行う場合には、当該管理を行う者に係る衛星リモートセンシング装置の使用に係る許可証の写しまたは衛星リモートセンシング記録を取り扱う者に係る認定証の写し、(v)その他内閣総理大臣が必要と認める書類を意味する（本法施行規則23条2項）。

（5）　「氏名又は名称及び住所」（2項1号）
　申請者を特定するための情報であり、本条3項1号の欠格事由に該当するかを判断するためにも必要である。

（6）　「衛星リモートセンシング記録の区分」（2条2号）
　本条1項の認定は、内閣府令で定める衛星リモートセンシング記録の区分に従い、衛星リモートセンシング記録を適正に取り扱うことができるかを判断して行われるから、衛星リモートセンシング記録の区分は、認定の審査にとり基本的情報といえる。

（7）「衛星リモートセンシング記録の利用の目的及び方法」（2項3号）

　利用の目的については、国際社会の平和の確保等に支障を及ぼす目的でないかを審査することになる。もし目的を偽って認定を受けたことが発覚すれば、本法25条1項3号または26条1項2号の規定に基づき、認定の取消しまたは停止を行うことができる。また、認定申請時の目的を変更する場合、変更の認定を受けていなければ、本法25条1項5号または26条1項2号の規定に基づき、認定の取消しまたは停止を行うことができる。利用の方法については、利用の目的に適合した適切なものであるかを審査することになる。

（8）「衛星リモートセンシング記録の管理の方法」（2項4号）

　管理の方法が不適切であれば、漏えい等により、衛星リモートセンシング記録を悪用する者により取得されるおそれがあるため、必須の審査事項となる。

（9）「衛星リモートセンシング記録を受信設備で受信する場合には、その場所」（2項5号）

　受信設備が所在する場所が国際社会の平和の確保等の観点から問題のある国家内に所在しないかを確認する必要があり、また、内閣総理大臣が立入検査等の監督を行う上でも、受信設備の場所は必要な情報である。

（10）「申請者が次のいずれにも該当しないこと」（3項1号柱書）

　認定制度を設け、欠格事由を定める例として、国外適合性評価事業（特定機器に係る適合性評価手続の結果の外国との相互承認の実施に関する法律4条）、警備業（警備業法3条、4条）、認定製造者（関税法67条の13第3項1号）がある。

（11）「その他国際社会の平和の確保等に支障を及ぼすおそれがある行為の規制に関する法律で政令で定めるもの」（3項1号イ）

　「国際社会の平和の確保等に支障を及ぼすおそれがある行為の規制に関する法律」を個別に列記せず、政令に委任しているのは、かかる法律の制定・改廃の都度、本法を改正しなければならないのでは、機動性に欠けるからである。政令では、(i)爆発物取締罰則（1条から6条までの規定に限る）、(ii)刑法（77条から

79条まで、81条、82条、87条、88条、93条、94条、106条（3号を除く）、108条、109条1項、112条、117条1項前段、125条から127条まで、128条（同法124条1項に係る部分を除く）、146条、199条、203条（同法199条に係る部分に限る）、225条の2第1項、226条、228条（同法225条の2第1項および226条に係る部分に限る）、236条、239条から241条（2項を除く）までおよび243条（同法236条、239条、240条および241条3項に係る部分に限る）の規定に限る）、(iii)海底電信線保護万国連合条約罰則（1条1項および2項の規定に限る）、(iv)国家公務員法（109条（12号（同法100条1項および2項に係る部分に限る）に係る部分に限る）の規定に限る）、(v)外国為替及び外国貿易法（69条の6、69条の7第1項（4号にあっては同法48条3項の規定により同法10条1項の閣議決定を実施するために課された承認を受ける義務に係る部分、5号にあっては同法52条の規定により同項の閣議決定を実施するために課された承認を受ける義務に係る部分に限る）および2項ならびに70条1項（3号（同法16条1項の規定により同法10条1項の閣議決定が行われたときに課された許可を受ける義務に係る部分に限る）、7号（同法21条1項の規定により同法10条1項の閣議決定が行われたときに課された許可を受ける義務に係る部分に限る）、14号（同法24条1項の規定により同法10条1項の閣議決定が行われたときに課された許可を受ける義務に係る部分に限る）、16号、18号（同法25条6項の規定により同法10条1項の閣議決定が行われたときに課された許可を受ける義務に係る部分に限る）、19号、20号、32号、35号および36号（同法48条3項に係る部分にあっては同項の規定により同法10条1項の閣議決定を実施するために課された承認を受ける義務に係る部分、同法52条に係る部分にあっては同条の規定により同項の閣議決定を実施するために課された承認を受ける義務に係る部分に限る）に係る部分に限る）および2項の規定に限る）、(vi)電波法（108条の2（人命の保護または治安の維持の用に供する無線設備に係る部分に限る）の規定に限る）、(vii)地方公務員法（60条（2号に係る部分に限る）の規定に限る）、(viii)日本国とアメリカ合衆国との間の相互協力及び安全保障条約第6条に基づく施設及び区域並びに日本国における合衆国軍隊の地位に関する協定の実施に伴う刑事特別法（5条、6条ならびに7条1項および2項の規定に限る）、(ix)破壊活動防止法（38条1項および2項、39条、40条、42条ならびに43条の規定に限る）、(x)武器等製造法（31条、31条の2および31条の3（4号に係る部分に限る）の規定に限る）、(xi)関税法（109条1項、3項および4項（いずれも同法69条の11第1項2号、3号、5号および5号の2に係る部分に限る）、109条の2第1項、3項および4項（いずれも同法69条の11第1項2号、3号およ

び5号の2に係る部分に限る）ならびに112条1項（同法109条1項（同法69条の11第1項2号、3号、5号および5号の2に係る部分に限る）および109条の2第1項（同法69条の11第1項2号、3号および5号の2に係る部分に限る）に係る部分に限る）の規定に限る）、(xii)自衛隊法（118条1項（1号に係る部分に限る）および2項ならびに121条の規定に限る）、(xiii)日米相互防衛援助協定等に伴う秘密保護法（3条および5条1項から3項までの規定に限る）、(xiv)高速自動車国道法（26条および27条の規定に限る）、(xv)銃砲刀剣類所持等取締法（31条から31条の4まで、31条の6から31条の9までおよび31条の11から31条の13までの規定に限る）、(xvi)新幹線鉄道における列車運行の安全を妨げる行為の処罰に関する特例法（2条1項の規定に限る）、(xvii)公海に関する条約の実施に伴う海底電線等の損壊行為の処罰に関する法律（1条1項、2条1項および3条の規定に限る）、(xviii)航空機の強取等の処罰に関する法律、(xix)火炎びんの使用等の処罰に関する法律、(xx)航空の危険を生じさせる行為等の処罰に関する法律（1条から5条までの規定に限る）、(xxi)人質による強要行為等の処罰に関する法律、(xxii)細菌兵器（生物兵器）及び毒素兵器の開発、生産及び貯蔵の禁止並びに廃棄に関する条約等の実施に関する法律（9条および10条の規定に限る）、(xxiii)流通食品への毒物の混入等の防止等に関する特別措置法（9条1項から3項までの規定に限る）、(xxiv)化学兵器の禁止及び特定物質の規制等に関する法律（38条から41条までの規定に限る）、(xxv)サリン等による人身被害の防止に関する法律、(xxvi)感染症の予防及び感染症の患者に対する医療に関する法律（67条から71条までの規定に限る）、(xxvii)対人地雷の製造の禁止及び所持の規制等に関する法律（22条および23条の規定に限る）、(xxviii)組織的な犯罪の処罰及び犯罪収益の規制等に関する法律（3条（1項7号から10号まで、12号および15号に係る部分に限る）、4条（同法3条1項7号、9号および10号に係る部分に限る）、6条（1項1号に係る部分に限る）ならびに6条の2第1項および2項（いずれも同法別表第4第1号（同法別表第3第1号（同法3条（1項7号から10号まで、12号および15号に係る部分に限る）に係る部分に限る）、2号イからハまで、ニ（刑法108条、109条1項および117条1項前段に係る部分に限る）、ヘ、チ（刑法146条前段に係る部分に限る）、ソ（刑法226条に係る部分に限る）およびネ（刑法236条および239条に係る部分に限る）、3号、6号、16号（外国為替及び外国貿易法69条の7第1項に係る部分については、同項4号にあっては同法48条3項の規定により同法10条1項の閣議決定を実施するために課された承認を受け

る義務に係る部分、同法69条の7第1項5号にあっては同法52条の規定により同法10条1項の閣議決定を実施するために課された承認を受ける義務に係る部分に限る）、17号（電波法108条の2第1項に規定する人命の保護または治安の維持の用に供する無線設備に係る部分に限る）、29号、32号、34号（関税法109条1項（同法69条の11第1項2号、3号、5号および5号の2に係る部分に限る。以下(xxviii)において同じ）、109条の2第1項（同法69条の11第1項2号、3号および5号の2に係る部分に限る。以下(xxviii)において同じ）および112条1項（同法109条1項および109条の2第1項に係る部分に限る）に係る部分に限る）、36号、40号、42号、50号、54号、56号、58号、60号から62号まで、71号、72号、78号、79号、82号ならびに87号から89号までの規定に係る部分に限る）に係る部分に限る）の規定に限る）、(xxix)無差別大量殺人行為を行った団体の規制に関する法律（38条および39条の規定に限る）、(xxx)公衆等脅迫目的の犯罪行為のための資金等の提供等の処罰に関する法律（2条から5条までの規定に限る）、(xxxi)放射線を発散させて人の生命等に危険を生じさせる行為等の処罰に関する法律、(xxxii)海賊行為の処罰及び海賊行為への対処に関する法律、(xxxiii)クラスター弾等の製造の禁止及び所持の規制等に関する法律（21条および22条の規定に限る）、(xxxiv)国際連合安全保障理事会決議第1874号等を踏まえ我が国が実施する貨物検査等に関する特別措置法、(xxxv)特定秘密の保護に関する法律（23条1項から3項まで、24条1項および2項ならびに25条の規定に限る）、(xxxvi)国際連合安全保障理事会決議第1267号等を踏まえ我が国が実施する国際テロリストの財産の凍結等に関する特別措置法が定められている（本法施行令3条、別表第2）。

(12) 「これらに相当する外国の法令の規定に違反し、罰金以上の刑（これに相当する外国の法令による刑を含む。）に処せられ、その執行を終わり、又は執行を受けることがなくなった日から5年を経過しない者」（3項1号イ）

　認定を申請する者の中には、外国人等が含まれうるので、「これらに相当する外国の法令の規定に違反し、罰金以上の刑（これに相当する外国の法令による刑を含む。）」についても規定されている。

(13) 「外国の法令上これと同様に取り扱われている者」（3項1号ニ）

　認定を申請する者の中には、外国人等が含まれうるので、「外国の法令上こ

(14) 「内閣府令で定める使用人」(3項1号ホ)

申請者の使用人であって、当該申請者の衛星リモートセンシング記録の取扱いに係る業務に関する権限および責任を有する者である（本法施行規則24条）。

(15) 「内閣府令で定める使用人」(3項1号ヘ)

申請者の使用人であって、当該申請者の衛星リモートセンシング記録の取扱いに係る業務に関する権限および責任を有する者である（本法施行規則24条）。

(16) 「申請者が当該申請に係る区分に属する衛星リモートセンシング記録を取り扱うことについて、申請者による衛星リモートセンシング記録の利用の目的及び方法、衛星リモートセンシング記録の分析又は加工を行う能力、衛星リモートセンシング記録の安全管理のための措置その他の事情を勘案して、国際社会の平和の確保等に支障を及ぼすおそれがないものとして内閣府令で定める基準」(3項2号)

(i)衛星リモートセンシング記録の利用の目的が国際社会の平和の確保等に支障を及ぼすおそれがないと認められること、(ii)衛星リモートセンシング記録の利用の目的に応じて必要となる衛星リモートセンシング記録の分析または加工の能力を有していると認められること、(iii)安全管理措置が講じられていること、(iv)衛星リモートセンシング記録を取り扱う場所が(イ)輸出貿易管理令別表第3の2または別表第4に掲げる地域または(ロ)国際連合の総会または安全保障理事会の決議において国際社会の平和および安全を脅かす事態の発生に責任を有するとされた国または地域に所在しないこと、(v)受信設備が前記(イ)または(ロ)に掲げる国または地域に所在しないこと、(vi)前記(i)〜(v)に掲げるもののほか、衛星リモートセンシング記録を取り扱うことについて、国際社会の平和の確保等に支障を及ぼすおそれがないと認められることである（本法施行規則25条）。

(i)の衛星リモートセンシング記録の利用の目的については、国際社会の平和の確保等に危害を加える目的でないことを確認する必要がある。(ii)については、衛星リモートセンシング記録を加工して衛星リモートセンシング記録でない電磁的記録として他者に提供することを目的としている場合において、加工が不

十分であると、衛星リモートセンシング記録に当たる電磁的記録が他者に提供されてしまい、国際社会の平和の確保等に支障を及ぼすおそれがあるので、衛星リモートセンシング記録の販売代理店、衛星リモートセンシング記録の研究、校正等を行う者について、慎重に審査されるべき基準である。(iii)～(v)については、衛星リモートセンシング記録を取り扱うすべての者が、一時的にせよ、衛星リモートセンシング記録を保有することになるので、すべての申請者について慎重に審査されるべき基準である。

（変更の認定等）
第22条 ① 前条第1項の認定を受けた者は、同条第2項第3号から第6号までに掲げる事項を変更しようとするときは、内閣府令で定めるところにより、内閣総理大臣の認定を受けなければならない。ただし、内閣府令で定める軽微な変更については、この限りでない。
② 前条第1項の認定を受けた者は、同条第2項第1号に掲げる事項に変更があったとき又は前項ただし書の内閣府令で定める軽微な変更をしたときは、遅滞なく、その旨を内閣総理大臣に届け出なければならない。
③ 前条第3項（第2号に係る部分に限る。）の規定は、第1項の認定について準用する。

（1）「前条第1項の認定を受けた者」(1項本文)
衛星リモートセンシング記録を取り扱う者の認定を受けた者である。

（2）「同条第2項第3号から第6号までに掲げる事項」(1項本文)
衛星リモートセンシング記録の利用の目的および方法、衛星リモートセンシング記録の管理の方法、衛星リモートセンシング記録を受信設備で受信する場合には、その場所、その他内閣府令で定める事項である。「衛星リモートセンシング記録の利用の目的及び方法」(本法21条2項3号)の変更例としては、民生目的から国家安全保障目的に変更する場合が想定される。かかる変更の場合、衛星リモートセンシング装置を使用して作成された電磁的記録の対象地域や提

供先が変わることが考えられる。「衛星リモートセンシング記録の管理の方法」（同項4号）の変更例としては、暗号鍵の管理場所の変更が考えられる。「衛星リモートセンシング記録を受信設備で受信する場合には、その場所」（同項5号）の変更例としては、衛星リモートセンシング装置記録の対象地域の変更に伴い受信設備の設置場所を移動する場合が考えられる。以上のような変更の場合、同条3項2号の判断が変化しうることになり、変更の認定を必要としている。

（3）「内閣府令で定めるところにより、内閣総理大臣の認定を受けなければならない」（1項本文）

様式第17による申請書に、衛星リモートセンシング記録を取り扱う者の認定申請に添付する書類（本法施行規則23条2項）のうち当該変更事項に係る書類および本法21条4項の認定証を添えて、内閣総理大臣による変更の認定を受けなければならない（本法施行規則29条1項）。

（4）「内閣府令で定める軽微な変更」（1項ただし書）

(i)衛星リモートセンシング記録の取扱いに係る業務を行う役員また使用人の氏名の変更であって、役員または使用人の変更を伴わないもの、(ii)申請者以外の者が受信設備の管理を行う場合のその管理を行う者の氏名または名称の変更であって、当該管理を行う者の変更を伴わないもの、(iii)前記(i)(ii)に掲げるもののほか、本法21条2項3号から6号までに掲げる事項の実質的な変更を伴わないものである（本法施行規則29条2項）。

（5）「同条第2項第1号に掲げる事項に変更があったとき」（2項）

「氏名又は名称及び住所」に変更があったときである。

（6）「前条第3項（第2号に係る部分に限る。）の規定」（3項）

申請者が当該申請に係る区分に属する衛星リモートセンシング記録を取り扱うことについて、申請者による衛星リモートセンシング記録の利用の目的および方法、衛星リモートセンシング記録の分析または加工を行う能力、衛星リモートセンシング記録の安全管理のための措置その他の事情を勘案して、国際社

会の平和の確保等に支障を及ぼすおそれがないものとして内閣府令で定める基準に適合していることを定める規定である。

(帳簿)
第23条 ① 第21条第1項の認定を受けた者は、内閣府令で定めるところにより、帳簿を備え、その衛星リモートセンシング記録の取扱いの状況について、内閣府令で定める事項を記載しなければならない。
② 前項の帳簿は、内閣府令で定めるところにより、保存しなければならない。

（1）「**内閣府令で定めるところにより、帳簿を備え**」（1項）
　帳簿に係る電磁的記録の作成を行う場合は、作成された電磁的記録を衛星リモートセンシング記録を取り扱う認定を受けた者の使用に係る電子計算機に備えられたファイルに記録する方法または磁気ディスク等をもって調製する方法により行わなければならない（本法施行規則30条2項）。

（2）「**その衛星リモートセンシング記録の取扱いの状況について、内閣府令で定める事項**」（1項）
　(i)衛星リモートセンシング記録の提供を受け、または提供を行う場合における衛星リモートセンシング記録の識別符号、(ii)衛星リモートセンシング記録の区分、(iii)当該提供を受け、または当該提供を行った日時、(iv)当該提供を受け、または当該提供を行った相手方の氏名または名称およびその者が本法21条4項の認定証の交付を受けている者である場合は、その番号、(v)衛星リモートセンシング記録の加工または消去の状況である（本法施行規則30条1項）。

（3）「**内閣府令で定めるところにより、保存しなければならない**」（2項）
　衛星リモートセンシング記録を取り扱う者に係る認定を受けた者は、衛星リモートセンシング記録の提供を受け、もしくは提供を行い、または衛星リモートセンシング記録の加工もしくは消去を行うごとに、遅滞なく前記（2）の(i)〜(v)の事項を帳簿に記載し、その記載の日から5年間保存しなければならない

(本法施行規則30条3項)。

> **(認定証の返納)**
> 第24条　① 認定証の交付を受けた者は、次の各号のいずれかに該当することとなったときは、遅滞なく、認定証（第2号の場合にあっては、発見し、又は回復した認定証）を内閣総理大臣に返納しなければならない。
> (1)　第21条第1項の認定が取り消されたとき。
> (2)　認定証の再交付を受けた場合において、亡失した認定証を発見し、又は回復したとき。
> ②　認定証の交付を受けた者が次の各号に掲げる場合のいずれかに該当することとなったときは、当該各号に定める者は、遅滞なく、認定証を内閣総理大臣に返納しなければならない。
> (1)　死亡した場合　同居の親族又は法定代理人
> (2)　法人が合併以外の事由により解散した場合　清算人若しくは破産管財人又はこれらの者に相当する義務を負う者
> (3)　法人が合併により消滅した場合　合併後存続する法人又は合併により設立された法人の代表者

(1)　「死亡した場合　同居の親族又は法定代理人」(2項1号)

　本項2号の「清算人若しくは破産管財人」と異なり、本号の法定代理人については、「これらの者に相当する義務を負う者」は規定されていない。その理由は、法定代理人の概念は、わが国の法令に基づくか、外国の法令に基づくかを問わず、共通の概念であると考えられ、従前の法令においても、そのように扱われてきたからである。たとえば、金融商品取引法29条の4第1項5号ニ(1)は、「成年被後見人若しくは被保佐人又は外国の法令上これらと同様に取り扱われている者であつて、その法定代理人が第2号イからリまでのいずれかに該当するもの」と規定しており、成年被後見人および被保佐人については「外国の法令上これらと同様に取り扱われている者」について定めているのに対し、法定代理人については、「外国の法令上これらと同様に取り扱われている者」について定めていない。

（2）「法人が合併以外の事由により解散した場合　清算人若しくは破産管財人又はこれらの者に相当する義務を負う者」（2項2号）

　衛星リモートセンシング記録を取り扱う者として認定を受けた者の中には、外国取扱者（国内に住所もしくは居所を有しない自然人または国内に主たる事務所を有しない法人その他の団体であって、外国において衛星リモートセンシング記録を取り扱う者。本法19条1項）が含まれる。外国取扱者は、外国においてのみ活動し、国内に財産を保有しないで衛星リモートセンシング記録の取扱いに係る事業を行うため、わが国の破産法、会社法の規定の適用を受けない。そのため、衛星リモートセンシング記録を取り扱う者である外国法人が合併以外の事由により解散した場合における認定証の返納については、「清算人若しくは破産管財人」に加えて、「又はこれらの者に相当する義務を負う者」と規定している。

（認定の取消し等）
第25条　①　内閣総理大臣は、第21条第1項の認定を受けた者（外国取扱者を除く。）が次の各号のいずれかに該当するときは、その認定を取り消し、又は1年以内の期間を定めてその認定の効力を停止することができる。
（1）　第18条第3項の規定に違反して衛星リモートセンシング記録を提供したとき。
（2）　第19条第1項又は第29条第2項の規定による命令に違反したとき。
（3）　偽りその他不正の手段により第21条第1項又は第22条第1項の認定を受けたとき。
（4）　第21条第3項各号のいずれかに掲げる基準に適合しなくなったとき。
（5）　第22条第1項の規定により認定を受けなければならない事項を同項の認定を受けないで変更したとき。
（6）　第30条第1項の規定により第21条第1項又は第22条第1項の認定に付された条件に違反したとき。
②　前項の規定による認定の効力の停止を受けた者は、速やかに、認定証を内閣総理大臣に提出しなければならない。
③　内閣総理大臣は、第1項の規定による認定の効力の停止の期間が満了した場合において、前項の規定により認定証を提出した者からその返還の請求

> があったときは、直ちに、当該認定証を返還しなければならない。

（1）「(外国取扱者を除く。)」(1項柱書)
　外国取扱者の認定の取消しについては、本法26条に規定されている。

（2）「その認定を取り消し、又は1年以内の期間を定めてその認定の効力を停止することができる」(1項柱書)
　衛星リモートセンシング記録を取り扱う者としての認定を取り消す場合には、事前に聴聞の手続をとらなければならない（行政手続法13条1項1号イ）。1年以内の期間を定めて当該認定の効力の停止を命ずる場合には、事前に弁明の機会を付与しなければならない（同項2号）。本項各号のいずれかに該当するときに、必ず認定の取消しまたは認定の効力の停止を命じなければならないわけではなく、かかる措置を講ずるか否かは内閣総理大臣の行為裁量に委ねられている。また、認定の取消しを行うか、1年以内の期間を定めて認定の効力の停止を命ずるかについては、内閣総理大臣の選択裁量に委ねられている。もっとも、裁量権の逸脱・濫用があれば違法となる（行政事件訴訟法30条）。

（3）「第18条第3項の規定に違反」(1項1号)
　衛星リモートセンシング記録保有者が、各議院もしくは各議院の委員会もしくは参議院の調査会が国会法104条1項（同法54条の4第1項において準用する場合を含む）もしくは議院における証人の宣誓及び証言等に関する法律1条の規定により行う審査もしくは調査、訴訟手続その他の裁判所における手続、裁判の執行、刑事事件の捜査もしくは会計検査院の検査その他これらに準ずるものとして政令で定める公益上の必要により、または人命の救助、災害の救援その他非常の事態への対応のため緊急必要により行う場合を除き、当該衛星リモートセンシング記録を提供してはならない義務に違反することを意味する。

（4）「第19条第1項又は第29条第2項の規定による命令に違反」(1項2号)
　衛星リモートセンシング記録の提供の禁止命令または是正命令に違反することを意味する。

(5) 「偽りその他不正の手段により第21条第1項又は第22条第1項の認定を受けたとき」(1項3号)

偽りその他不正の手段により衛星リモートセンシング記録を取り扱う者に係る認定またはその変更の認定を受けたときを意味する。

(6) 「第21条第3項各号のいずれかに掲げる基準」(1項4号)

衛星リモートセンシング記録を取り扱う者に係る認定基準を意味する。

(7) 「第22条第1項の規定により認定を受けなければならない事項」(1項5号)

(i)衛星リモートセンシング記録の利用の目的および方法、(ii)衛星リモートセンシング記録の管理の方法、(iii)衛星リモートセンシング記録を受信設備で受信する場合には、その場所、(iv)その他内閣府令で定める事項である（本法21条2項3号〜6号）。

(8) 「第30条第1項の規定により第21条第1項又は第22条第1項の認定に付された条件に違反」(1項6号)

衛星リモートセンシング記録を取り扱う者に係る認定またはその変更の認定に付された附款に違反することを意味する。

(9) 「認定の効力の停止を受けた者は、速やかに、認定証を内閣総理大臣に提出しなければならない」(2項)

衛星リモートセンシング記録保有者は、衛星リモートセンシング記録の取扱いについて認定を受けた者に当該衛星リモートセンシング記録を提供するときは、当該提供の相手方に対し、認定証の提示を求めてその者が当該認定を受けた者であることを確認する義務がある（本法18条1項）。したがって、認定の効力の停止を受けた者への提供が行われないように、認定証を速やかに内閣総理大臣に提出することを義務づけている。

(10) 「認定の効力の停止の期間が満了した場合において、前項の規定により認定証を提出した者からその返還の請求があったときは、直ちに、当該認定証を返還し

なければならない」(3項)

　衛星リモートセンシング記録保有者は、衛星リモートセンシング記録の取扱いについて認定を受けた者（外国取扱者を除く）に当該衛星リモートセンシング記録を提供するときは、当該提供の相手方に対し、認定証の提示を求めてその者が当該認定を受けた者であることを確認する義務がある（本法18条1項）。したがって、認定証を保有していないと衛星リモートセンシング記録の提供を受けることができないため、認定の効力停止期間が満了した場合において、認定証を提出した者からその返還の請求があったときは、直ちに、当該認定証を返還することを内閣総理大臣に義務づけている。

第 26 条　①　内閣総理大臣は、第 21 条第 1 項の認定を受けた者（外国取扱者に限る。第 3 号において同じ。）が次の各号のいずれかに該当するときは、その認定を取り消し、又は 1 年以内の期間を定めてその認定の効力を停止することができる。

(1)　第 19 条第 3 項において読み替えて準用する同条第 1 項又は第 29 条第 3 項において読み替えて準用する同条第 2 項の規定による請求に応じなかったとき。

(2)　前条第 1 項第 1 号又は第 3 号から第 6 号までのいずれかに該当するとき。

(3)　内閣総理大臣が、この法律の施行に必要な限度において、第 21 条第 1 項の認定を受けた者に対し必要な報告を求め、又はその職員に、その者の事務所その他の事業所に立ち入り、その者の帳簿、書類その他の物件を検査させ、若しくは関係者に質問させようとした場合において、その報告がされず、若しくは虚偽の報告がされ、又はその検査が拒まれ、妨げられ、若しくは忌避され、若しくはその質問に対して答弁がされず、若しくは虚偽の答弁がされたとき。

②　前条第 2 項及び第 3 項の規定は、前項の規定による認定の効力の停止について準用する。

(1)「第21条第1項の認定を受けた者（外国取扱者に限る。第3号において同じ。）」(1項柱書)

外国取扱者については、認定の取消しまたはその効力の停止事由が、衛星リモートセンシング記録の取扱いについて認定を受けた者（外国取扱者を除く）と異なるため、後者についての本法25条とは別に、本条で認定の取消し等に関する規定を設けている。

(2)「その認定を取り消し、又は1年以内の期間を定めてその認定の効力を停止することができる」(1項柱書)

外国取扱者に対しては、行政処分としての「命令」を出すことに国家主権の観点から問題があるため、法的拘束力のない「請求」に読替えが行われている（本法29条3項）。行政処分でない「請求」に従わないことを理由として罰則を科すことはできないものの（本法33条6号参照）、「請求」の実効性を担保する必要があるため、「請求」に応じなかったことを認定の取消しや効力停止事由としている。

衛星リモートセンシング記録を取り扱う者としての認定を取り消す場合には、事前に聴聞の手続をとらなければならない（行政手続法13条1項1号イ）。1年以内の期間を定めて当該認定の効力の停止を命ずる場合には、事前に弁明の機会を付与しなければならない（同項2号）。本項各号のいずれかに該当するときに、必ず認定の取消しまたは認定の効力の停止を命じなければならないわけではなく、かかる措置を講ずるか否かは内閣総理大臣の行為裁量に委ねられている。また、認定の取消しを行うか、1年以内の期間を定めて認定の効力の停止を命ずるかについては、内閣総理大臣の選択裁量に委ねられている。もっとも、裁量権の逸脱・濫用があれば違法となる（行政事件訴訟法30条）。

(3)「第19条第3項において読み替えて準用する同条第1項又は第29条第3項において読み替えて準用する同条第2項の規定による請求に応じなかったとき」(1項1号)

内閣総理大臣が、衛星リモートセンシング記録の利用が国際社会の平和の確保等に支障を及ぼすおそれがあると認めるに足りる十分な理由があるときに、

衛星リモートセンシング記録保有者（外国取扱者に限る）に対して、衛星リモートセンシング記録の範囲および期間を定めて、その提供をしないことを請求したにもかかわらず、これに応じなかったとき、または、内閣総理大臣が、衛星リモートセンシング記録保有者（外国取扱者に限る）が衛星リモートセンシング記録の提供の制限（本法18条1項もしくは2項）もしくは衛星リモートセンシング記録の安全管理措置（本法20条）に違反していると認めるときに、その者に対し、当該違反を是正するため必要な措置をとるべきことを請求したにもかかわらず、これに応じなかったときである。

　ここで注意を要するのは、本項で、命令に違反したときではなく、「請求に応じなかったとき」とされていることである。これは、外国取扱者に対して、行政処分としての「命令」を出すことに国家主権の観点から疑義があることから、法的拘束力のない「請求」としているためである。「請求」には法的拘束力はないので、それに従わないことを理由として罰則を科すことはできないが、「請求」の実効性を担保するため、「請求」に応じなかったことを認定の取消しまたは効力停止事由としているのである。

（4）「前条第1項第1号又は第3号から第6号までのいずれかに該当するとき」（1項2号）

　(i)衛星リモートセンシング記録保有者が、各議院もしくは各議院の委員会もしくは参議院の調査会が国会法104条1項（同法54条の4第1項において準用する場合を含む）もしくは議院における証人の宣誓及び証言等に関する法律1条の規定により行う審査もしくは調査、訴訟手続その他の裁判所における手続、裁判の執行、刑事事件の捜査もしくは会計検査院の検査その他これらに準ずるものとして政令で定める公益上の必要により、または人命の救助、災害の救援その他非常の事態への対応のため緊急の必要により行う場合を除き、当該衛星リモートセンシング記録を提供してはならない義務に違反して衛星リモートセンシング記録を提供したとき、(ii)偽りその他不正の手段により衛星リモートセンシング記録を取り扱う者の認定またはその変更の認定を受けたとき、(iii)衛星リモートセンシング記録を取り扱う者の認定基準のいずれかに適合しなくなったとき、(iv)衛星リモートセンシング記録を取り扱う者の認定を受けなければなら

ない事項を本法22条1項の認定を受けないで変更したとき、または(vi)衛星リモートセンシング記録を取り扱う者の認定またはその変更の認定に付された条件に違反したときである。

　本号に掲げる義務違反についても、認定の取消しまたは効力停止事由とすることにより、その実効性を確保することとしている。法的拘束力のない請求に応じないことを登録等の取消事由とする例として、高圧ガス保安法49条の32第1項3号・6号、電子署名及び認証業務に関する法律32条1項4号・6号、労働安全衛生法53条2項2号・3号参照。

（5）「内閣総理大臣が、この法律の施行に必要な限度において、第21条第1項の認定を受けた者に対し必要な報告を求め、又はその職員に、その者の事務所その他の事業所に立ち入り、その者の帳簿、書類その他の物件を検査させ、若しくは関係者に質問させようとした場合において、その報告がされず、若しくは虚偽の報告がされ、又はその検査が拒まれ、妨げられ、若しくは忌避され、若しくはその質問に対して答弁がされず、若しくは虚偽の答弁がされたとき」（1項3号）

　外国取扱者には、罰則（本法34条）により担保された間接強制調査（間接強制調査の他の例について、宇賀・行政法概説I 150頁、同『行政法［第2版］』（有斐閣、2018年）99頁参照）である本法27条1項の規定は適用されないが、同様の調査を拒否したり虚偽の報告をした場合、罰則は科されないが、認定の取消しまたは効力停止がなされうる（本条1項3号）（同様の例として、高圧ガス保安法49条の32第1項4号・5号、電子署名及び認証業務に関する法律16条1項5号・6号、32条1項7号・8号、労働安全衛生法53条2項4号・5号参照）。

（6）「前条第2項及び第3項の規定」（2項）

　衛星リモートセンシング記録を取り扱う者の認定の効力の停止を受けた者は、速やかに、認定証を内閣総理大臣に提出しなければならない旨の規定および内閣総理大臣は認定の効力の停止の期間が満了した場合において、認定証を提出した者からその返還の請求があったときは、直ちに、当該認定証を返還しなければならない旨の規定である。

第5章　内閣総理大臣による監督

> **（立入検査等）**
> **第27条**　①　内閣総理大臣は、この法律の施行に必要な限度において、衛星リモートセンシング装置使用者若しくは衛星リモートセンシング記録保有者（外国取扱者を除く。）に対し必要な報告を求め、又はその職員に、これらの者の事務所その他の事業所に立ち入り、これらの者の帳簿、書類その他の物件を検査させ、若しくは関係者に質問させることができる。
> ②　前項の規定による立入検査をする職員は、その身分を示す証明書を携帯し、関係者の請求があったときは、これを提示しなければならない。
> ③　第1項の規定による立入検査の権限は、犯罪捜査のために認められたものと解してはならない。

（1）「内閣総理大臣は、この法律の施行に必要な限度において、衛星リモートセンシング装置使用者若しくは衛星リモートセンシング記録保有者……に対し必要な報告を求め、又はその職員に、これらの者の事務所その他の事業所に立ち入り、これらの者の帳簿、書類その他の物件を検査させ、若しくは関係者に質問させることができる」（1項）

本項の規定による報告をせず、もしくは虚偽の報告をし、または同項の規定による検査を拒み、妨げ、もしくは忌避し、もしくは同項の規定による質問に対して答弁せず、もしくは虚偽の答弁をした者は、1年以下の懲役もしくは50万円以下の罰金に処し、またはこれを併科することとされている（本法34条）。したがって、本項は、罰則により担保された間接強制調査権限を定めていることになる。

（2）「（外国取扱者を除く。）」（1項かっこ書）

外国取扱者に対して間接強制調査を行うことは、当該外国の主権侵害のおそれがあるので、外国取扱者を除いている。

（3）「前項の規定による立入検査をする職員は、その身分を示す証明書を携帯し、関係者の請求があったときは、これを提示しなければならない」(2項)

　間接強制調査権限を行使する職員であるので、かかる権限を有する者であることの証拠として、証明書を携帯する義務および請求に応じて証明書を提示する義務を立入検査をする職員に課している。国税通則法74条の13のように、同様の立法例は多い。

（4）「第1項の規定による立入検査の権限は、犯罪捜査のために認められたものと解してはならない」(3項)

　行政調査権限を犯罪捜査のために用いることは、刑事訴訟法制の下での厳格な手続的制約を潜脱して刑事捜査を行うことを許容することになるので、それが認められないことを確認する解釈規定である。国税通則法74条の8のように、同様の立法例は多い。

（指導等）
第28条　内閣総理大臣は、衛星リモートセンシング装置使用者又は衛星リモートセンシング記録保有者に対し、我が国における衛星リモートセンシング記録の適正な取扱いを確保するため、必要な指導、助言及び勧告をすることができる。

　「指導、助言及び勧告」は、いずれも行政指導（行政手続法2条6号）である。したがって、行政指導に携わる者は、いやしくも当該行政機関の任務または所掌事務の範囲を逸脱してはならないことおよび行政指導の内容があくまでも相手方の任意の協力によってのみ実現されるものであることに留意しなければならない（同法32条1項）。また、行政指導に携わる者は、その相手方が行政指導に従わなかったことを理由として、不利益な取扱いをしてはならない（同条2項）。申請の取下げまたは内容の変更を求める行政指導にあっては、行政指導に携わる者は、申請者が当該行政指導に従う意思がない旨を表明したにもかかわらず当該行政指導を継続すること等により当該申請者の権利の行使を妨げる

ようなことをしてはならない（同法33条）。そして、許認可等をする権限または許認可等に基づく処分をする権限を有する行政機関が、当該権限を行使することができない場合または行使する意思がない場合においてする行政指導にあっては、行政指導に携わる者は、当該権限を行使し得る旨を殊更に示すことにより相手方に当該行政指導に従うことを余儀なくさせるようなことをしてはならない（同法34条）。行政指導に携わる者は、その相手方に対して、当該行政指導の趣旨および内容ならびに責任者を明確に示さなければならない（同法35条1項）。また、行政指導に携わる者は、当該行政指導をする際に、行政機関が許認可等をする権限または許認可等に基づく処分をする権限を行使し得る旨を示すときは、その相手方に対して、(i)当該権限を行使し得る根拠となる法令の条項、(ii)前記(i)に規定する要件、(iii)当該権限の行使が前記(ii)の要件に適合する理由を示さなければならない（同条2項）。行政指導が口頭でされた場合において、その相手方から同条1項・2項に規定する事項を記載した書面の交付を求められたときは、当該行政指導に携わる者は、行政上特別の支障がない限り、これを交付しなければならない（同条3項）。ただし、この書面交付義務に係る規定は、①相手方に対しその場において完了する行為を求めるもの、②すでに文書または電磁的記録（電子的方式、磁気的方式その他人の知覚によっては認識することができない方式で作られる記録であって、電子計算機による情報処理の用に供されるものをいう）によりその相手方に通知されている事項と同一の内容を求めるものに該当する行政指導については、適用されない（同条4項）。同一の行政目的を実現するため一定の条件に該当する複数の者に対し行政指導をしようとするときは、行政機関は、あらかじめ、事案に応じ、行政指導指針を定め、かつ、行政上特別の支障がない限り、これを公表しなければならない（同法36条）。

　法令に違反する行為の是正を求める行政指導（その根拠となる規定が法律に置かれているものに限る）の相手方は、当該行政指導が当該法律に規定する要件に適合しないと思料するときは、当該行政指導をした行政機関に対し、その旨を申し出て、当該行政指導の中止その他必要な措置をとることを求めることができる。ただし、当該行政指導がその相手方について弁明その他意見陳述のための手続を経てされたものであるときは、この限りでない（同法36条の2第1項）。この申出は、(ｱ)申出をする者の氏名または名称および住所または居所、(ｲ)当該

行政指導の内容、(ウ)当該行政指導がその根拠とする法律の条項、(エ)前記(ウ)の条項に規定する要件、(オ)当該行政指導が前記(エ)の要件に適合しないと思料する理由、(カ)その他参考となる事項記載した申出書を提出してしなければならない（同条2項）。当該行政機関は、同条1項の規定による申出があったときは、必要な調査を行い、当該行政指導が当該法律に規定する要件に適合しないと認めるときは、当該行政指導の中止その他必要な措置をとらなければならない（同条3項）。

　何人も、法令に違反する事実がある場合において、その是正のためにされるべき行政指導（その根拠となる規定が法律に置かれているものに限る）がされていないと思料するときは、当該行政指導をする権限を有する行政機関に対し、その旨を申し出て、当該行政指導をすることを求めることができる（同法36条の3第1項）。この申出は、(a)申出をする者の氏名または名称および住所または居所、(b)法令に違反する事実の内容、(c)当該行政指導の内容、(d)当該行政指導の根拠となる法令の条項、(e)当該行政指導がされるべきであると思料する理由、(f)その他参考となる事項を記載した申出書を提出してしなければならない（同条2項）。当該行政機関は、同条1項の規定による申出があったときは、必要な調査を行い、その結果に基づき必要があると認めるときは、当該行政指導をしなければならない（同条3項）。

（是正命令）
第29条 ① 内閣総理大臣は、衛星リモートセンシング装置使用者が第8条、第9条若しくは第10条第3項の規定に違反していると認めるとき又は衛星リモートセンシング装置使用者が第13条第6項、第14条第2項、第15条第2項、第16条第2項若しくは第17条第2項の規定に違反して終了措置を講じていないと認めるときは、その者に対し、当該違反を是正するため必要な措置をとるべきことを命ずることができる。
② 内閣総理大臣は、衛星リモートセンシング記録保有者（外国取扱者を除く。）が第18条第1項若しくは第2項又は第20条の規定に違反していると認めるときは、その者に対し、当該違反を是正するため必要な措置をとる

> べきことを命ずることができる。
> ③　前項の規定は、衛星リモートセンシング記録保有者（外国取扱者に限る。）について準用する。この場合において、同項中「命ずる」とあるのは、「請求する」と読み替えるものとする。

（1）「第8条、第9条若しくは第10条第3項の規定に違反していると認めるとき」（1項）

　不正な衛星リモートセンシング装置の使用を防止するための措置を講ずる義務、申請に係る軌道以外での機能を停止する義務、衛星リモートセンシング記録を取り扱う者の認定を取り消された旨の通知を受けた衛星リモートセンシング装置使用者が、認定を受けていた者が管理する受信設備による受信ができる場合において当該衛星リモートセンシング装置から当該受信設備に向けて検出情報電磁的記録の送信を行わない義務、記録変換符号を変更することその他の当該衛星リモートセンシング装置から送信された検出情報電磁的記録が当該受信設備で受信されて衛星リモートセンシング記録として利用されることを防止するために必要かつ適切な措置を講ずる義務に違反していると認めるときである。

（2）「第13条第6項、第14条第2項、第15条第2項、第16条第2項若しくは第17条第2項の規定に違反して終了措置を講じていないと認めるとき」（1項）

　（ⅰ）衛星リモートセンシング装置使用者が許可を受けた衛星リモートセンシング装置の使用に係る事業の譲渡を行い、または衛星リモートセンシング装置使用者である法人が合併により消滅することとなり、もしくは分割により当該事業を承継させる場合において、当該譲渡、合併または分割について認可をしない旨の処分があったとき（これらの認可の申請がない場合にあっては、当該事業の譲渡、合併または分割があったとき）に、その譲受人（国内に所在する操作用無線設備によらずに衛星リモートセンシング装置の使用を行おうとする者に譲渡を行うときの譲渡に係る譲受人を除く）、合併後存続する法人もしくは合併により設立された法人または分割により当該事業を承継した法人が、当該処分があった日（これらの認可の申請がない場合にあっては、当該事業の譲渡、合併または分割の日）から120日以内に、終了

措置を講じていないと認めるとき（本法13条6項）、(ii)衛星リモートセンシング装置使用者が死亡したときに、その死亡時代理人が、当該衛星リモートセンシング装置の使用に係る事業の譲渡について認可を受けた場合を除き、その死亡の日から120日以内に、終了措置を講じていないと認めるとき（本法14条2項）、(iii)衛星リモートセンシング装置使用者が、衛星リモートセンシング装置の使用を終了するときに終了措置を講じていないと認めるとき（本法15条2項）、(iv)衛星リモートセンシング装置使用者である法人が合併以外の事由により解散したときに、その清算法人（清算中もしくは特別清算中の法人または破産手続開始後の法人をいう）が、当該衛星リモートセンシング装置の使用に係る事業の譲渡について認可を受けた場合を除き、その解散の日から120日以内に、終了措置を講じていないと認めるとき（本法16条2項）、(v)衛星リモートセンシング装置使用者が許可を取り消されたときに、当該衛星リモートセンシング装置の使用に係る事業の譲渡について認可を受けた場合を除き、その取消しの日から120日以内に、終了措置を講じていないと認めるとき（本法17条2項）である。

（3）「その者に対し、当該違反を是正するため必要な措置をとるべきことを命ずることができる」（1項）

　所定の期間内に措置を講ずる義務を履行しない場合に是正命令の発動を可能にする例として、廃棄物の処理及び清掃に関する法律12条の3第8項、19条の5第1項3号へ参照。

　内閣総理大臣は、処分基準を定め、かつ、これを公にしておくよう努めなければならない（行政手続法12条1項）。処分基準を定めるに当たっては、不利益処分の性質に照らしてできる限り具体的なものとしなければならない（同条2項）。また、同法13条1項2号により、事前に弁明の機会を付与する必要がある。ただし、同条2項に該当する場合には、事前手続を行う義務はない。是正命令を出す場合には、その名あて人に対し、同時に、是正命令の理由を示さなければならない。ただし、当該理由を示さないで処分をすべき差し迫った必要がある場合は、この限りでない（同法14条1項）。この場合においては、当該名あて人の所在が判明しなくなったときその他処分後において理由を示すことが困難な事青があるときを除き、処分後相当の期間内に、理由を示さなければな

らない（同条2項）。是正命令は書面で行うのが通常と考えられるが、その場合、理由も、書面により示さなければならない（同条3項）。

（4）「衛星リモートセンシング記録保有者……が第18条第1項若しくは第2項又は第20条の規定に違反していると認めるとき」(2項)

(i)衛星リモートセンシング記録保有者が、衛星リモートセンシング記録の取扱いについて認定を受けた者に当該衛星リモートセンシング記録を提供するときに、当該提供の相手方に対し、認定証の提示を求めてその者が当該認定を受けた者であることを確認した上で、当該衛星リモートセンシング記録に係る区分を明示するとともに、暗号その他その内容を容易に復元することができない通信の方法その他の当該提供の相手方以外の者が当該衛星リモートセンシング記録を取得して利用することを防止するために必要かつ適切なものとして内閣府令で定める方法により、これを行う義務に違反していると認めるとき（本法18条1項）、(ii)衛星リモートセンシング記録保有者が、衛星リモートセンシング装置使用者（当該衛星リモートセンシング記録に係る衛星リモートセンシング装置の使用について許可を受けた者に限る）または特定取扱機関に当該衛星リモートセンシング記録を提供するときに、当該提供の相手方に対し、当該衛星リモートセンシング記録に係る区分を明示するとともに、内閣府令で定める方法により、これを行う義務に違反していると認めるとき（本法18条2項）、(iii)衛星リモートセンシング記録保有者が、衛星リモートセンシング記録の漏えい、滅失または毀損の防止その他の当該衛星リモートセンシング記録の安全管理のために必要かつ適切なものとして内閣府令で定める措置を講じる義務（本法20条）に違反していると認めるときである。

本法18条1項・2項の規定は、認定を受けた者または衛星リモートセンシング装置使用者もしくは特定取扱機関に衛星リモートセンシング記録を提供するときの手続を定めたものであるので、その違反が国際社会の平和の確保等の法益を直ちに侵害するとまではいえないものの、その違反を放置すれば、衛星リモートセンシング記録が漏えいしたり、不適切な利用を招来したりするおそれがある。しかし、同条1項・2項の規定による委任に基づく内閣府令で定められる手続は技術的なものとなり、過失により違反してしまうことも考えられ

る。そこで、直罰制を採用せず、是正命令の対象とし（本条2項）、その命令に違反した場合に罰則を科す間接罰の仕組みを採用している（本法33条6号）。

（5）「（外国取扱者を除く。）」（2項かっこ書）
　外国取扱者に是正命令という公権力を行使することは、当該外国の主権を侵害するおそれがあるため、是正命令の対象から除いている。

（6）「前項の規定は、衛星リモートセンシング記録保有者（外国取扱者に限る。）について準用する。この場合において、同項中「命ずる」とあるのは、「請求する」と読み替えるものとする」（3項）
　外国取扱者が違反行為を行った場合においても是正を求めるべきであるので準用することとしているが、公権力の行使である是正命令を行うことは当該外国の主権を侵害するおそれがあるので、是正を請求すると読み替えている、この是正の請求は公権力の行使ではなく、法的拘束力はない。

（許可等の条件）
第30条　①　第4条第1項若しくは第7条第1項の許可、第13条第1項、第3項若しくは第4項の認可又は第21条第1項若しくは第22条第1項の認定（次項において「許可等」という。）には、条件を付し、及びこれを変更することができる。
　　②　前項の条件は、許可等に係る事項の確実な実施を図るため必要な最小限度のものに限り、かつ、許可等を受ける者に不当な義務を課すこととなるものであってはならない。

（1）「第4条第1項若しくは第7条第1項の許可、第13条第1項、第3項若しくは第4項の認可又は第21条第1項若しくは第22条第1項の認定」（1項）
　衛星リモートセンシング装置の使用を行おうとする者の許可、その変更の許可、衛星リモートセンシング装置使用者が国内に所在する操作用無線設備を用いて衛星リモートセンシング装置の使用を行おうとする者に許可を受けた衛星

リモートセンシング装置の使用に係る事業の譲渡を行う場合における当該譲渡および譲受けについての認可、衛星リモートセンシング装置使用者である法人が合併により消滅することとなる場合における当該合併の認可、衛星リモートセンシング装置使用者である法人が分割により許可を受けた衛星リモートセンシング装置の使用に係る事業を承継させる場合における当該分割の認可、衛星リモートセンシング記録を適正に取り扱うことができる者としての認定、当該認定の変更の認定を意味する。

（2） **「条件を付し、及びこれを変更することができる」**（1項）

本項では、「条件」という文言が使用されているが、講学上の附款（宇賀・行政法概説Ⅰ 98頁以下参照）を意味する。かかる附款の例として、貨物利用運送事業法54条1項、水産業協同組合法126条の3第1項、マンションの管理の適正化の推進に関する法律25条1項参照。

（3） **「前項の条件は、許可等に係る事項の確実な実施を図るため必要な最小限度のものに限り、かつ、許可等を受ける者に不当な義務を課することとなるものであってはならない」**（2項）

比例原則（宇賀・行政法概説Ⅰ 56頁以下参照）に照らし、当然のことではあるが、確認的に規定したものである。附款に係る規定には、一般に、このような確認規定が置かれている。かかる確認規定の例として、貨物利用運送事業法54条2項、水産業協同組合法126条の3第2項、マンションの管理の適正化の推進に関する法律25条2項、医薬品、医療機器等の品質、有効性及び安全性の確保等に関する法律79条2項、液化石油ガスの保安の確保及び取引の適正化に関する法律84条2項、電気通信事業法163条2項参照。本法21条1項の認定に付される条件の例としては、衛星リモートセンシング記録の取扱いを開始する時点から認定の効力を発生させることとするもの、本法22条1項の変更の認定に付される条件の例としては、衛星リモートセンシング記録を取り扱う場所を変更するに当たり、正確な地番が未確定の場合、その確定時に報告を義務づけ、報告時点を始期として認定の効力が生ずることとするものが考えられる。

第6章　雑　　則

> **（経過措置）**
> **第31条**　この法律の規定に基づき命令を制定し、又は改廃する場合においては、その命令で、その制定又は改廃に伴い合理的に必要と判断される範囲内において、所要の経過措置（罰則に関する経過措置を含む。）を定めることができる。

　雑則に同様の経過措置に係る規定を設ける例として、アルコール事業法45条、国際連合安全保障理事会決議第1267号等を踏まえ我が国が実施する国際テロリストの財産の凍結等に関する特別措置法27条がある。

> **（内閣府令への委任）**
> **第32条**　この法律に定めるもののほか、この法律の実施のための手続その他この法律の施行に関し必要な事項は、内閣府令で定める。

　本条は、執行命令（実施命令）の委任に関し確認的に規定するとともに、執行命令（実施命令）の法形式を内閣府令に特定するものである。執行命令（実施命令）は、委任命令（委任命令と執行命令（実施命令）については、宇賀・行政法概説 I 275頁以下参照）と異なり、権利・義務の内容を新たに定めるものではないので、憲法73条6号、国家行政組織法12条1項等の一般的授権で足り、具体の法律の根拠は不要という見解が有力といえると思われる。しかし、委任命令と執行命令（実施命令）の区別を否定し、すべての法規命令に具体的な法律上の根拠を要するとする見解もある（平岡久『行政立法と行政基準』[有斐閣、1995年] 24頁以下参照）。本条は、前者の見解に立って確認的に設けられたものといえるが、執行命令（実施命令）の形式を内閣府令に特定している点で創設的意義を認めることができる。執行命令（実施命令）に関する概括的委任規定を置くことは、

近年の立法では多い（老人福祉法37条、行政機関の保有する情報の公開に関する法律26条、個人情報の保護に関する法律81条、行政機関の保有する個人情報の保護に関する法律52条、独立行政法人等の保有する個人情報の保護に関する法律49条、警備業法55条、国際連合安全保障理事会決議第1267号等を踏まえ我が国が実施する国際テロリストの財産の凍結等に関する特別措置法28条等）。

第7章 罰　　則

> **第33条**　次の各号のいずれかに該当する者は、3年以下の懲役若しくは100万円以下の罰金に処し、又はこれを併科する。
> (1)　第4条第1項の規定に違反して衛星リモートセンシング装置の使用を行った者
> (2)　偽りその他不正の手段により第4条第1項若しくは第7条第1項の許可、第13条第1項、第3項若しくは第4項の認可又は第21条第1項若しくは第22条第1項の認定を受けた者
> (3)　第7条第1項の規定に違反して第4条第2項第2号から第8号までに掲げる事項を変更した者
> (4)　第10条第1項の規定に違反して衛星リモートセンシング装置から送信された検出情報電磁的記録を受信した者
> (5)　第15条第4項の規定に違反して再開信号又はその作成方法に関する情報を提供した者
> (6)　第17条第1項、19条第1項又は第29条第1項若しくは第2項の規定による命令に違反した者
> (7)　第18条第3項の規定に違反して衛星リモートセンシング記録を提供した者
> (8)　第22条第1項の規定に違反して第21条第2項第3号から第6号までに掲げる事項を変更した者

（1）「第4条第1項の規定に違反して衛星リモートセンシング装置の使用を行った者」(1号)

国内に所在する操作用無線設備を用いて衛星リモートセンシング装置の使用を行おうとする者（特定使用機関を除く）は、衛星リモートセンシング装置ごとに、内閣総理大臣の許可を受けなければならないが、この許可を受けずに衛星リモートセンシング装置の使用を行った者である。「許可を受けないで△を行った者」ではなく、「第○条の規定に違反して△を行った者」と規定する先例として、商品先物取引業の許可に係る商品先物取引法190条1項、357条4号参照。

（2）「偽りその他不正の手段により第4条第1項若しくは第7条第1項の許可、第13条第1項、第3項若しくは第4項の認可又は第21条第1項若しくは第22条第1項の認定を受けた者」（2号）

偽りその他不正の手段により、衛星リモートセンシング装置の使用を行おうとする者の許可、その変更の許可、衛星リモートセンシング装置使用者が国内に所在する操作用無線設備を用いて衛星リモートセンシング装置の使用を行おうとする者に許可を受けた衛星リモートセンシング装置の使用に係る事業の譲渡を行う場合における当該譲渡および譲受けについての認可、衛星リモートセンシング装置使用者である法人が合併により消滅することとなる場合における当該合併の認可、衛星リモートセンシング装置使用者である法人が分割により許可を受けた衛星リモートセンシング装置の使用に係る事業を承継させる場合における当該分割の認可、衛星リモートセンシング記録を適正に取り扱うことができるものとしての認定、当該認定の変更の認定を受けた者である。

法律施行前において虚偽申請をしたこと自体を罰則の対象とする立法例も皆無ではない。土壌汚染対策法附則（平成21年法律第23号）2条2項（「前項の規定による申請に係る申請書又はこれに添付すべき書類に虚偽の申請をして提出した者は、1年以下の懲役又は100万円以下の罰金に処する」）、フロン類の使用の合理化及び管理の適正化に関する法律附則（平成25年法律第39号）2条2項（「前項の規定による申請に係る申請書又はこれに添付すべき書類に虚偽の申請をして提出した者は、1年以下の懲役又は50万円以下の罰金に処する」）参照。これに対し、本法では、本法施行前の虚偽申請自体を処罰することとはしていない。しかし、本法施行前にされた虚偽申請に基づき、本法施行後に許可がされた場合には、本号に当たるものとして

（3）「第7条第1項の規定に違反して第4条第2項第2号から第8号までに掲げる事項を変更した者」（3号）

　衛星リモートセンシング装置の使用を行おうとする者の許可に係る変更の許可を受けずに、(i)衛星リモートセンシング装置の種類、構造および性能、(ii)衛星リモートセンシング装置が搭載された地球周回人工衛星の軌道、(iii)操作用無線設備および衛星リモートセンシング装置の操作を行うために必要な信号を他の無線設備を経由して送信する際に経由する無線設備（「操作用無線設備等」）の場所、構造および性能ならびにこれらの管理の方法、(iv)衛星リモートセンシング装置から送信された検出情報電磁的記録を受信するために必要な無線設備（「受信設備」）の場所、構造および性能ならびにその管理の方法、(v)衛星リモートセンシング記録の管理の方法、(vi)申請者が個人である場合には、申請者が死亡したときにその者に代わって衛星リモートセンシング装置の使用を行う者（「死亡時代理人」）の氏名または名称および住所、(vii)その他内閣府令で定める事項、を変更した者である。「許可を受けないで△を行った者」ではなく、「第〇条の規定に違反して△を行った者」と規定する先例として、商品先物取引業の許可に係る商品先物取引法190条1項、357条4号参照。

（4）「第10条第1項の規定に違反して衛星リモートセンシング装置から送信された検出情報電磁的記録を受信した者」（4号）

　衛星リモートセンシング装置使用者であって、衛星リモートセンシング装置から送信された検出情報電磁的記録を、許可に係る受信設備であって自らまたは特定取扱機関もしくは衛星リモートセンシング記録を適正に取り扱うことに係る認定を受けた者が管理するもの以外の受信設備を用いてはならない義務に違反して衛星リモートセンシング装置から送信された検出情報電磁的記録を受信した者である。

（5）「第15条第4項の規定に違反して再開信号又はその作成方法に関する情報を提供した者」（5号）

終了措置を講じた者であって、再開信号およびその作成方法に関する情報を特定使用機関または当該終了措置に係る衛星リモートセンシング装置の使用について新たに許可を受けた者以外の者に提供してはならない義務に違反して、再開信号またはその作成方法に関する情報を提供した者である。

(6)「第17条第1項、第19条第1項又は第29条第1項若しくは第2項の規定による命令に違反した者」(6号)

(i)衛星リモートセンシング装置使用者に対する1年以内の期間を定めた当該衛星リモートセンシング装置の使用停止命令に違反した者、(ii)衛星リモートセンシング記録の範囲および期間を定めた提供禁止命令に違反した者または(iii)衛星リモートセンシング装置使用者に対する違反是正命令に違反した者もしくは(iv)衛星リモートセンシング記録保有者（外国取扱者を除く）に対する違反是正命令に違反した者である。

(7)「第18条第3項の規定に違反して衛星リモートセンシング記録を提供した者」(7号)

衛星リモートセンシング記録保有者であって、本法18条3項に規定する公益上の必要により、または人命の救助、災害の救援その他非常の事態への対応のため緊急の必要により行う場合を除き、当該衛星リモートセンシング記録を提供してはならない義務に違反した者である。本法18条3項違反は、衛星リモートセンシング記録を適正に取り扱うことが期待できない者への提供であり、国際社会の平和の確保等の法益侵害を直ちに発生させる蓋然性が高いため、直罰制が採用されている。本条6号は間接罰であり、本法には間接罰と直罰の双方が存在する。同一の法律に間接罰と直罰が併存している例として、個人情報の保護に関する法律42条2項・3項の命令違反に対する同法84条による間接罰、同法72条の秘密保持義務違反に対する同法82条による直罰、大気汚染防止法17条3項の命令違反に対する同法33条の2第1項2号による間接罰、同法13条1項違反に対する同法33条の2第1項1号による直罰、電気通信事業法54条の妨害防止命令違反に対する同法181条1号による間接罰、同法53条3項の表示禁止義務違反に対する同法187条2号による直罰の例がある。

(8)「第22条第1項の規定に違反して第21条第2項第3号から第6号までに掲げる事項を変更した者」(8号)

　衛星リモートセンシング記録を取り扱う者の変更の認定に係る認定を受けずに、(i)衛星リモートセンシング記録の利用の目的および方法、(ii)衛星リモートセンシング記録の管理の方法、(iii)衛星リモートセンシング記録を受信設備で受信する場合には、その場所、(iv)その他内閣府令で定める事項を変更した者である。

第34条　第27条第1項の規定による報告をせず、若しくは虚偽の報告をし、又は同項の規定による検査を拒み、妨げ、若しくは忌避し、若しくは同項の規定による質問に対して答弁せず、若しくは虚偽の答弁をした者は、1年以下の懲役若しくは50万円以下の罰金に処し、又はこれを併科する。

　立入検査等に協力しない行為は、本法が守ろうとする法益を直ちに侵害するものではないが、本法に基づく法執行を妨げるものであり、間接的に本法の保護法益を侵害する行為といえる。そこで、内閣総理大臣が、本法の施行に必要な限度において、衛星リモートセンシング装置使用者もしくは衛星リモートセンシング記録保有者（外国取扱者を除く）に対し必要な報告を求め、またはその職員に、これらの者の事務所その他の事業所に立ち入り、これらの者の帳簿、書類その他の物件を検査させ、もしくは関係者に質問させたにもかかわらず（間接強制調査）、かかる行政調査に対して協力せず、または虚偽の報告をした者に対して、罰則を科すことにより、行政調査の実効性を確保することを意図している。

第35条　次の各号のいずれかに該当する者は、50万円以下の罰金に処する。
　(1)　第7条第2項、第11条、第13条第2項、第15条第2項又は第22条第2項の規定による届出をせず、又は虚偽の届出をした者
　(2)　第12条第1項若しくは第23条第1項の規定に違反して帳簿を備えず、

> 若しくは帳簿に記載せず、若しくは虚偽の記載をし、又は第12条第2項
> 若しくは第23条第2項の規定に違反して帳簿を保存しなかった者
> (3) 第24条第1項の規定に違反して認定証を返納しなかった者
> (4) 第25条第2項（第26条第2項において準用する場合を含む。）の規定に違反して認定証を提出しなかった者

（1）「第7条第2項、第11条、第13条第2項、第15条第2項又は第22条第2項の規定による届出をせず、又は虚偽の届出をした者」(1号)

　(i)衛星リモートセンシング装置使用者であって、氏名または名称および住所に変更があったとき、または本法7条1項ただし書の内閣府令で定める軽微な変更をしたときに、遅滞なく、その旨を内閣総理大臣に届け出る義務を懈怠し、または虚偽の届出をした者、(ii)衛星リモートセンシング装置使用者であって、衛星リモートセンシング装置またはこれを搭載する地球周回人工衛星の故障その他の事情により、終了措置を講ずることなく当該衛星リモートセンシング装置の使用を行うことができなくなり、かつ、回復する見込みがないときに、速やかに、その旨を内閣総理大臣に届け出る義務を懈怠し、または虚偽の届出をした者、(iii)衛星リモートセンシング装置使用者であって、国内に所在する操作用無線設備によらずに衛星リモートセンシング装置の使用を行おうとする者に許可を受けた衛星リモートセンシング装置の使用に係る事業の譲渡を行うときに、あらかじめ、内閣総理大臣にその旨を届け出る義務を懈怠し、または虚偽の届出をした者、(iv)衛星リモートセンシング装置使用者であって、衛星リモートセンシング装置の使用を終了するときに、遅滞なく、終了措置の内容を内閣総理大臣に届け出る義務を懈怠し、または虚偽の届出をした者、(v)衛星リモートセンシング記録を取り扱う者としての認定を受けた者であって、氏名または名称および住所に変更があったときまたは本法22条1項ただし書の内閣府令で定める軽微な変更をしたときに、遅滞なく、その旨を内閣総理大臣に届け出る義務を懈怠し、または虚偽の届出をした者である。

(2)　「第12条第1項若しくは第23条第1項の規定に違反して帳簿を備えず、若しくは帳簿に記載せず、若しくは虚偽の記載をし、又は第12条第2項若しくは第23条第2項の規定に違反して帳簿を保存しなかった者」(2号)

　(i)衛星リモートセンシング装置使用者であって、帳簿（その作成に代えて電磁的記録の作成がされている場合における当該電磁的記録を含む。以下同じ）を備え、その衛星リモートセンシング装置の使用の状況について、内閣府令で定める事項を記載した帳簿を備えず、もしくは帳簿に記載せず、もしくは虚偽の記載をした者、(ii)衛星リモートセンシング記録を取り扱う者の認定を受けた者であって、帳簿を備えず、もしくはその衛星リモートセンシング記録の取扱いの状況について、内閣府令で定める事項を記載せず、もしくは虚偽の記載をした者、または(iii)前記(i)もしくは(ii)の帳簿を、内閣府令で定めるところにより、保存しなかった者である。帳簿の作成・保存義務違反が直ちに国際社会の平和の確保等を危険に陥れるわけではないが、衛星リモートセンシング装置の使用、衛星リモートセンシング記録の取扱いの適正を確保するためには、帳簿の作成・保存が的確に行われることが必要であるので、この義務違反に対しては50万円以下の罰金刑が設けられている。

(3)　「第24条第1項の規定に違反して認定証を返納しなかった者」(3号)

　認定証の交付を受けた者であって、(i)認定が取り消されたとき、(ii)認定証の再交付を受けた場合において、亡失した認定証を発見し、または回復したとき、のいずれかに該当することとなったときに、遅滞なく、認定証（前記(ii)の場合にあっては、発見し、または回復した認定証）を内閣総理大臣に返納しなかった者である。

(4)　「第25条第2項（第26条第2項において準用する場合を含む。）の規定に違反して認定証を提出しなかった者」(4号)

　認定の効力の停止を受けた者であって、速やかに、認定証を内閣総理大臣に提出しなかった者である。

> 第36条 第33条(第6号(第19条第1項及び第29条第2項に係る部分に限る。)及び第7号に係る部分に限る。以下この条において同じ。)の罪は、日本国外において第33条の罪を犯した者にも適用する。

(1) 「第33条(第6号(第19条第1項及び第29条第2項に係る部分に限る。)及び第7号に係る部分に限る。以下この条において同じ。)の罪」

本条が定める国外犯は、衛星リモートセンシング記録保有者による義務違反を対象とするものであり、衛星リモートセンシング記録は、特定使用機関以外の者による国内に所在する操作用無線設備を用いた衛星リモートセンシング装置の使用により地上に送信された検出情報電磁的記録および当該検出情報電磁的記録に加工を行った電磁的記録のうち、対象物判別精度、その加工により変更が加えられた情報の範囲および程度、当該検出情報電磁的記録が記録されてから経過した時間その他の事情を勘案して、その利用により宇宙基本法14条に規定する国際社会の平和の確保等に支障を及ぼすおそれがあるものとして内閣府令で定める基準に該当するものならびにこれらを電磁的記録媒体(電磁的記録に係る記録媒体をいう)に複写したものを意味する(本法2条6号)。したがって、本条の犯罪主体は限定されている。国外犯の処罰は、(i)内閣総理大臣が、衛星リモートセンシング記録の利用が国際社会の平和の確保等に支障を及ぼすおそれがあると認めるに足りる十分な理由があるときに、衛星リモートセンシング記録保有者(外国取扱者を除く)に対して、衛星リモートセンシング記録の範囲および期間を定めて国内において衛星リモートセンシング記録の提供禁止命令(本法19条1項)を出したにもかかわらず、当該命令に違反して国外において当該衛星リモートセンシング記録を提供した罪、(ii)内閣総理大臣が、衛星リモートセンシング記録保有者(外国取扱者を除く)が衛星リモートセンシング記録の提供の制限(本法18条1項もしくは2項)または衛星リモートセンシング記録の安全管理措置義務(本法20条)に違反していると認めるときに、その者に対して違反是正命令(本法29条2項)を行ったにもかかわらず、国外において当該命令に違反した罪、(iii)衛星リモートセンシング記録保有者が、各議院もしくは各議院の委員会もしくは参議院の調査会が国会法104条1項(同法54条

の4第1項において準用する場合を含む）もしくは議院における証人の宣誓及び証言等に関する法律1条の規定により行う審査もしくは調査、訴訟手続その他の裁判所における手続、裁判の執行、刑事事件の捜査もしくは会計検査院の検査その他これらに準ずるものとして政令で定める公益上の必要により、または人命の救助、災害の救援その他非常の事態への対応のため緊急の必要により行う場合を除き、当該衛星リモートセンシング記録を提供してはならないという制限に国外において違反して衛星リモートセンシング記録を提供した罪（本法33条7号）に限り可能である。他方、刑法2条は、「すべての者」（柱書）に適用される国外犯について定めている。そこで、本条は、「刑法第2条の例に従う」（電子署名及び認証業務に関する法律41条3項、特定秘密の保護に関する法律27条2項参照）と規定せず、「日本国外において……条の罪を犯した者にも適用する」（特定秘密の保護に関する法律27条1項参照）と定めている。

　他方、外国取扱者が、外国で衛星リモートセンシング記録を取り扱う場合には、本法19条1項の命令は出せず、本法19条3項において読み替えて準用する同条1項の規定に基づき請求を行うことができるにとどまり、この請求には法的拘束力はないので、請求に従わないことを理由として罰則を科すことはできない。また、国外において衛星リモートセンシング記録の提供の禁止の請求を受け、それに応じなかった場合、国外で安全管理措置義務に違反し、本法29条3項において読み替えて準用する同条2項の規定に基づき是正の請求を受け、それに応じなかった場合には、請求には法的拘束力はないので、それに従わないことを理由として罰則を科すことはできず、本法33条6号の規定は適用されないので、本法26条1項1号の規定に基づき、認定の取消しまたは効力の停止により、請求の実効性を確保することとしている。同様の例として、外国登録製造時等検査機関の登録取消しがある（労働安全衛生法52条の3、53条2項参照）。

　他方、外国において衛星リモートセンシング記録を取り扱う者が本法18条3項の義務に違反した場合には、罰則が適用され（本法33条7号）、国外犯も処罰される（本条）のは、日本人等や外国人等が国外で本法18条3項の義務に違反するおそれは、単なる抽象的可能性があるにとどまらず、高度の蓋然性が認められ、衛星リモートセンシング記録の取扱いの適正を確保するためには、国

外における違反行為を抑止する必要性が大きいこと、国際社会の平和の確保等という法益を保護するための国外犯の処罰は、保護主義（protective or security principle）（［国家］保護主義について詳しくは、森下忠『新しい国際刑法』［信山社、2002年］52頁以下、山本草二『国際法［新版第18刷補訂］』［有斐閣、2004年］236頁以下参照）の観点から国際法上正当化されることを根拠としている。

（2）「日本国外において第33条の罪を犯した者にも適用する」
属地主義の例外として、国外犯を処罰することを意味する。

> 第37条　法人の代表者又は法人若しくは人の代理人、使用人その他の従業者が、その法人又は人の業務に関して第33条から第35条までの違反行為をしたときは、行為者を罰するほか、その法人又は人に対しても、各本条の罰金刑を科する。

（1）「法人の代表者又は法人若しくは人の代理人、使用人その他の従業者」
機関が法人等の名前で、第三者とした行為の効果が法人等に帰属する場合、当該機関は法人等を対外的に代表する権限を有することになる。これが「代表者」であり、代表取締役（会社法349条3項）がその例である。「代理人」とは、支配人（商法20条、会社法10条）のように、法令等に基づき、法人等を代理する権限を有する者である。「使用人」と「その他の従業者」の相違は、前者が事業主との雇用関係に基づいて当該事業に従事するのに対して、後者は、事業主の組織内でその監督の下に事業に従事するが、事業主との雇用関係が存在することは要件でない点にある。したがって、事業主との雇用関係が存在しない派遣労働者は、「その他の従業者」に該当する。

（2）「その法人又は人の業務に関して」
「業務」とは、営利事業に限らないが、反復継続性は必要である。両罰規定は、事業者として行為者の選任、監督その他違反行為を防止するために必要な注意を尽くさなかった過失の存在を推定し、事業者において以上の点に関する

注意を尽くしたことの証明がなされない限り、事業者も刑事責任を免れないとするものである（最大判昭和32・11・27刑集11巻12号3113頁、最判昭和40・3・26刑集19巻2号83頁）。したがって、事業主を罰することができるためには、従業者の行為が事業主の業務との関連で行われたことが必要であり（定款の範囲内であることは必ずしも必要ではない）、外形的にも業務とまったく無関係な個人的行為は、両罰規定の対象とはならない。

（3）「その法人又は人に対しても、**各本条の罰金刑を科する**」

行為者を処罰するものでは実効性が十分でないと考えられることから、事業主も処罰することとしている。

第38条 次の各号のいずれかに該当する者は、10万円以下の過料に処する。
(1) 第14条第1項又は第16条第1項の規定による届出をせず、又は虚偽の届出をした者
(2) 第24条第2項の規定に違反して認定証を返納しなかった者

（1）「第14条第1項又は第16条第1項の規定による届出をせず、又は虚偽の届出をした者」(1号)

(i)衛星リモートセンシング装置使用者が死亡したときに、相続人であって、遅滞なく、その旨を内閣総理大臣に届け出ず、または虚偽の届出をした者または(ii)衛星リモートセンシング装置使用者である法人が合併以外の事由により解散したときに、その清算人または破産管財人であって、遅滞なく、その旨を内閣総理大臣に届け出ず、または虚偽の届出をした者である。

（2）「第24条第2項の規定に違反して認定証を返納しなかった者」(2号)

認定証の交付を受けた者が死亡した場合、法人が合併以外の事由により解散した場合または法人が合併により消滅した場合において、遅滞なく、認定証を内閣総理大臣に返納する義務を懈怠した者である。

附　　則

> （施行期日）
> 第１条　この法律は、公布の日から起算して１年を超えない範囲内において政令で定める日から施行する。ただし、次の各号に掲げる規定は、当該各号に定める日から施行する。
> (1)　附則第４条の規定　公布の日
> (2)　次条の規定　公布の日から起算して９月を超えない範囲内において政令で定める日

（１）「公布の日から起算して１年を超えない範囲内において政令で定める日から施行する」(柱書)

　平成29年政令第281号により、2017（平成29）年11月15日から施行された。

（２）「附則第４条の規定」(1号)

　本法制定附則２条、３条に定めるもののほか、本法の施行に伴い必要な経過措置（罰則に関する経過措置を含む）を政令に委任する規定である。

（３）「次条の規定」(2号)

　(i)国内に所在する操作用無線設備を用いて衛星リモートセンシング装置の使用を行おうとする者（特定使用機関を除く）が、衛星リモートセンシング装置ごとに、内閣総理大臣の許可を申請すること、または(ii)衛星リモートセンシング記録を取り扱う者としての内閣総理大臣の認定を申請することを、本法施行前に行うことができるとする規定である。

（４）「公布の日から起算して９月を超えない範囲内において政令で定める日」(2号)

　公布の日から起算して９月を超えない範囲内としているのは、本法に基づく政令、内閣府令の制定や申請への対応に必要な準備期間を考慮する必要があるからである。「衛星リモートセンシング記録の適正な取扱いの確保に関する法

律の一部の施行期日を定める政令」（平成29年政令第216号）により、本号の施行期日は、2017（平成29）年8月15日とされた。

（準備行為）
第2条 第4条第1項の許可又は第21条第1項の認定を受けようとする者は、この法律の施行前においても、第4条第2項又は第21条第2項の規定の例により、その申請を行うことができる。

（1）「第4条第1項の許可又は第21条第1項の認定を受けようとする者」

　衛星リモートセンシング装置の使用を行うことの許可または衛星リモートセンシング記録を適正に取り扱うことの認定を受けようとする者である。本法施行後に許可を得ずに衛星リモートセンシング装置を使用すれば罰則の適用を受けるし（本法33条1号）、また、本法施行後は、衛星リモートセンシング記録保有者は、本法21条1項の認定を受けていない者に衛星リモートセンシング記録を提供することは原則として禁止される（本法18条）。したがって、本法施行日から衛星リモートセンシング装置の使用を行おうとする者や衛星リモートセンシング記録の提供を受けようとする者は、本法施行日前に許可申請または認定申請を行っておく必要がある。そこで、本法の公布日から9月を超えない範囲で政令で定める日以降であれば申請を行うことができることとしている。

（2）「第4条第2項又は第21条第2項の規定の例により」

　内閣府令で定めるところにより、所定の事項を記載した申請書に内閣府令で定める書類を添えて、これを内閣総理大臣に提出する方法によることを意味する。

（経過措置）
第3条 ①　この法律の施行の際現に地球を回る軌道に投入されている人工衛星に搭載されている衛星リモートセンシング装置の使用について第4条

附§3

> 第1項の許可の申請が行われた場合(この法律の施行前に前条の規定により行われていた場合を含む。)における当該衛星リモートセンシング装置の使用についての第6条(第7条第3項において準用する場合を含む。以下この項において同じ。)及び第17条第1項第3号の規定の適用については、第6条中「次の各号」とあるのは「第2号から第4号まで」と、同号中「第6条各号」とあるのは「第6条第2号から第4号まで」とする。
> ② 前項の場合において、内閣総理大臣が第4条第1項の許可をしたときは、当該許可を受けた衛星リモートセンシング装置の使用については、第8条、第9条及び第10条第3項の規定は、適用しない。

(1) 「この法律の施行の際現に地球を回る軌道に投入されている人工衛星に搭載されている衛星リモートセンシング装置」(1項)

経済産業省が運用する「ASNARO-1」がその例である。

(2) 「第4条第1項の許可の申請」(1項)

衛星リモートセンシング装置の使用を行うことの許可である。本法4条1項の「衛星リモートセンシング装置の使用を行おうとする者」には、本法施行前から衛星リモートセンシング装置を使用していた者であって本法施行後も当該装置の使用を継続しようとする者も含まれる。本項の申請には、本法施行前に附則2条の規定により行われていた場合を含む。

(3) 「第6条(第7条第3項において準用する場合を含む。以下この項において同じ。)及び第17条第1項第3号の規定」(1項)

本法6条は衛星リモートセンシング装置の使用を行うことの許可の基準を定めている。本法7条3項は、変更許可の基準について、本法6条の許可基準を準用している。本法17条1項3号は、衛星リモートセンシング装置の使用を行うことの許可の取消し事由の一つとして、本法6条各号のいずれかに適合しないこととなったときを挙げている(講学上の撤回)。

(4) 「第6条中「次の各号」とあるのは「第2号から第4号まで」と、同号中「第6条各号」とあるのは「第6条第2号から第4号まで」とする」(1項)

本法6条1号の「衛星リモートセンシング装置の構造及び性能、当該衛星リモートセンシング装置が搭載された地球周回人工衛星の軌道並びに操作用無線設備等及び受信設備の場所、構造及び性能並びにこれらの管理の方法が、申請者以外の者が衛星リモートセンシング装置の使用を行うことを防止するために必要かつ適切な措置が講じられていることその他の国際社会の平和の確保等に支障を及ぼすおそれがないものとして内閣府令で定める基準に適合していること」の要件については適用しないことを意味する。

(5) 「第8条、第9条及び第10条第3項の規定は、適用しない」(2項)

不正な衛星リモートセンシング装置の使用を防止するための措置に係る規定(本法8条)、申請に係る軌道以外での機能停止に係る規定(本法9条)、衛星リモートセンシング記録を取り扱う者の認定の取消しがあった旨の通知を受けた衛星リモートセンシング装置使用者が、当該受信設備による受信ができる場合において当該衛星リモートセンシング装置から当該受信設備に向けて検出情報電磁的記録の送信を行わないこと、記録変換符号を変更することその他の当該衛星リモートセンシング装置から送信された検出情報電磁的記録が当該受信設備で受信されて衛星リモートセンシング記録として利用されることを防止するために必要かつ適切なものとして内閣府令で定める措置を講じなければならない旨の規定(本法10条3項)を適用しないことを意味する。

その理由は、これらの措置を的確に実施するためには、衛星リモートセンシング装置に搭載されたプログラムの変更等を行う必要があり、すでに地球周回軌道にある衛星リモートセンシング装置について、かかる変更を実施することは実際上困難と想定されるからである。本条の経過措置により本法4条1項の許可を得ても、その後、操作用無線設備または受信設備の設置場所等を変更しようとする場合、本法7条3項が準用する6条1号の基準が適用されると、すでに地球周回軌道にある衛星リモートセンシング装置について変更許可が得られないことがありうる。そこで、本法7条3項の変更許可についても、経過措置を設けている(附則の経過措置に係る規定において、許可基準の一部を免除している例

として、自動車の保管場所の確保等に関する法律附則（平成2年法律第74号）2条3項、風俗営業等の規制及び業務の適正化等に関する法律附則（昭和59年法律第76号）2条2項参照）。

　本条のような経過規定を設けるのではなく、本法施行前に運用が開始された衛星リモートセンシング装置の使用を本法の適用除外とする場合、受信設備を任意の場所に設置することが可能となり、他国に対して攻撃の威嚇を行っている国の領土内に受信設備が設置され、国際社会の平和の確保等に支障を及ぼすおそれが生じうる。したがって、既存不適格（宇賀・行政法概説Ⅰ 18頁参照）にしてしまうことは適当ではなく、適用を前提としたうえで特例を設けているのである。

（政令への委任）
第4条　前二条に定めるもののほか、この法律の施行に伴い必要な経過措置（罰則に関する経過措置を含む。）は、政令で定める。

　本法制定附則2条、3条に定める経過措置以外にも、必要な経過措置が存在しうるが、それについては政令に委任することとしている。

（検討）
第5条　政府は、この法律の施行後5年を経過した場合において、この法律の施行の状況について検討を加え、必要があると認めるときは、その結果に基づいて所要の措置を講ずるものとする。

　「規制改革推進のための3か年計画」（平成19年6月22日閣議決定）において、「法律により新たな制度を創設して規制の新設を行うものについては、各府省は、……当該法律に一定期間経過後当該規制の見直しを行う旨の条項（以下「見直し条項」という。）を盛り込むものとする」とされているが、本法は、許

可制の採用等、民間事業者に対する規制を新設しているので、見直し規定を設けている。上記閣議決定においては、見直しまでの期間について、「『5年』を標準とし、それより短い期間となるよう努める」とされている。「この法律の施行」とは、本法制定附則1条柱書の定める施行であり、2017（平成29）年11月15日に全面施行されている。したがって、「施行後5年を経過した場合」とは、2022年11月15日を経過した場合を意味する。

事項索引

あ
安全管理措置　269, 310

い
域外適用　246, 301
委任命令　198, 343

う
打上げ施設　24
打上げ施設認定書　97, 209
打上げ実施者　57, 151, 160, 173
宇宙開発戦略本部　6, 9, 231
宇宙基本計画　6, 231
宇宙基本法　4, 9, 231
宇宙救助返還協定　2, 14, 17, 21
宇宙空間探査等条約　20, 113
宇宙空間に打ち上げられた物体の登録に関する条約 → 宇宙物体登録条約
宇宙条約　2, 12, 15, 16, 20, 33, 245
宇宙政策委員会　40, 193
宇宙損害責任条約　2, 14, 17, 21
宇宙飛行士の救助及び送還並びに宇宙空間に打ち上げられた物体の返還に関する協定 → 宇宙救助返還協定
宇宙物体登録条約　2, 15, 17, 21, 104, 121
宇宙物体により引き起こされる損害についての国際的責任に関する条約 → 宇宙損害責任条約

え
営業秘密情報　31
衛星リモートセンシング　222
衛星リモートセンシング記録　240
衛星リモートセンシング記録の適正な取扱いの確保に関する法律に基づく措置等に関するガイドライン　270, 311
衛星リモートセンシング記録保有者　242, 301
衛星リモートセンシング装置　238, 246
衛星リモートセンシング装置使用者　246, 271
衛星リモートセンシングデータの移転・利用に関する条約　224

か
外国会社　76
外国為替及び外国貿易法　30, 301
外国取扱者　309, 327, 352
外国法人　76
解散　136, 292
解析された情報　241
過失相殺　160
型式認定　42, 52, 81, 83, 152
型式認定書　89, 209
型式別施設安全基準　53, 92, 155
合併　69, 126, 282
過料　211
間接強制調査　150, 333, 334, 348
間接罰　341, 347
管理計画　122

き
危険責任　160, 190
旗国主義　14, 33, 102, 159
技術的安全管理措置　269, 311
既存不適格　359
軌道　104, 116, 118, 252, 268
機能停止　275
基本理念　10, 112, 151, 232
求償権　168, 181
業規制　35
行政刑罰　211
行政指導　152, 335
行政指導指針　153, 336
行政上の秩序罰　211
行政調査　335
供託　186
許可制　314
記録変換符号　274

く

クロスウェーバー　66

け

経過措置　198, 216, 343, 356
欠格事由　45, 106, 128, 255
検出情報　222, 236
検出情報電磁的記録　238, 253
原子力損害の賠償に関する法律　→　原賠法
原子力損害賠償・廃炉等支援機構法　162
原子力損害賠償補償契約　176
原子力損害賠償補償契約に関する法律　→　原賠補償法
原賠法　160
原賠補償法　171

こ

行為規制　35
行為裁量　297, 328, 331
効果裁量　88, 96, 143
航空写真　228
国外犯　31, 351
国際機関間デブリ調整委員会（IDAC）　114
国立研究開発法人宇宙航空研究開発機構→　JAXA
国立研究開発法人宇宙航空研究開発機構法→　JAXA法
国連宇宙空間平和利用委員会（COPUOS）　114, 223
個人情報保護　228
国家賠償責任　165

さ

先取特権　171, 177
サブオービタル機　36
サブオービタル飛行　23

し

資格者制度　315
事業の譲渡　68, 126, 281
時効　180
執行管轄権　34, 56, 101, 246, 283, 301, 309
執行命令　198, 343
実施命令　198, 343
死亡　72
死亡時代理人　106, 110, 131, 272
JAXA　11, 98
JAXA法　11, 217
シャッター・コントロール　226
従業者　26, 29, 210, 266, 353
終了措置　105, 123, 129, 132, 134, 203, 278, 286, 289, 338
受信設備　254
準備行為　356
承継　67, 123
使用人　27, 29, 210, 266, 353
処分基準　339
書面交付義務　336
処理データ　241
人工衛星　22, 235
　　──の管理　100
　　──等の打上げ　25
人工衛星管理者　117
人工衛星管理設備　100
人工衛星落下等損害　164, 189
人的安全管理措置　269, 310

す

スペースデブリ　114
スペースデブリ低減ガイドライン　114

せ

清算　75
清算人　75, 136, 293
清算法人　139
製造物責任法　165
成年被後見人　48, 108, 264
責任集中制度　163, 191
責任の集中　162
是正命令　153, 337
設計合致義務　61
絶対責任　167
選択裁量　297, 328, 331

そ

操作用無線設備等　252
属人主義　33, 101, 246
属地主義　14, 33, 101, 159, 309
組織的安全管理措置　269, 310
損害賠償担保措置　63, 112, 175, 191

事項索引

た
第1次データ　240
代位　181
対応記録変換符号　274
対応変換符号　274
第三者損害賠償責任保険契約　66
対象物判別精度　237, 240, 268
代表者　210, 353
対他国家不干渉義務　310
代理人　210, 353
立入検査（等）　150, 334, 348

ち
地位の承継　69, 125
地球周回人工衛星　222
地上放射等電磁波　222, 236
帳簿　270, 325, 350
聴聞　296, 328, 331
直罰　176, 347
地理空間情報の活用における個人情報の取扱いに関するガイドライン　229

つ
通信の秘密　315
月その他の天体を含む宇宙空間の探査及び利用における国家活動を律する原則に関する条約　→　宇宙条約

て
適合認定　90, 95, 152
撤回　47, 96, 97, 143, 145, 262, 277
電磁的記録　236
展覧会における美術品損害の補償に関する法律　176

と
登録免許税　44, 82, 91, 103, 249
特定使用機関　239, 248
特定取扱機関　243, 277, 301
特定秘密の保護に関する法律　301
特定ロケット落下等損害　28, 66
独立行政法人通則法　174
取消し　47, 77, 96, 143, 262, 277

な
生データ　240, 269, 302, 303, 313

に
認定証　326, 329, 333, 350
認定制度　314

は
賠償措置額　65, 174
ハウスキーピング　246
破産管財人　73, 136, 293
破産者　49, 109, 265
破産手続　73
バス　248
　——機器　236
犯罪捜査　335

ひ
飛しょう体　26, 236
ビッグデータ　244
被保佐人　48, 108, 265
被補助人　48, 108, 265
表現の自由　308
標準データ　241, 270, 302, 303, 311, 313
比例原則　96, 158, 309, 342

ふ
不可抗力　166, 192
附款　80, 88, 146, 158, 342
物理的安全管理措置　269, 310
プライバシー保護　228
分割　70, 127, 282
分担管理事務　37

へ
弁明の機会　296, 328, 331, 339

ほ
法規命令　343
法人の解散　72
保護主義　353
補償金　178, 182
補償料　176

事項索引

み

ミッション　*248*
──機器　*236*
見直し条項　*359*
みなし衛星リモートセンシング装置使用者　*287, 294*

む

無過失責任　*159, 189*
無線設備　*25*

り

立法管轄権　*33, 101, 246, 301, 309*

リモートセンシング原則　*224*
両罰規定　*64, 210, 353*

ろ

ロケット安全基準　*52, 78, 83, 85, 154*
ロケット打上げ計画　*62*
ロケット落下等損害　*159, 163*
ロケット落下等損害賠償責任　*159*
ロケット落下等損害賠償責任保険契約　*65, 171*
ロケット落下等損害賠償補償契約　*28, 65, 173, 175*

著者紹介
宇賀　克也（うが　かつや）
- 1978年　東京大学法学部卒、同大学助手、助教授を経て
- 1994年　東京大学大学院法学政治学研究科教授、同大学法学部教授、
　　　　　2004年より同大学公共政策大学院教授を兼任。
- 2019年3月　前東京大学教授

主　著　『国家責任法の分析』〔有斐閣・1988〕
　　　　『国家補償法』〔有斐閣・1997〕
　　　　『国家賠償法（昭和22年）』〔信山社・2015〕
　　　　『行政法概説Ⅰ（第6版）』〔有斐閣・2017〕
　　　　『行政法概説Ⅱ（第6版）』〔有斐閣・2018〕
　　　　『行政法概説Ⅲ（第5版）』〔有斐閣・2019〕
　　　　『行政法（第2版）』〔有斐閣・2018〕
　　　　『判例で学ぶ行政法』〔第一法規・2015〕ほか多数。

逐条解説　宇宙二法

2019（平成31）年4月30日　初版1刷発行

著　者　宇賀　克也
発行者　鯉渕　友南
発行所　株式会社　弘文堂　　101-0062 東京都千代田区神田駿河台1の7
　　　　　　　　　　　　　　TEL 03(3294)4801　振替 00120-6-53909
　　　　　　　　　　　　　　http://www.koubundou.co.jp
装　幀　青山　修作
印　刷　三陽社
製　本　井上製本所

© 2019 Katsuya Uga. Printed in Japan
JCOPY 〈（社）出版者著作権管理機構　委託出版物〉
本書の無断複写は著作権法上での例外を除き禁じられています。複写される場合は、そのつど事前に、（社）出版者著作権管理機構（電話 03-5244-5088、FAX 03-5244-5089、e-mail: info@jcopy.or.jp）の許諾を得てください。
また本書を代行業者等の第三者に依頼してスキャンやデジタル化することは、たとえ個人や家庭内での利用であっても一切認められておりません。

ISBN 978-4-335-35791-6

———————— 条解シリーズ ————————

条解刑事訴訟法〔第4版増補版〕　松尾浩也=監修　松本時夫・土本武司・
　　　　　　　　　　　　　　　池田修・酒巻匡=編集代表

条解刑法〔第3版〕　　　　　　前田雅英=編集代表　松本時夫・池田修・
　　　　　　　　　　　　　　　渡邉一弘・大谷直人・河村博=編

条解民事訴訟法〔第2版〕　　　兼子一=原著　松浦馨・新堂幸司・竹下守夫・
　　　　　　　　　　　　　　　高橋宏志・加藤新太郎・上原敏夫・高田裕成

条解破産法〔第2版〕　　　　　伊藤眞・岡正晶・田原睦夫・林道晴・
　　　　　　　　　　　　　　　松下淳一・森宏司=著

条解民事再生法〔第3版〕　　　園尾隆司・小林秀之=編

条解信託法　　　　　　　　　　道垣内弘人=編

条解不動産登記法　　　　　　　七戸克彦=監修
　　　　　　　　　　　　　　　日本司法書士会連合会・
　　　　　　　　　　　　　　　日本土地家屋調査士会連合会=編

条解消費者三法　　　　　　　　後藤巻則・齋藤雅弘・池本誠司=著
　消費者契約法・特定商取引法・
　割賦販売法

条解弁護士法〔第4版〕　　　　日本弁護士連合会調査室=編著

条解行政手続法〔第2版〕　　　髙木光・常岡孝好・須田守=著

条解行政事件訴訟法〔第4版〕　南博方=原編著
　　　　　　　　　　　　　　　高橋滋・市村陽典・山本隆司=編

条解行政不服審査法　　　　　　小早川光郎・高橋　滋=編著

条解国家賠償法　　　　　　　　宇賀克也・小幡純子=編著

条解行政情報関連三法　　　　　高橋滋・斎藤誠・藤井昭夫=編著
　公文書管理法・行政機関情報公開法・
　行政機関個人情報保護法

条解独占禁止法　　　　　　　　村上政博=編集代表　内田晴康・石田英遠・
　　　　　　　　　　　　　　　川合弘造・渡邉惠理子=編

———————— 弘文堂 ————————
＊2019年2月現在

オンブズマン法〔新版〕《行政法研究双書1》	園部逸夫 枝根　茂
土地政策と法《行政法研究双書2》	成田頼明
現代型訴訟と行政裁量《行政法研究双書3》	高橋　滋
行政判例の役割《行政法研究双書4》	原田尚彦
行政争訟と行政法学〔増補版〕《行政法研究双書5》	宮崎良夫
環境管理の制度と実態《行政法研究双書6》	北村喜宣
現代行政の行為形式論《行政法研究双書7》	大橋洋一
行政組織の法理論《行政法研究双書8》	稲葉　馨
技術基準と行政手続《行政法研究双書9》	高木　光
行政とマルチメディアの法理論《行政法研究双書10》	多賀谷一照
政策法学の基本指針《行政法研究双書11》	阿部泰隆
情報公開法制《行政法研究双書12》	藤原静雄
行政手続・情報公開《行政法研究双書13》	宇賀克也
対話型行政法学の創造《行政法研究双書14》	大橋洋一
日本銀行の法的性格《行政法研究双書15》	塩野　宏監修
行政訴訟改革《行政法研究双書16》	橋本博之
公益と行政裁量《行政法研究双書17》	亘理　格
行政訴訟要件論《行政法研究双書18》	阿部泰隆
分権改革と条例《行政法研究双書19》	北村喜宣
行政紛争解決の現代的構造《行政法研究双書20》	大橋真由美
職権訴訟参加の法理《行政法研究双書21》	新山一雄
パブリック・コメントと参加権《行政法研究双書22》	常岡孝好
行政法学と公権力の観念《行政法研究双書23》	岡田雅夫
アメリカ行政訴訟の対象《行政法研究双書24》	越智敏裕
行政判例と仕組み解釈《行政法研究双書25》	橋本博之
違法是正と判決効《行政法研究双書26》	興津征雄
学問・試験と行政法学《行政法研究双書27》	徳本広孝
国の不法行為責任と 　　公権力の概念史《行政法研究双書28》	岡田正則
保障行政の法理論《行政法研究双書29》	板垣勝彦
公共制度設計の基礎理論《行政法研究双書30》	原田大樹
国家賠償責任の再構成《行政法研究双書31》	小幡純子
義務付け訴訟の機能《行政法研究双書32》	横田明美
公務員制度の法理論《行政法研究双書33》	下井康史
行政上の処罰概念と法治国家《行政法研究双書34》	田中良弘
行政上の主体と行政法《行政法研究双書35》	北島周作
法治国原理と公法学の課題《行政法研究双書36》	仲野武志
法治行政論《行政法研究双書37》	髙木　光
行政調査の法的統制《行政法研究双書38》	曽和俊文